遵义医学院优秀学术著作出版资助项目

王纪鹏 著

民国时期天津慈善社团研究

中国社会科学出版社

图书在版编目（CIP）数据

民国时期天津慈善社团研究/王纪鹏著 . —北京：
中国社会科学出版社，2018.6
ISBN 978 - 7 - 5203 - 1941 - 6

Ⅰ.①民… Ⅱ.①王… Ⅲ.①慈善事业—社会团体—
历史—研究—天津—民国 Ⅳ.①D693.66

中国版本图书馆 CIP 数据核字（2017）第 329680 号

出 版 人 赵剑英
责任编辑 吴丽平
责任校对 闫 萃
责任印制 李寡寡

出 版 中国社会科学出版社
社 址 北京鼓楼西大街甲 158 号
邮 编 100720
网 址 http://www.csspw.cn
发 行 部 010 - 84083685
门 市 部 010 - 84029450
经 销 新华书店及其他书店

印 刷 北京君升印刷有限公司
装 订 廊坊市广阳区广增装订厂
版 次 2018 年 6 月第 1 版
印 次 2018 年 6 月第 1 次印刷

开 本 710×1000 1/16
印 张 20.5
插 页 2
字 数 331 千字
定 价 82.00 元

目　录

绪　　论

一　选题缘起

慈善救济在我国有着悠久的历史。历代大凡比较圣明的统治者为了巩固自己的统治，稳定社会，在国家面临灾难时，他们通常会采取一些救济措施。虽然这些活动具有强烈的国家行为色彩，但是在他们的号召与带动下，社会上很多比较富裕的士绅也开始举办慈善活动，他们成为政府救济活动中的有益补充。近代以来，在那些较早开放的城市，人们的思想受到外来冲击更大。在向西方学习的过程中，作为西方社会思想一部分的慈善救济思想逐渐被部分人士所认知、接受，并付诸实践。受外来慈善救济理念的影响，中国本土固有的慈善社团为了更好地发挥慈善救济的功能，它们在社团的组织、经营理念及慈善活动的开展中渐渐地吸收西方社会的一些思想，开始了自身的蜕变，它们沿着从传统向现代化的方向演进。在慈善救济活动中，传统社团与近代社团开展了密切的合作，它们共同参与到近代天津社会慈善救济活动当中。各慈善社团的救助活动给那些因饥寒交迫处于死亡边缘的贫苦人民带来了极大的帮助，同时给他们的生活带来了希望。

中华民国从 1912 年建立到 1949 年，存在了近 40 年。它的历史虽然是人类历史长河中极短的一瞬，但就其社会历史活动方面的变迁而言却是相当剧烈的。就慈善救济理念的角度而言，38 年的民国史是中国慈善救济思想发生大转折大发展的时期，也是中国慈善走向现代化的关键时期。中国历史经过几千年的演变发展，清末闭关锁国政策遭到破坏，传统慈善救济思想在中外各种因素的冲击之下开始发生了变化。清朝覆灭后，继之而起的北洋政府和国民政府迫于各种社会压力，更是从寻求加强自身统治的目的出发，开始在社会慈善救济方面进行了不同程度的探索，终于在20世纪30年代初逐步建立起了一套形式上比较完整的慈善救济制度。

天津是近代较早开埠的城市之一。随着《北京条约》的签订，天津作为通商口岸正式开放。各帝国主义国家纷纷把侵略的触角伸向此地。作为北方重要的通商大埠，它吸引了各地商人纷纷前来从事各种贸易活动，天津商业出现了较为繁荣的局面。但是，近代以来，天津和全国其他地区一样，也面临灾荒的袭扰。民国时期，天津作为政治中心北京的门户，更因其重要的战略地位而成为兵家必争之地。不时来临的战争与灾荒给天津人民带来了深重的灾难，严重干扰了整个天津社会农业活动、商业活动以及工业活动的正常运行。近代以来，从总体上来观察，整个社会生产力依然处于十分低下的水平，人们抵御自然灾害的能力很脆弱。作为重要的贸易港口、京畿门户，天津社会稳定与否直接牵动着作为政治中枢的北京。在这种情况下，保持天津社会的稳定与发展，成为统治者一项重要的举措。

作为较早开放的城市之一，西方侵略者纷至沓来并在天津建立了各自的租界。义和团运动以后，《辛丑条约》规定天津三十里以内中国军队不得驻扎，这使得天津成为帝国主义统治者争相瓜分的理想之地，最终在天津形成了九国租界的局面。天津成为当时中国拥有租界最多的地区，也成为帝国主义以及近代反动军阀相互勾结策划各种阴谋活动的大本营。帝国主义侵略者为了保持租界的稳定与繁荣，加强了对租界的建设。西方的一些先进理念与思想伴随着天津城市现代化的进程而广为传播。租界成为闭塞的中国人睁眼看世界的又一个窗口。西方慈善思想作为一种进步的思想理念为人们所认可与接受，这期间西方人为缓和中国人民同他们的敌对情绪，也纷纷举办了一些慈善事业，这些事业从某种程度上也影响着近代天津社会，使人们认识到了慈善救济在社会中的重要意义。维持社会秩序正常运转，稳定人们的社会生活。

天津开埠通商后，早期富裕起来的商人连同从封建社会中蜕变而来的士绅，秉承了中国早期的慈善思想，并在西方近代慈善思想的影响下，开始了慈善行为的现代化转变。每当灾荒或战争发生时，这些富有慈善之心的富裕士绅及商人群体，包括那些在他们带动并潜移默化影响之下的其他社会阶层也积极投入到慈善的行列。可以肯定地说，民国天津的灾荒史同时也是一部民国天津的慈善救济史。

慈善史的研究从20世纪80年代兴起后，方兴未艾。学者们就近代慈善救济活动展开了大量的研究，但是与历史学其他研究领域所取得的成果相比，这些研究还显得相对不足。区域慈善史方面的研究也显得薄弱。天津作为北方极具典型特征的城市，慈善活动也极具特色。民国时期天津不仅涌现出了大批的慈善家，而且成立了数量众多的慈善团体，他们活跃在近代灾荒慈善救济的舞台上，他们的慈善活动伴随着慈善事业的现代化步伐，开始有了新的内容和形式。此时的慈善救济已不再局限于大城市，而是向着乡村延伸，更为可贵的是天津的慈善活动也不再局限于天津本地，而是扩展到了全国各地。最为典型的例子就是天津慈善社团对1928年至1930年西北灾荒的救助活动。灾荒消息一经传来，在热心人士的倡导下，立即引起了慈善家及各慈善团体的热切关注，作为有着广泛影响的舆论宣传媒体《大公报》与《益世报》等报刊都对此进行了积极的宣传。在它们的宣传带动下，天津社会各界掀起了赈济西北灾荒，特别是救济陕灾的热潮。继之，辽宁也发生了罕见水灾，作为赈济陕灾的重要社团——西北赈济委员会又马上开始筹备辽宁水灾赈济，如同陕灾救济一样，慈善家们为筹集捐款不遗余力，他们甚至还到外地宣传，广泛联系各地的慈善团体。他们的这些活动，无形之中也带动了外地慈善事业的积极开展。笔者在查阅报刊资料的过程中，每当看到这些慈善救助活动中所涌现出的一个个慈善家，常常被他们的行为感动得热泪盈眶，他们的形象时常浮现在笔者的脑海里。历史已经过去，也许人们已经忘记了他们，但是他们的思想却得到了传承，令人欣慰。当今我们在建设社会主义道路上依然面临着很大的困难，在目前我国贫穷还不可能很快得到彻底解决的国情下，社会还需要慈善，我们必须弘扬乐善好施的慈善精神。翻开历史尘封的记忆，今人有责任去书写这段历史上的慈善活动，弘扬慈善家们的精神，这也是个人选择慈善社团进行研究的一个重要原因。

国内有的学者指出民国时期慈善事业运行中存在着诸多问题，特别是政府的慈善救济活动存在诸如贪污、营私舞弊等。但是，通过对民国时期天津灾荒救济过程中各种慈善活动的考察，笔者认为民国时期天津的慈善活动和其他地区相比要稍好些，救济到位，贪污腐化在政府及社会各界人士的监督下很少发生，慈善团体运行机制基本上沿着良性路径发展。在各种灾害面前，难民得到了尽量的安排与赈济，政府与民间慈善团体的赈济活动相辅相成，相得益彰。历次灾荒与其他地方相比，天津灾荒中死亡人数都较少，救济较为及时，救济面之广，历次救济时间之长，都走在了全国的前列，得到了上至国家高层统治者下至普通人民的充分肯定。也正是由于政府和各慈善团体的救助活动，使得天津社会基本保持了稳定有序发展的良好趋势，民国时期天津的经济发展也较为迅速。作为一种互动效应，商业、工业、金融业及其他相关产业的发展所带来的社会财富反过来又为天津慈善救济活动提供了一个坚强有力的后盾。

与全国其他地方慈善研究相比，天津慈善事业的研究有必要进一步的深入。我们应该好好地整理近代天津灾荒史，从各种灾荒救济的慈善活动中，探求慈善救济的运行机制，慈善活动成功运作的原因，总结成功得失。在现代化迅猛推进的今天，考察历史上各个阶段的慈善活动，扬弃那些慈善救济活动中存在的不和谐音符，总结先前的成功经验，为我们提供有益的借鉴，使我们当前的慈善事业在运作中更好、更健康、更有效、更及时，从而探索出一条具有中国特色的慈善救济之路，具有重要的意义。

学者曾桂林认为："慈善事业的地域性特征是随着地域变化而变化的，不同的区域，其慈善组织的类型、数量、善款来源等方面有较大差异，由此所形成或反映的慈善事业地域特征自然也有差别……区域慈善史作为一个新兴的研究课题，虽然取得了一些喜人的成果，但远未臻于成熟，基本上仍属起步阶段。"[①] 天津有着悠久的历史，作为漕运、河运的重要中转基地，早期就开始出现了经济的繁荣局面。天津作为拱卫统治中心北京的重要门户，历史地位优于其他各地。近代随着西方列强入侵和开埠通商，天津迅速成为华北的经济、商业、交通运输中心。加上近代社会变迁的剧烈运动，天津成为在朝重要官员及封疆大吏们除了北京之外的首选寄居之地，清末民国来天津做寓公的政府官员不计其数，同时天津还云集了众多社会贤达。这些都为近代天津慈善事业的举办提供了得天独厚的条件，从而使得天津成为近代华北地区慈善事业开展最为活跃的城市之一。天津慈善事业的开展对推动北方慈善事业的发展起到了引领作用。

---

① 曾桂林：《比较视阈中的中国区域慈善史研究——兼评王娟著〈近代北京慈善事业研究〉》，《北京社会科学》2011 年第 1 期。

关于慈善的研究从研究时段上看，断代研究较多，断代的研究又主要集中在明清，民国时期慈善研究显得薄弱，特别是区域史的研究也仅仅集中于经济发达的江南地区。天津是华北地区的经济商业交通中心，战略要地。鉴于天津城市地位的特殊性，近代天津慈善事业发展的典型性，天津慈善事业在全国慈善救助中的重要性与其广泛而深远的影响性，民国时期天津慈善救济事业研究的相对薄弱性，选择这样一个题目进行研究，力争更好地还原天津慈善活动的历史，可以为当今慈善事业的顺利开展提供有益的借鉴。

二　学术史回顾

（一）国内外研究现状

慈善事业，在我国源远流长。关于慈善事业的研究，据学者王卫平研究，尽管民国时期即有论文问世，但显得零星分散。比较有影响的有：邓云特的《中国救荒史》[①]，此书共分三编，第一编历代灾荒史实之分析；第二编历代救荒思想之发展；第三编历代救荒政策之实施。此书是我国学术史上第一部较为完整、系统、科学地研究中国历代灾荒的著作，书中很多章节涉及慈善救济。柯象峰的《社会救济》[②] 探讨了对老年、儿童、乞丐、难民等不同社会群体的社会慈善救济。王龙章的《中国历代灾况与振济政策》[③] 对中国的救济事业与赈济政策作了论述。新中国成立后，"作为'中间层'的慈善组织因缺乏必要的资源、空间和合法性而无立锥之地。与新政权的成立相伴随的是新的意识形态的确立，新政权又用自己的社会主义价值观对当时存在的民间组织进行判断和选择，不少中国人创办的民间组织被认为是'封建主义的'，外国教会办的慈善事业是'侵略工具'、'伪善'"。[④] 慈善团体失去了存在的政治、思想、经济及社会因素，民间慈善事业失去了存在的基础而逐渐消退。研究慈善被认为是歌颂资本主义，否定社会主义，被打上了政治标签的烙印，这些原因使得慈善

---

① 邓云特：《中国救荒史》，商务印书馆1937年版。
② 柯象峰：《社会救济》，正中书局1944年版。
③ 王龙章：《中国历代灾况与振济政策》，独立出版社1942年版。
④ 高冬梅：《新中国建立初期的慈善救助事业》，《理论前沿》2008年第19期。

研究成为研究者们避而不谈的学术领域。直到 20 世纪 90 年代，慈善事业
的研究才真正受到关注，并表现出快速发展态势，掀起了慈善事业史研究
的新高潮，其广度和深度较以前均有所超越，出现了不少研究成果，与之
相关的学术活动也增多。① 在中国大陆，慈善研究者们发表了系列论文，
较早研究慈善的学者王卫平先后发表了大量的成果，被誉为"大陆研究
明清慈善史最富有成果的学者"。② 他的《论中国古代慈善事业的思想基
础》③ 一文，探讨了古代构成中国慈善事业思想的基础，即：西周以来的
民本主义思想；儒家仁义学说；佛教的慈悲观念与善恶报应说及民间善书
所反映的道教思想。正是由于上述诸方面的合力，加上社会因素的作用，
推动了中国古代慈善事业不断趋向兴盛。继之，他写了一篇《论中国传
统慈善事业的近代转型》④ 指出中国古代慈善事业在晚清发生了显著的变
化，伴随着西学东渐的浪潮，"教养兼施"的慈善理念开始转型，教养结
合的慈善机构渐趋增多，中国的慈善事业开始向近代转型。周秋光教授与
徐美辉的论文《论近代慈善思想的形成与发展》⑤ 指出近代慈善思想是由
于"中国原有的慈善思想受外力的冲击和影响，由传统向近代嬗变，最
终形成了顺应时代要求具有崭新内涵的慈善思想……中国人的慈善福利观
也呈现出古今贯通，中西汇聚的特点，并影响和促使了慈善事业向近代化
与制度化的方向迈进"。蔡勤禹的《民国慈善团体述论》⑥ 论述了民国时
期中国慈善团体在各个阶段的发展情况，指出民国慈善社团的发展，大致
经历了战前、战时和战后三个阶段。这期间国内情势、区域人文环境、国
家政策的制约等是影响慈善社团的主要因素。作者进一步对社团结构及其

---

① 如范金民的《清代徽州商帮的慈善设施》(《中国史研究》1999 年第 4 期)，刘瑞芳、郭
文明的《从地方志看清代直隶的慈善事业》(《社会学研究》1998 年第 5 期)、岑大力的《清代
慈善机构述论》(《历史档案》1998 年第 1 期)，朱英《戊戌时期民间慈善公益事业的发展》
(《江汉论坛》1999 年第 11 期)，周秋光《民国北京政府时期中国红十字会的慈善救护与赈济活
动》(《近代史研究》2000 年第 6 期) 等论文均是值得称道的力作。

② 曾桂林：《20 世纪国内外中国慈善事业史研究综述》，《中国史研究动态》2003 年第
3 期。

③ 王卫平：《论中国古代慈善事业的思想基础》，《江苏社会科学》1999 年第 2 期。

④ 王卫平：《论中国传统慈善事业的近代转型》，《江苏社会科学》2005 年第 1 期。

⑤ 周秋光、徐美辉：《论近代慈善思想的形成与发展》，《湖南师范大学社会科学学报》
2005 年第 5 期。

⑥ 蔡勤禹：《民国慈善团体述论》，《档案与史学》2004 年第 2 期。

与政府间的互动关系做了简要分析，使人们对社团在民国时期的发展有了一定的认识。龚汝富的论文《民国时期监督慈善团体立法及其启示》则从法律的角度着手对社团发展进行研究，指出民国时期"本着扶持与监督相结合的原则，民国时期南京政府先后制定了《监督慈善团体法》等一系列法律、法规，对监督慈善团体以保障慈善事业健康发展起到了一定的积极作用"。① 该文对该时期的团体立法给予了肯定。毕素华的《民国时期赈济慈善业运作机制述论》指出："民国时期的赈济慈善业不仅有较为完善的管理机构及社会慈善组织，而且有较为完备的成文法规和组织制度；在实际运作上，在救灾赈灾、战争赈务、安老、育幼、抚孤、助残等方面发挥了积极作用。此外，民国政府在指导思想上打破赈济的观念，注意将赈灾与生产创业结合起来，这些都体现了民国时期赈济慈善业的新特点。"对慈善经费来源的考察，历来是学者们所关注的对象，肖庆华的《浅析清末民初民间慈善事业经费的来源》一文，指出："清末民初慈善经费来源有官款和社会捐助两大类。社会捐助又有像移助靡费、义卖、义演、发行彩票、购买股票等新的募捐方式……随着社会的发展以及慈善事业的需要，中国民间的慈善机构还是通过自身的努力，丰富了募款的渠道，并且通过筹集慈善经费，也宣传了慈善理念，加强了同社会各界的沟通。"② 由此可以看出民国时期的慈善资金来源渠道具有广泛的社会性，募款渠道多样化明显。这些研究者就慈善的思想来源、慈善的组织结构、运行机制及其近代化的演变历程等方面进行了多视角的考察，他们把慈善事业的研究步步推向高潮。

国外关于慈善事业的研究，日本学者走在了前列，著名学者曾我部静雄、星斌夫等人进行了开创性的研究，尤其是著名学者夫马进对中国明清时期慈善事业的研究达到了一个新的高度。从 20 世纪 80 年代，夫马进就开始关注中国明清时期的慈善事业，并且先后发表了十多篇研究论文。1997 年，夫马进在其发表的论文基础上，将相关研究汇集成其大作《中国善会善堂史研究》③，此书引起了学界广泛的关注。该书借鉴德国思想

① 龚汝富：《民国时期监督慈善团体立法及其启示》，《法商研究》2009 年第 5 期。
② 肖庆华：《浅析清末民初民间慈善事业经费的来源》，《传承》2010 年第 4 期。
③ ［日］夫马进：《中国善会善堂史研究》，商务印书馆 2005 年版。

家哈贝马斯"市民的公共性"即公共领域的概念对中国明清以来善会善堂的历史、演变、分布、经营实态、在城市近代化中的作用以及慈善事业发展中所体现的国家与社会关系等众多问题进行深入的研究，并从中折射出地方自治萌芽问题和中国早期社会福利史问题，堪称研究中国慈善组织的一部力作。该书充分利用了各地方志以及文集、日记、报刊等史料，并且还充分利用了遗存下来的碑刻、善书、征信录等罕见史料，深入实地进行考察，因而获得了一些原创性的真知灼见，体现了作者扎实的史学功底。该书注重研究中将宏观和微观相结合，注重理论的探讨，使人们对慈善组织的组成、运营、管理的各个细节有了一个清楚的认识。星斌夫的《中国社会福利史》① 也对明清的慈善救济做了相当深入的研究。此外，日本学者小浜正子的《近代上海的公共性与国家》② 一书以"社团"为中心，以上海城市为舞台，对中国近代地区社会的结构及公共性的特点，国家与社会的关系做了考察。书中对帝政后期中国的民间慈善事业，民国时期上海的慈善团体与慈善事业，救火会等慈善组织也进行了研究。此外，法国学者魏丕信的著作《18 世纪的中国官僚制度与荒政》③，通过对直隶地区灾荒救助的研究，探讨了"国家的救荒制度及其成效，并延及官僚制度与管理、国家财政、地方社会、粮食安全、商业与市场、乡村经济与社会，等等"④。作者认为 18 世纪国家具有积极精神，在管理经济方面具有高度的组织能力、权威性和效率性。

台湾学者梁其姿自 20 世纪 80 年代开始致力于明清传统慈善事业的研究。以 1984 年发表的学术论文《十七、十八世纪长江下游之育婴堂》为标志，梁其姿开始了对明清慈善事业的探索历程，最终成果体现为《施善与教化——明清的慈善组织》一书。此书主要使用了方志史料，还利用了大量的文集、官箴、其他官书等资料，使得各种资料相互弥补了各自的不足，从而相得益彰。梁书主要讨论了明清的慈善组织，作者利用了两千多种地方志对整个清代的慈善组织做了一个统计，说明了明清慈善组织

① ［日］星斌夫：《中国社会福利史》，山川出版社 1988 年版。
② ［日］小浜正子：《近代上海的公共性与国家》，上海古籍出版社 2003 年版。
③ ［法］魏丕信：《18 世纪的中国官僚制度与荒政》，江苏人民出版社 2003 年版。
④ 任云兰：《近代天津的慈善与社会救济》，天津人民出版社 2007 年版。

的渊源，描述了它们的组织形态、主要活动，并探索了明清慈善组织与明清社会经济及思想发展的关系，她认为明清慈善组织不是一个简单的社会现象，其中渗透了复杂而具体的文化因素。书中还透过民间慈善组织发展的历史，看社会经济改变与价值改变的关系，作者认为"善会从出现的明末开始，一直到19世纪中期，慈善组织不但在组织形态上有长足的发展，在意识形态上也有明显的改变"。① 作者通过其研究也说明由于中国的慈善传统与近代西方国家迥然不同，中国的传统不可能产生以西方传统为基础的福利国家。总之，梁其姿的这部力作在研究善会善堂等慈善事业史上堪称扛鼎之作。学者何汉威的《光绪初年（1876—1879）华北的大旱灾》② 主要依据实录、政书、地方志、督抚奏议及《申报》、《万国公报》，旁考近代学人研究成果，对旱灾发生背景、破坏性、被灾省份及中央政府赈济措施、成效及灾荒影响分专章作了深入的论述。它是研究与探讨灾荒救济的一部重要力作。

作为重要救灾机构的红十字会，其研究也引起了学者们的关注，周秋光教授指出，中国红十字会在大陆的研究起步较晚，过去由于受"左"的思潮影响，把慈善救助看作是"伪善"与"沽名钓誉"，研究它有为帝国主义"文化侵略"政策服务、为剥削阶级歌功颂德之嫌，故而成为禁区，新中国成立后40多年无人问津。20世纪90年代，红十字会的研究开始，21世纪初期的红十字会研究出现了一个小高潮。这里面出现了开创性的成果，孙柏秋、池子华、杨国堂等著的《百年红十字》③ 一书就是一部系统研究红十字会百年史的著作，它弥补了相关研究的不足，并且对拓展史学研究，推动中国慈善事业的发展有着不可估量的作用。2008年周秋光教授以专著形式出版的《红十字会在中国（1904—1927）》是其2002年立项的国家社科基金项目"20世纪初期的中国红十字会研究"的最终成果，该专著采用专题研究的范式。其研究范围以晚清与民国北京政府两个时段分为上下两篇，该书对"20世纪初这个特定的社会急剧变迁的历史时期进行考察，充分挖掘各种文献档案资料与民间收藏，在对史料

① 梁其姿：《施善与教化：明清的慈善组织》，河北教育出版社2001年版，第4页。
② 何汉威：《光绪初年（1876—1879）华北的大旱灾》，香港中文大学出版社1980年版。
③ 孙柏秋、池子华、杨国堂：《百年红十字》，安徽人民出版社2003年版。

进行辨伪求真的基础上，以历史唯物主义为指导，采用社会学、文化学、比较史学的方法，进行科学的、多层次的透视与研究"。① 周教授阐明了自己的三个观点，即：慈善事业是一种社会动力，是调节社会不可缺少的一种手段；中国红十字会是中国社会最大和最有影响的慈善团体，它在20 世纪初期的中国社会变迁中发挥了巨大的作用，成为社会公益事业中不可缺少的组成部分；中国红十字会的发展体现了中西慈善文化的融合，并推动中国的慈善事业从传统走向近代化。台湾学者张建俅在其博士论文基础上于 2007 年修改出版了《中国红十字会初期发展之研究》，该书通过分析"中国红十字会的结构、性质、地位、组织、人事和经费、主要工作内容及其贡献以及政府管理中国红十字会的法令与政策的变迁等议题，探究国家对该会与国家的互动关系，以及中国红十字会总会本身角色、地位的变化"。②

2000 年周秋光教授先后在《近代史研究》第 3 期和第 6 期上发表了两篇篇幅较大的研究红十字会的专题论文，这应该是大陆在这方面最早的研究文章。《晚清时期的中国红十字会论述》，可以说是 21 世纪中国红十字会研究的开山之作。继之，张建俅、池子华、朱浒、杨念群、靳环宇等一批专家学者的著作相继问世。对红十字会的研究，据杨红星、池子华两位研究者统计，截至 2008 年，相关研究的论文已达 50 余篇，专著多部。2009 年，苏州大学联合国内外多家红十字会机构在苏州共同举办了"红十字会运动与慈善文化"研讨会。议题涉及红十字会的追根溯源、红十字会事业的当代发展、红十字会运动的理论思考、慈善事业的历史进程以及国外红十字会的历史与现状。关于这次会议的重要价值，周秋光教授认为："这是一次在中国境内首次召开的以红十字会运动与慈善文化为主题的国际学术研讨会，其意义和价值不言而喻，必将载入学术发展史册。"③杨红星与池子华教授在其论文《近年来红十字会运动研究综述》中对学术界存在争论的几个焦点问题，诸如起源问题、成立时间问题、国际红十

---

① 周秋光：《红十字会在中国（1904—1927）》，人民出版社 2008 年版，第 3 页。

② 张建俅：《中国红十字会初期发展之研究》，中华书局 2007 年版，第 4 页。

③ 杨红星、池子华：《近年来中国红十字运动研究综述》，《河北大学学报》（哲学社会科学版）2009 年第 4 期。

字会承认的时间问题，以及红十字会的活动，诸如战争救护、灾害赈济、人物研究、经费问题、国家交往等方面梳理了研究者的观点。同时认为对红十字会应研究其存在的不足之处，号召学界对红十字会要进一步拓展与深化、加强近代部分的研究、加强整体研究和局部研究的结合、注重史料的挖掘、呼唤跨学科研究以及进行比较研究。专门致力于红十字会研究的著名学者池子华，对红十字会的研究著述丰富，《抗战初期中国红十字会的战事救护》历数了抗战初期（1931 年 9 月—1937 年 7 月）红十字会在淞沪会战、长城抗战、绥远战役中进行救护的佳绩，指出这是红十字会全面抗战救护前的预演。通过战事救护的锻炼，提升了红十字会的使命感和责任感，同时指出红十字会自身存在的不足，需要不断自我完善。[①]

自 20 世纪末中国慈善史开始得到学术界的关注以来，区域慈善史的研究也逐渐得到了重视，它与全国慈善史研究互为补充，取得了可喜的成果。作为区域性的天津社会史研究，近些年来也成为国内外学者极为关注的一个热点。因为天津作为近代中国较早开埠通商的口岸，其政治、经济深受西方影响，在中国较早迈出了现代化转型的步伐。由于特殊的地理环境和政治因素，天津在近代又成为中国人民开展各种运动的一个中心，无论在对内反封建压迫还是在对外反侵略的斗争中，天津都是极为活跃的城市之一。在近代天津人民反封建反侵略的过程中，诞生了近代天津的多种社团，它们在政治、经济、文化领域异常活跃。这些社团在天津现代化发展中起到了不可替代的作用。笔者认为这应该是天津社团史研究引起历史学界热切关注的一个重要原因。这其中尤其是近代天津的慈善活动研究引起了部分学者的关注。作为近代天津较早成立且影响深远的社团——商会，学者们除了从商会自身的性质进行研究之外，有些学者更多地关注了它的慈善活动，从商会慈善救助的社会功能展开了探讨。《近代天津商会》一书是学者宋美云在长期整理天津商会档案资料的基础上，以其特有的视角，经悉心研究所取得的重要成果。这是迄今为止第一部关于北方商会史的区域性研究专著。[②] 在《开埠通商与近代天津商人》一书中"作者另辟蹊径，撇开前人多从宏观、微观或个案解读天津城市史的路径与理

---

① 池子华：《抗战初期中国红十字会的战事救护》，《江海学刊》2003 年第 4 期。

② 宋美云：《近代天津商会》，天津社会科学院出版社 2002 年版。

念，而创造性地以'中观'的研究方法，从整体上论述近代天津商人群体与天津城市在近代化的过程中互动发展的历史轨迹，深入探讨新式商人群体的组织结构的更新，及其在天津近代化过程中的地位、作用和贡献，进而得出天津资本主义新式商人群体是天津早期近代化的主要力量的明确结论"。① 以上著作都以较小的篇幅涉及天津商会的慈善活动。论文如庞玉洁的《商会与清末民初天津城市社会生活的进步》[《城市史研究》2004 年第 22 辑]，任云兰的《民国灾荒与战乱期间天津城市的社会救助（1912—1936 年）》[《中国社会经济史研究》2005 年第 2 期]、《论华北灾荒期间天津商会的赈灾活动（1903—1936）——兼论近代慈善救济事业中国家与社会的关系》(《史学月刊》2006 年第 4 期)，《天津商会与清末民初天津城市社会生活》②，论述了天津商会作为近代在天津建立的一个经济性的民间社团组织，通过各种途径直接或间接地参与了各种革除社会薄风陋习、改善城市环境及维护社会秩序的活动，从而说明了天津商会在天津现代化历史进程中的积极作用。

这一时期慈善社团也引起了学者们极大的兴趣与关注。在研究近代天津慈善救济方面，天津社会科学院任云兰研究员取得了丰硕的成果，近年来她发表了一系列的论文，主要有：《民国灾荒与战乱期间天津城市的社会救助（1912—1936 年）》(《中国社会经济史研究》2005 年第 2 期)、《近代城市贫民阶层及其救济探析——以天津为例》(《史林》2006 年第 2 期)、《弱势群体的社会救助——历史与现实的反思》(《南方论丛》2006 年第 2 期)、《近代华北自然灾害期间京津慈善机构对妇女儿童的社会救助》(《天津社会科学》2006 年第 5 期)、《传教士与中国救济理念的近代化》(《理论与现代化》2007 年第 2 期)、《近代天津基督教青年会的社会救济活动述论》(《南方论丛》2007 年第 3 期)、《近代华北自然灾害与妇女儿童的生存状况》(《晋阳学刊》2007 年第 3 期)、《近代天津的社会救济事业探略》[《历史教学》（高教版）2007 年第 4 期]、《西方慈善救济思想在近代中国的传播与影响分析》[《天津大学学报》（社会科学版）

---

① 庞玉洁：《开埠通商与近代天津商人》，天津古籍出版社 2004 年版，第 1 页。

② 宋瑞琴：《天津商会与清末民初天津城市社会生活》，硕士学位论文，2008 年，河北师范大学。

2007 年第 5 期]、《近代天津会馆与同乡组织及其慈善公益活动》(《南方论丛》2008 年第 2 期)、《地方精英与慈善事业：近代天津的个案研究》(《中国社会历史评论》2008 年)、《城市慈善救济组织的空间分布探微——近代天津的个案分析》[《四川大学学报》(哲学社会科学版) 2008 年第 3 期]、《近代慈善救济事业的社会功能探讨》(《理论与现代化》2008 年第 5 期)、《天津近代同乡慈善组织的投资理财》(《理论界》2008 年第 10 期)、《从天津长芦育婴堂的变迁看慈善事业中国家与社会的关系》(《理论与现代化》2009 年第 5 期)、《近代天津慈善组织的兴盛原因探析》[《社会工作上半月》(实务) 2009 年第 9 期]、《近代天津官办救济事业探析》(《历史档案》2009 年第 3 期)、《近代城市慈善组织运作机制探析——以天津市慈善组织为例》[《天津大学学报》(社会科学版) 2009 年第 5 期]。其《近代慈善救济事业的社会功能探讨》一文，把近代慈善事业的社会功能归结为三点，即慈善救济的社会功能、慈善救济的教化功能、慈善救济的社会控制功能，并指出中国近代的慈善救济事业在养育和教化弱势群体、改善民生、实施社会控制中发挥了一定的社会功能。① 《近代城市贫民阶层及其救济探析——以天津为例》分析了城市贫民阶层的内涵及其构成，国家与社会对贫民阶层的社会救助，并指出这种救助是因为社会资源分配不均，各个阶层和各个群体间存着鸿沟和对立，而且这种不和谐成为社会动荡的根源，为了维护社会稳定，慈善团体于是应运而生，她指出了慈善团体产生的主要原因。在对近代天津慈善事业的研究过程中由于任云兰深受西方研究者关于市民社会、公共领域和社会国家关系理论、年鉴学派、新社会史学"从下往上看"的研究视角及其对普通人和下层社会的关注理论的影响，她以这些理论为指导进行了大胆的探索与创新。2007 年任云兰专著《近代天津的慈善与社会救济》由天津人民出版社出版。该书是"天津通史专题研究丛书"系列的一部力作，该书共分九个部分，从思想渊源、慈善救济产生的背景、灾荒赈济、官方救济事业、民间慈善事业及各个社团或组织的慈善救济等方面，多角度多层次地探讨了近代天津的慈善和社会救济事业。该书也是关于近代天津慈善救济研究的第一本专著，得到了社会各界的好评。闫元兴的论文《民

---

① 任云兰：《近代慈善救济事业的社会功能探讨》，《理论与现代化》2008 年第 5 期。

初慈善事业与慈善团体探析——以天津南善堂和八善堂为例》对南善堂的主要慈善活动如恤嫠、赈济文贫及其经费来源做了简要介绍，由于战争因素的影响，南善堂接济合并了崇善东社、北善堂等而成立了八善堂，作者又简要探究了八善堂存在期间的慈善活动。作者指出"尽管八善堂存在着各种各样的弊端，却已具备现代慈善组织的雏形，以后中国的大多数慈善组织仍沿着这种模式发展"。① 这可以说是对天津善堂发展的充分肯定。

近代以来，天津慈善事业在全国产生了重要影响，但从目前与慈善相关的研究成果来看，无论中国大陆还是"海外及港澳台在内的有关中国慈善史研究成果，几乎把重点集中在慈善资源丰富和'素有善风'的江南地区或某些全国性的慈善组织上，以致在地域分布上形成畸轻畸重的不平衡局面"。② 对于整个近代天津的慈善事业来说，除了任云兰研究员在这个方面进行了大量的研究外，其他学者很少涉及此领域。可见，关于天津慈善的研究还没有引起学界的足够重视。

天津社团的研究，除了商会研究取得重大突破外，对天津其他社团研究的专著或著作较少，这应该与研究者对天津各个时期社团的历史档案资料挖掘不够深入有关。此外，档案资料的缺失也给研究天津社团造成了极大的困难。尽管档案资料没有充分的整理，但民国时期天津的各类报纸杂志也为研究地方社团提供了宝贵的资料，例如天津的《大公报》、《益世报》等近代报刊，通过对这些资料的挖掘，社团的研究还是大有可为的。

总之，国内对慈善社团的研究已经深入，突破了专业领域和地域的界限，已取得的成果为后来研究者提供了很好的借鉴，推动了他们的研究速度，开阔了他们的研究视角。天津史的研究尽管成果丰硕，但随着资料的挖掘，对天津史的研究会更加深入。作为近代社会结构重要组成部分的慈善社团，却还未得到充分的挖掘，这是天津史研究的一个薄弱环节，本书选题也是基于这一研究空缺，在借鉴前面专家学者研究的基础上试图通过

---

① 闫元兴：《民初慈善事业与慈善团体探析——以天津南善堂和八善堂为例》，《中共郑州市委党校学报》2008 年第 1 期。

② 郑清坡：《不该被遗忘的角落——读〈近代北京慈善事业研究〉有感》，《中国减灾》2011 年第 1 期。

对散布在众多史料中有关天津慈善社会团体的论述来进行加工整理，使慈善社团在天津史研究中凸显出来。追寻近代慈善社团在天津的发展演变过程，探求其发展轨迹。拨开历史的雾霭，发现近代天津慈善社团在天津城市的变迁中，在近代天津人民的生活中所起的作用。本书立足于民国时期天津特别市，对城市慈善社团活动进行研究，同时涉及天津市下属县的慈善赈济活动，研究慈善团体的活动如何成为近代天津人民推动天津城市以及天津的政治、经济、文化等发展的一股重要力量。基于这一点来说，研究天津慈善社团对不断复原天津历史整体性、多样性具有重要的意义。

（二）概念界定

首先，关于社团的定义。社团在我国有着悠久的历史，它虽然形成较早，但目前并没有一个固定的说法，它是一个广义的、历史性的概念。社团作为社会组织的一个重要组成部分，它与社会史的研究紧密联系。社团的研究往往散见于众多社会史研究的著作中。国内外就社团的解释主要有以下几种："'社团'即社会团体，是一个广义的、历史性的概念。一般说来社会学所指的社团包括了一切社会组织，诸如家族、村社、同乡会等血缘地缘关系形成的自然群体，企业、学校、医院、政府等不同事业关系所组成的社会群体以及有共同目的、组织章程的各种实业性、文化性和政治性的团体。"[1]《中国大百科全书》中给社团的定义是：社团（mass organizations）指"有某些共同特征的人相聚而成的互益组织。中国社团一般具有非营利性和民间化两种基本组织特征。社团可依其民间性程度分为官办、民办、半官办三类。社团的结成基于两方面的社会需要，一是基于成员的需要，执行为成员谋利益的服务职能；二是基于政府的需要，履行服从国家利益的管理职能。其社会功能包括参与社会公益活动。"[2] 国外如法国 1901 年颁布的《7 月 1 日结社法》，在其第一编第一条这样规定："社团是两个或若干个人为一项非营利性的目标，而无限期联合其知识或活动的合约。至于其效力，适用契约和债权法的一般原则。"[3] 而国务院

---

[1]　刘健清：《社团志》，上海人民出版社 1998 年版，第 1 页。

[2]　《中国大百科全书》（简明版）8，中国大百科全书出版社 1998 年版，第 4219—4220 页。

[3]　乐启良：《近代法国结社观念》，上海社会科学出版社 2009 年版，第 238 页。

1998 年颁布的《社会团体登记管理条例》中明确规定：社会团体，是指公民自愿组成，为实现会员共同意愿，按照其章程开展活动的非营利性社会组织。综上所述的几种观点可知社团在时空上有很大的不同。本书所研究的社团主要采用了学者乔志强的观点，即"社团是指由一部分有着共同目的、共同关系、共同地位和共同行为的人组织的团体"。① 它具有以下特征："有该团体内部成员所一致认同的明确的宗旨或目标，其所从事的活动应该具有一定的社会性。其次，有全体成员共同认定和遵守的付诸文字的规章。规章具体规定写明该团体的宗旨和活动内容，规定成员的权利、义务等。加入该团体的人必须符合其所拟定的成员资格规定，并且需要履行一套组织程序。社团内部一般设有不同层次的办事机构，分工明确，职权分明，相互协调整个团体的活动，使之达到一体化并发挥整体功能。"② 但是，民国时期，由于各种自然灾害的发生，为了救济贫困人群，一些临时性质的社团也应运而生，它们只要得到政府主管部门的认可即可运行，这主要是表现为以政府为主组织的临时性的慈善社团。

其次，关于慈善社团的定义。较早研究成都慈善团体的谭绿英认为，慈善是对贫弱鳏寡孤独残疾无力自救之人和天灾人祸导致的灾民、难民的救助，以及个人或团体纯粹为维护传统道德或团体为维护传统道德价值观或者缘于因果报应、积德等观念而进行的一些活动，如修桥补路、惜字等。③ 而著名学者罗伯特·佩滕将慈善定义为：为公众谋利益的志愿行为。《中国大百科全书》对慈善事业的释义为："私人或社会团体基于慈悲、同情、救助等观念，为灾民、贫民及其他生活困难者举办的施舍、救助活动的统称。其活动对象、范围、标准和项目，由施善者确定。慈善事业常常采用一定的组织机构来进行，从事慈善事业的社会团体和工作机构统称为慈善团体，如 1949 年以前中国民间举办的各种慈善堂（如育婴、养老、恤孤、习艺、施医、施药、赠棺、赈灾等组织），国外的慈善学

---

① 乔志强：《中国近代绘画社团研究》，博士学位论文，2005 年，浙江大学。

② 朱英：《辛亥革命时期新式商人社团研究》，中国人民大学出版社 1991 年版，第 2 页；乔志强：《从社团组织发展看西泠印社》，《浙江艺术职业学院学报》2005 年第 3 期。乔志强也采用了学者朱英的观点。

③ 谭绿英：《民国时期的民间慈善团体——以 20、30 年代的成都为例》，硕士学位论文，2003 年，四川大学。

校、救济院、慈善姊妹会，以及现代的各种福利院、国际 SOS 儿童村、各种志愿者服务队等。"① 研究慈善的学者蔡勤禹认为慈善团体是民间团体或个人出于"利他"动机而设立的扶危济困组织。中国慈善团体大致于明末清初兴起于江南地区，发展到清末已是善会风行，善堂林立。清代善会，名色繁多，或由地方官绅创办，或由民间集资合办，或由同业捐办，均为民间慈善事业的组成部分。② 1929 年国民政府制定的《监督慈善团体法》称慈善团体为济贫救灾养老恤孤及其他救恤事业为目的的团体。综合上述几种观点，笔者认为慈善社团就是对社会上贫穷（包括鳏寡孤独废疾）实施救济，对社会灾害（包括自然灾害和人为灾害）予以实施积极救助的包括政府的、民间的社会组织。另外，某些团体，如不缠足会、天足会等由社会上思想进步人士为改变落后的风俗，积极宣扬放足而减轻女子痛苦而组织的社会改良社团也应算作慈善社团。

再次，关于本书时间段的划分。依照天津慈善社团发展的时间顺序，本书将明末到民国划分为五个阶段。第一个阶段：明末到晚清（1639—1911），大致以天津善堂的出现为起始点，并把该阶段出现的社团归为传统社团。第二个阶段：民国初期（1912—1927）。③ 第三个阶段：民国前中期（1928—1937）。该阶段国民政府统治天津并对天津进行了有效的管辖。第四个阶段：民国中后期（1937—1945）。日本占领天津到日本投降。第五阶段：民国后期（1945—1949）。日本投降后，从国民党接管天津到国民党放弃对天津的管辖。

最后，关于天津的地域。1404 年，明朝政府在直沽设卫，赐名天津，永乐二年到四年，这里又先后建立了天津左卫和天津右卫，天津成为三卫的军事要地，畿辅重镇。清顺治九年（1652）将天津三卫合并为天津卫。清雍正三年（1725）改天津卫为天津州，六年后又升州为府，下辖天津、

---

① 《中国大百科全书》（简明版）2，中国大百科全书出版社 1998 年版，第 720 页。

② 蔡勤禹：《民国慈善团体论述》，《东方论坛》2001 年第 4 期。

③ 关于民初的界定也存在着几种观点：台湾张玉法把 1912—1937 年作为民初，以其著作《民国初年的社会救济（1912—1937）——山东地区个案研究》为依据，从事慈善研究的学者孙善根与其观点一致；台湾苏云峰先生将 1912—1928 年作为民初，根据其文章《民初之商人1912—1928》而得出；本书将国民政府统一之前的 1912—1927 年作为民初，同时也是兼顾写作方便。这和苏先生的划分基本相符合。

静海、青县、沧州、南皮、盐山、庆云 6 县 1 州，成为畿辅首邑。1912
年民国建制废除州、府。天津改为天津县。1928 年天津及其近郊设置为
天津特别市。1930 年 6 月天津特别市又改为天津市，10 月又改为直辖市。

三　结构思路与研究方法

（一）结构思路

本书围绕民国时期天津的自然灾害以及人为灾害展开梳理。通过近代
以来天津慈善社团的活动演变来探索天津近代慈善救济、慈善思想的现代
化历程。本书共分六章：第一章，民国以前的天津慈善社团（1639—
1911）。着重就近代天津慈善社团兴起与存在的各种因素，特别对民国时
期天津的发展状况做详细介绍，这里面包括天津的历史地理环境及其经济
发展状况，近代天津的农业、商业、工业、金融业等的发展情况，并考察
传统社会中天津慈善社团及其思想来源和实践。第二章，民国前期的天津
慈善社团（1912—1927）。该章对诞生于辛亥革命时期的重要社团——天
津红十字会展开梳理，包括它诞生的背景、组建过程及其组织机制，并对
红十字会成立后所进行的慈善救助活动进行深入的考察，再现红十字会在
辛亥革命时期的卓越风采。该时期天津灾荒频发，新的慈善社团不断产
生，它们与政府的慈善救济形成了良好的互动，成为政府慈善救济事业的
有益补充。无论是壬子兵变还是两次直奉战争，天津慈善团体的救助活动
都在帮助灾民渡过难关中起了举足轻重的作用。这期间更为值得关注的是
慈善团体对国外的救助，以对日本地震救助为例，充分体现了慈善救助的
真谛。我们通过资料的考察可以发现，慈善团体几乎成为慈善救济的主导
者，它们对于灾荒救济不遗余力，查灾、勘灾、赈灾、募捐，始终走在第
一线。第三章，民国中期的天津慈善社团（1928—1937）。民国中期政府
继续扶持慈善事业的发展。这个时期，天津经济继续发展，涌现出了更多
的工厂企业精英，乐于从事慈善事业的社团群体更加壮大。对外救灾成为
当时慈善社团救助的一个显著特征，对西北灾荒及长江水灾的救济即是一
例。第四章，日伪统治时期的天津慈善社团（1937—1945）。对该阶段天
津社团的运作，重点考察了 1939 年天津大水发生时各团体的救助情况。
但该阶段由于天津成为日本侵略者的占领地，各慈善团体在日伪的管控
下，慈善救济活动失去了往日的积极性，救济力度相对弱化。第五章，民

国后期的天津慈善社团（1945—1949）。主要考察了日本投降，国民党接管天津后慈善团体的变迁及各慈善团体所从事的慈善活动。第六章，近代天津慈善社团在天津社会现代化进程中的地位。主要对整个民国时期天津慈善团体的特点进行归纳概括，使人们对天津慈善团体的认识更加清晰，并把慈善社团放到了天津社会发展现代化的历程中，探讨近代天津社团为推动天津现代化的进程所起到的重要作用。

总之，民国时期天津慈善社团是天津现代化历程稳步前进的一个助推器。本书最后联系当今中国社会慈善事业运行中出现的问题，总结历史，提出了对发展慈善的几点建议。

（二）研究方法和创新之处

作为区域社会史的研究，本书写作中主要以马克思主义唯物史观为指导，结合经济学、历史地理学等多种学科对近代天津慈善社团进行研究。本书在写作过程中充分利用了档案中的一些数据图表来增强论述的说服力。为了再现历史的真实面貌，本书尽量地保留了一些原始资料的记述，给人们多一些了解历史空间与思索的余地。本书写作中充分利用了地方志，特别是国家图书馆所藏的《天津县志》《天津府志》《重修天津县志》《天津市概要》《天津指南》《天津地理教科书》《天津特别市水灾救济实录》《简明天津旅游指南》《天津市社会局行政周刊》《天津市统计年鉴》及河北省档案馆所藏《天津市行政纪要》《社会月刊》《行政纪要》，这些资料都对本书的写作提供了很大的帮助。

对民国时期天津慈善社团的考察主要借助了《大公报》《益世报》等报纸资料。《大公报》自1902年创刊到1949年终止，可以说是中国近代以来报界发行时间最长、影响最大的中文报纸之一，它报道了近现代历史上的许多重要活动，对研究近代历史有着极高的价值。《益世报》创刊于1915年10月10日，它是一份以西方教会为背景的报纸，虽然颇为注重宣扬西方文化，并曾支持袁世凯帝制活动，但它还是能比较客观地报道中国社会的，特别是天津各方面的情况，1937年抗战开始后被迫停刊，抗战胜利后，1945年12月1日返回天津正式复刊，1949年1月天津解放后停刊，前后达三十余年，其影响几乎与《大公报》相媲美，新中国成立前与《申报》《大公报》《民国日报》并称"四大报"。可以说无论《大公报》还是《益世报》的报道都大量反映了当时天津的社会状况，为我们提供了关于当时慈善及灾荒救助的重要资料，但是大量的资料还未引起研究者的关注，笔者花了近一年的时间进行了精心的整理，对慈善社团的发展脉络进行了厘清。

本书以慈善社团发展的历史顺序为主线，研究视角着力于宏观和微观的结合，达到总体和个案的有机贯通融汇。以往的慈善研究更多的是侧重于从政府救济活动的角度展开。本书的写作中更加突出了慈善社团不同时期在国家与社会公共领域中的作用与地位。对天津之外全国其他地方及国外的重大灾荒，以往成果主要侧重于从国家及发生地的角度进行研究，本书则从天津慈善社团的视角进行审视与研究。对天津红十字会的研究，以往学界主要是从全国红十字会的角度进行探讨，而在这些研究中，只是只言片语地提及天津红十字会，而本书则对天津红十字会的活动进行了深入的考察，在一定程度上弥补了天津红十字会研究的不足。以上几点笔者认为是本书的创新点。此外，本书研究中利用档案、馆藏、地方志并结合《大公报》《益世报》等期刊报纸对慈善社团进行长时段，整体性的研究，这是以前学者所没有做过的事情。从研究方法上看，笔者认为这也是一点创新。

总之，在社会史研究如火如荼的今天，关注天津慈善救济史研究，对还原天津近代的历史，特别是民国史也将是一份贡献，这也有利于人们更加了解天津的社会转型及现代化历程。

第 一 章

清代天津早期的慈善社团
（1639—1911）

第一节　天津概况

　　天津的地理位置及气候情况与慈善社团的产生有着某种必然的联系。天津位于渤海之滨，九河下梢，自然灾害频发，人民受灾较重。这就使得天津慈善社团的产生成为可能。近代随着开埠通商，天津的经济出现了前所未有的繁荣局面，出现了众多掌握大量社会财富的人群，这为在天津举办慈善又提供了坚实的经济基础。早在明朝时期，明政府就在天津办起了第一个官办慈善机构——养济院。随着天津进一步的开发，津埠文明也日渐发达。以上因素都使得慈善社团的形成、发展成为可能。本节着重从天津地理位置、近代天津经济发展状况等方面略作简述，使人们了解近代天津慈善社团的诞生及其活动背景。

一　地理位置及行政区划沿革

　　天津市位于华北平原东北部，环渤海湾的中心，东临渤海，北依燕山。据记载，"津地为九河下游，合众流汇归三岔河，皆由直沽入海。天津一城，三面临河，大海在其东南，三角淀绕其西北。为海河之要冲，畿南之屏蔽也。天津在北京东南二百四十里。是拱卫京畿的要地和门户"。① 整个天津的地形图像个不规则的畚箕，向渤海倾斜。

---

① 张焘：《津门杂记》（卷上·考略），天津古籍出版社1986年版，第1页。

远古时代的天津曾是渤海的一部分，经过多次的地质变化，退海成陆，逐渐出现部落的聚落点。天津地区的形成始于隋朝大运河的开通。唐中叶以后，天津成为南方粮绸北运的水陆码头。早在金贞祐二年（1214）之前，统治者就在南北运河与海河交叉的三岔口建立了直沽寨，天津发展为漕运与军事相结合的畿辅重镇。自公元 12 世纪金朝迁都燕京（今北京）后，由于大批漕粮需经三岔河口转输入京，这为天津的开发带来了历史性机遇。元朝为了加强直沽的军事守备，遂于元延祐三年（1316）改直沽为海津镇。海津镇成为元朝重要的军事重镇和漕粮转运中心。明朝建文二年（1400），朱棣率军经直沽渡河南下，建文四年（1402）夺取政权，翌年改元"永乐"。永乐二年（1404），明政府在直沽设卫，赐名"天津"，意为天子渡河的地方，天津由此得名。明永乐二年至四年（1404—1406），这里先后建立了天津左卫和天津右卫，天津成为三卫的军事要地。永乐二年修筑城墙，天津逐渐形成为都市。此后，近河的北城和东城，成为政治、经济、文化中心，北门及东门外是繁华的商业区。三卫衙门均设在城内。清顺治九年（1652）将天津三卫合并为天津卫。清雍正三年（1725）改天津卫为天津州，六年后又升州为府，下辖天津、静海、青县、沧州、南皮、盐山、庆云 6 县 1 州，成为畿辅首邑。义仓图天津郡城东至宁河县界四十里，西至静海县界三十五里，南至静海县界四十二里，北至武清县界四十五里。东南至海一百二十里，西南至静海县界四十里，东北至武清县界五十里，西北至武清县界四十五里。① 包括三百多个村庄。

天津作为北京的门户，经过元、明、清几百年的演变，至清代，天津不仅成为漕运枢纽，又是长芦盐产销中心。便利的交通运输条件，使得华北腹地的货物多在这里进出，商品经济发展迅速。为了管理的方便，清政府先后设立了管理漕、盐、贸易的行政机构。这些机构后来迁到了天津，天津城市发展初具规模。清咸丰十年（1860）为防御英法联军入侵，在城墙外又筑濠墙一道，天津城格局至此定型。

"1860 年第二次鸦片战争之后，资本主义势力得以染指天津。天津

---

① 吴惠元、蒋玉虹、俞樾：《续天津县志》（卷二·形胜疆域），同治九年（1870）刻本，第 3 页。

的开埠带有屈辱的标记，是在遭受西方列强的武装入侵并通过缔结不平等条约而被迫实现的。开埠后，有九个国家在天津强占土地，开辟租界，成为帝国主义在中国威胁北京、干预内政、掠夺财富资源的基地。天津从一个封建都会逐步演变为半殖民地半封建的城市。这些变化客观上为天津城市的发展提供了模式，使得天津在开埠后得领时代风气之先，在国内较早地步入了近代城市化的行列。"① 清光绪二十八年（1902），直隶总督衙门迁至天津。1912 年中华民国在行政建制上废除州府，天津府改为天津县，属直隶省，1913 年 2 月，直隶省省会设于天津。1928 年 6 月，直隶省改为河北省，省会仍设在天津，以天津城及其近郊地域设置天津特别市，属国民政府直辖，这是天津设市之始。同年 10 月，河北省省会迁驻北平。1930 年 6 月，天津特别市改为天津市，仍直属于国民政府行政院，同年 10 月，河北省政府又由北平迁回天津，遂改天津市为直辖市。

在民国，天津当时的行政机关，为谋交通上的便利及保地治安起见，把城市区域分为一、二、三、四、五区，特别一、二、三、四区及东、西、南、北四乡。

一区，东自海河沿岸至日租界接连。西迄东门城内鼓楼，南与日租界毗连，北至狮子林金家窑河岸，区内有警署六个。二区，南自南大关外新关边墙起，北至北马路，东自鼓楼南大街，西至双庙与中区相连。中区占地极大，有南、北、西三面马路，商市沿马路一带最为繁盛，推至西门外一带，地势低洼，街市冷清，西关外修筑十里长的马路，一跃而为繁盛之地，区内警署分为六处。三区，东自最热闹最繁盛的大胡同、锅店街、估衣街沿白河南岸以至道桥，西至赵家庄折而向南至双庙街，又折向东至北马路与东南两区分界，南运河直贯其间，区内警署分五个。四区，西自红桥以北，西沽以南，自堤头而至西于庄、辛庄、小王庄一带以及大经路，南半段向西则与中区相连，区内北洋大学及各小学衙署公馆等，区内有警区六个。五区，由金刚桥至煤场，沿北宁线至总车站新大路，再沿津浦线折西至堤头村，再沿白河返至金刚桥，区内多新关，天津公园造币厂及诸

---

① 天津市政协文史资料研究委员会等编：《近代天津图志》，天津古籍出版社 2004 年版，第 1 页。

名胜均在区内，区内警署分六处。

特别一区在英租界南面的旧德界，面积一千三百余亩，东至小营门，南至佟家楼，西至小刘庄，北至宋家胡同。特别二区旧为奥租界，在海河沿岸以东，北宁路线以西，东自官汛西至金汤桥，南接意租界及过街阁，北至旧三岔河口，面积占地千亩有零，俗称河东。特别三区为旧俄租界，在意国以南，海河沿岸以东，东自唐家口，西至意国工部局，南自海河沿，北至北宁东站，占地约六千亩，面积虽大，而人烟稀少。特别四区在特三区的南面，东南与四乡第五所属的大直沽镇交界，面积约占地七百亩，比租界市面冷清。

东乡以金钟河桥分东与北，以海河分东与南，区域在东围墙外，北界沿金钟河有王场、大毕庄、孙家庄等，南界沿河为大直沽、挂甲寺、潘新庄等，东与宁河接界者，北有欢坨，东有范家庄、军粮城等，凡七十余村。西乡以子牙河分西与北，以卫津河、赤龙河分西与南，其区域在西关墙外北界子牙河，沿南运河北岸有大觉菴、杨家庄等，西与静海县接界，西沿卫津河有王顶堤、纪家庄，南沿赤龙河，有邓家坨、陈家村等，凡六十余村。其间名镇以杨柳青为最繁盛，其东十余里，沿南运河岸，有稍直口、李家坟、姜家井，北斜村等是四乡著名的村庄。南乡以海河分南与北，以卫津河、赤龙河分南与西，其区域在南墙外，东界沿海河为贺家口、土城等，西界卫津河、赤龙河为八里台、黑牛城等，西与静海县接界，南与沧县接界，凡一百十余村。其间共有白塘口、咸水沽、葛沽、双港、灰堆、新农、新城七镇。北乡以金钟河分北与东，以子牙河分北与西，其区域在北围墙外，其南沿为子牙河北岸，西与武清县接界，北与武清接界，东与宝坻接界，其沿北运河、永定河者，村落尤密。凡九十余村，其间汛口有七，曰西沽、丁字沽、北仓、浦口、旱沟、三河、桃花口，是乡东北为宜兴埠，地产鱼苇，其居民之繁，殆与四乡杨柳青匹配。①

---

① 《简明天津指南》，中华印书局（无具体年代，估计为民国二三十年代），第2—5页。

二 气候环境状况

（一）天津的气候

天津虽然靠近渤海，但全市却属于温带季风型大陆性气候。由于河流灌注，地势洼湿，所以气候不是很干燥。"节气较京师迟三分八秒，夏令极热时，寒暑表可达百十余度①，冬令内河结冰约二尺，海口约十四五尺，惟春秋温和宜人，其降雨之时，以五六七八等月为最多，至于风向，春夏偏于东南，冬偏于西北，特地邻渤海不能无变易也。"②

天津气候冬季寒冷，夏季炎热，春秋则很短促。长期生活于天津的张焘，在其著作《津门杂记》里面对天津的气候做了这样的描述。他说："天津气候非冬即夏，所求春秋佳日绝少。二三月间犹寒气不减，一如隆冬。每至首夏清和，今日体著重绵，明日手则挥扇，其立见炎凉如此。且有干风吹扬尘土，其势甚狂，几几乎无日无之。人目尽眯，禾苗枯萎，所以常苦旱荒。夏秋之交，雨势稍大，又防冲决。湿蒸炎热异常，中秋节后，人犹袒背以行，无几日，又行冬令，朔风骤起，木叶尽脱，便觉寒威彻骨，溪水结冰矣。居人非卧暖炕，拥煤炉，不足以过冬。"③

一年四季当中，冬季约占 166 天，夏季约为 100 天，而春秋两季各占 50—55 天。春天里，经常是晴空万里，干热风较多，降水量少而蒸发量较大，这对于农作物是个威胁，干旱会导致禾苗的枯萎，所以历史上经常出现春旱秋涝的现象。"夏季降水约占全年的 70%，冬季降水一般只占全年的 2%。"④ 这从民国时期水灾发生的频率就可以很明显地看出来，夏季的暴雨经常造成河槽漫溢，堤坝冲决，洪水成灾，人民流离失所。

---

① 《天津志略》中记述为"夏历最高气温在华氏九十余度左右，冬日最低气温不过二十五度。降雪必出十月，封河必在大雪。每至旧历正月中旬，即冰释河开。三四月多东南风，五六七月多雨，八九月多西北风而渐寒，近以交通便利，人烟稠密，故气候较前稍异，而尤以春时为最"。第 105 页。

② 集思堂居士：《天津县地理教科书》民国（1912—1949），天津普文出版社石印本，第 9 页。

③ 张焘：《津门杂记》，天津古籍出版社 1986 年版，第 73 页。

④ 天津社会科学院历史研究所、《天津简史》编写组：《天津简史》，天津人民出版社 1987 年版，第 2 页。

（二）天津附近的河流

天津当九河之尾闾（白、浑、涞、是、唐、潴、滹、滏、卫）河流密集，沟渠纵横。自然河和人工河纵横交错。干流主要有北运河、海河、南运河。"城东北二百步，为白河、卫河之尾闾，交流汇入于海河，名曰三岔河口。白河，即北运河。其源来自边外，达入密云县石塘岭关，由牛郎山而来。两岸皆白沙，不生青草，故名。又名潞河。由天津舟行北上，曲折至通州，计水程三百五十里。由通州晋京，陆程四十里。"① "南运河，即卫河，又名御河，古清河也。源出河南卫辉府辉县苏门山，东流经新乡、汲县至濬县，历彰德之内黄，过大名县东南，又东北抵府城，又东北入山东馆陶，经武城、恩县，转至河间界，由吴桥、东光、南皮、沧州、青县、静海归天津三岔口，由直沽入海。自辉县至津，曲折二千余里。"② 另据记载"南运河，昔南漕借以转输者也。起于浙江杭州，经江苏横贯扬子江山东穿黄河，次第北向入河北。至静海县流经县西，折而东北，与白河会，曰三岔河"。③ 海河，由三岔河口北运河、南运河汇流入海，无所谓来源。自三岔河口至大直沽，长一百二十里。天津河流密布，由于其地势洼下，犹如釜底，各河汇入海河入海。时人汪兆沄谓天津仅一海河受南北运河之水，夏秋之交，海潮顶足不纳众流，则奔驰泛滥，天津被害独重。

北运河支流主要有大清河、子牙河以及永定河。北运河分流，都在城北数里。大清河，俗谓之上西河，在县西北，河源出保定满城县，经府城西南被称为府河。过安州，入西淀，经赵北口，东行文安西境，霸州南境，又称会通河，共分三支总名东淀，又名淀河。东北由静海达天津，汇入子牙河。子牙河，俗名下西河，在南运河迆北，水源汇归于大陆泽，俗名南泊之洺河、沙河、牛尾、白马等河，归于宁晋，俗名北泊之泜水、沛水、浍河、浍河、谦河，总归于发源之磁州滏河、阳河，至武邑与发源山西之滹沱河合流于大城，至天津为子牙河，统归直沽入海。④ 永定河，源出山西

---

① 张焘：《津门杂记》，天津古籍出版社1986年版，第3页。
② 佚名：《天津事迹纪实闻见录》，天津古籍出版社1986年版，第25页。
③ 宋蕴璞：《天津志略》，天津市地方志编修委员会编著：《天津通志·旧志点校卷》（下册），南开大学出版社2002年版，第111页。
④ 佚名：《天津事迹纪实闻见录》，天津古籍出版社1986年版，第25页。

忻州静乐县燕京山之天池，而重见朔州之马邑者为桑干河，至浑源州名浑河，入直隶，经顺天府宛平县卢沟桥称卢沟河，抵南北金沟为永定河，东南入天津县，经三河头青光寺等村达西沽，东流入北运河。

（三）近代天津地区的水旱灾害

水旱虫雹风灾等各种灾害充斥了中国这个以农业为主的国度。天津河网密布，受水灾之深自当不言而喻，从灾荒方面看，一部天津史就是一部天津人民同各种自然灾害作斗争的历史，既是一部天津人民的血泪史，又是一部天津灾荒救济史。

通过天津地方志有关清康熙到同治朝记载，对天津灾荒我们可以略窥一二。康熙朝：水灾发生 5 次，蝗灾 2 次，疫灾 1 次，地震 1 次；雍正朝：水灾 3 次，蝗灾 1 次；乾隆朝：水灾 11 次，旱灾 4 次，疫灾 6 次，蝗灾 4 次；嘉庆朝：旱灾 8 次，疫灾 6 次，蝗灾 2 次，水灾 4 次；道光朝：疫灾 1 次，水灾 3 次，蝗灾 1 次；咸丰朝：水灾 1 次，蝗灾 2 次；同治朝：疫灾 1 次，旱灾 2 次，水灾 2 次。[①]

翻开《清代海河滦河洪涝档案史料》可以清楚地了解天津洪涝灾害之频繁。自 1840 年起又进入了一个政治上风云激荡的时代，作为清朝统治中心所在的顺直地区就一直处于水患的困扰之中。自 1840 年到 1911 年这 71 年中有关天津洪涝灾害的记述有 98 条之多。

1891 年入夏以后，武清、宝坻、静海、沧州、南皮等 16 州县因雨水过往成灾。1892 年，顺直地区出现了更大的水荒。顺天、保定、天津、河间等府普罹水灾，秋收无着。1893 年，上述地区的水患呈一年之势。入夏以来，倾盆大雨连日不断，永定河、南运河、北运河等纷纷漫溢，造成了上下千余里一片汪洋的泛滥局面，直隶总督李鸿章向朝廷奏报，共有 64 个州县受灾。1894 年，是进入 90 年代以后顺直地区连续第四个水灾之年，这一年入夏以后，长时期的狂风暴雨，诸河漫决，汪洋一片，直隶合计灾歉的州县共有 102 个之多。一些灾重区的收成已不足平常年景的十分之一。[②] 灾民纷纷逃荒。战后的 1896—1898 年，顺直地区又连续三年发

---

① 根据吴惠元、蒋玉虹、俞樾《续天津县志》（卷一·星土祥异），同治九年（1870）刻本，第 1—7 页统计得出。

② 刘仰东、夏明方：《灾荒史话》，社会科学文献出版社 2000 年版，第 73—75 页。

生水患，每年又是数十个州县被淹，灾民不是困苦颠连，不堪言状，就是十室九空，困苦已极。①

我们再通过《海河流域历代自然灾害史料》来审视晚清至民国天津地区的各种自然灾害。1902 年 5 月沧县大疫，沧境死约万余人。天津地区发生旱、水、雹、霜灾；1903 年发生旱、虫、霜、水等灾害；1904 年发生洪涝灾害；1906 年旱、涝灾；1907 年旱、水、雹、虫等灾害；1910 年水、旱、雹灾；1912 年水灾；1914 年旱、水灾；1917 年"静海至天津共计决口十六道，本年七月连遭大雨，河水暴涨，堤岸溃决，群水合并奔往天津。蓟县被灾村庄 247 个，被灾人口 91786 人"。② 1920 年旱、蝗、虫灾；1922 年旱灾；1924 年旱灾、虫灾；1926 年水灾；1928 年蝗、水灾；1930 年旱灾；1931 年水灾；1935 年天津风灾、旱灾，水灾；1939 水灾；1943 年旱灾、蝗灾；1947 水灾；1948 年旱、虫灾。

通过这些相关的灾害记录，我们可以看出晚清民国时期天津几乎无年不灾。在各种灾害中洪涝灾害频发的次数超过了历史上以往的年代，自 19 世纪 80 年代始到民国建立期间，有关海河、滦河记载的洪涝灾害就有 23 年，占该段时间年份的三分之二多。灾荒造成了大量的灾民，严重影响了生产，给社会带来了沉重的负担，政府救济力量有限，民间慈善团体配合政府进行了大量的慈善救济工作，它们为近代天津灾后重建，维持社会秩序稳定做出了重要的贡献。

三　经济发展状况

近代天津经济的发展与前代是一脉相承的。天津经济的发展因漕运而兴。金朝定都中都后，每年都需要大量的粮食及其他物资，这些物品主要通过运河从山东、山西、河南、河北等地征集，运输的物资汇集于天津，然后再转运至京师。元朝建立以后，大都所需民食，一切都仰仗于江南，漕运、河运并重，天津成为当时漕粮的集中和转输基地。明朝建立后，天津的政治、军事、经济地位比前代更加突出。明政府在天津兴建了大量的

---

① 刘仰东、夏明方：《灾荒史话》，社会科学文献出版社 2000 年版，第 79 页。

② 河北省旱涝预报课题组：《海河流域历代自然灾害史料》，气象出版社 1985 年版，第 826 页。

仓廒。据记载，天津各仓所储存的官粮，数以万计，形成了离首都既近且大的漕粮储囤所。"按漕船志，永乐十三年罢海运，从里河运粮，令天津卫官盖建仓廒，于宣德间增建三仓。天津卫大运仓六廒计三十间，天津左卫大盈仓九廒计四十五间，天津右卫广备仓七廒计三十五间以上，闯寇焚毁无存。① 公字廒六间，聚粟廒五间，裹糇（餱）廒五间，日子廒五间。以上四廒，一贮本卫屯粮，一贮截留南粮支本镇兵饷。"② 天津成为漕粮入京的要道，作为漕运的枢纽，天津拥有四通八达的交通运输网络，其经济地位与处于运河南端的杭州已经并驾齐驱。天津由一个军事据点和漕粮转运中心，发展成为运河北部的新兴商业城市；在开埠以后的几十年中，又迅速成长为商业大都会。天津不但是我国北方的水路交通枢纽和首都门户，而且也是世界上著名的工商业和港口城市。③

（一）农业发展状况

天津农业生产已有很长的历史。农业种植主要以"玉蜀黍麦高粱为大宗，其他若蔬属、瓜属、棉花等所产亦饶，营田河之稻米"。④ 但"天津为九河下游，可耕之地固少，聚处之租实繁，为水陆通衢，是以逐末者众"。⑤ 由于天津可耕的土地不多，再加上近海，盐碱地较多，不适宜农作物的生长，为了生活需要，则更多人选择了经商，以此来养家糊口。

对天津农业实施一定规模的开发，则是从明代屯田开始的。明代天津已有大量驻军。永乐二年（1404）在天津设卫，当时天津三卫共有军士16800 人。因为直沽海口土地肥沃，当政者便下令在天津实行屯田，并规定了驻地军队，十分之三守城，十分之七屯种。1597 年，万世德上书朝廷，要求准许天津人民开垦海滨荒地，得到皇帝的批准。1598 年，汪应蛟任天津海防巡抚，请求万历皇帝批准他在天津开垦水田，得到准许。垦

---

① 被经过天津的李自成农民起义军所放火焚毁。

② 薛柱斗、高必大：《天津卫志》（卷之一·建置仓廒），清（1644—1911）抄本，第 4页。

③ 天津社会科学院历史研究所、《天津简史》编写组：《天津简史》，天津人民出版社 1987年版，第 2 页。

④ 集思堂居士：《天津县地理教科书》民国（1912—1949），天津普文出版社石印本，第 10 页。

⑤ 朱奎扬、张志奇、吴廷华：《天津县志》（卷之十三·风俗物产），乾隆四年（1739），第 2 页。

荒两年，获利颇丰，可抵驻军饷银一半。1621年，屯田御史左光斗到天津巡视，认为天津的自然条件利于开垦，于是上奏朝廷，指示水利专家河间府管河通判卢观象为管理屯田水利通判，指导垦荒。为了鼓励开垦，卢观象采取了积极的办法，一是官家备牛、种子、农具，雇募农民耕种，收入全部归官。二是招佃农耕种，官家供给耕牛、种子及农具，收获按佃户六成，官家四成分成。三是民间自力开垦，官收十分之一的租税。四是军耕，令海防军种葛沽之田，军口粮由军队供给。每人种田四亩，交粮两石，但不同于军屯。五是军屯，每人种田五十或百亩，收入完全充作军粮。1622年政府又安插由辽东逃来的难民垦荒。到了明末，个人进行了垦荒。科学家徐光启在天津期间，总结了利用潮汐进行灌溉的经验，引进了南方的良种。徐光启在天津垦田种稻实验的成功，为日后天津垦荒事业和农业的发展做出了贡献，农业的发展又促进了天津经济的繁荣。

康熙、雍正时期，天津出现了两次大规模的屯垦。1704年天津总兵蓝理在城南开垦稻田200余顷，后拨给农民耕种。1735年，雍正帝任陈仪总其责，仿效明末汪应蛟筑十字围的做法，开垦土地450余顷，均获得较好的发展。清代天津的屯田为后来这些地方成为稻田产区奠定了基础。后又有淮军统领周盛传在小站开垦营田，种植出闻名遐迩的"小站稻"。历史上天津水资源丰富，为农业的发展提供了有利条件。[①]

但是，随着近代天津人口的迅速增加，天津生产的粮食已经不能满足本地的需要。同时不断发生的战争，严重破坏了农业的正常生产。近代以来的自然灾害更是破坏了农业的发展，水灾、旱灾、虫灾等各种自然灾害接踵而来，使得农业出现连年歉收的严重状况。这样，要解决天津城市人口的吃饭问题，就不得不从附近省份及南方产粮的江苏、安徽等省份输入粮食。咸丰九年，僧格林沁督兵大沽口，兴水利营田四千余亩。同治二年，兵部侍郎三口通商大臣崇厚垦水田，新开稻地一千余亩，同治五年，崇厚于军粮城大小马场垦稻地五百余亩。尽管天津农业在一定程度上在某些地方得到了开垦。但是为了解决京畿地区的粮食问题，清政府不得不在天津设立仓场存储粮食。朝廷命大臣分赴天津会同仓场侍郎在此验收。咸

---

① 天津市政协文史资料研究委员会等编：《近代天津图志》，天津古籍出版社2004年版，第2页。

丰二年后成为常例。据史料记载："道光二十六年运江苏漕白米一百五十六万石，道光二十八年运江苏漕白米二百〇九万六千四百三十余石。咸丰二年运江苏漕白米一百〇六万二千一百六十余石，三年运江苏漕米八十一万八千二百七十余石，浙江漕白米五十八万六千五十余石……咸丰十一年运江苏漕白米三万三千三百九十余石。同治三年海运江苏漕白米十一万八千八百九十余石……同治八年海运江苏漕白米六十七万二百〇三石，浙江漕白米三十三万一千一百六十余石。"① 由史料我们可以看出清朝时期京畿地区的粮食供应主要是来自产粮大省江苏，其次是浙江及南方部分产粮区。到了民国时期，天津人口进一步增多，粮食主要靠外地的产粮区供应。"直隶省之粮食：胜芳米最珍贵，价重京师，南京高机米、无锡清水米、怀远江米畅销天津。白麦：大名最著。山东禹城、藤县、济宁。河南卫辉、新乡、道口运津者益多。洪麦：兴清最著。徐州，藤县亦多，由津浦路运来，其次则台庄花麦为廉。小米：沿北运河者，颗粒较大，上河一带多有供各县民食。玉米：由奉天运来，北运河一带出产亦盛，近由京奉路运来施赈。大豆：京奉、京绥皆运载来津。高白麻：由津浦路宿迁运来。"② 由此可见，天津粮食主要从外地输入。

（二）工业发展状况

天津的工业是在近代才发展起来的。"先年仅织造各样露酒清酱及草帽编织席，摘鬃、梳牛羊皮等粗工，从无督劝之者。"③

19世纪中叶以后，天津社会经济发生了深刻的变化，最突出的是近代机器工业的诞生。天津是北方首要重镇，拥有交通便利、原料充足、腹地辽阔和西方技术传入较早等条件，工业发展比一般城市快，在经历了80余年的曲折发展后，天津终于从一个商业发达城市演变为我国第二大工业城市。

天津的近代经济是在外国资本主义入侵后发展起来的，尤其是近代资

---

① 吴惠元、蒋玉虹、俞樾：《续天津县志》（卷六·海防兵制），同治九年（1870）刻本，第7—9页。

② 林传甲总纂：《大中华直隶省地理志》，武学书馆民国九年（1920），第48页。

③ 集思堂居士：《天津县地理教科书》民国（1912—1949），天津普文出版社石印本，第10页。

本主义产生和发展以后。① 天津的工业发展不仅与外国资本主义的侵入相关联，而且与天津的"洋务"建设和尔后的"北洋实业"密不可分。19世纪60年代洋务运动开始后，天津成为清政府开展洋务运动的重要基地，北方洋务运动的中心。李鸿章担任直隶总督与北洋大臣的二十余年期间，他在总理衙门的支持下，创建了天津机器局、大沽船坞、轮船招商局等一系列军事工业和民用企业，这是近代天津工业发展的开端。随着近代经济的发展，天津的民族工业也悄然兴起，天津第一家近代民族企业是时任轮船招商局总办的朱其昂于1878年开办的怡来牟机器磨坊，连同此后出现的天津织绒厂成为首批民族资本主义企业。"在资本主义入侵的影响和刺激下，一部分商人、地主和官僚1895年后在天津开始办近代工业。如天津造胰公司、北洋烟草厂、北洋火柴厂、中西医制药厂、万益织呢厂以及榨油、面粉、造纸、织布等工业先后建立。这些商人、地主和官僚成为中国早期的工业资产阶级。"② 此外还出现了诸如天津自来水公司、天津硝皮厂、天津织呢厂等企业。

20世纪初期，天津成为清政府推行"新政"的试验基地。袁世凯督直期间利用清政府实行新政的机会，派周学熙开设了各类工厂来推动直隶全省的工业建设。在袁世凯的大力支持下，北洋实业发展极为迅速。直隶工艺总局是其成功运作的一个典型事例，工艺总局下设工艺学堂、实习工厂及考工厂。工艺学堂聘用日本人、英国人等培养中国技术人才。这所学堂培养出化学和机械制造技师一百五十余人。附设的实习工厂培养出工徒六七百人，并有多省学徒自费来学习。"在直隶工艺总局的倡导下，天津还出现了一批官助商办的近代企业，如天津染织缝纫公司、天津造胰公司、华艺啤酒公司、海北（制盐）公司以及织呢厂、玻璃厂等，此外尚有未入官股的'民立工厂'十一处"。总之，在直隶工艺总局提倡"大兴工艺"的一段时间内，天津地区因受其影响而陆续开办的民族资本企业有几十家，资本在万元以上的达到二十一家，在天津出现了民族工业发展

---

① 据民国20世纪30年代宋蕴璞所编纂《天津志略》记载：天津地处九河下梢，为工业繁盛之区，不难从想象得之。然从史的方面观察，天津工业发展最要之关键，当在清季末叶。庚子以后欧西各国挟其物质文明以俱来，乃令我有趋重改革之倾向。工业之由手工业蜕变为机器工业，由家庭工业而进为工厂工业，实萌蘖于此。

② 纪广智：《旧中国时期的天津工业概况》，《北国春秋》1960年第2期。

的短暂高潮。时人对近代工业的兴起给予了很大的期望，他们高兴地评论道："近则设立工艺学堂、教养局、考工厂、龙球烟草公司，小学堂又设手工一门，半日学堂设纺织等机，而女红亦渐用机器缝纫，工艺之进步，可翘首而待也。"[①] 1914 年的天津，各类工厂已达百余家，在北方居领先地位。[②] 从 1895 年到 1919 年，外商投资的企业约有五十六家。

第一次世界大战期间，由于帝国主义放松了对中国的经济侵略，从而使中国的民族工业得到了快速地发展。这个时期工业的发展主要表现在纺织业和面粉业两个领域。在第一次世界大战到 1922 年期间，天津成为国内棉纺织业发展最快的城市之一，天津成为仅次于上海的全国第二大纺织工业城市。1925 年天津成为全国面粉产业的一大中心。在此期间，天津的火柴业也发展起来，天津火柴远销至华北、华东等许多省份。化学工业也发展得较快，1915 年范旭东建立久大精盐公司。1920 年在塘沽创办永利碱厂，成为我国最大的制碱工厂。1914—1925 年天津的棉纺、面粉、火柴、化工等工业建厂二十六家，资本总额达到了二千九百二十六万元，与一战前相比增加了 135%，资本总额增加了 693%，一跃成为仅次于上海的我国第二大工业城市，民族工业在全国居第二位。近代天津工业的兴办，为近代天津积累了大量的财富，为人们在灾荒战争期间的救助提供了大量的资金。

（三）商业发展状况

据记载，"天津为九河下游，可耕之地固少，聚处之租实繁，为水陆通衢，是以逐末者众"。[③] 由于地缘的原因即天津可耕的土地不多，再加上近海，盐碱地较多，不适宜农作物的生长。但天津由于具有便利的水陆交通条件，于是，人们趋利避害，更多的人选择了经商，以此来养家糊口。同时，由于明清统治者定都北京后，都在天津驻有重兵，为解决北

---

① 集思堂居士：《天津县地理教科书》民国（1912—1949），天津普文出版社石印本，第 10 页。

② 天津市政协文史资料研究委员会等编：《近代天津图志》，天津古籍出版社 2004 年版，第 72 页。

③ 朱奎扬、张志奇、吴廷华：《天津县志》（卷之十三·风俗物产），乾隆四年（1739），第 2 页。另据李梅宾、吴廷华、汪沆：《天津府志》（卷之五·风俗物产），乾隆四年（1739），第 1 页记载"天津无沃田，人皆以贾趋利。地当街要，人杂五方"。也说明了天津地贫及交通的便利。

京、天津粮食供应，更加重视漕运、海运，并在天津设立了粮仓，天津成为南来北往运输的重要中转站。久而久之天津成了北方重要的商埠。由于南北运河交汇于天津，航运便利，沿河一带的天津北门外、河北大街等地，首先形成了天津早期的商业区。正如《津门杂记》中记载的那样："天津卫，好地方，繁华热闹胜两江。河路码头买卖广……不种田，不筑厂，空手赤拳即可把钱想。"①

天津早期商业多经营广，以杂货、粮食布匹、南纸文具、茶叶海味、颜料丝绒等为主。伴随着天津开埠及近代工业的出现，又涌现出了新的商业门类。在商业发展的刺激下，各种服务业也日渐发达起来。饭店、旅馆、理发、照相等行业大量涌现。同时，街市、摊贩遍及街头。"商业的繁荣必然带来金融业的发达。天津早期的票号、钱庄、汇兑庄等金融机构，因天津工商业的发展而兴起。以后随着近代工业的出现和发展以及对外贸易的日渐兴旺，天津相继出现了数十家官办、私办银行，对天津及北方工商业的发展，发挥了重要作用。"②"漕运驳船的设置，在客观上起到加强天津与运河沿岸及海河流域各地的物资交流和商业往来的作用，促进了天津地区商品经济的活跃。"③漕运开通后，天津作为运河北端的漕粮运转中心，大批土特产均来天津卸货，然后以天津为基地再转卖到北京或北方其他各个商业贸易场所。每值漕运季节，南船北至，帆樯络绎。各地商人也携带着北省的土特产履河而来，一时间，市声鼎沸，百货云集。天津凭借漕运发达的地理优势，汇集了南北各地商品，商品的大量涌入及运出，为天津城市商业经济的发展增添了活力，直接促使天津在短时间内，发展成为中国北方商品集散中心和商业贩卖中心。

除了凭借漕运从南方贩运粮食及日用消费物资外，船户们还向辽东贩运粮豆。1684年，清政府取消了海禁。这一政策极大地促进了天津的商业贸易。首先，商人们开拓了从天津到辽东的运粮航线。天津去辽东的运粮船日益增多。到乾隆初年，天津的运粮船猛增至三百余艘。到了嘉庆、

---

① 张焘：《津门杂记》（卷下），天津古籍出版社1986年版，第102—103页。
② 天津市政协文史资料研究委员会等编：《近代天津图志》，天津古籍出版社2004年版，第102页。
③ 天津社会科学院历史研究所、《天津简史》编写组：《天津简史》，天津人民出版社1987年版，第58页。

道光年间更增至六百余艘，运粮达到了一百万石以上，光是沿海以搬运为生的贫民就达到了数万人。粮商在天津的经营获得了丰厚的利润。"粮字号买手最吉祥，年深也把船来养，一年四趟，锦州牛庄，荒年一载大沽光，一只可赚三只粮。钱来的涌，职捐的狂，蓝顶朝珠皆可想。"① 足见天津粮商的富有以及往返辽东运粮的丰厚利润。天津粮商在天津的商业界中占有重要的地位，他们对保障天津日常居民的消费有着重要影响，并且随着近代天津人口的大量涌入，他们对维持居民的吃喝消费，社会稳定有着不可替代的作用。其次，天津至南方闽粤航线得到了开发。无论南运货物还是从北方运回的货物，获利均在三倍以上。这些商品贸易成就了当时天津的一批贸易中心。如天津针市街就是当时的贸易中心，这个名不见经传的地方，因为广货的北来，特别是缝衣针大量的交易，在这里形成了批发、零售等业务，这个地方也因此有了这么一个有意思的名字——针市街。

到了清代中叶，天津的各行商业与市廛出现了一派繁盛的景象，特别在北门以外，商贾云集，栈房林立，专门性的街道和市场纷纷出现。最繁华的地方要数估衣街与针市街，白天游人如织，夜晚灯火辉煌。并且在东门外和北门外各有洋货街一条，专门经营西欧各国的舶来品。天津近海，出产海盐。"天津县风俗开通，人知尚义，多业盐及行商者。"② 盐商们凭借其所获得的垄断特权，把持了长芦盐的生产与销售，获得了巨大的财富，他们富可比王侯将相。他们把赚来的钱投资于商业、钱庄、土地及兴办慈善事业。

1860 年签订的中英《北京条约》规定，清政府开放天津为商埠。"天津开设通商口岸，始于咸丰十年庚申之秋，准其西洋诸国永租地基，建屋贸易。自紫竹林前至东北沿河一带，为法国租界，房舍尚未盖齐。紫竹林南，自招商局码头以下，地名杏花村之处，为美国租界。居中之地位英国租界，东以河为至，西以海大道为至。街道宽平，洋房齐整，路旁树木，葱郁成林。行人蚁集蜂屯，货物如山堆垒，车驴轿马，彻夜不休。电线联

---

① 张焘：《津门杂记》（卷下），天津古籍出版社 1986 年版，第 102 页。
② 视学编纂：《直隶风土调查录》，商务印书馆民国五年（1916）版，第 109 页。

成蛛网，路灯列若繁星，制甚得法，清雅可观，亦俨如一小沪渎焉。"①

随着外国殖民势力的侵入，外国资本家在天津的贸易获得了进一步的发展，侵略者在天津开办起了洋行。到光绪初年，紫竹林界和城厢一带洋行林立，其中包括了英商的怡和、太古；俄商的阜通、丰顺；德商的世昌、信远；法商的启昌；美商的丰昌等共约三十家。这些洋行利用他们在鸦片战争中所获得的巨额利润及其不平等条约中所获得的特权进行着各种商品贸易的经营。这些从事各种业务的洋行还在内地设立了众多的分支机构。就连处在偏远西北的宁夏、内蒙古、陕北等地的皮毛也通过陆路及水路等各通道源源不断地运往天津，继而输往国外。这就形成了以天津为中心的商业贸易经营网络。

抗战前，天津的对外商业贸易达到了空前规模。大小贸易行共计二千六百八十六家（其中贸易商九百四十九家）。作为帝国主义在华北进口商品的销售中心和集散地，1932 年天津的洋货直接进口贸易居全国第二位。在转口贸易中，1936 年天津转入出口贸易占华北地区总额的 46%，在华北的转口贸易中占第一位。由于贸易的发展，天津的货栈业达到了战前的全盛期。货栈业的发展，极大地促进了贸易与工商业的发展。到抗战前夕的 1936 年，天津城市经济已发展到了前所未有的高峰。

总之，纵观民国建立初期到全面抗战爆发这段时间，天津的商业贸易获得了很大发展，商业经济的发展带动了工业、金融等各行各业的发展。

第二节　天津传统慈善社团状况

一　天津慈善兴起的原因

慈善事业的兴起，在我国具有深厚的历史渊源。在商代建立以前，商汤在其统治境内即实行"夷境而积粟，饥者食之，寒者衣之，不资者振之"的政策。商汤的赈恤饥寒的措施，大概可视为中国慈善事业的滥觞。②《周礼》一书也有"以保息六养众民"的记载。为了稳定社会，救助贫苦无依者，历代都有各种慈善事业的创办。

---

① 张焘：《津门杂记》（卷下），天津古籍出版社 1986 年版，第 120 页。
② 王卫平：《论中国古代慈善事业的思想基础》，《江苏社会科学》1999 年第 2 期。

春秋时期，儒家提出了"仁爱"的思想。孔子以"爱人"来解释"仁"，并提出了"仁者爱人"的学说。为了实现"仁"，人们必须惩恶扬善，心怀慈悲。孟子发展了"仁"的思想，指出了恻隐之心等四种善端是引导人们扬善抑恶的力量之源。善应成为人们日常生活的一个做事准则。

"慈善"一词是佛教传入中国后才使用的。佛教于西汉末年传入中国，它宣扬修善功德观、因果业报说、慈悲观念三个方面。慈悲精神贯穿了佛教的全部教义，成为佛教投身慈善事业的理论基础。中国佛教的著作，大多以慈悲为出发点，用慈善为指导思想，规劝世人重视慈善事业。[①]

作为土生土长的道教，也宣传恶报，要人们向善。因果报应思想在我国从古至今都有着很深的影响。据黄永昌研究："《易传》中就有'积善之家，必有余庆；积不善之家，必有余殃。'的说法，道家继承与发扬了这一思想。东汉道教产生时，其理论著作《太平经》就提出了'乐生、好善'的教义，还提出了'承负说'，宣扬善恶相承负，现世的福是先人行为的结果，又会影响子孙后代。传统的儒家、道家和佛家文化中均体现了丰富的慈善思想，并成为中国慈善思想的三大来源，共同推动着慈善事业的发展。儒、释、道等不同的思想，到唐宋后逐步实现了三教合一。晚明以后，儒、佛、道思想日趋平民化。"[②] 在长期的冲突与融合后，三教之间特别是慈善思想已经相互渗透。

为了配合儒、释、道等理论的宣传，民间还出现了宣扬伦理道德、劝人为善的善书。早期的善书，只是一些简单而零碎的宗教道德观念。善书包含了儒、释、道三教的内容，但是主要以道教思想为主。由于善书劝人们遵守伦理道德，行善积福，有利于社会的稳定，有利于统治阶级的统治，因此得到了统治者的重视与大力扶持。善书在民间广泛流传，几乎达到了家喻户晓的程度，宋代著名的善书有《太上感应篇》《文昌帝君阴骘文》《关圣帝君觉世真经》，这三部书并称为"善书三圣经"。慈善救济为统治者所认可，成为他们治理国家的一项惠民政策。宋代以后更成为国家的一项制度而固定下来。

---

① 郑碧强：《佛教慈善思想的内涵》，《中国宗教》2007 年第 6 期。

② 黄永昌：《中国传统慈善体系简论》，《华中师范大学研究生学报》2009 年第 3 期。

总之，由于传统的儒、释、道及其与之相应的善书的宣传适合了历代统治者统治的需要，他们给予了大力扶持，这使得慈善思想在民间广为流传，共同构成了强烈的社会舆论背景，推动着慈善事业的发展。

上述慈善思想的来源是促进全国各地慈善活动蓬勃兴起的一个重要根源。但天津慈善思想的兴起更有众多的地方因素。首先，外地来津做官的官员们的提倡。天津自从建卫后，由于它特殊的地理位置，处于河运、漕运的重要枢纽地位，政府开始更加关注对此地的建设。由卫而州而府，区划不断变大，庞大的官僚机构开始形成。历代天津的最高长官，他们主要从南方及其他一些发达地区而来，如长江流域的江西、江苏、安徽及陕西、河南等要地，这些地区不仅经济发达，而且历史文化比较悠久，慈善事业在这些地方已经成功地开办起来。来天津上任的官员，为了维护天津社会的稳定，把其所在地方的一些管理社会的制度及措施带了过来，慈善思想就是其中之一。儒家思想作为历代统治阶级治国安邦的正统思想，深深地影响着历朝历代的知识分子。在古代学而优则仕，那些读书人，一旦做了官，就很重视儒家思想在治国安邦中的重要作用。他们提倡儒家"仁爱"的思想，对贫苦人实行慈善救济成为他们施政的一项重要实践。其次，佛教、道教在天津建立了众多的寺庙与道观，并在天津形成了大批的信众，这使得二教的慈悲思想得到广泛普及，实现了对民众的教化。"神道设教，圣人不废；劝善惩恶，亦可以佐政刑之不逮。"[①] 这句话道出了寺庙道观设置的作用，即劝人行善避恶，同时更有利于维护社会的稳定，弥补政刑所达不到的效果。天津建造的寺庙主要有：涌泉寺、观音寺、望海寺、慈惠寺、板桥寺、稽古寺等，观音太虚观、朝阳观、天妃宫、灵慈宫、玉皇庙、城隍庙、三义庙、关帝庙、三官庙、真武庙、晏公庙、药王庙、马神庙等，庵有甘露庵、育德庵等。以上各寺庙道观密集地分布于天津各区村道，而且各场所活动兴盛，人们常出入这些场所，深受他们所宣扬的教义的熏陶。人们心中形成了与人友善，扶危济困的思想，在善风的熏陶渐染下，慈善思想作为封建统治阶级的一种意识形态逐渐成了人们的一种价值观。再次，天津交通便利，冠于北方。特别是天津对外

---

① 薛柱斗、高必大：《天津卫志》（卷之三·宫庙）清（1644—1911）抄本，第72—74页。

开埠后发生的巨大变化，使得人民见闻益广，周知外界情事。所以，天津人性善于摒旧革新，适应世变，常得风气之先。① 最后，政府的影响。由于天津处于京畿的特殊位置，离统治阶级所在的北京很近，所以每当天津地区遭受各种自然灾害时，消息都会及时被统治阶级得知，为了稳定社会秩序及履行政府的职责，政府必先进行解救。略举几例以说明。"乾隆三十六年加赈天津等十一州县被水极次贫民一月口粮，蠲免三十四年民借未完谷石……乾隆四十年展赈天津等十六州县被灾极次贫民两月口粮。"② "嘉庆十三年缓征被水堪不成灾天津等二十州县钱粮……道光元年，缓征天津被水宜兴埠等二百三十二村庄钱粮……"③ 政府赈济灾民的举措，也深深地影响着津埠富裕的地主士绅阶层，同时政府也积极号召富裕阶层举办慈善活动，并给予一定的奖励或功名，而这当中特别是功名，是富裕阶层的士绅们所梦寐以求的。经济上处于优势的地位，反映到政治上，他们必然也需要参与到统治阶级的行列，要求分享政治权力，取得统治阶级的话语权，而举办慈善可以取得一定的功名，恰巧满足了他们的这个需要。因此，他们也在人民困乏之时经常举办一些慈善救济活动。

二 天津传统慈善社团

天津传统慈善团体的发展经过了一个由弱小到强大，由国家倡办到私人创办，在继承中沿着简单到复杂的发展过程。从明末至清朝建立前期，先后出现了以下慈善社团。

表1—1 明末到清初天津慈善社团

慈善社团名称	慈善社团概况
养济院	天津最早的官方救济机构，清廷接管后延续至清末，到光绪年间收养孤贫44名

① 庚子事变之后，有志之士，痛感国势日衰，遭受外国列强欺凌，知非大兴教育，不足以开通民智，抵御外侮，于是盛倡毁寺兴学，在天津开办了大量学堂。
② 吴惠元、蒋玉虹、俞樾：《续天津县志》（卷首·恩典），同治九年（1870）刻本，第64—65页。
③ 同上书，第67页。

续表

慈善社团名称	慈善社团概况
水会 （救火会）	康熙初，贡生武廷豫创立同善救火会。雍正初，盐政莽鹄立捐置救火器具。查日乾创立上善救火会。厥后，士民续立者凡数十处
育黎堂 （养病堂）	设立于康熙二十六年（1687），靳赞戎及诸士绅在天津西郊三官庙东建。乾隆四年（1739），天津道陈宏谋、知府程凤文、知县朱奎扬各捐俸银，将育黎堂改为普济堂

资料来源：《中国地方志集成》（天津府县志辑 3）；《民国天津县新志》（卷十二·善举）；《津门杂记》（卷中）；《天津文史资料选辑》（总第六十五辑）。

此外，还有清初官府在三岔河口附近创办的孤贫院，康熙年间邑人李廷秀在西门内白衣寺创办的施棺局。

表 1—2　　　　　　　　　　清代中期天津的慈善社团

慈善社团名称	慈善社团概况
普济堂	乾隆四年（1739），天津道陈宏谋西关外创设（原育黎堂）。
留养局	乾隆二十年（1755），知县陈宏谋设城内设 1 处、西关设 2 处。另据记载天津县留养局六所在城局、西门外柴厂、葛沽、西沽、西关杨柳青。知县陈宏谋倡同输银一千〇五十两。于乾隆二十年商领营运，月息一分五厘，岁收息银一百八十九两，每岁由盐商捐银二百两
馈馈会	乾隆年间，邑绅周自邠在西关外设立馈馈会。散给三冬无食贫民，每人日给馈一个，计重一斤，百日为度。每岁约有三四万口。需项出于官商捐助
河东施馈会	散给河东一方。需项出于洋药抽厘
救急会	乾隆年间，邑绅周自邠等设立
天泽会	乾隆年间，总督方观承创立，主要通过官捐与绅捐，在静海陈官庄购买土地 19 余顷，土房 45 间
捞埋浮尸局	乾隆年间，知县熊恩绂在盐关海神庙设，捞埋浮尸。此外，还有嘉庆年间僧人觉彬在城东挂甲寺及沈朝琮所创设的 2 处

续表

慈善社团名称	慈善社团概况
掩骼会	乾隆三十六年（1771），邑人华龙藻在城西南设。另据记载，掩骨会有义地数处埋葬异地贫民。在城西、城东设立义地三处，埋葬无茔地棺木，每年春秋二季着人各处捡取暴露骨骸，又名"拾骨会"。另据学者任云兰研究，掩骨会还有乾隆四十年（1975）阎致德所创掩骼社，嘉庆六年致德昌、嘉庆七年徐高行所创掩骼社。所以此阶段掩骼社有 4 处
天津县育婴堂	乾隆五十九年（1794），巡盐御史征瑞在东门外设
放生社（院）	设立于河北大悲院
惜字社	乾隆年间始设立。有广文、崇文、兴文、郁文等社，及"采取"、"拾遗"会等多所。由捐项生息充公
救生会	嘉庆年间，邑人在北浮桥、东浮桥、西沽浮桥设救生会 3 所。救生会捐设船只，雇用船夫，随时巡逻拯救落水者，北浮桥"捐设小船一只，雇长夫二名，月给工食，随时拯救"，东浮桥"公捐小船四只，分巡拯救"
泽尸社	道光七年（1827），邑人李明远在城西设，遇有饿殍则掩之以席，每值隆冬乃捐资购粮，磨麦蒸馍，惠及贫寒者
西延生社	道光年间，邑廪生寇露滋（兰皋）、陈位端、沈宜之及张静波等在西关外创设。每岁自冬至起，来年仲春止，每人日给薄饼一枚。道光庚戌，经长芦盐运使将芦商生盐中每岁捐钱千吊
殓埋社	邑人甄起顺、侯珍、张有、法来等在城西慈惠寺设，时间不详。凡贫寒之家力不能营办殓埋者，社中即备费前往代为料理
育婴堂	初称娃娃堂。乾隆五十九年（1794），津郡被水，婴孩之弃而弗养者甚多，周自邠见而恻之，为之起屋宇，觅乳妇。长芦盐运使稽（穧）承志知其事，乃具详长芦盐政征瑞，奏请于邑之镇海门外，建立育婴堂，即于运库岁拨经费五千两至七千两，即以周子邠主其事
馍馍会	旧为金姓者倡立，邑绅周子邠、寇兰皋等踵行其会，以蜀秫蒸作馍馍，风雪日于起更时，会中人分赴西门外各小店，遇贫人、乞丐人给二枚，病人、产妇加给钱文

　　资料来源：《津门杂记》（卷中）；光绪《重修天津府志》（卷七·恤政）；任云兰《近代天津的慈善与社会救济》；《天津事迹纪实闻见录》；同治《续天津县志》（卷八·风俗·附义举）；《天津政俗沿革记》（卷十二·善举）。

通过这两个时期慈善社团的数目，我们可以很明显地看出明末清初是天津慈善社团建立和初步发展阶段，该阶段慈善社团最初是从明末直隶巡抚李继贞（崇祯十二年任）创办养济院开始的。清朝建立后，政府在天津开设了孤贫院，对那些孤苦无依的贫苦人进行收养救济。在政府的倡导下，地方士绅也开始在天津办起了最早的慈善社团救火会以及育黎堂。明朝建卫，天津卫作为一个重要的行政单位，开始得到统治阶级的进一步重视，在该地建立慈善机构。从此，天津的慈善日益兴旺发达起来。从天津举办慈善的历史进程来看，天津的慈善远远落后于经济比较发达的江南地区，这与天津所处的地理位置有着极大的关系。明清以前，它远离统治中心，一直处于历代统治的边缘，一切的发展都被边缘化。明朝迁都北京后，天津作为重要的军事要地，才得到统治阶级的进一步重视。从雍正到道光朝是天津慈善组织的大发展时期，这个阶段天津慈善社团无论在数量，还是救济对象的范围，慈善团体的规模等方面，都较以前有了很大发展。从慈善救济方面看，清朝代替明朝是一个历史的巨大进步，清朝统治阶级更加注重对社会弱势群体的关注与救济，天津慈善事业的发展也达到了前所未有的速度，在该时期全国慈善事业的发展史上，都是有口皆碑的。

对慈善社团我们从三个方面进行考察。

首先，慈善社团的组织者。"善举者何？地方人做地方事，人民自治之一端也。"① 从明末到清朝中期，该阶段慈善团体最初的组织者是国家。天津最早的养济院就是由明朝政府举办的。清初天津的官办慈善社团又增加了一所收养老弱无依之人的孤贫院。这个时期慈善组织的创办已经由官府为主体转移到了民间，救火会的组织者武廷豫，出身为贡生，参与者莽鹄立为盐政官员。上善救火会的组织者查日乾为盐商。而育黎堂的组织者、为取得名位的靳赞戎及其他津埠士绅，得到了政府的经济补助，政府官员开始参与到该组织的管理。从明末到清初，这一阶段慈善组织数量较少，这一时期是天津慈善组织建立和初步发展阶段，组织者主体主要为国家，受其影响民间开始参与。清朝中期是天津慈善社团获得突飞猛进的发展阶段，这一时期成立了二十多个。有的慈善组织是在原有规模基础上的

---

① 王守恂：《天津政俗沿革记》（卷十二·善举），南开大学出版社 2001 年版，第 59 页。

继续和扩展，如育黎堂在乾隆四年得到了天津道陈宏谋、知府程凤文、知县朱奎扬的赞助而改名为普济堂。有的慈善组织如饽饽会、河东施馍会、育婴堂则是由政府倡导，民间士绅自行创立，并得到了政府的资金支持。有些民间慈善社团如救急会、捞埋浮尸局、掩骼会、惜字社、泽尸社、殡埋社、馍馍会等是由民间士绅及其他热心慈善的人士自行倡办，资金主要源于主办者。一些拥有巨大财富的士绅还办起了多个慈善组织，寄生所为天津李善人李春城所办，他的正妻吴氏平时就吃斋念佛，还经常买一些鸟、鱼等生物放生。"李家对天津各地的庙宇，更是大肆布施，广结善缘，每到冬季施舍棉衣、小米粥。天津各县附近闹水灾，各地逃到天津城里的难民找到李家门口要饭或求助，李家也多少给予救济。"①后来，李家又在东南角草厂庵开设粥厂，专门收容乞丐。李春城死后，他的儿子李士铭、李宝成两代继续办善举。清末北直一代水旱频繁，政府或天津士绅经常办一些赈济，需要社会上有声望的人来主持，李家人往往出面主持大局。

其次，慈善社团的赈济对象。慈善社团的赈济及收容对象：一个来源是天津当地的下层贫苦农民。在封建社会，由于生产力低下以及土地兼并的原因，天津一般下层民众食不果腹、衣不蔽体，终日挣扎在饥饿线上，不少人竟至死后无法葬身，所以当时天津有名目繁多的慈善社团，如恤嫠会、育黎堂、育婴堂、施馍会、寄生所、捞尸会、抬埋会、掩骨会、义阡局进行施放棉衣、施治各种疮症、施舍棺木……另一个来源是天津附近省份来津谋食的难民。在残酷的封建压迫下，广大人民无力抵御天灾，每遇荒旱沥涝，天津四周的灾民便纷纷逃徙，以致颠连而无所依归，大部分只得来津就食，天津遂成为直、东两省难民的集中地。如同治十年（1871）大水，天津城上难民达五千余口（"津邑无名氏周济"条）。光绪二年（1876）直、东荒旱，乐陵一带"居民困颠，连日不举火者半，日食一餐者半，且树叶、树皮民悉尽食"，"男妇就食天津者不计其数"（见"英国牧师筹赈山东实情"及"刘道宪请赈"条）。有的慈善组织进行的活动，施助活动不局限于对象，如捞埋浮尸局工作对象为那些被水淹死之人，救

① 中国人民政治协商会议天津市委员会、文史资料研究委员会：《天津文史资料选辑》（第七辑），天津人民出版社1980年版，第74页。

生会施救对象为经过北浮桥、东浮桥、西沽浮桥而不小心落水之人。总的来看，本阶段慈善组织的实施对象主要为贫苦无依之人。

天津慈善社团发展的特点。一是初期慈善社团数量少，种类单一。天津城内慈善组织的发展，从明末直隶巡抚李继贞（崇祯十二年任）创设养济院开始。明末至清初是天津慈善组织的创始时期，共创办慈善组织5所。"慈善组织主要以孤贫和流民为救助对象；慈善组织的性质以官办养济院为主，官倡民办组织开始创立，但官吏在慈善组织的倡办、资金筹备和持续运行等方面仍扮演着重要角色。"① 无论官办还是民办慈善组织，此时的规模都很小，养济院成立后，孤贫定额只有44名，官设的孤贫院也只定额为60名。康熙、雍正年后，慈善组织得到了进一步的发展，官倡民办的慈善组织开始出现，第一个官倡民办的慈善组织乃是育黎堂，它弥补了养济院与孤贫院收养贫民的不足，主要救助二者不能容纳的贫民与流民。育黎堂是清代前期天津民间慈善组织建立的开端，开民间办理慈善之滥觞。二是官民合作的趋势逐步加强。天津慈善团体由最初公办的养济院开始，到清初天津慈善组织发展到5所。民间慈善组织规模开始超越了公办。清初国家统一，社会安定后，各省府州县一级，慈善机构的设置更加普及。这一时期天津慈善团体发展到二十多个，该阶段天津慈善组织的创办者明确是民间士绅者共十多所，占总数的一半以上，说明清代中期以来，民间慈善事业已经成为天津慈善组织发展的主流。这些民办慈善组织中，普济堂、饽饽会、河东施馍会、西延生社、育婴堂等均得到了政府的资金支持，官民合作的趋势进一步加强。慈善机构的规模进一步扩大，留养局有多处，分布在天津不同的地方。天泽会在静海县买地十九顷二十七亩，拥有土房四十五间。育婴堂官民合作最为明显，长芦盐运使嵇承志详奏盐政徵瑞后，由运库岁拨经费五千两至七千两，由周子邠主管其事，后得到了盐运使恒庆，盐运使恩福及天津县黄世熙、严克宽等士绅的捐助。三是慈善团体创办的集中性。清雍正三年（1725）天津卫升为天津州，六年后又升州为府，辖六县一州。天津城市得到了迅速的发展，人口进一步增多。清中期的慈善事业也得到了很大的发展。据郝红暖统计，该阶段共创设慈善组织17所；即乾隆四年天津道陈宏谋于西关外创办的普济堂，

① 郝红暖：《明末至民国前期天津慈善组织的演变与特点》，《安徽史学》2011年第6期。

乾隆二十年知县陈宏谋于城内及西关外创办的 3 所留养局，乾隆年间邑绅周自邠在西关外创办的饽饽会，乾隆年间周自邠等创办的救急会，乾隆年间总督方观承创办的天泽会，道光年间邑廪生寇兰皋在西关外创办的西延生社。"乾隆年间知县熊恩绂在盐关海神庙创办的捞埋浮尸局，乾隆三十六年邑人华龙藻城在西南创办的掩骼会，道光七年邑人李明远于城西创办的泽尸社，邑人甄起顺等在城西慈惠寺创办的瘗埋社、乾隆五十九年巡盐御史征瑞在东门外创办的天津县育婴堂，嘉庆年间邑人在北浮桥、东浮桥、西沽浮桥创办的救生会 3 所，河北大悲院创办的放生社（院），乾隆年间创办的惜字社等。此阶段天津的慈善组织是在原有基础上的延续，并孕育了新的内容，民间慈善组织的发展，使天津慈善组织的类型日益多样，诞生了天津本地的慈善家。"① 从这些慈善社团的成立时间来看乾隆朝占据了清朝中期天津社团成立总数的 60% 以上，这也是该阶段慈善社团创立比较集中的时期。乾隆朝天津慈善社团的创立与当时的社会稳定，经济的发展有着密切的关系。乾隆朝由于处在清朝历史上康乾盛世的繁荣时期，经过康熙、雍正二朝的励精图治，国家实现了大统一，社会稳定，生产发展，国家积聚了大量的社会财富。天津作为统治中心北京的门户，统治者更重视对天津政策的倾斜。加大对于社会的救助以体现统治者的仁慈和政绩。四是表现为中期慈善组织的多样性。早期慈善组织主要为对老年男妇残疾者的收养救济，而到了中期以后，对民间贫苦人群的施助不再局限于以前的规定。例如饽饽会在冬天散放穷人馍馍，每年施放人数达到了三四万人。由于天津河流众多，人们渡河常常出现危险，淹毙者甚多，针对此困难，民间成立了救生会 3 所，专门救护那些失足落水之人。而对于贫苦人家家人死去无力掩埋者，瘗埋社、天泽会、泽尸社、掩骼会则承担起了帮助贫困之家掩埋的责任。"以救助贫民与救荒为主要内容的济贫类慈善组织和以施舍棺木、掩埋尸体为主要内容的施棺泽尸类慈善组织分别有 7 所和 5 所，占该阶段慈善组织总数的比例分别为 41.18%、29.41%，两者合计达到 70.59%。这说明济贫、施棺类慈善组织是该阶段天津慈善组织发展的主要内容"。②

---

① 郝红暖：《明末至民国前期天津慈善组织的演变与特点》，《安徽史学》2011 年第 6 期。
② 同上。

第三节　近代天津慈善社团的
兴起

近代天津社团的兴起，是在鸦片战争以后。鸦片战争中清政府战败，打破了其天朝大国的神话，中国人开始学习西方。1860 年，第二次鸦片战争中清政府战败，中法《北京条约》签订后，法国天主教徒便着手在天津开辟传教活动基地。他们在天津办起了仁慈堂，大量收容幼婴，并开展施药、看病等活动。1868—1869 年一年之内"接受救济者五万六千人次；施药局就诊病人四万八千人次，医院就诊病人一百七十四人次；成年领洗者五十名，妇女望教者廿一名，妇女领洗者廿一名，将死婴儿领洗者二千名；寄养婴儿一百〇九名，育婴堂婴儿一百七十名；走读女生十九名。传教士谢福音为扩大传教的基础，广收教徒。他来津不到一年，就发展教徒二百余人。谢福音还深入农村，活动范围直达津南百余里之外的盐山、南皮一带"。① 1912 年，天津教区成立，天主教势力迅速膨胀，1912年已有教徒三万四千五百〇十七名，主教杜保禄 1912 年 9 月 21 日写信向华北遣使会会长罗德芳汇报：在天津归化的动向正在不停地发展，每星期约有十名成年人受洗。当时天津教会附属事业有"师范学堂四所、备修院一所、立案学校二所、男公学九十五所、女公学三十所、药理班六百二十五处、医院六所、孤儿院一所"。② 英美系统的几个大教派也纷纷派出了自己的传教团体来津，英国的圣道会、伦敦会以及美国的美以美会。这三个教派侵入天津后，争先开展传教活动。

义和团运动以前，公理会、圣道堂、伦敦会、美以美会等英美系统的大教派，基本上在天津已经有了基础，义和团运动以后，各教利用庚子赔款建立了更多的教堂，教区进一步扩张。为赢得中国人心，使传教开展更

---

① 中国人民政治协商会议天津市委员会、文史资料研究委员会：《天津文史资料选辑》(第二辑)，天津人民出版社 1979 年版，第 148 页。

② 中国人民政治协商会议天津市委员会、文史资料研究委员会：《天津文史资料选辑》(第二辑)，天津人民出版社 1979 年版，第 157 页。另据民国三十年编纂的《天津志略》记载：天主教在老西开有公教医院一处；义（意）租界有方济医院一处；小洋货街有养老院、育婴堂各一处，专收孤独老迈之人，养育之；老西开有女婴孩院一处，专收贫苦无依之女孩，教养之。

加顺利，他们在天津办起了教会学校、教会医院、教会慈善团体。例如伦敦会创办的马大夫医院，卫理公会修建的汇文学校、中西女中、汇文小学，救世军从事的救济、办粥厂、孤儿院、施诊活动等。通过查阅民国天津历史的相关资料可知，教会在天津实施的慈善活动活动在一定程度上挽救了众多中国人的生命。民国时期发生的重大灾荒，都有教会人员进行积极救助的忙碌身影。他们的慈善理念逐渐为中国人所认可与接受。

　　分布于天津的一些民间社团也开始从事慈善事业的活动。如清初传入天津的理教，1765 年由尹岩在永丰屯正式建立理教西老公所后，理教逐渐传遍了天津的四面八方，相继建立了许多公所。① 因此"西老公所在天津产生了一定的影响，它除了传播理教外，还开始办起了公益慈善事业，在光绪末年成立了一个专门的慈善机构——公善社，附设于西老公所内"。② 西老公所此后还陆续成立了一些慈善机构。③ 因此，西老公所在以后天津的慈善团体救济活动中也占有着重要的地位。

　　晚清到民国的一段时期天津慈善社团得到继续发展，是慈善社团近代转型的重要时期。这时期的慈善社团主要有：

表 1—3　　　　　　　　　　**晚清到民国建立前天津的慈善社团**

主要社团	社团概况简介
保赤堂 （牛痘局）	咸丰二年（1852），绅士华光炜在盐运署后所设，施种牛痘。另据记载，牛痘局在运署后，同治六年（1867），邑人候选治中华光炜立
寄生社	咸丰五年（1855），邑人李文照于城内贡院西济贫救荒。另据学者任云兰研究，寄生所创办人为李文照及其子李春城，冬季收养贫民和异乡人，每年收容六七百人

---

① 据民国三十年代出版的《天津志略》记载：理教在天津市建有男公所七十九处，妇女公所二十四处。

② 中国人民政治协商会议天津市委员会、文史资料研究委员会：《天津文史资料选辑》（第二十四辑），天津人民出版社 1983 年版，第 204 页。

③ 西老公所先后附设惜字、施材、施种牛痘、恤嫠等慈善事业，由会员组织，推由公善社负责办理之人。西老公所产屋来源多为信徒集资建筑，也有外租或典者。公所经费，逐月不一，会员集资随意。

续表

主要社团	社团概况简介
寄生所 （清修院） （存育所）	收养残废，周济困旅。皆绅士备立。施送各色丸、散、膏、丹，津城内外各善士家，往往备送。施送善书，如《阴骘文》《感应篇》《觉世真经》各种善书。俱由善士捐资印送，分文不取
东延生社	在河东元帝庙东。通商大臣崇厚设立。于洋药厘捐项下岁拨银约二三千两，为施馍之用
义阡总局	光绪元年（1875），运使祝塏据纲商杨俊元等禀，采买城西汪家庄迤西三教堂前地一段一顷零八亩及城东田家庄地一段计三顷零三十亩设立义阡总局，派立纲商总理其事。旋于二年饬纲议定，每年发给经费津钱二千吊，由领告项下动支。三年，据候选县丞王为桢称有自置荒田一段坐落城西南徐胡圈庄迤西北计地二十一亩，情愿输作义地。运署银匠陈宝光将自置种养地捐一顷以备掩埋。九年，天津道海关道会禀直隶总督批准义阡盐捐一款移拨工程局，由局中员董会同纲商经理，每年经费交工程局收用
备济社	总局设于河东关上孙家胡同，为光绪二年（1876）二月李绅士建立，集船捐、绅捐，共成斯举。捐款发典生息，本银不动。光绪五年，李世珍倡捐银五千两，严克宽、杨俊元、黄世熙、杨云章、李士铭等各捐银一千两。经筹赈局筹议，将本省外省华商海船贩粮来津者，每清斛一石捐银一厘。其社中一切事宜，责成公正绅士轮流值年办理，并禀请直隶总督李鸿章奏明立案
育婴堂分堂	同治十三年（1874），长芦运使季邦桢于东门外南斜街倡办，专门育婴。光绪十三年（1887），季榔桢倡议建设分堂，天津监生阎玉生倡捐银一千二百两并通纲集捐及运库筹拨，共购置大小房屋五十三间，岁需经费由育婴堂增发经费内拨给
恤产保婴局	在西门外。凡极贫之家新生子女无力抚养，准其报名，听候查验。初由善士创办，后移归广仁堂经理
恤嫠会	晚清，邑增生朱维翰所创，进行恤嫠。同治九年（1870），天津道丁寿昌访悉其事，与运使恒庆，津海关道陈钦署、天津府知府马绳武筹款拨充。以全节堂存有捐项章程，日久未定，丁寿昌恐此项渐致消耗或为他事挪用，商之邑绅提交当行生息，复收养穷嫠百人，并以船捐、盐捐两项并归当行，每年添收二十人。会内立主办人总查一人，帮办十二人，分段查访。一嫠妇月给钱一千五百文，其有翁姑年老而无别子放养者，加钱七百五十文，有子女小口者，加钱五百文。子届七八岁，送义学读书。子至十八岁即停恤。如系废疾者仍酌恤之。守节至三十年代满请旌表

续表

主要社团	社团概况简介
全节堂	在东门外南斜街。同治七年，署知府任信成创立，共房二十余间，垂花门内二十间，通商大臣崇厚、运使恒庆、天津道周家勋俱捐廉以助善举，拨上年捐赈项下余银五千两发当商生息，又于陈家沟船捐项下酌提二成，每岁约京钱千余缗，又各盐商按包捐制钱一文，每岁约京钱二千缗，均按月交付首事收养节妇贞女，无论流寓土著，先询明年岁门氏有无父母翁姑亲属子女详细登记，妇年在三十以内者方准入堂，有子女者准携带，男则附义学读书，纸笔等堂中筹备
广仁堂	光绪四年，由江南绅士于西门外所创，主要从事恤嫠、育婴、义学、工艺、力田、戒烟等
济生社	济生社，光绪十二年（1886），顾文瀚、李长清、何得润、金汝琪等所创设。以津邑自通商以来，四方来谋食者甚多，青年孀妇挨门乞讨，因设是社以周恤
同善舍	杨柳青安文忠设，文忠自光绪十七年（1891）筹办义学，又设施医院、恤嫠会、义地、义渡，其他如修坝以利行船，赈抚以惠疾苦。同善舍经费皆安文忠一家自备
引善社	光绪十八年（1892），刘廷璋在大仪门西创办，从事冬赈、义学、恤嫠、惜字、施药等事项
广济补遗社	光绪二十二年（1896），王肇泰、訾永泰及訾道康、王大元、李芳等所刱建于关下三官庙大街。主要从事惜字、施药、放生、义塾、冬赈、赈灾、恤嫠、出版善书
体仁广生社	光绪二十年（1894）四月，因天津四乡及唐山、遵化等处大水为灾，津绅顾梦臣及洋行典当商家发起赈济并在西门外南大道娃娃庄置有草房五十四间。主要从事恤嫠、恤产、施药、赈济文贫等
体仁放生社	光绪二十三年（1897），顾文翰于城西头设立，主要组织放生、掩埋暴骨
公善施材总社	光绪二十八年（1902），天津商人张月丹、唐聘九、刘培云、王雨洲、萧绍棠等于三区五所永丰屯西老公所内组织该社。从事施棺埋尸、恤嫠、种痘、惜字、抬埋等事务
公善抬埋社	光绪二十九年（1903）三月，天津商人张月丹等在西头场院大街西鱼市街创设，从事施棺埋尸业务

续表

主要社团	社团概况简介
教养所	光绪二十八年（1902），在东门内贡院创设，以向贫民传授技艺为主要业务
游民习艺所	光绪三十年（1904），于城西芥园监狱创设，以对监狱收容的游民、犯罪青年传授技艺为主要业务
济良所	光绪三十二年（1906），由绅士设立后改为县办，在城内义仓大街收养妓女或被虐妇女
广生社	光绪三十四年（1908），顾文翰等创办，从事恤嫠、济孤等事务
中国红十字天津分会	宣统三年（1911），徐华清、孙凤藻、金韵梅等于蒙养院设立，后移至吴楚公所，主要从事战地救济、掩埋尸骨、施医防疫、济贫、救灾等事项
育黎堂	在天津西门外。光绪十年（1884），因旧屋无多，不敷贫民栖止，兼值地方灾歉，饥黎日集，经长芦运使额勒精额详明，筹拨银二千一百余两，又将前在天津道任内存余银一千四百余两一并拨作添造房屋工费。嗣因经费尚绌，又经长芦运使季桭桢、天津道方培因详明，在运库商捐赈垫加价项下动拨银三千余两，先后共筹工费银六千五百七十五两一钱四分一厘七毫，委员修建
延生社	邑禀生寇兰皋创立，嗣因经费不敷，道光三十年（1850），经芦商华长祥等呈请盐运使杨需于商捐款内岁拨助钱数千缗，咸丰六年（1856），邑绅杨成锦捐资承办，俱尉文辅经理

资料来源：《天津政俗沿革记》（卷十二·善举）；光绪《重修天津府志》（卷七·恤政）；《津门杂记》（卷中）；《天津事迹纪实闻见录》；《采访册》；《天津文史资料选编》（第五十三辑）；民国《天津志略》（第十三编·慈善事业）；《长芦盐法志稿》。

通过对表1—3慈善社团的观察，我们看到咸丰年间成立了保赤堂、寄生社以及延生社3所。其中保赤堂的活动主要以给津埠婴幼儿种痘为主，它的经费自筹。津埠李善人家继续举办慈善事业，但是施善的季节性与针对性更加明显，更倾向于冬季对本地贫民及流落天津的异乡人的赈济。延生社是继承清中期成立的西延生社，咸丰六年由杨成锦捐资承办。这个时期的慈善社团主要成立于同治与光绪二朝。其中同治朝成立的慈善社团有4所，而光绪朝成立的慈善社团则占了17所。该阶段慈善社团之所以大量地出现，是因为这个时期是清朝统治者所鼓吹的"同光中兴"时期。此时的天津社会经济有了较大地发展。经过第二次鸦片战争以后，清政府屈服于外国侵略势力，并同外国侵略势力紧密地勾结起来，他们共同镇压了太平天国农民运动。此后，中国社会出现了一个相对稳定的环境。上层统治者在镇压太平天国运动中进一步领略到了西方科技的威力，他们打出了"自强"、"求富"的旗号，开始掀起了向西方学习的洋务运动。光绪朝，随着天津城市人口的增长以及外来人口的移入，天津贫困人口出现了膨胀的态势，为维护社会的稳定，天津的政府官员在增强统治力量的同时也加大了举办慈善事业的力度。

本阶段天津慈善团体，表现出了以下特点：

（1）救济类型更加丰富，规模更大。慈善社团加大了对婴幼儿和妇女等弱势群体的救助力度。本阶段成立的育婴分堂、恤产保婴院、全节堂、广仁堂、济生社、同善社、体仁广生社、公善施材总社、广生社、育黎堂等各团体都涉及对孩童的救助。但最为突出的则是该阶段成立的以救济妇女为主的恤嫠社团占据着绝对的比重。为了维护传统的儒家价值观，受儒家思想影响之下的官员、士绅更倾向赞同妇女守节。恤嫠会的成立就是针对那些立志守节的年轻妇女，为了使她们免收冻馁而进行收养救助，并且得到了官方的大力支持，恤嫠善款从盐业、船运两项中支付。此外，恤嫠会还对这些守节妇女的孩子进行免费的教育养护。全节堂也是进行收养节妇贞女的专门机构，该堂的收养对象不仅包括天津本地的守节妇女，而且对于流落到天津的外地妇女，只要符合该堂的收养条件也一律收养救助。济生社的成立也是由于天津通商以来，四方谋食者日众，青年孀妇挨门乞讨，顾文瀚及其他士绅联合成立该社，对旧孀新寡无依者每月恤米救济，使这些弱势群体有稳定的生活保障。本阶段施棺类社团增加了五所，无论官方还是民间，更加注重对死者的安置。济生社不但救济青年孀妇，而且还关注到脚夫，夏天在通衢设置水缸施水。惜字也是该团体的一项重要职责，雇工二人每日分赴街衢捡拾纸张并设炉焚化。

（2）本阶段成立的慈善社团的救济理念已经开始向近代教养兼施迈进。恤嫠会在救济节妇的同时，送其子女读书，并对他们的生活进行全面安置，直至他们年满十八岁能够独立谋生为止。广仁堂规模宏大，拥有房屋二百八十多间，堂中分设六所，蒙养所设义塾，择整齐聪俊者延师课读。力田所则置地种植木棉、稻黍、菜蔬，雇老农教授。工艺所则对那些不能耕读者令其学习手艺，如编藤、织席、刻字、印书等，直到年长业成后，听其出堂自谋生活。戒烟所则广延良医，妥置方药，注重在收养的同时力争根治他们的烟瘾，使其走上自新自强之路。津埠戒烟所开办后取得了优异的成绩，解除烟瘾者二千余人。济生社义塾专门教授贫寒子弟，设立五处。成立于1902年的天津教养所，则主要以教授贫民技艺为主要业务。

（3）救济对象不再局限于天津本地，已经开始小部分地向外渗透。济生社举办义赈已经开始迈出了对外埠救济的先河。光绪十四年，黄河漫口山东武定府属被淹。十六年，夏津邑北运河决口七十余道。十九年，山西七厅州亢旱。是年秋直隶患水灾。二十年夏，唐山、丰润两县淫雨为灾并天津淀北二十四村及清河、宝坻水灾，玉田遵化亢旱。二十四年，淮海徐及皖北遭水旱。二十五年，安徽颍州府属大水为灾。二十六年，津邑拳匪肇乱，津民困苦流利。二十八年，日俄战争，东三省复遭兵燹。该社均前后筹款赈济。

（4）本阶段出现了外埠人士在天津举办的慈善社团。光绪二年（1876），北方五省旱灾严重，天津灾民日渐增多。当时江苏籍候补道盛宣怀、编修吴大澂、安徽籍候补道周馥、浙江籍主事经守业、江苏籍候补道翁同龢5人怜悯待哺之哀鸿，作捐廉以赈济，遂在天津东南角南斜街成立了赈灾会，先由主事经守业捐银三万两开始赈济，其余四人也各有捐款。凡灾民中青壮年或携带子女有家可归者，均遣资回籍；无家可归者就留养会内，以慈善余款在西南角太平庄买地120余亩，盖房300间从事收养灾民工作，以免流离失所。其时组织比较简单，不过总务、收支、文牍而已。光绪四年由李鸿章奏朝廷，将赈灾会改为广仁堂。

（5）该阶段加强了对慈善的宣传与普及。该阶段成立了寄生所、清修院、存育所、广济补遗社等社团，其中尤以寄生所，在收养残废救济困旅的同时，施送各种善书。广济补遗社也出版各种善书，教化人们向善。

据朱英教授研究"慈善与公益事业的发展在很大程度上与救亡图强的维新变法运动紧密相连，不仅产生了有关的新思想观念，而且早先的某些慈善组织也发生了变化，并诞生了许多新的民间公益团体，其活动内容与以往单纯的慈善义举不无差异，显得更为广泛和多元化，所产生的社会影响自然也较诸过去的民间慈善事业有所不同"。① 天津慈善团体在戊戌维新前后及清末新政时期成立较多，不能不说慈善社团的成立受到戊戌维新和清末新政的极大影响。"自康熙至宣统，吾乡善举见诸乡之记载者，相续不绝。为吏者于民之疾疹阽苦或督督而莫知，于是地方自谋公益，以富人之赢，苏贫人之瘠，虽为逮古相保相爱，相恤相周之俗，其经营计划为地方公共事业者，与近世所谓地方自治有契焉者矣，光绪三十四年诏举地方自治，天津试办在前，其成迹具在。"② 这则材料告诉我们，自康熙朝以来民间举办公益事业是因为为政者没有切实体恤民间疾苦，地方有能力的富裕人士受相恤相周礼俗的影响。这也为后来的地方自治提供了经验。伴随着宪政改革和直隶民众参与意识的提高，作为地方自治的伴生物，天津地区的新式社团数量在急速地增加。政治类社团增加的同时，慈善类社团也受其影响在继续发展着，而且此时的社团与以前相比已经开始发生了变化。有些社团为了推进宪政的改革进程，官民双方都在不断地努力，他们以改造民俗为社会进步的起点。例如，提倡不缠足运动的天足会、公益天足社、天津县天足会及宣传戒烟的天津公立戒烟总善会，天津国民求戒烟约会，北洋万国改良会等。这些社团一方面进行着慈善活动，一方面推动着宪政开展，打上了宪政的深深烙印，它们是时代所孕育的产物。这个时期的社团活动已经突破了以家族血缘为基础的关系网络，更加表现为社会化的趋势。人们自愿结成这种不以营利为目的的社会组织，以不同的方式、不一样的理念冲击着传统的伦理，大量民间社团的诞生，使非官方的独立社会活动空间扩展到了各个重要领域，这对政治人格塑造有十分重要的意义。③

---

① 朱英：《戊戌时期民间慈善公益事业的发展》，《江汉论坛》1999 年第 11 期。
② 王守恂：《天津政俗沿革记》（卷十二·善举），南开大学出版社 2001 年版，第 59 页。
③ 徐建平：《清末直隶宪政改革研究》，中国社会科学出版社 2008 年版，第 297 页。

第二章

民国前期的天津慈善社团
（1912—1927）

民国时期，战争及自然灾害的发生愈加频繁，对社会造成的破坏程度更大。该时期天津城市规模进一步扩大，人口急剧膨胀，如何应对各种灾害造成的人民流离失所的现状，成为当时天津政府及社会面临的一个亟待解决的问题。这个时期政府加大了慈善救济的力度，同时积极提倡民间力量创办慈善社团。近代天津开埠后，经济力量进一步强大，社会财富在一定程度上的积累，为民间社团从事慈善事业提供了一个坚强的后盾。

表 2—1   民国前期天津的慈善社团

慈善社团	社团概况
广仁堂	清光绪四年（1878）创办。民国十四年（1925）改为董事制，先后在市党部及社会局注册，办理事业分敬节、慈幼、恤嫠、冬赈四项。男女小学各一处，工厂一处，施诊所、施棺所各一处，以施给所内外各贫苦人。其组织则选董事九人，组董事会议决各项重要事项。设财产保管会以保善产，公聘堂董综理堂务，下分二科，一科司文牍稽查，二科司会计庶务
中国红十字会天津分会	宣统三年（1911）成立，会长为赵元礼，地址在三官庙大街。办理事业，每遇有战事则出发救济救护各队，并设灾民收容所，临时伤兵医院，并办理掩埋、防疫诸事宜及捐募之款项。市政府年拨公益捐项下补助医院一千二百元
中国红卍字会天津主会	民国十二年（1923）七月间成立，主管人为王人文、张锡元。地址在日租界桃山街。主办事项为恤嫠、施药、冬赈。并设有残废院、万慈小学校、中西医诊所。其组织则分总务、储计、防灾、救济、慈善、交际六部，城内分设办事处，经费由会员捐助或慈善家自动捐助

续表

慈善社团	社团概况
北善堂	民国九年（1920）由故董李雅亭、汪辅卿、张鹤亭等借西窑洼玉善堂地办理恤嫠、施药、孤儿学校，代公善社施材与冬季施赈，经费由董事等与各善士捐助，支出则视收入之量为定
引善社	清光绪十六年（1890），顾梦臣等及洋礅首饰茶食各业商人创办引善社。地址在北门内大仪门内。办理恤嫠、惜字并设义赈小学，免费招收孤寒儿童。其经费除基金之利息外，不足时由董事补助
崇善东社	民国八年（1919）成立，在河东尚师傅坟地旁，主办恤嫠、施药、冬赈、临时救灾，并设崇善小学校一处，其经费则基金利息约二百元，支出约三百元，其不足之数由董事等设法补助之
备济社	清光绪五年（1879），李筱楼等创办。地址在特二区粮店街孙家胡同。主管人为赵元礼，其主办事项则为施种牛痘、施药、恤嫠、冬赈。经费由息内动用
济生社	清光绪十二年（1886）正月邑绅李长清、顾文瀚等发起成立，办理恤嫠、义塾、施药、施材。后迁东门内石桥胡同。后专办恤嫠及施药。每年冬季发放冬赈。经费收入除房地租金外，不足由董事自捐
积善社	由绅商赵元礼、沈觐（观）保、武燮枢、樊荫慈等于民国十七年（1928）春改组南善堂而成立，其地址在大费家胡同，主办事项为恤嫠、冬赈。恤嫠经费由基金项下支息。冬赈临时筹募公费，由董事会捐助
体仁广生社	宣统三年（1911），顾文瀚、彭承谟、徐永昌等创设。专办理恤嫠、放生、施医药以及冬令散放棉衣、粮米各事
广济补遗社	光绪二十二年（1896），津商王云峰等集资立社以济寒苦。至民国七年（1918）建新社于河北关下三官庙大街，办理恤嫠、冬赈，并置有义赈小学一处，正俗图书馆一处，收集浅近书籍并报纸供人阅览。经费收入由董事捐募
公善施材总社	清光绪八年（1882）张月丹会同唐聘九、王雨洲、萧绍棠等在西头永丰屯西老公所组织施材社。后由萧绍棠接办，整顿扩充。市县境内有分社二十八处，其办理事业除施材外，常年恤嫠、施药，春秋两季施种牛痘，敬惜字纸，冬季办理粥厂施赈，并设公善小学二处。经费每年收房租千元，不足则由社长捐募

续表

慈善社团	社团概况
公善抬埋社	创办于清光绪二十九年（1903），地址在永丰屯西鱼市街。民国因款绌停办，十六年（1927）绅商公议恢复。自民国二十二年（1933）三月，该社负责抬埋各后方医院死亡官兵，社长为卢云波。经费或由董事捐助或由社长捐助，概不劝募
白卍字会	民国二十一年（1932），鲍廷九创立，会址在特二区大安街。每年冬季办理冬赈，其经费全系劝募而来，若捐款多而支出少，则以所余存为基金
乐善堂	民国二十二年（1933）冬，由赵聘卿、赵幼梅等发起组织创办。设立于特别一区开封路十一号，办理救灾、恤嫠、育婴、冬赈及其他施救事宜，所需费用由全体董事担任募集
水会（挠钩会附）	民国时期会首董事为曹克明，有四十五大局，三十五分局①。又有挠钩会附于水会。后天津总水会董事为只长春、蒋桂荣、杨景和诸人

资料来源：民国二十三年《天津市概要》。

　　以上社团主要是在天津本埠组织成立的。从明朝在天津建立养济院开始到民国时期，天津所属县也办有相应的慈善社团。但是地方慈善行为的实施深受地方经济发展、人们思想观念的制约，相对天津县来说，它们的发展十分不足。为了总体上对天津所属县的慈善社团有一个概括的认识，在此仅仅将出现的慈善社团做一个简单的统计。

————————

　　① 45 个大局为：同善首局、天一水局、胜济一家、永安水局、永善水局、天泉水局、涌济水局、盐坨首局、天泽水局、南寿安、胜水总局、静安水局、上善首局、泽济首局、公善水局、普安水局、积水水局、从善水局、北寿安、众善水局、上善总局、君安首局、同安水局、卫安水局、分府助水、公善首局、泗安水局、聚津助水、义善助水、涌泉水局、聚善助水、公议助水、普济助水、清安水局、聚胜助水、逢源水局、东天安、四门接水、涌泽水局、庚济水局、保安水局、丙安水局、井泉水局、沼济助水、卫普西天安。35 个分局为：同善北局、同善西局、同善上局、同善东局、同善六局助水、同善七局助水、同善八局、盐坨北局、盐坨四局、盐坨东局、盐坨上局、盐坨中局、盐坨六局、胜水首局、胜水中局、胜水西局、胜水东局挠钩、胜水五局助水、泽济中局挠钩、泽济西局助水、泽济上局、胜济三局、胜济四局、胜济六局助水、胜济十局、胜济十一局、水善西局助水、上善北局助水、公善东局、卫普二局、公议挠钩、郡安西局、静安北局助水、同议助水、天一东局。资料来源：《中国地方志集成》；《民国天津县新志》（卷十二·善举）；《津门杂记》（卷中）；《天津文史资料选辑》。

表 2—2　　　　　　　　　　　民国天津所辖县慈善社团统计

名称	所属县份	概况
青县养济院	青县	在县城南，额养孤贫二名
青县留养局	青县	有三所，李家镇、兴济镇、马场镇均局房九间。知县冷廷颐倡同输银五百两，于乾隆二十年商领营运，月息一分五厘，岁收息银九十两，今废
育婴堂	青县	在城南，今废
静海县养济院	静海	在县东街，额养孤贫八名
静海县留养局	静海	有四所，县西关唐官屯、陈官屯、良王庄均局房三间，知县王化南输银二百两于乾隆十九年商领营运，月息二分，岁收息银四十八两。知县潘仙机输银一百两，于十九年商领营运，共本银三百两，岁收息银七十二两
沧州养济院	沧州	在州署东南，额养孤贫十九名。前明运使韩应龙捐建。乾隆四十年官为经理。五十三年分司金忠沂详定章程，檄委批验大使催收租银，每年除完粮散给鳏贫外，余为岁修院屋庄房之用
沧州留养局	沧州	有二所，州北关午龙堂均局房四间，署知州张彬倡同输银三百两。乾隆二十年二月商领营运，月息二分，至六月收息银三十两，又绅士续输银二百七十两，合前本息共银六百两，于本年七月商领营运如前，岁收息银一百四十四两
火会公所	沧州	在城内曰天一水局，在城北盐崇坊天德水局，在小南门外常德水局，在南门外名一善水局、积善水局，在西门外名辅善水局
南皮县养济院	南皮	在县治东，额养孤贫十二名
南皮县留养局	南皮	有四所，县南关潞灌镇各赁房五间、泊镇局房七间、半壁店局房五间，知县程如震倡同输银三百二十两，除建泊镇局务房外，存银二百七十七两，于乾隆二十年商领营运，年息二分，岁收息银五十五两五钱。设有义塚三处
盐山县养济院	盐山	在城内西北隅，额养孤贫十九名
盐山县留养局	盐山	有三所，县城南关羊二庄旧县均局房四间，知县梁兆榜倡同捐银三百两，于乾隆十九年商领运营，生息二分，岁收息银六十两（今废）
庆云县养济院	庆云	在城内西北隅，额养孤贫十九名

续表

名称	所属县份	概况
庆云县留养局	庆云	有六所，城隍庙局房四间，刘贵家庄、解家集、黑牛王板达营、杨和尚寺均局房三间。知县甘怡倡同输银一百两于乾隆十九年商领营运。县胥孙三戒等家产变抵入官，余银二百三十两，商领营运。城南坛余地五亩，诚北坛余地立六亩，城西坛余地四亩共计十五亩。每亩租谷一石四斗，岁收谷二十一石，今废
漏泽园	庆云	不详

资料来源：《重修天津府志》（卷七·恤政）；《青县志》；《采访册》；《静海县志》；《沧州志》；《盐法志》；《沧州志稿》；《南皮县志》。

通过对天津府所属周边县属慈善社团与天津县属所在中心地慈善社团的比较，我们可以很清楚地看出，天津县所属的慈善团体无论就其数量与规模，都是下面县属所无法比拟的，以天津县为中心的政府机关所在地的善堂成立的时间早于下属县的慈善团体。在资金方面，由于天津县属聚集了大量的士绅、富裕阶层，慈善团体的活动经费得到了广泛的支持，慈善团体的救助有了可靠的资金保障，而周边县属的慈善团体大多在乾隆年间成立且为政府倡办，资金来源渠道窄，而且资金数量较小，慈善团体救济对象数量极少，有些慈善团体甚至不能维持正常的运转。这在某种程度上可以说是与当地的慈善风气、文明程度有关，更主要的是这些下属县由于地缘的原因，经济贫困，缺乏社会的关注。但是我们就整个民国时期的慈善社团研究来看，天津慈善社团的慈善救济已经涵盖了这些下属县，在一定程度上，这些慈善团体对下属县区的救助已经超越了该地的慈善团体。

第一节　辛亥革命与天津红十字会

天津红十字会是清末民初成立的。它是天津慈善活动的重要参与者，它规模之大，参与救济活动范围之广，持续时间之长，在天津慈善事业史上都是十分突出的。

一　辛亥革命与天津红十字会的兴起

（一）早期关于红十字会的宣传与实践

红十字会社团是个舶来品，它是近代中国人学习西方的产物。红十字会在中国的诞生经历了一个很长的阶段，关于中国红十字会组织的酝酿，我们可以追溯到 19 世纪七八十年代。但真正引起人们开始注意红十字会活动则是在中日甲午战争以后。1894 年，中日甲午战争爆发，日本赤十字会随军赴中国辽东战场进行战地救治伤兵。他们不仅救助本国士兵，而且还救治受伤的中国士兵及居民。他们的活动使中国人对红十字会的国际主义救助有了深刻的认识。张建俅认为："在甲午战争期间日本赤十字社与欧美各国传教士在战地进行救护工作，可能是中国最早出现红十字会的活动。"① 此后有关红十字会的介绍与报道在各大报刊开始刊登。"1898—1899 年，《申报》就先后刊登了《创兴红十字会说》、《红十字会历史节译》、《中国亟宜创红十字会说》等 3 篇文章。文章从不同的角度介绍了红十字会的历史、功能，并呼吁中国尽早建立这样的组织。"②

1904 年春，日俄战争爆发。清政府宣布中立，让侵略者在中国的土地上交战。战争发生后，日俄双方都派出了自己的红十字救护队进行伤兵救治。为了救护战区的中国同胞，上海绅商决定借助于国际合作的方式组建一个为各国所承认的团体。1904 年 3 月 10 日，中、英、美、德、法五国人士数十人会集于上海英租界工部局商讨成立"上海万国红十字会"。3 月 29 日，由吕海寰、盛宣怀、杨士琦、庞元济、沈敦和、任锡汾、施则敬等人联合签署了《劝募筹款救护东北难民通电》（即元电）向全国各省发出，要求各界支持，开展救护工作。元电发出后得到了各省督抚大员的响应。当时在天津、奉天两处，清廷饬官方出面设立救济机构并驰往战地救护。4 月 10 日，"慈禧太后以光绪帝名义颁发内帑 10 万两给上海万国红十字会，外务部官员也随即助银 2100 两。"③ 1904 年，红十字会出发

---

① 张建俅：《中国红十字会初期发展之研究》，中华书局 2007 年版，第 10 页。

② 周秋光、徐美辉：《论近代慈善思想的形成与发展》，《湖南师范大学社会科学学报》2005 年第 5 期。

③ 张建俅：《中国红十字会初期发展之研究》，中华书局 2007 年版，第 28 页。

战地救护伤兵，保护人民不遗余力，截至 12 月，红十字会赈济当地难民达到 2500 人。红十字会除了在灾区发放赈济粮、赈济款，棉衣棉裤进行冬赈以外，还在灾区实施了春赈，他们将耕牛、种籽等散放给广大战区的人民，帮助他们恢复生产。至日俄战争结束时，"各地先后被救济的难民总数达到了 467000 多人，其中受赈 20 多万。"① 红十字会全体同仁奔赴战区救护伤兵难民的活动，宣传了红十字会的精神，红十字会在社会上引起了广泛的关注，得到了各界的赞扬。

（二）天津红十字会成立的背景及其经过

随着人们对红十字会会认识的加深，天津社会各界较早地发出了组建红十字会的呼声。《大公报》刊文指出成立红十字会"为最文明之举动，亦为紧要之事体"。② 该报还进一步介绍了红十字会的相关知识，并指出加入国际红十字会是世界发展的一大趋势，凡地球上之文明国无不入会。中国如果不加入世界红十字会就是自摈于文明国之外，会为各国所歧视。此文把成立红十字会当成融入世界文明国家的一项重要举措，并且此举措关乎国家的声誉。这和 1898 年时《申报》所登载的《创兴红十字会说》一文中所谓"王者之师最重仁义，而坐令兵卒于效命疆场之际，断腽折胫，惨怛呼号，而无人焉为之尽力扶持，拯其困苦，不特中心有所不忍，且不将贻四邻之笑，而鄙之为野蛮乎！"③ 具有相同的观点。在我国，红十字会的组建已经具有了一定的基础。日俄战争在东北爆发后，为救济难民而成立的"东三省红十字普济善会"在天津设立了临时办事处，当时天津的热心人士也发出了成立红十字会的呼吁。1910 年，天津海军学堂毕业生秦丽南，被清政府派往东北地区进行防疫工作，因成绩显著，被推荐为大清红十字会会员，这是天津最早的红十字会员。关于红十字会的所有宣传以及类似于红十字会的组织在战争救护中的实践及其影响，为天津红十字会的成立做了充分的思想准备。

辛亥革命的爆发将天津红十字会的成立提上了议事日程。1911 年 10 月，武昌起义爆发，清朝派出重兵南下镇压，革命军与清军展开了激烈的

① 周秋光、曾桂林：《中国慈善简史》，人民出版社 2006 年版，第 255 页。
② 《演说红十字会警告全国》，《大公报》1904 年 6 月 5 日，第一张。
③ 周秋光：《红十字会在中国（1904—1927）》，人民出版社 2008 年版，第 18 页。

战争。天津有识之士联合天津各界发起红十字会同谋救济之方。他们向天津各界发出了同仁公启。希望"诸大慈善家于本月十四日午后二时惠临本埠河北第一蒙养院内共议办法"。① 14 日下午各界同仁在河北第一蒙养院开红十字会发起会，到会者三百余人，公举白雅雨为临时会长，胡伯寅、钟惠生、郑崇瑞、刘善庭、刘子良、曾栋臣、陈泽浦、仲子凤为临时干事员，继由各员分任筹款事宜。25 日下午，陈蔗圃、白雅雨、赵善卿等在法界新学书院宫保堂内开天津红十字会成立大会。中外男女人士有一千多人到会。这充分体现出近代以来关于成立红十字会的宣传已在人们心目当中有了一定的影响，也充分反映出中外人士对红十字会成立的期待与关注。发起人陈蔗圃、白雅雨在成立大会上分别向与会者报告了前期红十字会组织的情形及开会宗旨，并研究了规定章程（会中章程当本诸万国红十字会定章）。会中"公举徐静澜观察为正会长，孙实甫、女医局局长金（韵梅）女士为副会长。干事部举定英敛之、陈蔗圃及华洋教士、医士、男女志士若干人。庶务部举定刘子良、任纪堂等。会计部举定刘兰轩、赵善卿等。书记部举定鲁嗣香、陈凤楼，洋文书记李子白等。并有男女热心志士自认看护者多人"。② 红十字会正式成立了。

天津红十字会不同于以往的地方性慈善组织，它包含了中外很多热心慈善的人士。天津红十字会成立后，21 日召开第二次职员会，孙（实甫）副会长演说红十字会性质。会上举中西两董长，中董长为宁星普，西董长为赫牧师，中董事为李子香、吴捷南、孙子文、严范孙、张幼菴、阎瑞廷、张伯苓、李宴林、赵聘卿、仲子凤、杨少农等；西董事为赫嘉立、魏大夫、雷司铎、袁牧师。这次会议，确定了该会的名称为天津红十字会。红十字会成立后，很快就获得直隶总督陈夔龙批准并借妥吴楚公所为本会事务所，并在《大公报》进行了多次声明，从此红十字会有了固定的办公场所。天津红十字会的成立在天津慈善社团发展中具有重要的意义，这可以从天津红十字会在以后慈善救济活动中的表现得到充分的证明。

---

① 《中国赤十字会发起广告》，《大公报》1911 年 11 月 1 日，第一张。

② 《红十字会志略》，《大公报》1911 年 11 月 12 日，第一张。

二　天津红十字会活动考察

红十字会因战争爆发，为救治因战争带来的伤亡而兴起。它本着人道主义的精神开展工作。成立后，天津红十字会事务所迅速拟定了简章，准备出发进行战地伤员救护。11 月 13 日下午，天津红十字会开公董会，陈蔗圃报告了红十字会宗旨并讲解了红十字会今后工作的大略方针，徐华清呼吁中外人士量力捐助红十字会，共同维持善举。会上，会董顾梦臣、徐华清、孙子文、宁星普、金韵梅及众会员纷纷捐助。县长姒继先在会上捐助一百元，被大家公举为官董。会上并决定"书记长鲁嗣香改入文牍，以陈凤楼补书记长。又举马千里、汤辅系、黄春谷为书记"。①

（一）天津红十字会积极筹募捐款

为了进行最广泛的筹款，天津红十字会连续几日在报纸上发出了劝募广告，希望诸大善士量力出资，竭力筹款购买战地所需要的药品、棉花、打床、绷带等物。《大公报》发表了白话《天津红十字会劝募浅说》进一步向人们宣传普及创建红十字会的意义，并列举了天津红十字会自经成立以来得到的国外慈善人士支持。鼓励中国人必须合众力凑办红十字会出发战地经费，以便红十字会出发战地及时救人，造福社会。

红十字会出发战地救护伤兵得到了一定的响应，如法租界四合盛宝号助红十字会绊带五十束；华美木行满达沟助红十字会美国松木旗杆五丈六尺。② 更有如徐世昌、荫昌等政要捐洋一千三百两。③ 天津本地人士在县令姒继先的带动下也进行了一定的捐款。

捐款虽然得到了社会一定的响应，但是对于红十字会来说要想顺利开展工作，这些筹资还是远远不够的。在 12 月 2 日下午召开的董事会上，"会计刘兰轩宣读该会出入清册，共计三千余元，出亦相抵，所余不过数十元，若于出发时续添一些器具物料及各种经费，所需尚钜。"④ 这导致红十字会成立两个月却无法出发战地进行救护。一些热心人士表达了对红

---

① 《红十字会记事》，《大公报》1911 年 11 月 15 日，第一张。
② 《鸣谢》，《大公报》1911 年 12 月 2 日，第一张。
③ 《中国红十字会第二次收款广告》，《大公报》1911 年 12 月 3 日，第一张。
④ 《红十字会记事》，《大公报》1911 年 12 月 22 日，第一张。

十字会出发的急切心情。红十字会开会时欧阳旭德当场报告愿将上海所值一千余元之药物捐助，并愿全家妇女到前敌各处看护受伤南北军人。杨少农、卞酌泉等人在会上各捐三百元。袁世凯眷属均表示愿意出发武汉前敌拯济受伤南北军人，牺牲一切为之提倡，表示出了对红十字会的积极支持。

鉴于战争的残酷，受伤军民日益增多。天津红十字会开会决议组织第一救护队出发，同时加紧了募款的宣传。在这种形势下，募款继续进行，并得到了人们的积极响应。

"红会董事长宁星普捐助五百元。杨柳青镇戴策廷捐助十元亦缴齐。"① 天津红十字会董事李砚林劝募滦州官矿司捐助红会经费一百九十元。邑绅姚少臣捐助玻璃板、年羹尧大将军小楷墨迹一百本，充作该会经费。天津县议事会各议员以红十字会一事本为当务急需，现既款项不足，各机关自应酌予捐助，以襄善举，当由各议员，每人捐洋一元以为之倡。②

天津妇女界部分妇女也积极地行动起来，她们发出了成立天津妇女红十字会的倡议，她们特请演电影并组织音乐会以募资。25 日晚在法界海大道美以美会维斯理堂内开演，所有收入券资悉充红十字会经费。自妇女红十字会发起以来，得到了各界女同胞解囊资助。1 月 11 日同庆部名妓杨金子、赵湘云二妓持捐启向各妓馆劝募。她们还特别向妓女界发出了募捐捐启，并特商定同庆茶园掌柜定期约集名花演艺资助。该园长赵莲第、穆恩铭、刘华堂及后台夏万达、赵春圃都很赞成，定于 15、16 两日晚间演艺，将该两晚演艺所得茶资全数捐助天津红十字会，以资补助。③ 静海县某女士特典卖首饰若干，得洋五十元全数充作该会经费。

在天津的中外人士还积极开展了演戏助赈。慈善音乐会借鼓楼南广东会馆约请绅界组织之十番学生于 1 月 21 日合奏音乐。"诸大善士奏中西乐曲，各尽其长，王竹林捐款一百元，其他捐助者多少不一，共有九十余元。"④ 捐予红十字会。改良戏剧议员赵璧君，"1 月 9 日起在该园演文明

① 《红十字会记事》，《大公报》1912 年 1 月 2 日，第一张。
② 《议员捐款》，《大公报》1912 年 1 月 23 日，第一张。
③ 《妓界善举》，《大公报》1912 年 1 月 12 日，第一张。
④ 《鸣谢》，《大公报》1912 年 1 月 23 日，第一张。

新戏三天，每座加铜元六枚，包厢加六十枚，所加之款全数捐于红十字会。"[1] 南市大街丹桂茶园前后台李长山、高福安等邀集戏界各名角于 1 月 22、23、24 三日演唱义务戏捐助红十字会经费。并有卞耀庭、鲁嗣香演说。美人赫立德于 15 日在紫竹林袁世凯堂内邀请欧美男女善士开音乐会募捐。

总之，这个时期由于红十字会董事和职员们带头捐款，得到了当政者的支持及在社会上开展了广泛的宣传，使得组建红十字会有了一定的物质基础，这就为红十字会出发战地提供了充足的条件。

（二）辛亥革命期间天津红十字会的战地救助活动

首先，红十字会为出发战地做了充分的准备工作。天津红十字会 11 月 13 日晚在蒙养院开干事会，公举出发各部各科负责人。公议出发人员，有无薪水皆按万国红十字会章程循行。[2]

天津红十字会派军医学生一名前往湖北调查，并招募看护科学生为军医指挥敷药缠伤及传送药品之用，学生四星期毕业后即当开往前敌。[3] 天津红十字会自招收看护生以来男女各生报名者异常踊跃，红十字会医院在一周之内就招集了看护生近百名，分别安排到了狮子林医院、经司胡同青年会、马大夫医院、北洋女医学堂学习四周。他们还从医学院和医院中选聘了能胜任战地救护的医生若干名担任战地救护。

在出发战地的医护人员组织工作准备就绪后，为了更好地适应战地救护伤兵的任务，增加战地救护的实地经验，天津红十字会同体育社模拟进行了两次军事演习。12 月 14 日在西沽大学堂前做第一次战地演习。有军事知识者盛称此次演习与新军无异，战时有受轻伤重伤的军人，由红十字会中西医官、救护生等前往施救，用布床抬往西沽公理会临时医院医治。伤人到院治疗时任人参观。"中西医官及体育会会员并邑绅严范孙、李星北、张幼安均到场，闭会后共拍一照方散。"[4] 这次演习取得了令人满意的效果。红十字会第一队定于 1 月 17 日出发徐州。

---

① 《红十字会记事》，《大公报》1912 年 1 月 8 日，第一张。
② 《红十字会记事》，《大公报》1911 年 11 月 16 日，第一张。
③ 《红十字会记事》，《大公报》1911 年 11 月 17 日，第一张。
④ 《演操志盛》，《大公报》1911 年 12 月 16 日，第一张。

第二期救护生毕业期满后。天津红十字会仍请体育社各班社员配合在西沽桥附近地方进行演习野操，实地练习。① 1912 年 1 月 17 日午后，天津红十字会救护生与体育社员进行第二次演习野战救护。观者约千人，演习中模拟伤兵进行救治，观者深钦战时受伤之苦状，并皆称红十字会关系之紧要，不可不辅助进行。红十字会正会长及董事严范孙、李渭占、卞月廷、黄焕卿、孙绍文、张伯苓、刘柏年、鲁嗣香等到场并合一相以为纪念。② 经过两次演习，使人们认识到红十字会在战争救护中的作用，扩大了红十字会的影响，也极大地宣传了红十字会，得到了人们的普遍赞扬，使人们更加深刻地认识了红十字会。

其次，红十字会出发战地。红十字会会长徐华清、董事鲁嗣香、赞成人王伯辰拜谒津浦铁路北段总办朱桂莘，请领该路免票以便起行。会长徐华清同美人吉大乘津浦火车去徐州及山东泰安州调查一切，以备该会出发。天津红十字会与北京红十字会制定了出发战地章程并对出发事宜及战地救护进行了详细的说明。1 月 3 日天津红十字会乘津浦火车协同北京总会医官看护生等开往济南。1 月 5 日第一队抵达徐州。他们得到了以张勋为代表的徐州城内官绅及中外医士的热烈欢迎。大家都认为红十字会出发战地对伤兵进行救治属于国内首创。

在北方，红十字会应芦台陆军第三镇统制曹锟请求派出美医士魏德谟及邑绅留学美国哈佛大学医科毕业生李子伯亲往滦州对官民两军进行救治，也受到曹锟的热烈欢迎。红十字会第二队定于 1 月 14 日出发。特举董事李渭占、王伯辰、刘渐达、陈蔗圃谒见藩台凌方伯及直隶保安会请暂将国民捐款挪借以请急需。③ 由于滦州军队起事后，伤军过多，第三队又需筹备，红十字会董事面商保安会长阎瑞廷、李舫渔请暂拨国民捐款以济急需，并电请上海红十字会请遇事维持及军政府发给护照。④

南北议和以后，两军之间的战争暂时停止了。"天津红十字会第一队完成任务后 1 月 22 日由徐州平安返津。"⑤ 但是没过多长时间，徐州战事

---

① 《野操有期》，《大公报》1912 年 1 月 14 日，第一张。
② 《红十字会记事》，《大公报》1912 年 1 月 23 日，第一张。
③ 《红十字会记事》，《大公报》1912 年 1 月 8 日，第一张。
④ 《红十字会记事》，《大公报》1912 年 1 月 9 日，第一张。
⑤ 《红十字会返津》，《大公报》1912 年 1 月 24 日，第一张。

再次爆发。天津红十字会又马上预备一切。1月27日他们会同北京红十字会工作人员坐津浦火车再次出发徐州。① 在飘扬着天津红十字会旗帜的救护队驻地,红十字会挂出了天津红十字会战地事务所的牌子。他们在战地除了医伤、抬埋伤亡之外,还积极对灾区进行赈济。天津红十字会赴战地的赈济和救护工作成绩优异,得到了社会各界的热烈赞誉。对此,天津红十字会对出发战地的第一队给予了充分的肯定"天津红十字分会以会中出发徐州第一队之医官救护生等奔走勤务慈善之怀不可泯没,昨(2月10日)特给褒奖以彰善举。"②

(三)二次革命与天津红十字会的活动考察

1913年7月12日,李烈钧占领江西湖口宣布独立,"癸丑之役"发生。袁世凯调兵南下,东南一带战端再起。

赣事发生后的第六天,红十字会召开了第六次常议会,商议决战时救护办法,决议筹款;组派救护医队、掩埋队;增设各省分会及临时医院、社会力量共同施救。赣徐战事惨烈,军士死亡待救孔殷,天津红十字会编组医队,出发战地。

天津红十字会7月23日午后开临时会议,公推刘渐达为理事长,鲁嗣香为副干事,冯国璋都督为名誉总董,杨敬林为会董,筹商出发徐州事务。7月24日在红十字会内就已出队及二三班之救护生中实行考试,分别录取本次救护生李绍军等22名及陈世煊、任炳铎两名备取生。27日早红十字会医队乘津浦火车南下。理事长徐华清、会董美医士魏德谟随同照料,随去的有医官二人,看护生十二人,抬架十二人,庶务、会计、夫役、厨役等约共三十余人,由津浦路局分等给予免票。③ 出发医队到达宿州,魏德谟电致南宿州干事长徐华清,请将医队一半留宿州,以备救护北军,拨一半南下。红十字会出发医队到达蚌埠后,在蚌埠开医五六日,然后南下。1913年8月11日天津红十字会医队到滁州。8月15日,浦口战役激烈,南北两军当夜互击,医队前往救护。8月16日晨停战,红十字会队员冒着炮火袭击的危险沿江施救。红十字会还进入南京城内,在战场

① 《红十字会记事》,《大公报》1912年1月28日,第一张。
② 《发给褒奖》,《大公报》1912年2月11日,第一张。
③ 《红十字会记事》,《大公报》1913年7月27日,第一张。

上抢救受伤军民和掩埋尸体。在连续多日的南京大战中，天津红十字会救护队成为该战区的主要救护力量。天津红十字会出发医队在战争前线冒着生命危险于战火硝烟中对伤员的救护活动得到了上海红十字总会的表彰。1913年8月18日接上海电："天津红十字会鉴，贵电悉，贵医队冒暑远征，热诚堪佩，第一队安抵滁州疗伤兵为红会增容。"① 天津红十字会19日接医队自滁州来电，前线浦口激战，请求再派救护生六人协同王医生来滁，并带照相六寸胶卷十打。为了更好地组织战地救助，徐华清回到天津。天津红十字会21日午后开会欢迎理事长徐华清，到会董事五十余人。徐华清会长报告医队出发所至，大受欢迎。至徐州冯、张两军统亲到车站迎接。② 红十字会人员到蚌埠时遇一妇人被火车轧断两足，野外露卧已三日，腐臭不堪，其夫讨饭喂养，红十字会给予其银元数枚，送往滁州医院治疗。

天津红十字会延聘医生及看护生赶赴滁州。26日早，车起行，计医生四人，看护生八人，担架夫两名，仍由干事长徐华清带同前往。天津红十字会医队于8月29日渡江，收集南北受伤军民千余人。"9月初，南京被张勋复辟军攻占，战火暂时平息。但因为战事旷日持久，城市遭到严重破坏，军民伤病者众多，红十字会救护队的任务仍然非常繁忙。为充分发挥红十字会救死扶伤的人道主义精神，除流动服务外，救护队又在南京城内碑亭巷和南门大街三坊巷设立了两处临时医院，一面收治伤员，一面为患者门诊治疗。救护队的工作也得到南京市民的大力支持，不少市民主动帮助抬担架运伤员和掩埋尸体等。"③ 南京战事停息后，天津红十字会救护队又连续工作了一个多月。由于天气转冷，天津红十字会计划10月份返津，南京军民又恳请救护队延长在南京的时间。为了满足当地军民的要求，在得到天津方面和南京军政当局的物资补充和支援后，天津红十字会救护队全体人员继续坚守在战区第一线。10月29日天津红十字分会开董事会，会议公推刘渐达为战地干事，日内起身南下，办理善后各事。④ 11月19日天津红十字分会派专人送驻南京医队银三千元清理善后各事。南

---

① 《红十字会记事》，《大公报》1913年8月19日，第一张。
② 《红十字会记事》，《大公报》1913年8月23日，第一张。
③ 赵辉：《天津红十字会九十年》，天津人民出版社2001年版，第12页。
④ 《红十字会记事》，《大公报》1913年10月30日，第一张。

京战事基本结束。天津红十字会出发医队料理归结一切事务。赴南京办理善后的刘渐达、刘兰轩、曾栋臣三人于 1913 年 12 月 11 日返津。南京医院商准由张勋筹款接办，其余人员全体于 12 月 12 日由南京起身返津，南京军民纷纷赶往码头和车站热烈欢送，依依惜别之情令人感动，这也是南京军民对天津红十字会在南京期间工作成绩的充分肯定。13 日午后天津红十字会救护队队员们回到天津。红十字会全体救护队员从战争开始出发到返回天津在外达半年之久。这期间，"临时医院救治愈受伤军民 3800 余人，战地抢救和医治伤病人员近 4 万人。此外，还救助南京贫儿院儿童 600 余名。"①

红十字会在南京进行救助伤亡时，"天津红十字会驻宁医队及办事人员以宁埠贫儿教养院长周其永女士于兵战之际舍死保存该院，殊堪敬佩，特置匾额一方，以彰盛德。又给予该院贫儿棉衣二百套。"② 1913 年 10 月 29 日孙子文从南京返津为红十字会募集款项时，天津红十字分会开董事会，孙子文将他从南京贫儿院带来的手织毛巾一千余条，分散本埠慈善绅商，每条索价一元，作为捐助该院经费。天津红十字会除了救助伤亡军民外还维持贫儿院及各慈善事，中外报纸舆论推崇天津红十字会的慈善义举为各红十字会之冠。③

此时期红十字会为支援前线救护进行了积极募款。红十字会收到了警察厅厅长杨敬林认捐洋五百元。都督民政长用义赈局捐箱安设四路，劝募捐款。④ 天津红十字会禀请大总统拨银一万两为经费并假昇平戏院演电影三日。红十字会还在本埠繁盛各街市设立捐柜并编剧白话，绘具战况图，说冀各界诸大善士解囊资助以济要需；函请正乐育化会假丹桂茶园演电影三天；正乐育化会假丹桂茶园为该会演义务戏事募款。红十字会除了散布捐启外，又请各热心家代为募款并决议联合会事，会员入会费每年一元，红十字会得到了北京妇女红十字会协济会及天津妇女红十字会协济会的募捐支持。天津红十字会出发战地费用所需很多。据统计，"这次癸丑之役

① 羡萌：《民国时期中国红十字会研究（1912—1924）》，天津师范大学 2004 年硕士学位论文，第 20 页。
② 《红十字会记事》，《大公报》1913 年 12 月 12 日，第一张。
③ 《欢迎会员》，《大公报》1913 年 10 月 15 日，第一张。
④ 《红十字会编队出发》，《大公报》1913 年 7 月 24 日，第一张。

战地救护耗资 2 万余元（银元），在当时是个不小的数字。"① 癸丑之役，天津红十字会出发战地救护，无论在人力、物力方面的付出都是巨大的，他们所取得的成绩在战地各救护医疗队中也是首屈一指的，他们谱写了天津红十字会历史上的光辉篇章，永远值得天津人民纪念。

（四）天津红十字会与第一次世界大战

第一次世界大战爆发后，天津红十字会积极"筹备一切，以便开往战地救护"。② 青岛当时作为德国的势力范围，战争遂波及了该地区。天津红十字分会特据情详请巡按使转咨外交部，照会各交战国各领事转达战地军队知照，出发战地救援。③ 并在河北吴楚公所招考看护生，极力筹划出发救援事宜。红会出发青岛很快得到各国的允许。天津绅士于 1914 年9 月 9 日下午在天津红十字分会欢迎中国红十字总会会长吕镜宇。会中李渭占提议因青岛战事，附近一带各县人民被灾，应即广募义赈速为赈恤。议定在天津红十字会附设筹赈机关一处，其名称为山东筹款分处，共设总务、文牍、会计、交际、劝募五科以谋进行。④ 上海红十字总会副会长沈敦和北上为筹款山东赈抚。来津后，他联合官绅在河北红十字会内附设山东筹款分处，并在南市丹桂茶园演唱义务戏筹款。9 月 26 日，红十字会会长吕海寰在法界西开权仙内邀请义务电影，筹办鲁省赈济。

1917 年，北洋政府内部为是否参加欧洲第一次世界大战之事引发了"府院之争"。总统黎元洪免去了段祺瑞国务总理的职务。为了调节两者之间的矛盾，张勋趁机率领辫兵入京，协同康有为等保皇派，进行了复辟帝制的活动，这引起了全国人民的极大愤怒。段祺瑞在天津组织了讨逆军，进攻张勋。战争在京畿地区爆发。

得知战事发生后，1917 年 7 月 7 日中国红十字会开董事会商讨前往战地进行救护事宜。编定医队第一队，举定王延年为医务长，赵善卿为庶务长，于 7 日下午出发廊坊战地拯救伤亡，以重人道，并致两方总司令请其布告前敌军队遇事妥为保护。⑤ 吕海寰于 8 日下午赴天津分会考察办理

① 赵辉：《天津红十字会九十年》，天津人民出版社 2001 年版，第 13 页。
② 《中国红十字会天津分会紧要广告》，《大公报》1914 年 8 月 13 日，第一张。
③ 《十字会记事》，《大公报》1914 年 9 月 10 日，第二张。
④ 《欢迎会长》，《大公报》1914 年 12 月 12 日，第二张。
⑤ 《红十字会之开会》，《大公报》1917 年 7 月 8 日，第二张。

出发情形，并认捐大洋二百元。天津红十字会干事长卞月庭、鲁嗣香料理应备药品，以及接洽各机关绅商，筹划一切进行事宜。

第一医队干事长赵善卿督率各职员沈润田、杨静轩、王嗣卿、吴克荣，医士王延年、李鼎臣及看护生、担架夫等 9 日抵丰台，救护伤亡士兵。他们每日除拯济伤兵外，还诊治暑症各病，医治该地人民不少，异常忙碌。故该地人民无不感佩红十字会为拯济人道之慈航。① 鉴于乱事方炽，中国红十字会组织第二医队并选定看护生马洪藻、毕茂才等十二人 13 日出发战地。天津红十字会到战争停息，治愈伤兵一百余名。未愈伤军十余名，由京乘早车运津，送往延年医院继续治疗。中国红十字会干事长赵善卿现因战事已息，拟定月之十六日（即今日）督率第一、第二两队医士看护生等全体返津，以备听候出发。② 等到军队开赴京师，赵善卿得信即通知全体医队预备进京救济，陆续至京时，两军正值攻击之际，赵善卿协同医队枪林弹雨之中抢护伤军数十余人，遂假北京仁民医院为天津红十字会临时医院。③ 因该院伤人颇多，遂经红十字会干事长鲁嗣香集议将第二医队调回天津，并轻伤者亦随运天津，该会临时医院疗治其伤，重者仍在北京医院，第一医队医治伤人到津时，鲁嗣香亲赴车站往视，该会临时医院安插，并每日不时到医院筹划医治各种手续，并对于各伤人一一慰问病况。④ 天津红十字分会第一医队在京治疗伤军日渐痊愈后，便派医士王延年赴京会同理事长徐华清料理一切，并决定督率全队返津。驻京第一医队 22 日早车经该会医官救护员协同受伤军士抵津，复经该会理事由车站亲随担架队将伤军抬送该会第二临时医院疗治，并挨问各受伤人病状，嘱看护生对于伤病者，医治务格外注意，以重人道。⑤ 第一医队担架夫，25 日由京救护两军伤兵十六人运津，往河北医院调治。

天津红十字会注重伤兵善后事宜。天津红十字分会 28 日电致山东张督军、安徽倪省长该会救治受伤军民七十余人，内有定武军辫兵二十余人。多数经敝会治愈，给予路费车票执照一纸，准其回籍安度，并请按照

---

① 《红会在战地情形》，《大公报》1917 年 7 月 12 日，第二张。
② 《关于红会之种种》，《大公报》1917 年 7 月 16 日，第二张。
③ 《关于红会之种种》，《大公报》1917 年 7 月 17 日，第二张。
④ 《关于红会之种种》，《大公报》1917 年 7 月 18 日，第二张。
⑤ 《红十字会医队旋津》，《大公报》1917 年 7 月 23 日，第二张。

万国红十字会章程，善待伤兵，而重人道。庶务杨敬轩，28 日将救护医愈伤民宋恩贵、肖奎元等六人并伤军三人一律发给路费，护送原籍，以资安插。① 天津红十字分会前由京师运来受伤军民，经该会医院治愈十余人，7 月 30 日经战地干事长赵善卿、庶务长杨敬轩、郝铁珊送北京、安徽、山东各处回籍安度。②

据 8 月 19 日《大公报》报道："干事长卞月庭、鲁嗣香、庶务长赵善卿督率各科职员筹办结束并择期开董事会报告经过一切事宜。"③ 22 日下午四点开会报告经过及款项用途。

为了给出发战地红十字会医队提供足够的药品及资金，红十字会进行了广泛的募款。战事发生后冯（国璋）总统代表张绍先认捐一千五百元，鲁嗣香、卞月庭筹捐一千元，刘渭川捐洋一百元，杨雪潭捐洋一百元，刘履真捐洋一百元，吴班侯捐洋二百元，李星北代募捐二百元。④ 中国红十字总会会长吕海寰于月之八日下午四点钟赴天津分会考查办理出发情形，时遂即认捐大洋二百以表热忱。省长饬令财政厅拨助捐款三百元以资补助。⑤ 后由会计长刘芸轩往谒省长，赓续拨洋三百元。中国红十字会天津分会致电察哈尔田都统、江西李督军、保定曹督军、马厂李师长、山东王盐运使、江苏王镇守使、山东张督军、湖北王督军、上海卢护军使、浙江杨督军进行募捐并得到了积极地响应，浙江李督军助款四百元，山东盐运使二百元，江西李督军助洋二百元。天津红十字会接到高线铁路总办王竹林捐洋一百元，警察厅勤务督查长刘梦扬捐洋十元，天津售品总所经理宋则久捐洋十元，杨柳青民人安尽臣捐洋十元以资辅助。⑥ 天津商务总会董事李星北代募驻津安武军转运局局长王郅隆捐洋一百元，延古堂李宝缄捐洋一百元。⑦ 百代公司办理王子宾于月十七、十八两日在权仙开演义务电影，所得票资尽数捐助红十字会，红十字会特派王卓忱、杨小林、高聚

---

① 《医愈伤军之护送》，《大公报》1917 年 7 月 29 日，第二张。
② 《十字会护送伤军》，《大公报》1917 年 7 月 31 日，第二张。
③ 《红会筹备结束会》，《大公报》1917 年 8 月 19 日，第二张。
④ 《红十字会之开会》，《大公报》1917 年 7 月 8 日，第二张。
⑤ 《省长助款之进行》，《大公报》1917 年 7 月 12 日，第二张。
⑥ 《绅民多热心捐款》，《大公报》1917 年 7 月 13 日，第二张。
⑦ 《关于红会之种种》，《大公报》1917 年 7 月 16 日，第二张。

五、李伯辰前往演说。是日共得大洋四十九元小洋一百〇二角，铜元一千九百八十枚。直隶省总行行长谢受芝捐洋五十元，天津中国银行行长陶兰泉代募捐洋五十元，开滦矿务局全体捐洋二百三十元……总之，这次战争发生在京畿地区，事关国体，国家的安慰，当战争发生后，红十字会组队出发，得到了上至总统下至一般人士的广泛支持，为红十字会在这次救护中减少人员伤亡提供了强大的经济后盾。正如上海红十字会总会会长吕海寰所评价的那样："天津分会此次出发战地拯救伤军颇称得力，其地方绅商慈善为怀，热心捐款，洵堪嘉尚。"①

（五）红十字会在天津本埠的救助活动

1. 壬子兵变与慈善团体的救助活动。民国成立后，以孙中山为首的辛亥革命党人为了彻底推翻清朝专制建立共和政权，和袁世凯达成了妥协，孙中山让位于袁世凯。为了进一步限制袁世凯的权力，革命党人要求袁世凯到南京就职。以建立北洋军阀起家的袁世凯一方面表面答应南下就职，一方面在北方策划发动了"壬子兵变"。天津作为兵变之地，战乱发生后，天津各业遭到了严重的破坏。天津红十字会开展了积极地救济工作。天津红十字分会除将此次军警焚抢受伤人民三十余名抬往海大道马大夫医院调治外，所有街衢暴露死尸十一具，商由西头老公所及抬埋会收拾掩埋。② 红十字总会又在协和医学堂设立临时医院，增派医兵多人分往各处收集受伤之人抬往医治，并广布告白饬令各处凡有受伤者即日赴院治疗。为了更好地实施救济灾民的任务，红十字看护生齐集本事务所，并预备药品静候各处有警即当前往救护。③ 同时红十字会发出声明："本会本人道主义，凡我同胞伤者救治，死者掩埋，现在本埠焚掠之后，凡伤者送马大夫医院调治，死者由本会知照永丰屯老公所舍棺并抬埋社收殓，由该公所注册记清死者陈尸之所在及形象大略。迨变者既平，倘复又伊亲族觅尸者，即可到公所捡册考查，以昭慎重而体人情。"④ 天津妇女红十字协济会在天津遭兵燹以后，深切同情津埠受难的穷苦黎民，于 5 月 29 日发

① 《红十会发给徽章》，《大公报》1917 年 8 月 28 日，第二张。
② 《三志乱耗之详情》，《大公报》1912 年 3 月 5 日，第二张。
③ 《天津红十字会告白》，《大公报》1912 年 3 月 8 日，第一张。
④ 《天津红十字会启》，《大公报》1912 年 3 月 9 日，第二张。

起一售品会。专卖中国的银器、瓷器、象牙、檀香、景泰蓝等件，并请张督宪临会演说，法领事夫人等亲到会场。此次入卖票洋四百九十五元，入卖茶点洋五百七十八元八角，如售品物洋三百四十六元，外有捐款一百五十五元，共一千五百七十四元八角，除开销后余一千四百八十五元三角二分。① 以此作为助赈救济天津被难灾民的款项。

2. 红十字会与本埠水灾救助。天津红十字会因武清县大辛庄等村灾民特别困苦，该会集款购粮散放急赈，并电顺天府从速赈救等事。顺天府呈请总统，拨银两万两赶办急赈。在赈款尚未到达之前先行挪用拨发四千两赈济武清，并派员前往查放。红十字会派会员龚云波、杨慧南、李洁臣、陆绍轩、李聪民，所放之村名为：大辛庄、殷家庄、西凤台、高家庄、董连庄等十庄放赈。② 赈抚专部红十字会副会长代表朱涛与襄理员姚廷函请义赈局正副局长诸大绅赶速派往四城外赈抚逃亡难民。红十字会还赴沧州与南皮查赈。1913 年 1 月 10 日天津红十字会抵沧州查得，四乡灾区共计八十余村庄。中国红十字会副会长查灾代表朱静波视察南皮县灾情。他们除了将灾情报告上海本会外，还报告义赈局正副局长诸大绅士，请求赈济当地灾民。

三　天津红十字会的阶段性评析

辛亥革命爆发，天津红十字会应局势而成立。红会成立后多次召开会议，商讨筹款、战地救济，并招募、训练及派出医护人员深入前线。红十字会队员们不辞辛苦，冒着生命危险，挽救战争中的伤兵伤员。红十字会的举动得到各界的赞扬。这段时期，无论哪里发生战争，他们都会积极地进行施救或间接支持，就连万里之远的欧洲发生第一次世界大战，红十字会都计划派出人员赴战地实施救助。

为确保能适应战场上的恶劣环境，红十字会对于出发战地人员也进行了积极的培训。对出发医队的救护人员，天津红十字会对他们的英勇行为给予了极高的评价并对出发战地的医员进行奖励，以激励他们的慈善义举。如对出发徐州医队进行褒奖："天津红十字分会以会中出发徐州第一

---

① 《天津妇女红十字协济会广告》，《大公报》1912 年 6 月 10 日，第一张。

② 《电文照录》，《大公报》1912 年 8 月 18 日，第一张。

队之医官救护生等奔走勤务慈善之怀不可泯没，特给褒奖以彰善举。京津
战事发生后，干事长鲁嗣香以第一医队看护生职员等均在战地出力，成绩
卓著。由该会造具各员履历呈请段总理分别嘉奖，以示鼓励。"① 徐华清
鉴于看护生、夫役在前敌颇称出力，并救护伤兵治愈情形，已造具绩表三
册呈请段总理、曹督军及上海总会以资核奖。②

天津红十字会第一队看护生返津后，红十字会召开了欢迎大会，并摄
影以作纪念。鲁嗣香以第一医队担架夫、看护生在战地颇称出力，奖给担
架夫每名一元。看护生分别奖励以示优异。③ 7 月 26 日天津红十字分会干
事长赵善卿在河北延年医院召集第一医队在战地出力之看护生十余名，一
律按名奖赏大洋六元，以资鼓励。④ 红十字会还通过报纸对出发战地的会
员予以登报表扬。

总之，红十字会在本阶段无论是对于灾荒的赈济还是因战争而出发战
地进行的救助活动都实践了他们救死扶伤的慈善宗旨。红十字会出发战
地，不仅增加了实战的救助经验，而且使得社会各界更深刻地懂得了该会
成立与存在的极大意义。他们积极配合了总会的救助任务，同时彰显了天
津红十字会不畏艰险、不惧艰难的精神。他们的救助活动向社会宣传了红
十字会，使红十字会得到了社会各界的大力支持，他们的活动产生了不可
估量的社会效应，这些积极方面的影响，反过来对红十字会的发展与运行
又产生了一个极大的促进作用。他们对外进行救济也宣传与扩大了天津红
十字会的影响，使其成为民国期间中国各省红十字会的重要一员，成为中
国红十字会组织中的一个中流砥柱。

第二节　京畿水灾与慈善社团的救助活动

一　京畿水灾述略

1917 年，全国遭受水灾的省份达到了 12 个，而且大部分地区灾情极

①《呈请嘉奖看护生》，《大公报》1917 年 7 月 24 日，第二张。
②《十字会造表请奖》，《大公报》1917 年 8 月 3 日，第二张。
③《红十字会之奖励》，《大公报》1917 年 7 月 25 日，第二张。
④《红会奖励看护生》，《大公报》1917 年 7 月 27 日，第二张。

为严重，其中受灾最重的是直隶地区。据记载"（天津地区）白河南岸漫决各口共三十八道。静海至天津共计大小决口十六道……蓟县被灾村庄二百四十七个，被灾人口 91786 人"。① 八月上旬御河、西河水势暴涨，顺直各县属纷纷淹没，津中河北一带各村被灾最重。入秋后，直隶地区又连降大雨，天津与保定之间也变成了一片汪洋，仅天津城内就有灾民数十万人。在天津，"英、法、德、日各租界平日为商埠繁盛之场，至今一片汪洋，四望无际，令人见之触目伤心。其殷商富户营业损失不知几千百万。"② 老西开一带，水势滔滔，一片汪洋，高埠水深五六尺，洼下深约丈余，房屋坍塌，水齐门楣，惨苦万状。灾民攀援拥挤于土堤之上。中天仙燕市高家大门四座坟、营门外卞家坟地、掩骨会等处人民房屋均被水围，冲塌房间颇多，灾民无居无食，只身避难于坟墓之巅顶。这次大水淹没村庄不计其数，造成了哀鸿遍野，众口嗷嗷的巨灾。这次水灾"从七月起至第二年四月，天津被淹达十个月之久"。③ 关于这次受灾情况，在督办京畿一带水灾河工善后事宜处给天津商会的公函中，熊希龄对各县的受灾情况作了具体的通报，摘录如下：

表 2—3　　　　　　　　天津及附近地区受灾情况统计表

区域	灾情	县份	被灾村数	被灾人口
京兆尹属	重灾	固安县	160	66205
		安次县	213	131753
		涿县	200	128060
		通县	117	81554
		霸县	1888	56119
		蓟县	247	91786
		武清县	179	163196
		宝坻县	813	307065
		共计八县	3817	1025738

① 河北省旱涝预报课题组编：《海河流域历代自然灾害史》，气象出版社 1985 年版，第 826 页。

② 《中国红十字会天津分会查放灾区日记》（续），《大公报》1917 年 10 月 20 日，第二张。

③ 天津社会科学院历史研究所、《天津简史》编写组：《天津简史》，天津人民出版社 1987 年版，第 250 页。

续表

区域	灾情	县份	被灾村数	被灾人口
津海道属	重灾	天津县	328	37016
		沧县	192	60000
		河间县	412	249903
		献县	289	140627
		肃宁县	130	59312
		交河县	337	157633
		东光县	200	124685
		文安县	360	150000
		大城县	251	25114
		宁河县	256	228955
		共计十县	2755	1233245
	轻灾	青县	190	107591
		南皮县	66	21004
		盐山县	30	4894
		静海县	370	205015
		吴桥县	69	5933
		丰润县	113	21996
		玉田县	330	45579
		新镇县	34	16236
		任丘县	未据呈报	90708
		共计九县	1202	518956
	本区	抚宁县	未报	1752201
		共计20县		
京直共计	重灾	40县	11843	3703577
	轻灾	61县	5803	1908182
	未报	2县		
总计		103县	17646	5611759

资料来源：《天津商会档案汇编（1912—1928）》（2），第3392—3396页。

从表2—3中，此次水灾之严重可见一斑，天津作为重要交通枢纽、通商大埠，灾民来此觅食者众多。灾民数量并非仅仅限于材料所统计。另据津水灾急赈处 1 月 17 日报告，城厢灾民共五万余户，需玉面五十万斤。[①] 请商会进行合作救济。纵观此次水灾，造成财产之损失，破坏性之大，在直隶地区少有，正如舆论媒体所言，此次水灾为"五十年所未有"。[②]

二　慈善社团的活动

当水势来临的时候，天津地方政府及各民众团体随即组织成立了天津水灾急赈会，协理开展救灾工作。在政府的提倡下，各临时救灾慈善社团也纷纷地组织起来，政府、慈善团体及津埠慈善人士进行了密切的协作。

水灾发生之后，"本埠各官绅赶发急赈并随时筹办普赈，各绅又共同议决设立赈抚总机关顺直义赈会。"[③] 8 月 11 日，津埠官绅各界在顺直省议会内开顺直水灾成立大会。在会上，商会会长卞月庭宣读了该会章程，与会者一致认为面对如此水灾，应和衷共济救济灾民，帮助他们渡过难关。

12 日，警察厅厅长杨敬林邀集各界在南市第一台召开水灾急赈会，到会者有千余人，杨敬林呼吁各界群策群力，设法捐款以救灾难中的同胞。12 日，地方最高长官曹仲珊将天津灾况电呈政府并请迅拨赈款救济灾黎。冯国璋大总统以"此次水灾十多年所未有，桑梓关情尤甚悯恻，近以派员来津密查各灾区，以便拨款赈济"。[④] 天津红十字会迅速向总会报告了灾情，并向上海红十字会提出了募款的建议，沈敦和根据天津红十字会的报告，向国内外发出了《向近畿水灾捐募启事》，请求赈济。红十字会还向海内外各慈善人士深情呼吁进行救灾募捐，帮助灾区人民渡过难关。

北洋政府及在津重要官员对此次水灾极为关注。寓居于天津的熊希龄，目睹了此次水灾造成的巨大损失，表示了极为深切的同情。他向北洋政府提出了赈灾的建议。"1917 年 9 月 29 日，冯国璋大总统颁发命令特

---

① 天津市档案馆、天津社会科学院历史研究所、天津市工商业联合会：《天津商会档案汇编（1912—1928）》（2），天津人民出版社 1992 年版，第 3397 页。

② 《天津水灾之音讯》，《大公报》（长沙）1917 年 10 月 3 日。

③ 《顺直义赈会组织成立》，《益世报》1917 年 8 月 11 日，第六版。

④ 《大总统派员查视灾区》，《益世报》1917 年 8 月 17 日，第六版。

派熊希龄督办京畿一带水灾河工善后事宜。次日，财政部拨款30万元交熊希龄赶办急赈。10月，熊就职任事，在北京设立督办处。"① 并派人到遭受重灾的天津勘察灾情。为了统合各地的慈善机构开展救济工作，10月15日，熊希龄邀集天津水灾急赈会、天津警察厅、顺直助赈局等中外慈善团体开会，熊希龄在会议中提出了多项赈济措施：统一放赈、平粜、开办工厂、筹办施药处所、设因利局（即小额借贷所）、保留牲畜、以工代赈。会中决定由直隶省长、京兆尹和督办处负责急赈部分；顺直助赈局负责冬赈；顺直义赈局负责春赈。②

为了更好地指导天津的水灾救济，京畿水灾赈济联合会天津分所成立了。京畿水灾赈济联合会天津分所依京畿水灾赈济联合会简章第三条规定设于天津；规定凡京畿水灾联合会会员在天津者皆为分所会员；该分所设干事长一人、副干事长二人、干事数人；职员会每周一召开一次，大会随时由会长或干事长召集；分所筹议事务以关于天津者为限，决议案须报告总事务所，分所经费亦由总会筹拨；决议项由总事务所交由会所遵行。

各宗教慈善团体在水灾发生后，迅速展开了救援活动。基督教伦敦会、公理会、美以美会、圣道堂、青年会等团体，1917年10月1日联合成立了天津基督教水灾赈济会。下设卫生、教育等六部，具体实施救济工作。基督教水灾赈济会向各大慈善家及慈善团体发出了赈灾募款的呼请，并联合北京基督教向全国基督教徒发出《北京天津基督教水灾赈济会致全国基督教徒公启》，希望全国圣徒，同心合力、共襄斯举、集腋成裘。北京天津基督教还向全国发出号召，展开了最大规模的募捐救济。

1917年12月，由北京、保定、天津3处基督教组成华北基督教水灾赈济会。选举英国公使朱尔典为会长，京汉铁路局局长王兆熙、圣公会主教鄂方智为副会长，赈济会执行委员有23人，对京津地区难民实施救济。

天津警察厅、天津官绅、慈善人士等为应对此次水灾而成立了天津警察厅水灾急赈会。为救济难民，水灾急赈处约请善堂联合会赴东南乡海河一带调查灾户赈抚。12月1日派出调查员张月丹、孙俊卿、张汉亭等出发海河东西两岸、正西大沽、草头沽、咸水沽及东乡共一百八十四村查

---

① 周秋光、曾桂林：《中国慈善简史》，人民出版社2006年版，第266页。

② 周秋光：《熊希龄与慈善事业》，湖南教育出版社1991年版，第43页。

赈，又赴南乡一带调查。① 张冠卿、张荫堂同朱余齐、刘俊卿、李永庆对
中区第四分署界灾民进行了调查。陆小山、王品一率同善堂联合会同仁 7
日出发南乡调查灾民，徐汇川、王品一往四乡查放冬赈。② 王子玉、李颂
臣等查得东二区、东三区、东四区界内共贫民四千○四十七户。陈楚湘同
严蕉铭、张荫堂查得河东特别第二区界内贫民一千九百余户。水灾急赈会
查得北一区、北二区、北三区、北四区、北五区、北六区总共贫民一万两
千○九十六户。24 日上午开董事会议，杨敬林报告，查南一区、南二区、
南三区、南四区、南五区贫民七千九百五十八户。水灾急赈处委托善堂联
合会查得东乡灾区、南乡灾区、西乡灾区及北乡十九村难民共四万三千八
百五十九户。警察厅水灾急赈委员会全体人员努力对天津地区的受灾户数
人口进行了详细的调查，这为慈善团体的施救提供依据。

　　天津各慈善团体收到了北洋政府及各省的大量捐款捐物。天津警察厅
水灾急赈会成立后，财政部造币厂孙用轼捐助寒衣四十九套。财政部直隶
津浦全路商货统捐总局饬各分局将旧存巡勇裤衣二百六十件解津助赈。③
12 月 8 日京奉铁路机务处全体同仁公议购买秫米六十石代为散放。江苏
省各界先将募得军警各处绅商旧棉衣单衣裤五万八千八百○二件，军帽六
百九十六顶，皮布靴鞋二百九十双，裹脚布八十二付运到天津施放。④ 直
隶省长曹健亭 16 日捐助警察厅内天津水灾急赈会玉面五十万斤，以资补
助该会之进行。⑤ 京畿水灾河工善后事宜处熊希龄因直省水灾民食缺乏，
现值春种需粮急，应举办平粜，派员在吉林采购粮二十五万石，30 日运
津，饬令各县知事转饬灾区领运平粜，以济灾黎。⑥

　　在得到天津红十字会的水灾报告后，沈敦和在红十字会拨洋一千元，
弟珍弟德合助一千元交中国银行汇上。⑦ 中国红十字会总会办事处派出了

---

① 《灾区调查员出发》，《大公报》1917 年 12 月 1 日，第二张。
② 《查放冬赈》，《大公报》1918 年 1 月 8 日，第二张。
③ 《统捐局捐助棉衣》，《大公报》1917 年 12 月 4 日，第二张。
④ 《宁垣大批赈衣运津》，《益世报》1918 年 1 月 21 日，第六版。
⑤ 《曹省长补助赈济》，《益世报》1918 年 2 月 17 日，第六版。
⑥ 《大宗粜粮运津》，《益世报》1918 年 3 月 31 日，第六版。《大宗赈粮之到津》，《大公
报》1918 年 3 月 31 日，第三张。
⑦ 《沪商会电汇赈款》《益世报》1917 年 8 月 20 日，第六版。《汇志水灾急赈事》，《大公
报》1917 年 8 月 20 日，第二张。

查放员蔡吉逢携救灾物资来津进行赈济。湖南红十字分会理事长聂其焜电告捐洋一千元，汇往天津红十字会。常德分会熊希龄、李志桢也电告天津红十字分会，"代募银千元助款，即日汇上，望即查收赐复。熊希龄督办将所收到湖南傅督军捐助旧棉絮一千四百件，捐给津地六十以上老人及产妇以示体恤"①。旅沪顺直会馆筹办天津水灾赈济会代表范竹齐到会自行捐助玉面二千五百斤，黄献臣自行捐助一千五百斤。张督军夫人捐助冬赈两万元红粮用专车运津。张泽湘自捐小洋三百七十二角，玉面条三百斤，棉衣一百四十件。熊（希龄）督办允为补助赈粮八千石。1918 年 1 月红会又接到烟台镇守使署参谋处函送赈款汇票大洋二千四百〇七元七角一分请代为散济。②

天津本埠演艺界、书画界及各团体、慈善人士积极捐款救济难民。权仙经理朱义德、马克起协同慈善人士在老权仙慨助电影一夜，得资均归赈款，以拯灾黎。③ 河北兴华园全体发起演唱义务戏三日，并热心绅商特别施助及医药馆散售资共计大洋五百三十元八角，小洋六百七十九角，铜元三万四千四百四十六枚，尽数充作赈款送交西区警察总署转行赈济灾黎。④ 天津同乐会正乐育化会全体会员在东天仙演唱义务戏三日，南洋兄弟烟草公司售烟助赈。是日，得款项共计七百余元，除去该会经费，余尽数充作红十字会赈款。⑤ 天津红十字分会书画慈善会 9 月 12 日劝募徐世昌、铁良、袁大化、朱家实、华世奎、严修、赵元礼、恽毓鼎、吕镜宇、于泽九等人书画。同时约集书画各方家二十余人开会，书画慈善会职员刘兰轩、赵善卿分劝各书画方家徐世光、闻雨山等书画并在南市华楼出售，得款以惠灾黎。

8 月 14、15 两日第一台演戏筹赈，南洋兄弟烟草公司到场卖烟得款尽行报效，连日热心善士到场听戏为之满座。南洋兄弟烟草公司除自行募捐外，17 日另捐出款一千元。各茶园有演唱义务戏者，该公司一律到场卖烟尽数资助。16 日南洋兄弟烟草公司用大车二十辆满载大饼一万六千

---

① 《关于筹赈之种种》，《大公报》1917 年 11 月 27 日，第二张。
② 《致红会函》，《大公报》1918 年 1 月 11 日，第二张。
③ 《请看今日义务戏电影》，《益世报》1917 年 8 月 21 日，第六版。
④ 《兴华园义务助赈》，《益世报》1917 年 10 月 15 日，第六版。
⑤ 《关于筹赈之种种》，《大公报》1917 年 10 月 24 日，第二张。

斤并咸菜等物前往张公祠散放。经该公司散赈员与张公祠水灾办事所员接洽后，即分南北挨铺逐户散放。17日该公司又复派员押载大饼及咸菜等五大车赴西头一带散放。① 9月6日南洋兄弟烟草公司出发又由散赈员数员押载白米五大车到直沽散放，7日出发散放丁字沽。②

天津县义阡局于此次水灾难民死亡相继水中游尸亦复不少，均共筹救济方法，特择高埠义地为埋葬之所，假定西门永丰屯施材厂设立临时救济施材社。③

直隶督军兼省长曹仲珊向各县拨款救济，并饬警察厅设法筹借房屋于河北张公祠前搭盖席棚以备灾民暂住。8月10日"发给蒸食五千斤以应急需"。④ 遂有振德店黄宅助蒸食五千斤，洋行杜氏助席五百张，善堂联合会助席一百五十张，蒸食数百斤。8月17日，侯家后绅商李少棠特捐助苇子两千斤，以资提倡，并劝募平和洋行程祝山苇子两万斤，一律送交灾区挨户查放，以济灾民。河北张公祠灾区浮打窝铺一千余户，财政次长张岱杉前往参观后，当场捐助该处难民白面一万斤。天津起卸行众善堂捐助该处难民苇席一千一百领，均交中区警察局转交查放。西五警察分署署员袁定生连日约集绅商提倡急赈救济灾黎。英界张镇芳家眷及仆役等共捐大洋一千元购蒸食粮米等物，请代为挨户发放。津埠绅商冯松泉等十余人视此灾状，不忍坐视，认捐一千余元与善堂董事李星北接洽，愿于灾重之区择尤施放，并印刷捐启若干本广为劝募，竭力进行。⑤ 江苏督军李秀山关怀桑梓，轸念灾黎，自备巨资由北京公馆采办玉面二十余万斤运津赈济灾民，每大口八斤小口四斤。⑥ 郭矩卿捐助水灾急赈会玉面一千斤。禅臣洋行严昭明助急赈会玉面一万斤以为冬赈之补助。⑦ 京畿水灾河工善后事宜驻津办公处坐办张岱杉，因时值严冬，灾民代赈孔殷，12月4日由北坨缉私营挑派目兵十余名前往南开善沽押运赈粮，在新车站按户查放。⑧

---

① 《南洋烟公司之义举》，《益世报》1917年8月21日，第六版。
② 《南洋烟公司乐善不倦》，《益世报》1917年9月9日，第六版。
③ 《救济施材社成立》，《益世报》1917年10月3日，第六版。
④ 《曹督军眷念灾民》，《益世报》1917年8月10日，第六版。
⑤ 《绅商助赈之热心》，《益世报》1917年8月18日，第六版。
⑥ 《李督军委员放赈计》，《益世报》1917年10月31日，第六版。
⑦ 《急赈董事开会记》，《大公报》1918年1月12日，第二张。
⑧ 《善后处派兵运粮》，《大公报》1917年12月5日，第二张。

启新洋灰有限公司助警察厅内天津水灾急赈会棉衣五百套，第二批又助成童棉衣六百套，第二批助玉面五万九千斤，张向辰代交募捐一百元，天津合郡各河共六十三家柴厂等助洋二百元，铭利生陈秀圃捐助玉面一千五百斤。王遄先代募赈洋五十元，京中票二十元交票十二元。隐名氏助玉面一千斤，天津车站同人助洋四十元。① 作为指导水灾赈济机关的近畿水灾捐赈会将其以前所募得的黎元洪总统赈款一千元捐助天津红十字会购办米粮散放急赈。信义堂卞宅特捐红十字会银洋一千元充作赈款。日商怡风洋行昨 13 日捐助警察厅水灾急赈会义赈洋一千元，孟博先生捐洋五百元。②

作为近邻的日本得知天津水灾后也进行了筹款，汇往天津救济难民。天津商务总会转交日本大阪中华商务总会赈款日金五十元、日本大阪三江公所赈款日金五百五十元、中日贸易亲友会赈款日金三百元、日本大阪中华总商会赈款五百元，以上总共日金一千四百〇五元，红十字会均按照天津商会交来之数目收讫散放赈济以惠灾黎，并登报宣布以表感谢。③

政府、各慈善社团对受灾难民组织了积极的救援行动。水灾发生后，天津红十字会立即召开会议，商议救济办法。8 月 7 日，红十字会联合各机关开会筹办赈济。8 日遴选会员刘兰轩、赵善卿、沈润田、杨敬轩等协同各职员携带大米一百包，大饼等物一千斤赴西沽村东西于庄、赵家场等处赶放急赈，拯救灾黎。8 日，顺直水灾救急会派王品一、赵善卿、刘兰轩等赴西沽村查放赈抚，按照该村临时之民房被水淹没之贫户，大口施放米一斗五升，小口施米二升，9 日已放赈一百五十余户。④ 10 日派刘兰轩、王品一前往大红桥、西沽西于庄查放大米，赈济灾民。派杨敬轩、沈润田携带大米计一百包赴汴庄子、赵庄子、杨庄子散放。⑤ 对大虹桥西沽村左近沿津浦铁路两旁逃难灾民，李星北、刘兰轩、赵善卿等面请津浦铁路局长暂假沿路站台为灾民栖处之所，并购买苇席四百领于张公祠地方搭

---

① 《绅商热心助赈》，《益世报》1917 年 12 月 23 日，第六版。

② 《大水灾近事汇志》，《大公报》1917 年 10 月 14 日，第二张。

③ 《红会谢赈》，《大公报》1917 年 12 月 23 日，第二张。《公布旅日华侨之赈款》，《益世报》1917 年 12 月 22 日，第六版。

④ 《救济会派员放米》，《益世报》1917 年 8 月 10 日，第六版。

⑤ 《救济会分途放米》，《益世报》1917 年 8 月 11 日，第六版。

窝铺，让灾民有平地安身。① 派员分赴梁家嘴、佟家楼、芥园西一带各村庄携带大米四十包，散放急赈。18 日，李星北、孙子文、赵善卿、王品一等赴西头朱家花园，协同巡警用小船将一切灾民救出，男子送到救养院，女子送往北马路女子家庭传习所后院住宿。② 孙子文又派职员两名照料一切。9 月 4 日水灾救济会职员刘兰轩偕同查放员吴子铭、阎小晨、张文敬、顾士珍赴佟家楼、邵公庄、张树林、育德庵、西头大沟头、西和记等各灾区散放灾民铜元赈济。③ 红十字会为收容灾民还在英租界孙仲英宅及西南隅溥仁医院设立了两处事务分所，又在宜兴埠设立临时妇孺留养院一处，这些连同女子工艺传习所留养了大量的灾民。

10 月 5 日早，商团辅助红十字会赈济会调查散放员王兰亭等备红十字会丁船一支，装载窝头四千斤，查放小稍直口灾民三百三十四户，施给窝头。6 日下午，商团辅助红十字会赈济会调查监放员王少云等查放旧东门内文庙灾民、东马路藏书室灾民、城内广东会馆灾民施放窝头，并代中国上海济生会在广东会馆内施放饼干。红十字会学员陈安三代赴张庄尖山拯救三十二人。22 日商团辅助红十字赈济会监督员曾祝久、王殿甲等备红十字船一支查放西南灾区被水围困极苦灾民，施放窝头。葛凤祥代赴贺家口拯救三十九人。上海中国红十字会特派员邓笠航等人协同天津红十字会孙子文、鲁嗣香等雇大船两支，小划船三支在河北刷纸庙口北岸及关上下一带抢护灾民百余人。救出普乐茶园楼上灾民二百一十人，以龙亭女子传习所为临时留养院，并每日散给馒首大饼等物。

7 日，红十字会急备救生船七十余只，并馒首食物等分赴各灾区，极力拯救。全活被水包围不能逃奔之灾民总计一万三千余人。④ 8 日，红十字会赴关下、西南路、四座坟营门外共救灾民三十余人，共散放大饼一百斤又一百三十二张，又馒首四千三百六十五个。⑤

9 日，沈润田等由天津红十字会备救生船数十支，带大饼馒首乘船赴广仁堂后南开南市大街及日法英界与特别区，分路各处抢护灾民二百三十

---

① 《天津大水灾近状》，《大公报》1917 年 8 月 12 日，第二张。

② 《关于水灾之种种》，《大公报》1917 年 8 月 19 日，第二张。

③ 《救急会散放铜元》，《大公报》1917 年 9 月 5 日，第二张。

④ 《红十字会之热心》，《大公报》1917 年 10 月 15 日，第二张。

⑤ 《中国红十字会天津分会查放灾区日记》（续），《大公报》1917 年 10 月 14 日，第二张。

余人。孙子文约同直隶水产学校学监、职教员并学生乘该校练习船分赴荣业公司、南关下头至西南隅一带广仁堂、南开学校、电车公司后共救灾民四百五十人，放馒首三千二百五十斤。10 日，天津红十字会赴广仁堂赵家场习艺所、宜彰工厂、小大园校场、英界徐沅公馆附近、杨桥及西关体育社广仁堂后杨家花园、赵家冰窖等灾区救护难民二千四百余名，共放大饼二百五十斤，馒首二百七十个。11 日，杨敬轩等乘船拯救灾民数百口。卞月庭干事长派职员雇船十余只，救英界各处楼上灾民。沈润田、杨敬轩等乘船赴炮台庄、西湖圈、八里台、五窑、纪庄、王鼎堤、黑牛城、李吉村调查约七百多户，按名发给馒首。红十字会十五只救生船，发往三义庄新瓦房、英、法、德、日各租界等地共救灾民两千三百十余人又五百余户，平均约一千五百人，共放馒首四千〇六十三个。12 日，红十字会派员在各租界、南市、纪家庄、黑牛城、西湖圈、小王庄、侯家台、八里台、五家窑等村进行难民救助。天津红十字会另添拨摇船二十一支，赴西娄村、三义庄、英界红房子、日界松岛街义津里、新津里、英界黄家花园小营门等处共救灾民一千七百二十余人，放大饼两千五百六十斤，馒首一千八百三十斤。13 日，红十字会会员孙子文等赴西头四座坟营门一带围墙旧址、李七前庄、李七后庄、赵家俱、林庄子、王鼎堤村共救灾民一千九百六十余人，共放馒首大饼两千六百五十斤。14 日，红十字会派员携带面粮，并船多支抢救赈济。孙子文等乘救生船赴各灾区散放。姚静轩等自杨家花园美以美会前沈家台等处救出难民四十余人。红十字会会员率水产学校学生带领三、四、五号等十支船赴西湖圈、土城、纪庄等处拯救灾民三百一十八人。八、九、十三号等八支船赴八里台、炮台庄等处拯救二百八十二人。第十、十一号等八支船赴日法界围墙大窑法界大堤一带拯救灾民一百二十九人。第十八号船赴西园、赵庄、王贵祥庄拯救二十四人。第二十三号船在陈塘庄拯救二十九人。本日共救灾民二千五百余人，共放大饼馒首二千七百六十斤。15 日，红十字会会员罗凤鸣等乘船赴姚村、富村、郭村，救出约三百余户，饥饿断炊已六七日之灾民。沈润田等查放黑火神庙、四座坟、掩骨会等处共查放二百七十余口。

天津基督教赈济会为灾民筹备处所，一在种植园靶子路后，筑房子千间；一在种植园北，筑房四百间；一在水产学校西，筑房百间；共筑房屋一千五百间。天津基督教水灾急赈会在女青年会及仓门口教堂设立女工厂二处。每处雇有女工三十名为难民赶做棉衣，以资御寒。① 后又在河北新车站附近筑造房屋二千九百二十余间，让难民迁入居住，并随时向难民散放赈济。

警察厅内天津水灾急赈会发起人徐世昌、赵尔巽、龚心湛、徐世光、张彪、赵丛蕃、张学良等函请警局指定老龙头迤北郭庄地点随即鸠工庀材克期建成草房式窝棚二百间。② 水灾急赈会董事李向辰协同教养院管理龚树堂出发大沽，散放冬季棉衣数百套及赈济款项赈济灾黎。李星北等查放西三分驻所同益庄共二百四十二户，施放玉面七千三百二十斤，棉衣五十件。③ 在西北乡及海河、咸水沽、葛沽等共一百三十九村，共放出赈粮一万三千五百二十七斗四升，洋面二十袋，棉衣五千七百九十四套半。散放咸水沽棉衣千套，红粮一千八百余石。12 月 4 日急赈会开会，杨敬林主张教养院不分男女均一律收养，每日令收养乞丐用小车振铃到处敛收商民所剩之食物以资在院乞丐食用。杜克臣主张教养院专派十人，每日轮流出发，分途街巷，敛收乞丐，以专责成。④ 咸水沽一带五十九村计一万一千三百六十户，共放出赈粮五千〇二十九石二斗。张月丹、孙俊卿、王品一等还"赴西乡杨柳青等四十二村散放赈济。"⑤ 东三分驻所散放赈粮三百石。张月丹、孙俊卿等于 4 日（即今日）查放杨柳青大觉菴、北辛庄等四十二村，施给红粮四千五百〇九石，棉衣两千六百〇一套。崔孔箴同李星北、杜小琴、陆小山散放西二区、西三区、西四区、西六区（西一区界内务贫民）玉面二十四万四千九百八十五斤，棉衣六百四十一套半。这期间警察厅内水灾急赈会计开天津急赈冬赈两次，共查极贫、次贫灾民十二万〇三百八十一户，及男女老幼五十三万四千六百六十六口，发出衣服米面等物，衣十万〇二千二百五十六件。整个水灾期间水灾急赈会散放棉衣数十万件，赈粮数百万斤，这为赈济灾民提供了重要的物质保障。

顺直助赈局对于津邑灾民施放冬赈种种进行手续，唯恐赈粮不足接

---

① 《关于筹赈之种种》，《大公报》1917 年 10 月 24 日，第二张。
② 《公济报告》，《大公报》1917 年 12 月 21 日，第二张。
③ 《查放灾赈》，《大公报》1917 年 12 月 23 日，第二张。
④ 《急赈董事开会记》，《大公报》1917 年 12 月 19 日，第二张。
⑤ 《赈员出发》，《大公报》1918 年 1 月 4 日，第二张。

济，12 月 23 日派员携带巨款会同查赈员前往南乡潘儿庄赈济。[①] 顺直助赈局董事李颂臣独自捐款购备玉面数十万斤，派员查放特贫之户，并在东门内慈祥社施放赈济，以惠灾黎。[②] 此外李家还在城内贡院西寄生所冰窖胡同独资创办粥厂，已收纳千余名，此中能纳二千余名。[③]

旅沪顺直会馆筹办水灾会代表李永庆、曹幼占、周鉴堂、王静泉等散放各窝铺玉面：窑洼洋元场后五百〇五家共玉面九千二百四十斤，张公祠三百〇五家玉面一万一千二百七十斤……北三区公园后五百六十四家共玉面一万一千七百四十斤……陈唐庄三百户共玉面六千斤，大经路北五区界内五百五十家共玉面八千三百二十斤。[④]

旅沪顺直同乡会 9 月 27 日寄津洋一万元委托范竹斋等八人代表在津散放急赈以济灾黎。[⑤] 10 月 3 日，范竹斋等八人放出铜元十八万三千五百枚并助南五分署打垲费洋五百元。4 日范竹斋等分赴上天仙东宣讲所梁家嘴等处，是日放出铜元八万六千九百二十枚。[⑥] 13 日赴云贵会馆、马公祠、闽粤会馆等六处调查灾民，散放铜元十一万一千一百二十枚。旅沪顺直会馆筹办水灾急赈会由 10 月 1 日起所放出赈济如下：中区总署散放玉面一万斤，交西头老公所散放玉面一万斤，东于庄窝铺放棉衣八百六十七套，张公祠窝铺放棉衣共四百套，聚合当内放一百八十六套，中和当内一百六十九套，慈惠寺放十一套，津浦西站放二百一十七套，至月末共放玉面二万斤，棉衣二千二百五十二套。放衡水县赈粮八百五十石，武邑县赈粮五百石，冀县五百石，静海县五百石，霸县二百石共二千五百石均由警务处转交该县知事代为散放。昨又指定散放西乡一带杨柳青等村赈粮七百石，南乡一带大任庄等村赈粮六百石，东乡一带咸水沽等村赈粮六百石，北乡一带王秦庄等村赈粮六百石，以上西乡共赈粮二千五百石。[⑦] 本次旅沪顺直会馆共计施放玉面十五万六千四百〇三斤。

---

① 《查放冬赈》，《大公报》1917 年 12 月 24 日，第二张。
② 《赈济难民》，《大公报》1918 年 1 月 30 日，第二张。
③ 《李组绅扩充粥厂》，《益世报》1917 年 12 月 21 日，第六版。
④ 《普赈窝铺》，《大公报》1918 年 2 月 4 日，第二张。
⑤ 《旅沪顺直同乡会之义举》，《益世报》1917 年 9 月 28 日，第六版。
⑥ 《救济会散放铜元》，《益世报》1917 年 10 月 4 日，第六版。
⑦ 《顺直会馆散放钜赈》，《益世报》1917 年 12 月 23 日，第六版。

奉天奉直会馆赈济直隶灾民玉米面三百余吨，由京奉火车运输来津。会馆有力地配合了政府对灾荒的救济。

天津各慈善社团不仅在津埠查灾救灾赈灾而且还前往天津本埠之外受灾严重的地区赈济难民。天津红十字会派出了吴班侯赴静海县属东南大小泊村调查，并拨出玉面多斤，派员速往散放救济灾黎。杨敬轩、赵世昌、吴克勤等协同政界携带巨款并洋、面若干，11日早七点协同乘坐小轮赴东光县一带查放赈抚。会计刘兰轩及赈员赵宜之、叶汉卿协同上海红十字会办赈员蔡吉逢办理文安各赈，携带棉衣饼干粮款药物赴文安查放。赵善卿请路局备车五辆，装上海红十字总会运来面粉两千六百袋，派查放员杨敬轩运往直属沧县散放。卞月庭以文安、徐水两县灾情较重，派查放员杨慧南押运红粮两千石，棉衣一千件，药品两箱往文安县交上海红十字总会蔡吉逢散放灾区，并请警厅警士二名携带枪弹随船押运，以资保护而免疏虞。12月23日，天津红十字分会会员随同上海红十字总会会员蔡吉逢携带棉衣三千套并款资若干赴徐水县赈恤灾黎。① 上海济生社余桂生与红十字会天津分会孙仲英携带衣粮于1月4日乘车赴正定县一带调查灾区施放赈济。

京畿水灾河工善后事宜驻津办公处除其十二、十三两路委员长傅恒、赵毓衡均在天津办理赈济事宜外，又推定查赈委员，分派十三路出发清苑、安国、固安、涿县，香河、深县、滦县、宁河等县。② 鉴于津邑灾民哀鸿遍野且谋食颇艰，于是张岱杉派员分往各县举办平粜局，就近购粮公平交易，通令各商不得抬高粮价以资救济而维民食。③

基督教水灾赈济会成员天津工业售品所总经理宋寿恒（则久）因直属文安灾情较重，独自筹备赈济，由中国基督教会制作冬赈大小棉衣二千余套，运往文安散放。④

水灾发生后，顺直助赈局赈款总办李组绅于12月10日由局出发携带款项赴乐城、井陉、唐山等县散放冬赈。⑤ 顺直助赈局事务所在东门内设

---

① 《施放棉衣》，《大公报》1917年12月24日，第二张。
② 《查赈委员长推定》，《大公报》1917年12月16日，第二张。
③ 《注重民食》，《大公报》1917年12月26日，第二张。
④ 《宋则久赈济灾民》，《大公报》1917年12月1日，第二张。
⑤ 《赈款总办之出发》，《大公报》1917年12月13日，第二张。

立后，局长李嗣香 12 月 22 日派员分往丰润、芦台、沧县等处成立分局实地查放赈济。① 顺直助赈局驻津查赈员还派员赴静海县查放冬赈。李颂臣以阴历年关在即，所有出发静海、衡水、文安、固安各县查赈员陆续派令携带赈款出发，以便赶速施放，截至 2 月 5 日以前一律放完。

商团辅助红十字赈急会购买红粮若干石，派员出发赴武清及泊镇郑家口赈恤灾黎。上海红十字会派员蔡吉逢等携带洋一万余元，棉衣数千套，业将徐水县查放完事，又赴安平进行查放。②

针对文安、霸县、定县、安国等水灾区，华北基督教水灾赈济会实行特别赈济。仅文安县就发放赈款十一万九千元，帮助修筑河堤四十余里，迁移数千户灾民到吉林，设立灾民收养所 30 余处。1918 年春天，文安县当地乡绅自发组织起来，为基督教在苏桥建立感德牌坊。各地乡绅纷纷效仿，北洋政府也为华北水灾赈济会颁发奖章勋章。

三 京畿水灾中慈善社团救助活动评析

京畿水灾为民国时期所罕见，津埠各慈善机构对难民救济工作不遗余力，做出了不可磨灭的贡献。

第一，在本次水灾救济中，慈善团体把难民救济同灾民教养紧密地结合起来。基督教青年赈济会加强了对灾民的技艺传授与培养。该会"在河北种植园旁建筑窝铺二千余间，收难民三千余人，就地设立小学一处，授以国民常识，学生约计一百余人。又设立女工厂两处，专为灾民置造棉衣，妇女佣工者约二百余人，设纺线工厂、网工厂各一处，每处雇佣灾民工约百余人，实行以工代赈"。③ 生计部召集贫民教编织草帽辫，实行以工代赈。对其生产的产品进行推销，为此该会特"函请熊督办转商直隶长官饬军警各界一律购用此项草帽以广销路并可为灾民筹一生计"。④ 六月份，天津基督教干事王瑞庭、刘子烬、王卓忱、张国体、王振纲、宋则久、李馨甫等在仓门内创办基督教贫儿半日学校，学额二十人，招收年龄

① 《派员助赈》，《大公报》1917 年 12 月 23 日，第二张。
② 《红会查赈员之进行》，《益世报》1918 年 2 月 25 日，第六版。
③ 《赈济社以工代赈》，《益世报》1918 年 1 月 14 日，第六版。
④ 《请购草帽辫》，《大公报》1918 年 2 月 27 日，第三张。

在十岁以上者，以造就无力入学之贫儿，使能成自立之良民，并随时扩充。课程授以国文、英语、笔算、珠算、习字、修身、唱歌、体操、图画、手工、商业。上午授课，下午实习工商成业在校或在校外卖货，工作专作普通易销之物及售卖国货，校中管午餐一次，衣服书籍由校酌量发给。①

"红十字分会在龙亭设立妇孺留养院收纳灾民，其中男女小孩三百余名。该院执事日日教以课程、体操、习字，诲之不倦。"②京畿水灾，上海红十字会特派员蔡吉逢携款到津散放急冬春工各赈，赈务结束后，剩有余赈洋四千六百数十元，交由分会开设留养灾民习工场一所，公举宋则久、吴绍棠为工厂董事。同时于被灾等地设立留养习工场多处。"徐水、胜芳二处经办董事张焕之、陈振卿、宋保齐等到天津报告工厂成绩，带来之毛巾手巾花布芦席柳条器具等件均有可观。工厂工徒业成，而去者可自谋生计矣。红十字会还召集本埠贫民授以技艺，俾得自食其力，5月10日河北中国红十字会天津贫民工厂开幕。红十字会贫民工厂考验生徒，该厂总理吴绍棠亲自试验，正取十八名，备取九名。"对这种教养兼施的措施，当时的媒体《大公报》给予了很高的评论。"近闻我国红十字会以放赈余款在津筹设一贫民工厂，将无数饥饿余生纳而置诸劳动界中，俾得自食其力，其为社会谋幸福也甚大。诚使筹赈诸君子，踊而行之，不让红十字会以专美于前，则次日代赈之贫民，皆足为谋食之苦工，虽有天灾人祸，亦可无虞矣。"③贫民工厂办成后，积极培养所收之贫民，对那些优秀者给予奖励。鼓励进厂之贫民学好技艺，以便把实际救助工作落到实处，红十字会贫民工厂理事吴绍棠同技师郝士周考核该厂工匠工徒之成绩以定奖励，除照章给奖外，经吴绍棠又加奖若干名以资鼓励。

第二，慈善团体加强了卫生防疫工作。"北洋防疫处近因被水灾黎易感受疾病而天津各医院大都在上午施诊，本处即于种痘所内添设临时灾民治疗所，每日于下午两点钟起至五点钟止施诊病症以辅各医院之不足。"④

---

① 《基督教筹办学校》，《大公报》1918年6月14日，第三张。
② 《贫民学生发奖志》，《大公报》1918年8月27日，第三张。
③ 《赈济社以工代赈》，《益世报》1918年1月14日，第六版。
④ 《添设临时灾民治疗所》，《益世报》1917年9月28日，第六版。

直隶省长公署组织卫生队分别出发救济难民。又添设直隶灾民善后卫生局养病院，凡救护之灾民均临时送院诊治并派卫生医兵轮流守卫。[①]

天津红十字会极为注重灾后的防疫工作。灾后，中国红十字会天津分会援聘善医士设施医处开幕施诊，经该会诊治之病，不取分文。基督教水灾赈济会对灾民的卫生极为注重，13 日天津基督教水灾赈济会卫生部麦大夫近因被灾难民住所多有污秽之处，业经该会卫生员分往劝导灾民首重卫生，而免传患疫病，定月于 14 日（即今日下午三点钟）在青年会开会演讲卫生要理。[②] 为了更好地普及卫生知识，他们还设了卫生学校，并且取得了很好的成绩。天津青年会水灾赈济会同仁 2 月 5 日通函该会各会员及各慈善机关，谓该会自办理灾民住所以来，迄今两月，教养兼施，俾资自立，所设卫生生计学校诸部以及讲演所男女工厂等事业已经初具成绩。定于 2 月 13、14 号即旧历正月初三、初四两日下午一点钟至五点钟在河北新车站种植园本会灾民住所特开展览大会以供参观。[③]

第三，慈善救济社团非常注重灾民的遣散与善后工作。城北宜兴埠天津红十字分会临时妇孺留养院灾民四百余名，由董事王仰周会同红十字会副理事长孙子文筹议，时值融和，所有灾民按照户口发给恤赏，以便解散，并令合摄一影而作纪念。[④] 3 月 10 日，红十字会职员会同警察官及绅董对返乡难民按大口四元，小口二元发给赈款，灾民等临行时无不感激鸿德。[⑤] 河间献县难民四百六十五人前晋京请求大总统赈恤，大总统允每大口给洋二元，每小口给洋一元，4 月 6 日由京派差护送来津，经警察厅传知北五区署员及水上警察局局长梁彩廷妥为保护，7 日梁彩廷派委督察员沈维翰、侦探员林长胜会同北五区署员在大虹桥雇大船五只将男女老幼难民安插上船回里。[⑥] 为防止有些难民将被施救衣物典当，红会在赈衣上印有红十字标记并致函各国领事署及特别第一第二管理局函请求配合工作，

①《卫生养病院成立》，《益世报》1917 年 10 月 23 日，第六版。

②《西医劝人重卫生》，《大公报》1917 年 12 月 14 日，第二张。

③《定期开会》，《大公报》1918 年 2 月 6 日，第二张。

④《资遣灾民》，《大公报》1918 年 3 月 9 日，第三张。

⑤《红十字会资遣灾民回籍》，《益世报》1918 年 3 月 26 日，第六版。《津红会资遣灾民》，《大公报》1918 年 3 月 26 日，第三张。

⑥《难民过津回里》，《益世报》，1918 年 4 月 10 日，第六版。《船送难民回籍》，《大公报》1918 年 4 月 10 日，第三张。

以确保救济的功效。上海红十字会办赈员蔡吉逢 3 月 25 日接沪会来电告知由于京畿灾重，难民孔多。近届春荒代赈尤亟，冬赈结束，乞速返沪商榷春赈办法，赶速进行，以期救人救彻。①

第四，在救助中，慈善社团之间形成了良好的互动。天津红十字分会曾以现在严冬贫苦居民缺衣乏食，嗷嗷待哺者不可胜数，12 月 4 日给善堂联合会棉衣二百件以恤穷黎。② 新年刚过不久，天津红十字分会以当时冰天雪地，寒风凛飒，贫民乏衣者实繁有徒，特给天津善堂联合会棉衣四百件，南善堂棉衣二百件，老公所棉衣二百件，补遗社棉衣二百件，美国红十字会周济俘虏会棉衣二百件，以示体恤。③ 葛沽镇全体绅商致谢天津水灾急赈处赈恤灾民，谓"此次大水为灾波及该镇，前经分别致函请求赈济，嗣经商团辅助红十字会赈济会购置玉面二万斤，并由红十字分会赵善卿拨交棉衣二千件，经商团王殿甲、陈佩之、杨少卿妥为散放。兹承红会委托张月丹、纪玉书、王品一、张小菴、王竹樵、龚云波又在该镇一带散放红粮，张月丹以无衣无褐者尚复不少，特函请天津红会加放棉衣二千件，各绅董等辅助玉面二千一百数十斤以分别施散。其中尤以张月丹之力求普及实惠均沾为要，一般鸠形鹄面之灾民均不胜感激之至"。④ 直隶水产学校，在津埠大水发生后，积极地加入到了救灾的行列，他们配合红十字会，兢兢业业，监学范莲青带领全体学员分带船只，驰赴各灾区，数日之间拯救登岸之灾民五千三百余人之多，表现出了扶危济困的忘我精神。

第五，本次水灾发生后各慈善团体组织的赈灾史无前例。水灾期间基督教教会水灾赈济卫生部，到灾区运送食品、医疗药品，掩埋淹死的人畜尸首；居食部组织贫民缝制棉衣共计 16650 件，分发直隶灾区灾民 9150 件，搭造难民窝铺 1950 间；工程部成员孙炳炎、潘德森、欧恩悌等传教士都是水利专家，他们赴灾区勘测河道，设计河防工程；经济部募集捐款 100622.74 元，粮食 90 万斤，柴火 30 万斤。十月上旬，赈济会在天津建造一些灾民收容所，占地 80 余亩，搭造窝铺 1950 间，另设医院工厂、学

---

① 《沪红会筹办春赈》，《益世报》1918 年 3 月 26 日，第六版。
② 《红会发施棉衣》，《大公报》1918 年 12 月 5 日，第二张。
③ 《红会广施棉衣》，《大公报》1919 年 1 月 13 日，第二张。
④ 《葛沽谢赈》，《大公报》1917 年 12 月 28 日，第二张。

社、米店、磨坊、煤库、柴厂、浴所等设施。雇佣工人 780 余人，收容直隶灾民 7091 人，每日分发米面 6000 余斤，直到次年四五月，才陆续遣散。

京畿水灾督办处成立了近一年，对京畿地区，特别是天津的灾后救济发挥了很重要的作用。当时设立十四处委员分处，委员长一人，以期办事敏捷。到 1918 年 7 月份止，赈济事务业经完竣，遂将十四路委员分处一律撤销，从而结束赈务。这次救灾工作在熊希龄及有关单位通力合作之下顺利进行，一共成立因利局 309 处，老弱留养 181 处，粥厂 593 处，种子借贷所 49 处，并用以工代赈的办法修筑了三条公路。在水灾中出现大批无家可归的孩子，熊希龄成立了收养流浪儿童的机构"北京慈幼局"，由京畿水灾筹赈联合会供给经费。很快收容了 1000 多人。[①] 此外京畿水灾督办处对天津的河道也进行了积极的治理，对减轻水灾，防患于未然起到了一定的作用。

天津警察厅内水灾急赈会自 1917 年 8 月 10 日起至翌年 2 月底统共收入捐款大洋二十二万九千三百元〇六角八分八厘。收入衣服米面等物，收衣十九万六千〇六十一件，馒首三十五万二千七百七十九斤。大米小米共五千二百十七包，玉面八十三万五千五百斤，白面三千七百二十三袋，小米红粮四千〇六十石，煤末七百吨，红粮一万六千七百七十二石四斗四升，草荐四千八百个。[②]

第六，各慈善团体极为注重善款的使用。作为官方与民间联合举办的重要慈善救济社团，警察厅内天津水灾急赈会赈灾统计收入捐款二十二万九千余元，并窝铺衣粮等项，除分别查放赈济灾民，此外并无一毫经费。所有办理赈灾一切文牍账目安插查放各事项由警察厅员司暨各区署官警担任兼办，纯属义务，不另支薪。各董事出发查放亦系义务，饮食旅费概由自备，并不动用捐款，以期实惠均沾，公归食用。此次办赈宗旨官绅担任筹款，绅董担任查放，权限虽有划分，但能和衷共济。

天津各慈善救济团体的活动得到了社会各界的高度赞扬，他们以各种方式来表示对慈善社团的感激。

---

① 高致华：《探寻民间诸神与信仰文化》，黄山出版社 2006 年版，第 227 页。
② 《急赈董事开会记》，《大公报》1918 年 3 月 4 日，第三张。

被救济地方给天津红十字会送匾额数方：杨柳青镇送来一方曰"恩同挟纩"；河北西窑洼后五百村送来一方曰"万家生佛"；宜兴埠并淀北二十四村送来一方曰"德被群生"；胜芳镇送来一方文曰"惠我灾氓"；西乡三十一村送来文曰"实惠灾黎"；海河各村送来两方，一方文曰"救济一方"，一方文曰"胞与为怀"，又送旗二面，一文曰"慈祥恺悌"，一文曰"饥溺犹已"；慈善机关原不介意于兹名面，一时颂扬者如此雍雍济济，亦足徵该会之款不虚糜，民沾实惠矣。① "津埠灾民近因邑绅卞月庭及天津红十字分会，对于救济灾黎，均得全活，实惠均沾。联合凑资制造匾额二方分送卞君及红十字会，以资颂扬善举。"② 被救灾民还借助媒体表达了深深的谢意，如杨柳青镇在二次被水后得到了上海红十字会的救助，事后他们借助《大公报》表达了对救灾人员的谢意。西乡两岸三十一村村伍代表灾民也通过《大公报》发出了鸣谢红会函。

政府对于天津慈善社团在本次水灾救济中的活动给予了很高的评价。冯国璋大总统1918年4月6日奖中国红十字会天津分会匾额一方，文曰"量阔胞舆。"③ 直隶督办京畿水灾善后处来函嘉奖基督教水灾赈济会，冯国璋特颁一书有"一视同仁"的匾额。

京畿水灾急赈会的成立，体现了政府对此次历史上罕见水灾的重视，该组织的成立，使得京畿地区水灾慈善救济有了统一的领导机构。当时的媒体给予了极高的厚望，《大公报》认为"水灾赈济联合会成立，为京津灾民维持生命者又多一慈善机关，此诚灾民不幸中之幸。主持该会者中外人共同负责，众擎易举，该会将来之成绩必能使遍野哀鸿早登衽席而谋室家之安，则该会之造福灾黎，宁有既欤"④。

冯国璋大总统以警察厅内天津水灾急赈会于此次水灾拯救灾民办理赈务甚属热心，于4月18日特题匾额一方，文曰"乐善好施"，业派专员

---

① 《红十字会之成绩》，《益世报》1918年2月6日，第六版。《送红会匾》，《大公报》1918年2月6日，第三张。

② 《关于赈灾之种种》，《大公报》1917年10月28日，第二张。

③ 《总统颁奖红会》，《大公报》1918年4月7日，第三张。

④ 《水灾赈济联合会成立矣》，《大公报》1917年11月27日，第二张。

送该会悬挂，以扬其善举。① 这可以说是对水灾赈济会所取得成绩的一个充分地肯定。

总之，本次水灾发生后，各慈善社团积极行动起来，配合官方对灾区实施了积极地救助，并且取得了巨大的成绩，对津埠人民渡过这次灾难做出了巨大的贡献。在本次社会救灾中，全国很多地方都向灾区伸出了援助之手，社会各阶层在大灾面前，对人类的同情心充分展现了出来，这在中国救灾史上也是值得称道的。

第三节　慈善社团与天津本埠其他重大救助活动

一　1920 年灾荒与慈善社团的救助活动

（一）津埠旱灾概况

1919 年夏秋之交，北方大部分地区出现严重的旱情。"天津，天久不雨，河涸田坼。武清，由春至七月旱。"② "京兆地区和直隶省在内的畿辅之地，几乎全境皆旱，大片庄稼仅收一分至三分，有的尽皆枯死"。③ 蝗灾、螟害、畜疫以及其他各种自然灾害均直接以农作物或牲畜作为残害对象，而且大都和水旱灾害相伴加重了灾情。由于自然灾害的侵扰，"直省各县秋禾收成无望，赤地千里，即欲补种荞麦，亦无从着手。旱灾所致，各县灾民逃难者络绎于途，悲惨情形惨不忍睹。"④ 直隶省旱灾被害程度，通过当时的物价记载可以体现出来。"保定以南亦有数个村庄收成尚佳，即一村之中亦有三二里之收成者，实因土质关系，灾民始而食槐树豆及榆树皮，此两种尚不难下咽，且滋养料亦佳，而后来则并无此之矣。新庄地方有人市，男子皆以自十岁至二十三四岁者为限，其经纪另索大洋五角，幼儿则更廉矣，至于牛马牲口之价，牛一头值五元，马一匹值四元，或三

---

① 《大总统题奖急赈会之匾额》，《益世报》1918 年 4 月 18 日，第六版。《总统题奖急赈会》，《大公报》1918 年 4 月 18 日，第三张。

② 河北省旱涝预报课题组：《淮河流域历代自然灾害史料》，气象出版社 1985 年版，第 829 页。

③ 刘仰东、夏明方：《灾荒史话》，社会科学文献出版社 2000 年版，第 102 页。

④ 《旱荒满目中之喜雨》，《益世报》1920 年 8 月 29 日，第三张第十版。

元，驴一匹值二元或一元，鸡一尾值铜元十余枚，白面二斤可换鸡三尾"。①

各地难民纷纷避逃来津，出关者已经有数万人。后因关外禁止输送，以致难民流离于津埠，安身无地，度日无资，其数不可胜计。直隶附近的灾民前往天津者 15 号止共有二十万人之多，其中有转往奉天、营口、大连以及口外各处者约有十八万人。② 来津灾民主要聚居南开一带，共分九区：第一区窝铺一千〇十个，第二区窝铺五百八十个，第三区窝铺一千八百四十七个，第四区窝铺五百个，第五区窝铺五百〇七个，第六区窝铺三百六十一个，第七区界限区划已定而灾民尚未迁入，第八区窝铺四百二十个，第九区尚未迁入。统计窝铺总数五千二百七十五个，人口总数二万五千八百十九人。③

（二）慈善团体赈济活动概述

面对如此多的难民，天津各界慈善人士纷纷行动起来。天津各界联合会致华北华洋义赈会函请在南开附近搭盖席棚对灾民男女幼童分班授以国民教育，请本埠各校学生及学、商、宗教各界善士教员、讲员义务授课。各界联合会开会提出在津各灾民凡十五岁以内的男女小孩，无力自食者，应赴各警区报告，开具姓名住址清单，由区送给各慈善家收留教养，第二年春再为领回，或有情愿就养者再定办法以免贩卖或有失所之患。凡灾民年老及幼小不能工作的由各慈善家分户担任，量力收养，各慈善家可到警厅接洽立案，由厅饬区临时保护并负责任双方介绍。

天津善堂联合会 8 月 20 日下午在南马路南善堂开救急讨论会，以维善举。22 日，津埠善堂联合会开会公推董事杜筱琴、李星北、张月丹、杜克臣等往见警察厅厅长杨敬林报告各县灾荒情形，筹办救急事宜。杨厅长允许呈请曹锐省长及通知各行政官并各机关绅商、学、报各界以便定期开全体大会，调查灾区难民，设立平粜局积极进行施救。23 日下午，天津善堂联合会又在南善堂开救急讨论会研究救济灾民办法。

9 月 12 日，天津急赈会董事开全体会议决议：经全体公决仍用急赈

---

① 《直鲁豫晋灾情详报》，《大公报》1920 年 10 月 5 日，第二张。

② 《灾民确数》，《大公报》1920 年 9 月 19 日，第二张。

③ 《赈灾事宜汇志》，《大公报》1920 年 11 月 24 日，第三张。

会的名义；接济各县灾民种籽办法；接济现在在津灾民；绅商所捐赈款请赴河间等处施放最重灾区；安置无主小儿。①

天津官绅联合组织急赈会补助政府救济的不足，维持贫民生命，在警察厅经数度会议后绅商认捐者极为踊跃。曹锐省长恐该会人员不敷分用，特派员司二人在警厅代收赈款，同时开会讨论赈济灾民救济办法并劝募捐款。

12月1日天津急赈会开会，赵润泉报告会同监放员在南开散放情形：原运来高粱面共二万二千六百斤，遵照本会决议每五日放一次；散放极贫灾民共一千五百〇五户，高粱面一万五千〇五十斤。散放次贫灾民共二千三百〇八户，高粱面一万七千三百斤。②

直隶义赈会为直隶省官、绅、商、学、报各界所组织的慈善团体。义赈会设总务、交际、劝募、查放、文牍（职员）五股，设主任一人，副主任二人，各股设分主任一人，职员若干人，公举名誉职员力谋联络京、津、沪、汉及各埠慈善团体，以利进行。职员有主任边洁卿，副主任彭一山、卞月庭，总务主任王睿明、张韵樵、张燮元，交际主任李颂臣、章元善，筹款主任孙子文、刘俊卿，文牍主任赵幼梅、米迪刚、王梦臣，查放主任李士珍等社会知名人士担任。义赈会成立后向山东督军、察哈尔都统、江西督军、江苏督军、绥远都统等发出乞赈通电，请求赈济。该会在灾荒发生后及时制定组织大纲，救济各县被灾穷黎，对于救济灾民颇有成绩。

灾荒期间，义赈会特备钱粟施给河间、献县、武邑、武强、饶阳、大城、任丘七县难民五百三十八名，施给德州、南皮、庆云、东光、交河、沧县、景县难民一百五十八名，共用铜子四万二千五百二十五枚。义赈会对赴奉省难民大口一百〇二名，每会还派员分赴景县、故城、阜城、东光等县查放赈务。放赈员在景县招募该处贫民幼儿一百名、故城二十名、东光三十名、阜城五十余名、共二百余名随同放赈员来津，随即转送东南城角学界俱乐部西李善人家粥厂收养。后李宅查验贫儿等具有精神，非竭力设法造就不足以育青年，遂将十岁以上十五岁以下的幼童调出。陆续送往

---

① 《急赈会决议事项》，《大公报》1920年9月14日，第二张。

② 《急赈会董事开会》，《大公报》1920年12月3日，第三张。

上海宝成纺纱厂（该厂系李、王创立）学习手艺，半年期满后再回津转入天津宝成纺纱厂。直隶义赈会还致各县最高长官，"请求召集富裕之人会议，劝其独立或联合择适中之地开设粥厂"。①

对庆云逃津难民 140 口，义赈会职员王卓忱、王化清设法通过南开津埠赈务股艾大夫与津浦路交涉，及派出西沽公理会美人李牧师及青年会干事王墨桥与京奉路站交涉而使难民可以远赴东省长春安插。据统计直隶义赈会放冬赈洋一百二十一万〇七百八十三元五角、粮五百四十四万三千一百〇五斤、棉衣四万二千一百五十一件。

直隶曹省长会同直隶义赈会，诣定发给各县春赈银元数目。计博野、高阳、安平、肃宁、威县、平乡、广宗、鸡泽、曲周、肥乡、广平、大名、阜平、新河、南乐、成安、长垣、束鹿等县铜元二千一百二十四点五万枚、巨鹿、蠡县铜元共五万〇五百八十五元。② 通过发放这些钱，帮助灾民恢复生产，维持正常生活。直隶义赈会诸绅商为博施济众之举，冬赈之外又募集巨款散放春赈物品。津浦路春赈红粮第一列车由押运员郑汝德、王承荫同放赈监视员于 5 月 10 日运静海等县分别散放。第二列车红粮由押运员王镇河、刘耀功同放赈监视员于 5 月 12 日赴南皮县分别散放。第三列车红粮铜元共列一车，由押运主任刘俊卿协同放赈监视员并卫队长官警兵等于 5 月 15 日押赴宁津等县分别散放。京汉路春赈红粮第一列车由押运员赵玉田、李树梅同放赈监视员于 5 月 11 日运赴邢台等县分别散放。第二列车红粮由押运员牛占奎、李振德同放赈监视员于 5 月 15 日运赴隆平等县分别散放。第三列车红粮由押运员王承荫、郑汝德同放赈监视员于 5 月 18 日运赴邢、唐等县分别散放。第四列车红粮由押运员王镇河、刘耀功同监放员于 5 月 20 日运赴望都等县分别散放。第五列红粮铜元共列一车，由押运主任王梦臣协同放赈监视员并卫队长官及卫兵等于 5 月 24 日押赴涞水等县分别散放。③

为救济灾荒，天津华洋义赈会 9 月 27 日成立。义赈会成立后向大总统、靳总理、各部总次长等全国政府要人、各慈善团体、各报馆等发出通

---

① 《函各县设立粥厂》，《益世报》1920 年 10 月 30 日，第三张第十版。

② 《赈灾声中之要讯》，《益世报》1921 年 5 月 24 日，第三张第十版。

③ 《直隶义赈会散放春赈》，《益世报》1921 年 5 月 26 日，第三张第十版。

电。该会由直隶义赈会、天津租界救灾团双方联合组织，办理北五省旱灾赈济事务，公推梁如皓为会长，设事务所于天津青年会内。30 日下午开会议决：（一）调查灾民之数目；（二）调查公民有工作之能力男女灾民能否工作，能否织布；（三）调查灾民中之幼童有无人照管；（四）调查津埠空地以何处安插灾民为适宜。等调查完毕，以便筹议实行赈济方法。9 日晚该会又在东马路青年会开会报告赈济办法、讨论进行赈务手续，并邀中外名人出席演说，邀请各界关心灾黎人士莅会。①

为了宣传灾情及募款，华洋义赈会组织了西洋红十字会、耶稣教、妇女青年会、商务总会、救国十人团联合会、天津红十字会、南洋兄弟烟草公司、天津各报刊机关、天津各界联合会等约三十团体，计万余人的游行大会。行走时各团体代义赈会散放劝捐传单，热心情形皆露于言表。② 义赈会大游行，进一步扩大了旱灾宣传力度，引起了中外人士更多的共鸣与关怀。游行后到该会送款者络绎不绝。

华北华洋义赈会将美国由菲律宾捐助的玉米衣服等物照数接收之后即雇民船装载，请警护送运往安平施放，此项物品运到后即由该县就其周围受灾各县查实施放。③

上海华洋义赈会10 月 22 日由沪上拨款十万元交由天津华北华洋义赈会接收。11 月 10 日汇十万元由天津华洋义赈会查收赈济灾黎。华北华洋义赈会还收到上海华洋义赈会祝兰舫捐助衣服一百包计一万件，上海义赈会捐助新旧棉衣鞋帽等十一包一千三百五十三件及制面一百箱。天津中孚银行捐洋五百元交华北华洋义赈会代为施放，并称再为募捐以尽天职。④上海华洋义赈会第八次干事会会议决议在亚细亚煤油公司捐款内提拨洋一万元交华洋义赈会经收，第九次干事会议内拨交洋十万元，共计洋十一万元作为筹办粮食，散放灾区之用款。⑤

安徽同善分社募捐大洋三百六十元，桐城同善分社捐募大洋一百四十

①《华洋义赈会大会再志》，《大公报》1920 年 10 月 6 日，第三张。
②《赈灾游行大会志盛》，《益世报》1920 年 11 月 2 日，第三张第十版。
③《美国赈品查实施放》，《大公报》1920 年 11 月 3 日，第三张。
④《中孚银行助赈》，《大公报》1920 年 11 月 17 日，第三张。
⑤《赈款不日汇津》，《大公报》1920 年 11 月 26 日，第三张。

一元，铜子八十枚，19 日汇往华洋义赈会。① 华洋义赈会接直隶同善分社经募灾捐共计现洋二百八十六元六角。

日本大阪高等工业学校中国留学生捐助日金二十七元，汇交华北华洋义赈会收。台湾华侨蔡铁生、李汉如两先生由台湾代募郑兆基之太夫人捐助日金二千元，吴景祺捐助日金一千元，郑蔡夫人捐助日金一百元……共计日金三千四百五十元按七八合大洋二千六百九十，由徐朴菴介绍送交急赈会分配散放。吕宋华侨广募赈品以救济补助，计有棉衣八大箱，衣服七十七包，大米八百十九包，随船运发天津。中东路华俄员联合职工等组织华北灾民救济会募款购粮。该会长拉锦诺夫氏、副会长查克维赤氏由关外购得高粱小米共五百四十吨，装十九车派阿宛那维司氏押运入关到津。3 月份，华洋义赈会又收到大量的捐款，计收到维斯理堂女教友张子翔太太代募前安徽督军倪丹忱大洋一千元。上海华洋义赈会由学生募捐的一万六千余元，吉林同善舍所捐大洋一千二百四十七。"至 31 日止，华洋义赈会收到美国捐款三十九万五千余元。"② 4 月 3 日，又接到美国捐款四十七万五千元及国际统一救灾会解来赈款十五万元。③ 4 月 16 日，收到上海华洋义赈会汇来捐款大洋五万元，江苏宿迁捐来山芋三万四千斤，该会将山芋发往德县分配散放。17 日，接到杭州青年会捐来大洋二千六百九十元。

华洋义赈会一边筹款，一边采办赈粮对灾区进行急赈。10 月 17 日，会议决定先发急赈，肃宁玉米一千包，献县玉米一千包，大洋七千元，盐山玉米一千包大洋二千元，海丰大洋一万元，沾化大洋六千元，又拨给津埠赈募股洋一千元，以上共计玉米三千包，大洋一万六千元……④11 月 5 日下午，华洋义赈会派员散放南开极贫灾民大小爱国布棉衣共四百余身。华洋义赈会由奉天省购到麦子面八千袋，分头运往泊头镇三千石，运往德州五千石，交该处查放股，各牧师就近会同各县知事按灾情重轻，酌量分配查放。8 日，有大宗赈粮将运灾区，计玉米一千包，高粱三千包，商定

① 《同善分社又捐款汇津》，《益世报》1920 年 12 月 20 日，第三张第十版。
② 《美国最近之捐款》，《益世报》1921 年 4 月 2 日，第三张第十版。
③ 《大批赈款又到津》，《益世报》1921 年 4 月 4 日，第三张第十版。
④ 《华洋义赈会之急赈》，《大公报》1920 年 10 月 17 日，第三张。

用大船四只转运臧家桥转交河间县带领护照，使灾民早沾实惠。①

因天气寒冷，灾民尚无衣服，华北华洋义赈会开展了捐衣运动，数日来捐助棉衣者非常踊跃，计有英界电灯房北二十九号李公馆居住江苏宜兴县汪女士助粗布棉衣裤三十身，英界小孟庄三多里周明焯先生捐助棉裤袄八十件，直隶同善分社经募归英侯先生捐助小旧棉衣十七件……以上各善士因该会调查确实认真，查放均择极贫者先行施予，故能使灾民实受惠。②

华北华洋义赈会 13 日接派员雇用民船十六只，装载白米一千五百〇十五包，每包计重百磅，棒子一千石，每石计重一百五十斤，花生渣计四万九千八百六十三斤，报关领取护照运往河间发放。③ 华北华洋义赈会由南满购运高粱六百吨装运来津，19 日换用民船，计用装载四百石之民船十六支，分载由水路运往臧家桥交该会查放股收后再行就该处周围各县灾区分别散放。第二天，华北华洋义赈会查放股会议议决，前由南满购运的红粮分配南皮、庆云两县各三百吨，并分静海县衣服一千五百套，以便施放，将小米十五吨运赴沧县一带散放，并请警察厅捡派干练保安警察一名随行运护。山西都督阎锡山捐助旧军衣四千套由天津华洋义赈会即行散放于灾重区。上海华洋义赈会由津浦火车运来新棉衣一万件，旧棉衣五千件由天津华洋义赈会散放。美国大牧师在本国劝募二千万元，并赴欧洲各国再募集二千万元，以此四千万元来中国创设实业召集穷人工作以为永久计划。

华洋义赈会查放股 12 月 30 日下午在英租界戈登堂开会议决：议决由天津购粮二百吨，每吨约 73 元；托力牧师在徐州代购高粱五百吨，由火车运往该会赈济范围内灾区散放；该日所捐制面二百一十八盒，运往安国县散放，久大精盐一万五千袋，散放于本埠；购买五千担花生渣泽等物，散放沧县一千担，安国九百担，交河三百担，吴桥及故城三百担，河间、肃宁、献县共一千担，南皮五百担，庆云五百担，静海五百担；托贝大夫在献县购买白菜三十吨，运往沧州散放；交由刘主教会同安立甘教堂及伦

---

① 《赈粮请拨护照》，《大公报》1920 年 11 月 9 日，第三张。
② 《捐助棉衣踊跃》，《大公报》1920 年 11 月 13 日，第三张。
③ 《发放大批赈粮》，《大公报》1920 年 11 月 14 日，第三张。

敦教会高粱二百吨，散放于献县南部，未受赈济地方，又散放宁河高粱一百吨，棉衣一千件。上海华洋义赈会来函声称，将汇来两宗赈款，每宗五万元，其中有一万元由佛教会依照会指导处分，其余九万元，用以购买粮食，运往下列各处散放：保定六十吨、卫辉府六十吨、河南义赈会一百二十吨、山东普拉梯领事所组织之赈济一百四十吨（以上系在本会赈济区域以外者），宁河一百吨，河间、肃宁、献县一百吨，安国一百五十吨，沧县一百五十吨，献县南部二百吨（以上共计七百六十吨系在本会赈济区域内且须征求上海华洋义赈会同意）。① 华洋义赈会 12 月 30 日交津埠赈务股久大精盐一万五千袋、棉衣两千件，由第一仓库起散放南开灾民。②

天津华洋义赈会自开办之日起至（1921 年）1 月 18 日止，共收到美国、上海、天津诸善士捐来的赈衣鞋帽等物计六万一千六百〇二十六件。已运往各地散放灾民者，共五万九千二百三十九件，合计净存两千三百九十七件。③ 另据天津华洋义赈会统计，截至 2 月 16 日救济灾民"已二十八万余人。"④

上海为灾区募款取得了令人满意的成绩，上海青年会给天津华洋义赈会来电告知："沪上办理急募赈款情况，收效最佳，3 月 14 日举行急募大会，由聂云台及法国领事卫尔登出席，孙仲英、舒德报告北省旱灾情况，当场募得大洋五十万元，华洋商会认捐二十五万元。"⑤ 3 月份华洋义赈会采购股分配各县大量灾粮如下：泊头红粮一千吨、青县五百吨、德县一千三百吨、桑园七百八十吨、连镇八百吨、武强小范镇八百吨、德州一千二百吨、沧县八百吨、商家林九百吨。⑥

华洋义赈会自开办以来，至民国十年四月时截止，所捐来赈粮估值共计大洋十五万三千三百十一元二角，购粮动支数目共计大洋二百四十四万

---

① 《关于赈灾之要讯》，《益世报》1920 年 12 月 30 日，第三张第十版。《华洋义赈会开会记》，《大公报》1920 年 12 月 30 日，第三张。

② 《义赈会散放盐衣》，《大公报》1920 年 12 月 31 日，第三张。

③ 《关于赈灾要讯汇志》，《益世报》1921 年 1 月 31 日，第三张第十版。

④ 《关于赈灾要讯汇志》，《益世报》1921 年 2 月 16 日，第三张第十版。

⑤ 《全国急募赈款之沪讯》，《益世报》1921 年 3 月 14 日，第三张第十版。

⑥ 天津市地方志编修委员会办公室、天津图书馆：《〈益世报〉天津资料点校汇编》（一），天津社会科学院出版社 1999 年版，第 1300 页。

四千五百二十五元四角五分。所放现款以及运输查放等费共计大洋二十万
〇九百七十五元一角，赈品赈粮之总数共计四万一千八百九十六吨，受赈
人数（均系极贫灾户受赈以麦秋为度）共计二百〇三万六千一百人。4 月
24 日经该会查放股委员长德辅廊将收支查放详细情形编成赈务统计表，
呈董事部核准，付之印刷，英文二千份，汉文五千份，由邮局分送各省中
外机关各团体，以昭大信，其有分送未周者，可到东马路该会索取调阅，
不收分文。①

红十字会作为重要的慈善社团除了在天津本地积极组织救济难民外，
还到其他受灾县区进行了查赈。天津红十字会京汉路灾区第一队调查员熊
亚士、曾梦楼到邯郸、沙河、晋县、临城等地将各灾区情形详细调查，并
将调查表呈报上海红十字总会以俟查放赈济提供参考。

红十字会医院自开办以来，成绩卓著。据统计，一周之内治疗患者之
额数，男子一百三十三人，妇人一百〇四人，男孩七十七人，女孩三十一
人，共三百四十五人。②该院事务员曾梦楼调查民妇生产者，如有收生婆
为之分娩，即给其酬劳费铜子四十枚，产妇给以小米四斤、红糖一斤，小
孩给大棉袄一件。

上海广济会在沪组织中西医队到津，在大胡同设立救灾医院，并在南
开马场道、新车站、北盐坨等地方设立诊所四处，又在新车站设立天花隔
离诊所一处，自 1920 年冬到 1921 年 2 月结束，中西两医治疗病人共一万
二千六百九十八号，各分诊所治疗病人二万一千一百五十四号，共发中西
药二万六千六百七十四剂，其病重留院诊治者三百九十四人，概给伙食，
并发棉衣，病愈出院酌给一元至四元不等。遇有就诊灾民无衣御寒者，发
给棉衣棉裤计二千三百件。又捐助书画慈善会棉衣七百件，防疫处棉衣一
百件。③

另据报道上海广济会派遣中西医队到津设立救灾医院，疗治灾民二万
数千人，发药三万剂，并施放棉衣三千余件，成绩甚优，后由于灾民遣散
已尽，该医院于 4 月 22 日结束。黎元洪亲书匾额以为褒奖，大胡同绅董

---

① 《华洋义赈会送统计表》，《益世报》1921 年 4 月 25 日，第三张第十版。
② 《红会灾民医院之成绩》，《益世报》1921 年 3 月 23 日，第三张第十版。
③ 《广济会救灾医院报告》，《益世报》1921 年 4 月 18 日，第三张第十版。

徐华廷等送"惠济灾黎"匾额，畿辅赈桌处周前总长、警察厅、河北华洋义赈会、津埠士绅均致函申谢。①

　　在这次旱灾中，天津商会进行了大量的救助工作，充分发挥了它的慈善救济功能。灾荒发生后，商会组织粮商采购粮食赈济灾民，他们为稳定天津社会秩序，维持人民最基本的食粮问题做出了贡献，据统计，旱灾期间1920年4月至12月，天津商会组织粮商采购粮食如下：

表2—4　　　　　　　　　民国九年津京粮商购粮数量统计表

商号	日期	品种	单位	数量	购粮地区	销粮地区
复兴茂等五十家	4.5	粗粮	石	63000	河南省	天津
天津商会	6.23	元玉米	石	860.2	东三省	天津
天津商会	7.11	元玉米	石	265	东三省	天津
玉成号	10.18	玉米高粱	石	4000	滦县	天津
成发号	10.19	面粉	包	93800	山东济宁州	北京、天津
大昌兴	10.31	高粱	石	1000	芦台	天津
义德号	11.2	大米	石	5000	皖省芜湖	天津
福祥和	11.4	粗粮	包	3000	安徽芜湖	北京、天津
同和兴	11.18	大米/粗粮	包	6000/2000	安徽芜湖	天津
同和兴	11.18	高粱玉米小米	吨	20000	长春奉天南满各站	分函各灾区
成发号	11.23	杂粮	包	12000	奉省开原沈阳	天津
润大号	11.26	面粉	包	145200	山东济南	北京、天津
大昌兴					南满路	天津

资料来源：《天津商会档案汇编（1912—1928）》（2），第1734—1738页。

表2—5　　　　　　　　　天津粮商赴各省购粮统计表

批数及商号	日期	购粮地区	数量	销粮地区
第一批恒记号等	1920.10.23	奉、鲁、苏、皖	262122包	天津
第二批志通号等	1920.10.15	东三省、苏、皖	387100包	北京、天津
第三批德祥永等	1920.11.3	苏、皖等省	149400包	天津等处

---

① 《广济会救灾医院结束》，《益世报》1921年4月24日，第三张第十版。

续表

批数及商号	日期	购粮地区	数量	销粮地区
第四批庆盛祥等	1920.11.14	苏、皖、奉	261900 包	天津、济南
第五批源来号等	1920.11.15	苏、皖	53476 包	天津、芦台
第六批天义成等	1920.11.18	苏、皖、奉	160000 包	北京、天津
第七批庆兴号等	1920.11.22	皖、奉	186500 包	天津、沧县
第八批公德厚等	1920.11.30	皖、奉	193000 包	天津、北京
第九批利兴公司等	1920.12.4	皖、奉、吉	180300 包	天津、沧县
第十批顺记号等	1920.12.7	皖、奉	158800 包	天津、桑园
第十一批同兴源公记	1920.11.11	苏、皖	33150 包	天津
第十二批镇泰恒	1920.12.17	苏、皖、奉		天津、桑园
第十三批同丰号	1920.12.23	吉、哈	5000 石	北京
第十四批三度成	1921.1.7	苏、皖、鲁		天津

资料来源:《天津商会档案汇编（1912—1928）》（2），第 1739 页。

通过上述表格，我们可以看出，津埠及其附近地区灾情发生后，商会在组织粮商运粮平粜接济津埠灾民方面付出的努力。鉴于天津商会已取得的丰富研究成果，在此不做深入研究，只作简单举例，来说明其在旱灾发生后，为赈济津埠难民所起的重要作用。

华洋义赈会赈务股对各慈善社团的赈济活动做了调查统计：普济急赈会，北京实业银行经理万景苍、张蔚亭于 1920 年阴历十月初间，赈济窝头，专担任五六西区。公司全五百六十余人，由南二区第八棚驻在所代放一百四十余日，用款约八千元。[①]

天津急赈会是杨敬林为联络各界善士赈济灾民而成立的。该会董事为南开留养所筹办之事颇多，共收赈款约七十万余元。

北洋防疫处临时灾区诊疗所兼种痘所，该所成立于 1920 年 11 月 22 日，至 1921 年 3 月 7 日止，统计诊治病人六千二百四十五人，种痘者一万四千六百八十三人。该医院除诊治病人外，并在灾区厕所及不洁之处，患传染症或患天然痘之窝铺，时时检查消毒。

江浙粤直四行急赈会事务所在南开大学后。十二月间，担任三、四两

---

① 在《天津商会档案汇编（1912—1928）》（2），第 3449 页也有同样的记载。

区食物，共二千〇六十户一万余人。先放高粱、次放小米与衣服，用款在四万以上；安徽会馆李经湘承办的灾民留养所，放衣服四千件，用款八千余元。

救世军灾民留养所，十二月七号起在第一区中担任一百户食物约三星期，收回粥折，改在乡间放赈，计共用款二百余元。

立志堂李灾民收养所，由李桂山承办，在十一区盖窝铺一千七百一十五间，容八千五百七十五人，担任五千户计二万五千人的食物，设有药房及热水、冷水等处，并散放衣服各物。

广济施医院，上海广济施医院所拨助之款，在二区立施医院一所，除种牛痘外并配药三千四百八十一剂，共由上海拨款一万五千元。

日华实业协会，二月二十号起，担任十四区四百九十三户食物，并办理施药等事。至解散灾民时，除依警厅规定给予外，每人更给以铜元五十枚。

北方工赈协会，由上海大工厂数处联合组织。在天津留养所招集十三岁至十八岁灾童六百名，送到上海各工厂学徒，衣食等项均由该会管理。期满后各回北方本地工厂做工。

老公所，慈善机关之专施送棺材者。该所在南开地方，共施大材二百八十三具，小材二十七具。在防疫处病故，由该所施送之材大者十五具，小者一百六十具。①

此次赈灾体现了以下特点。首先，在救济难民中注意对难民的教育。督办畿辅赈粜事宜处，就训令被灾各县知事选择适中地点设立粥厂。俾妇孺老病者，得就食其中。并附设简易习艺所，令人学习。就本地习惯出产，贷以机器原料成做各品，劝商包买，俾得养成谋生之能力。② 而女子青年会，以灾民来津者甚众，其女儿皆陷于无教育之地步，殊为憾事，特假南开妇婴医院临时治疗所内，设立灾民女子学校，专收灾民女儿为学生，每日下午四点钟上课。③ 直隶教育厅训令各县知事、各师范学校、各

---

① 华北华洋义赈会调查津地慈善机关报告民国十年（1921）七月二十九日，《天津商会档案汇编（1912—1928）》（2）第3449—3451页。《调查慈善机关之报告》，《益世报》1921年7月29日，第三张第十版。

② 《通令各县设习艺所》，《益世报》1920年12月21日，第三张第十版。

③ 《关于赈灾之要讯》，《益世报》1920年12月22日，第三张第十版。

社会教育办事处，让各团体乘各慈善团体设立收容所及暖厂之际，施以浅近教育，实为切要之图，合亟令仰该厅斟酌情形，或组织巡回讲演，或就收容所择要教授国语、卫生、书算等课，务期教养兼施，功归实际，并将办理情形随时呈报，是为至要。①

其次，注意灾民居住地的卫生环境管理。天津南开灾民聚居有二万七千余人，百分之九十五未受过教育，他们在窝棚左右，任意便溺及倾倒污秽，严重妨碍了公共卫生安全。该处大粪，由兴华粪公司捡拾，亦绝不知注意。经华洋义赈会津埠赈务股派员组织新粪厂，招募灾民卫生劳工队十余人，专司扫除。②

再次，津埠外国人组织慈善团体救灾。9 月 13 日午后，驻津领事船津氏在日本大俱乐部召集日本官商各重要人物讨论灾民救济事宜，到会者有日领事馆大鹰、江户两氏与其司令部副官日置氏及行政委员、工商协会、京津日日新闻社等三十余名，由船津日领事提议募集义捐以济灾民。嗣经大众表决，由在津各团体实行入手组织命名为北支那灾民赈恤会，其实行委员由领事指定。③ 会上，船津氏报告了华北义赈会相关联之经过，其讨论之结果先由在津日人募集义捐金送交国际联合救济会。10 月 22 日晚驻津日人组织灾民救恤会在日本花园俱乐部开执务员会，到会者甚多，会长船津氏登台报告北京及各方面救济会进行状况。为改定十六日募捐委员会所议决之事项，故决定于二十一日开募捐委员会，并议定将该会之第一回募集期间十月二十日改为十一月三十日为止。④ 11 月 6 日，驻津日领事船津氏在日租界局议事堂召集北支那灾民救恤会职员开职务委员会。首由船津会长主席报告华北华洋义赈会经过情形。次由执务委员滔井勇四郎报告本会募捐现状，已集得募捐一万余元，应送华北华洋义赈会散放。⑤

日本东京北支那饥荒赈济协义会致日界日本商业会议所，进行国内捐

---

① 天津市地方志编修委员会办公室、天津图书馆编：《〈益世报〉天津资料点校汇编》（一），第 1299 页。

② 《南开灾民卫生之计划》，《益世报》1920 年 12 月 1 日，第三张第十版。

③ 《日人组织救济会》，《大公报》1920 年 9 月 14 日，第二张。

④ 《灾民救恤执务员会》，《大公报》1920 年 10 月 22 日，第三张。

⑤ 《日人救恤灾民》，《大公报》1920 年 11 月 7 日，第三张。

款。东京日华实业协会11月5日关于北支那饥馑救济事项特行开会协议，议决如下：（一）由日本全国募集救济义捐，应募金额以十元以上者为限；（二）救济金分三期募集，其第一次募集者于十一月内解送到华；（三）救济金之分配方法委托北京、天津、青岛之日本商业会议所及日本人协会研究。① 北支那灾民救恤会，向各方募集义捐以为救济之助。兹经汇集开募以来，第一期所得捐款共计九千三百七十四元四角四分又日金二千一百六十九元。由该会拨交华北华洋义赈会。② 日本商业会接东京电报称日华实业协会为救济北支那饥馑募集义捐，现正极力进行，各方面捐助者颇行踊跃，预计迄十二月十二日可望拯济救济捐款五十万元。③ 旅津日侨在急募赈款大会期内，实行挨户劝募。急募赈款由日本驻津总领事船津辰一郎照交急募赈款会天津支部，计：日华实业协会一万元，日本各校学生一千元，东亚烟草公司三千元，朝鲜银行支店二千二百七十九元。北支那灾民救恤会办音乐会收洋七百一十五元一角四分，本次募款共计一万八千〇四十元九角三分。④

另据商会档案记载："日华实业协会，自二十号起，担任十四区四百九十三户食物，并办理施药等事。至解散灾民时，除依警厅规定给予外，每人更给以铜元五十枚。"⑤ 日华实业协会还在南开设立施诊所，自开办后，共诊病者男女老幼八百六十五名，日前移至新车站，入院者二十五名，患者二百余名。⑥ 日本红十字会以中国北方旱灾，灾民多病，决议派遣救护班来华，在京津灾民聚集之处施其救济。4月3日下午一时，日本红十字会救护班乘轮船抵津，内有班长斋藤医学士并医员四名、看护妇八名、书记三名、差役三名，共十八人。在天津配置医员二名、看护妇四名、书记差役各一名。4月23日下午，由日华实业协会和日本红十字会救护班所设立灾民施疗所开成立会。该所设在河北新车站迤北。该病院异

① 《日本对华助赈》，《大公报》1920年11月8日，第三张。
② 《侨津日人助赈》，《大公报》1920年11月26日，第三张。
③ 《东瀛募捐状况》，《大公报》1920年11月30日，第三张。
④ 《旅津日侨之急募赈款》，《益世报》1921年3月14日，第三张第十版。
⑤ 天津市档案馆、天津社会科学院历史研究所、天津市工商业联合会：《天津商会档案汇编（1912—1928）》（2），天津人民出版社1992年版，第3450页。
⑥ 《灾民救恤会之施疗》，《益世报》1921年3月14日，第三张第十版。

常洁净，普通病室和隔离病室完备。另有诊断室、候诊室、施疗室、发药室等处，还备有浴室，以备灾民沐浴之用。另辟养牛所一处，专供灾民闲暇时挤牛奶之用。该院初本成立于南开，其时适为二月底，亦已治愈二千六百余名，自四月以及二十日，此半月中，已治疗灾民二千二百七十九人，现在住院灾民尚有三十余名，每日治疗颇为奏效。①

对外县移来天津的难民，回籍者有三百九十八户，3 月 17 日领到日本救济团赠予的赈票。日本领事馆书记官川岛直次郎并青年会主事滕江真文二人到署亲自发放，每大口赈济一元，小口五角。众灾民受赠之下深为感谢。② 5 月份，日本又有赈款汇往中国，据日本东京日华实业协会统计，经过竭力劝募，前后共集义捐金约七十万元，陆续汇华。其中七万元已由该会直接在天津方面将洋或食物等品均行施赈，并设立病院，施疗有病灾民等。今日该协会又将义捐洋六万元汇寄日本驻京公使，于该款内再抽拨一万元寄送直隶义赈会。③

美国、菲律宾驻泊海军捐募赈品，由美国利特号舰装运来华，其中载美国玉米五千包，每包重一百一十磅（八十五斤），华洋义赈会接收后，一同运往安平县等处施放。④ 女青年会美人麻教士因我国旱灾饥民众多，特推博爱主义，协同费太太、曹绍基太太、朱太太等劝买华北华洋义赈会所售义赈纪念章，计得洋捐款六千四百四十元。此外，不要纪念章甘愿捐款者，约有数千元。华北华洋义赈会 3 月 15 日收到美国圣公会教会汇来款银六千两，合大洋八千三百二十一元七毛八分。⑤

旅津英侨妇女鉴于华北灾荒甚重，又以刻届严冬，灾民无衣无被，特在英界领事路组织英国妇女旱灾救济工作会，专门工作制作棉衣棉被散放各地灾民。雇得女士二十人从事工作，计做棉被二百床、衣服二百套散放于女子栖留所。后接两处受灾地方来函，请求散放棉被一千床、衣服一千套，该会多雇女工，增加出品以救灾民。

① 《赈灾要讯汇志》，《益世报》1921 年 4 月 24 日，第三张第十版。

② 天津市地方志编修委员会办公室、天津图书馆编：《〈益世报〉天津资料点校汇编》（一），天津社会科学院出版社 1999 年版，第 1299 页。

③ 《东京日华协会之捐款》，《益世报》1921 年 5 月 16 日，第三张第十版。

④ 《美国赈灾物品之施放》，《益世报》1920 年 10 月 28 日，第三张第十版。

⑤ 《义赈会收到赈款赈品》，《益世报》1921 年 3 月 16 日，第三张第十版。

驻津法领事苏氏及法租界华商分会会长张春华等组建灾民留养院收养灾民幼女，其经费由好善者捐助，正会长为法领事，副会长为法华商会干事十二人。他们开会议决将所收灾民幼女送往西开法国仁爱会贞女院留养，幼女年龄以七岁为度，以一百三十人为限，至次年阳历五月底止，仍由幼女家属凭原发收养凭条领回，过期不领者即由仁爱会留养，将来为之择配。

直隶教育厅 17 日接租界神户领事柯鸣烈函告知"神户同文学校函称该校以北五省灾情重大，于演剧筹赈后由再发起一解衣救济会。筹得旧衣及鞋帽约有万余件，共装成十八大包由日本邮船送寄天津直隶教育厅转华北救灾总会汇赴灾区发赈用"。[①]

缅甸华侨女界以祖国北省灾情极重，殊堪怜悯，特在该处组织募赈协会，劝解女界同志量力助赈，共计凑集大洋七百七十三元，交华北华洋义赈会散放。[②]

（三）直皖战争[③]与慈善社团救助

7 月份京畿地区爆发了战争，奉军与边防军[④]为争权夺利展开了激战，战争造成了大量难民。中国红十字会北京女界分会驻津事务所，在天津大营门中学成立。除北京设立妇孺救济所外，在天津特别区，也设立妇孺救济分所，救济京奉一带难民。该事务所，除呈明省长备案外，函由临时戒严司令部，函请警察厅转行通令各区机关，一体查照。[⑤]

中国女十字会分会附设天津妇孺救济会，自行募集经费，设总务、会计、庶务、文牍、医药、救护、调查、交际八部，办理本会事务并编制救护队。救济被难无依的妇女儿童并掩埋尸体。收容所中被难之妇孺无所归者由所免费供给每日饮食以及医药等费直到战争停止之日为止。虽然它是一个临时性的社团，但组织完备。妇孺红十字会准备就绪后，救济队在 7

---

① 《旧衣运津查放》，《大公报》1920 年 11 月 18 日，第三张。

② 《关于赈灾要讯汇志》，《益世报》1920 年 4 月 10 日，第三张第十版。

③ 1920 年 7 月，以段祺瑞为首的皖系军阀和以吴佩孚、曹锟为首的直系军阀，为争夺北京政府统治权在京津地区发生的战争。

④ 段祺瑞心腹徐树铮的军队。

⑤ 《设立妇孺救济所》，《大公报》1920 年 7 月 21 日，第三张。

月 21 日推定检查员赵善卿率队出发，前往北仓灾区救济妇孺，运津收容。① 第一救护队和调查员于 22 日到达北仓，紧接着第二、第三救护队和调查员又跟着出发廊坊地方查问一切。7 月 24 日，第一救护队赴乡调查，掩埋死尸。赵伯韬、张伟斌领雇工四人赴各地寻找死尸并掩埋八个。7 月 25 日，京兆红十字会何弼臣来杨村会与该队接洽，讨论在杨村进行手续。决议该队担任七村，该会担任五村，分途赈济。28 日共分三队出发，进行调查、散放赈票、收票发款，共赈三村四十六户共计七十四元。第一医队主任干事长吴绍棠，医务队长王延年，带同看护队出发北仓杨村张庄北京一带，救护伤亡军士。等到战事稍平，27 日下午，他们率队返回天津。28 日红十字会理事长卞荫昌、孙子文组织消毒队，并派张文敬兼充队长。29 日上午，带同夫役二十五名，出发杨村落堡张庄一带实地消毒，以防时疫。② 第二救护队 7 月 25 日，派调查员共分三组出发，一赴安次，二赴廊坊东北，三赴廊坊西北，各路出发调查。第一救护队 7 月 26 日在杨村、张庄（一）进行赈济。自 29 日下午至该日午前赈济共两村即百二十五户约洋百五十元，下午待赈者二百户。（二）分途办事，自上午队员共分两组，一赴寺上，一赴北章庙及梁庄，午后分赴张庄入户调查，余者仍在杨村，散放灾民知照……本日计待医者约有二三十起，医士异常忙迫。

北京女界红十字分会附设妇孺救济会一队往西州调查，一队往高家场等地调查，共约赈济百余户。高家场一村用款百余元。第四医队 7 月 29 日在高家场、工龚庄子、西州等村放赈，领款者约二百余人，由巡警维持秩序。该日来就医者有三四十人。出款共大洋一百九十九元。女界红十字分会调查员赵毅荪、陆小山、王墨樵、赵润琴等于 8 月 2 日又乘津浦火车分赴德县桑园等处调查灾民一切情形。③ 医队出发战地，出款共九百六十一元一毛六分八厘。在此期间医队共收入款一千一百元。22 日由天津起身，28 日返津共七日，此七日经过如下：掩埋尸体共九人，医病人共四五十名，送天津医院医治者共五人，赈济十二村，共六百五十

---

① 《妇孺救济队出发》，《大公报》1920 年 7 月 22 日，第三张。
② 《消毒队出发》，《大公报》1920 年 7 月 29 日，第二张。
③ 《调查灾民》，《大公报》1920 年 8 月 3 日，第二张。

余户。

直隶省长曹锐约集官绅，会议筹办战地灾民赈济事宜，7 月 29 日，由边洁卿、李颂臣、卞月庭、孙子文开会讨论筹款办法，并在省公署后设立战后灾民救济会，派员实地调查灾民状况。该会李士铭、严修、李士珍等向各省议会、商会、教育会、农会、红十字会各慈善团体发出通电，希望社会各界人士倾囊相助，共襄善举。战后灾民救济会，8 日早即派员押运银元、铜元、大米、玉面等项，分赴杨村、廊坊、涿州等处分别赈济战区内灾民。① 战后灾民救济会业经派员购办大宗米粮分路查放，25 日又派查放员带同保安队武装警察杨冠武等六名，携带米粮出发桑园连镇一带实行查放。②

二　两次直奉战争与慈善社团的救助活动

（一）第一次直奉战争中慈善社团的救助活动

直皖战争后，直奉两军阀共同控制北京政府，并共推靳云鹏组阁，但是，靳云鹏亲直疏奉，引起奉系的不满。于是，张作霖迫使靳云鹏辞职，支持亲日的梁士诒组阁。梁上台后，在日本的支持下，赦免了被通缉的皖系军阀政客，并极力抑制直系首领吴佩孚。这样，直系、奉系的矛盾愈演愈烈。终于在 1922 年 4 月底发生了第一次直奉战争。这次战争双方各动员兵力十二万左右，奉军以张作霖、孙烈臣为正副总司令，分兵三路，于4 月 28 日晚向直军发动进攻。直军以吴佩孚为总司令，分兵抵御。双方在长辛店、固安、马厂等地展开激烈战争。开始，双方各有胜负，后来，吴佩孚改变战术，以主力迂回奉军背后作战。并分化奉军内部，使原冯国璋旧部、奉军第十六师停战倒戈，引起奉军全线崩溃，结果奉军大败。6 月初，双方停战议和，奉军全部撤到关外，宣布东三省"自治"。直系军阀完全控制北京政府。③

直奉战争爆发后，天津红十字会为出发战地救护进行了积极的劝募救

---

① 《灾民救济会出发》，《大公报》1920 年 8 月 9 日，第二张。

② 《查放员之出发》，《大公报》1920 年 8 月 26 日，第二张。

③ 黄美真、郝盛潮：《中华民国史事件人物录》，上海人民出版社 1987 年版，第 87—88 页。

助资金活动。红会与各大慈善家发一公函，广为劝募。红十字分会致各巡阅使、各督军电请求募款。5月18日红会开董事会。议决：（一）呈请徐大总统捐款。（二）举赵幼梅为副理事长，报告北京总会。（三）约请交际员分募捐款。①

红十字会19日收到周学熙，函送周孝友捐洋一百元。大陆银行捐洋五十元，天兴德金店捐洋一百元，马辑苏捐洋三元，代交无名氏捐洋三百元，隐名氏送到捐洋五元。② 20日接曹琨、吴佩孚由保定来电，各捐银一千元。江苏督军齐燮元捐助大洋三千元。22日收到步军统领王怀庆捐洋五百元，杨味云捐洋一百元，新华纺纱厂捐洋一百元，纲总邹学勤捐洋三十元，羊角沟电报局捐洋十元，社会教育办事处捐洋一百○九元，铜元一千七百七十一枚，小洋一角。③ 天津电话局局长冯季樵，捐款三十元，代募二十元○五角。丹华火柴公司捐款洋十元，代募捐款洋三十元，铜子一百八十四枚。④ 6月4日李希明、李梅波、沈雨香每位捐款一百元。殖业银行捐洋三十元，曹宝林、曹振纲捐洋六十元。6月10日收到江苏全省警务处长捐洋一百元……⑤总之，社会各界对红会的捐款，多少不计，源源不断。人们对红十字会出发战地救护，表示出了极大的热情。

红十字会在募款的同时派出了红十字会医队赴战地进行伤兵难民救助。天津红十字会以东西两路战事激烈，兵士伤亡很多，5月1日开会决议；（1）先行出发两队，一队出发马厂，范莲青为干事，率医士看护生等三十余人，于3日出发。（2）会议对红十字会部分领导人员进行了调整，红十字会理事长为徐华清，副理事长为孙子文、卞月庭。由于徐华清在北京供职，天津办事处由孙子文、卞月庭二人主持。孙子文时任行政官而请辞职，大家公推赵幼梅为副理事长。（3）红十字会救援计划分两部，一为救伤兵，一为救妇女。现在天津拟设医院一处，津邑筹备妥协。决定将来受伤人多时，即以各教会为容纳之地。允许协助静海、青县两县人民

---

① 《开董事会议》，《大公报》1922年5月20日，第三张。
② 《昨日之捐款》，《大公报》1922年5月20日，第三张。
③ 《红会捐款之踊跃》，《大公报》1922年5月26日，第三张。
④ 《红会募捐成绩》，《大公报》1922年5月23日，第三张。
⑤ 《苏警务处捐款》，《大公报》1922年6月11日，第三张。

办理妇孺救济会。① 天津红十字会还致函奉军司令孙烈臣对该会战时出发战地医队加以保护。5 月 2 日下午中国红十字天津分会救济部李燕林、赵幼梅等开职员会。张月丹自愿担任掩埋事宜及设立西路妇孺收容所。会议还决定发给老公所、芥园学校、千佛寺、老公堂等处红十字会旗帜，与基督教妇孺救济会联络进行救护事宜。②

7 日上午，红十字会召集医士、看护、抬夫等十七人，由范莲青带领出发，并经大沽造船厂，吴秋芳派来小火轮一艘，前往小站救护。③ 红十字会伤兵医院 8 日已接伤兵二十七名，该院医士不辞劳苦一一施救，看护生亦非常和蔼，该伤兵等均称颂不已。④ 该日，红十字会接到警察厅电话，请其出发救济土城奉军伤兵百余人，干事范莲青约请青年会社会服务团救伤队及医士看护等十人，携带抬床药具等物，乘坐马车出发前往土城救护伤兵。⑤

9 日，天津红十字分会开会讨论出发战地事宜，决定分三路出发。12 日，红十字会三队开始出发战地救护伤兵伤民，第一队出发静海、马厂、唐官屯、青县，队长范莲青、医士熊亚士及庶务、会计、看护生、抬夫十人共计 19 人；第二队出发杨柳青、胜芳、王家口、霸县、永清，队长吴绍棠，共计 19 人；第三队出发京津路线，队长吴班侯，共计 10 人。⑥ 由于战事吃紧，伤亡惨重，天津红十字分会又组成第四队，预备出发唐山一带救护。23 日特致唐山专电，拟借广东会馆为临时医院，并筹备妇女救济会。该会派董事李燕林、干事长马千里乘车赴唐山一带，调查战争状况，以便组队出发救济。红十字分会组织第四医队出发昌黎，18 日下午前方开来专车一列，内乘伤兵四十二名，医队为其换药施行手术。然后抬回车上，该军士等得此次换药，非常感激。19 日居昌黎，各军及乡民每

---

① 《筹备医院》，《大公报》1922 年 5 月 2 日，第三张。

② 《救济开会》，《大公报》1922 年 5 月 3 日，第三张。

③ 《救护队出发小站》，《大公报》1922 年 5 月 9 日，第三张。

④ 《红会医院之伤兵》，《益世报》1922 年 5 月 9 日，第十版。《大公报》1922 年 5 月 9 日，第三张。

⑤ 《天津红十字会消息》，《益世报》1922 年 5 月 10 日，第十版。《红十字会消息一束》，《大公报》1922 年 5 月 10 日，第三张。

⑥ 《三队人员出发地点》，《益世报》1922 年 5 月 12 日，第十版。

日来诊者约有二三十名。① 后第四医队由昌黎移至山海关，见两军伤兵，均以运回，所有战地兵士，未能掩埋者，均代为掩埋，当该地战事处理完毕后，遂全部乘军车于23日黎明时回津。② 24日下午天津红十字分会召集各董事开会决议购买小米一百石，派员前往山海关，秦皇岛一带救济。并致函榆县知事，请其调查难民状况，前往散放。③ 后来因为购米不易，于是将筹来的银洋六百元，择集中灾区散放……7月5日报道"省长拨给铜子两万元，面粉一万袋，由姒道尹亲莅放赈"。④ 在红会第四医队出发昌黎时，因前方军事告急，救护不容稍缓。该会还特赶组第五队，举定队长为范莲青，预备出发留守营。

红十字会关心战区的伤兵，继续派遣队员前往各地救护，轻者就地施治，重者抬送会中，审查其伤痕，测量其病症或施手术或敷药品，受伤兵士呻吟感德。数日间救有伤兵六十余名。奉军东退，天津附近溃兵众多，因直军解除武装，以致时有冲突，红十字会出发救护，共救得直奉双方伤兵，及男女伤兵百余名……该会自五月一日组织临时医院以来，截至二十三日医治伤兵难民，计直奉伤兵共一百四十余名，受伤难民十余名，贫民有病住诊者五十余名，共合二百余人，大半医愈，其余均在诊治中。⑤ 红会第一队驻青县高等小学为施医处，调查左近各村情形。第二队在廊坊车站，以兵站办事处为施医处对广大受伤兵民进行精心治疗。该会组织第四医队，借广东会馆为临时医院，并筹备妇孺救济会。

天津红十字分会组织医院开医，在医治时间内无论伤兵伤民都为之医治。6日下午，红会召集各董事会议，赵幼梅报告医治伤兵难民数目截至该日，共收伤兵一百六十四名，来医院诊治者共三百六十六名。住院伤兵

---

① 《报告在昌黎诊治情形》，《益世报》1922年6月23日，第十版。《第四医队之续报》，《大公报》1922年6月23日，第三张。

② 《第四医队已回津》，《益世报》1922年6月24日，第十版。

③ 《红分会董事开会》，《大公报》1922年6月26日，第三张。《红十字会董事会记》，《益世报》1922年6月26日，第十版。

④ 《代难民募捐》，《益世报》1922年7月5日，第十版。

⑤ 《诊治难民伤兵总数》，《大公报》1922年5月24日，第三张。

一百八十名，住院难民十三名，治愈伤兵四十八名，治愈乡民六名，乡妇来院三名，送北洋女医院及海军医院伤兵三十名、乡民一名。送马大夫医院伤兵五名、乡民一名。来医院挂号随时诊治者，即直军二十三名，警察保安队三名，贫民三百六十一名，住院者伤兵二十九名，乡民三名。住海军医院十六名，马大夫医院四名，北洋女医院难妇三名。①

直军运津的伤兵，红分会医队治疗热心，院中医士救治奔走诊视，忙碌不停。刘襄孙、刘道平、李公忱等自晨至夕，刻无暇，昼夜间仍察视伤兵数次。② 刘襄孙、李公忱等因天气炎热，所在住院伤兵及兵民，除细心治疗外，还极为注意院内的清洁与卫生，他们每日亲到各病室，督率夫役泼洒卫生药水消减毒菌，以防疫疠而助健康。③ 刘襄孙以天气炎热，人民稍稍不慎，即不免中暑吐泻，甚至传染病疠，生命危险堪虞，他特配合专治霍乱药水一种分送各处，以防急需。李公忱也配合清凉散药，专留济人，以便赴院求诊病民需用。④

红十字会医院治愈伤兵取得了显著的成绩。"该会拯救伤兵入院时，他们无不痛苦呻吟，面无人色，经诊治后，轻伤者即已就痊回籍，即伤重者也已大有起色，精神即觉愉快，面貌宜少愁容，该院中约有二三十人，记者至该病院中慰问，见有阅报者，有看圣书者，有聚集阔谈唱诗歌者，种种娱乐状况，于前不啻有霄壤之判。"⑤

红十字会临时医院，对所医治住院伤兵，均随愈随即行遣送回籍。

---

① 《红分会开会记》，《大公报》1922 年 6 月 8 日，第三张。另据《益世报》报道："6 日开会，马千里报告，该会所收捐款约有一万二千余元。宣读临时医院治疗报告书，临时医院成立后，计住院伤兵一百一十八名（内有直军十七名）住院乡民十八名，已愈伤兵四十八名，已愈伤民六人，医队救来妇女三名，皆送北洋女医院治疗，又送海军医院者，前后伤兵三十名；现时住院养病者，尚有兵士二十九名，乡民三人，又送海军医院十六人，马大夫医院四名，北洋女医院妇女三人；统计自开办至今，收容及逐日诊疗者，共一百六十二名。"《董事会议》，《益世报》1922 年 6 月 8 日，第十版。此二处报道关于救治方面的数字稍有出入。

② 《红分会之治疗热》，《大公报》1922 年 6 月 14 日，第三张。

③ 《注重卫生》，《益世报》1922 年 7 月 13 日，第十版。《注重卫生》，《大公报》1922 年 7 月 13 日，第三张。

④ 《赠送时疫药水》，《益世报》1922 年 7 月 25 日，第十版。《赠送时疫药品》，《大公报》1922 年 7 月 25 日，第三张。

⑤ 《伤兵室之近状》，《大公报》1922 年 6 月 11 日，第三张。

11 日，红十字分会临时医院遣送所医治伤兵周文敖、魏洪升、张文合等十余人下午三时乘坐轮船回籍。在遣送之前，院长刘襄孙、李公臣二人对各伤兵致辞，伤兵们皆感激恩德。①6 月 17 日赵幼梅及其夫人赴院看望伤兵，送红十字会四十元，赏给伤兵伤民，兵士每人一元，排长二元，同时分送海军医院，直军五名，奉军十二名，共洋十七元。马大夫医院，直军排长一名，奉军七名，共洋九元，北洋女医局，兵士三名，又赏本院伤兵与伤民，奉军排长一名，兵士六名，伤民三名，共洋十一元。②6 月 30 日治愈奉军伤兵六名出院。由该会代购船票，每人给路费洋二元，鞋袜各一套，草帽一顶。红十字会医院还注重对平民的医疗施救。红十字会所制时疫药水分发各处，有染时疫借以救活者很多，人民皆感恩戴德。

天津红十字会对死亡士兵，即标木栈，掩埋石碑埋于义地，并通知其家属具领。

直皖、直奉两次战争，出发救济，由于院长医官医士等热心毅力，加之诸大善士慷慨捐助，二次治愈兵民，不下数千人，该会感其惠及伤疫，襄助善举，故以其捐款之多寡，除分函聘为会员外，并呈报总会鉴核。天津红十字会为了促进募款的积极进行，吸收助款，将捐款卓著者，如曹锟、蔡成勋、张广建、陈光远、赵郭淑（女），聘为名誉会员，阎锡山、孙宝甫、史经五、赵幼梅、曹祝九以上各位聘为特别会员，杜克臣等十九位聘为正会员。直奉之役捐款者如齐燮元、曹锐、吴佩孚等四位聘为名誉会员，王怀庆、眷彬、田中玉，许世英四位聘为特别会员，赵聘卿、赵玉珂、姒锡章等十一位，聘为正会员。红会以此次救护，深承各界匡助，得有良好结果。在该会结束时，红会特制铜字木质纪念牌多面，分赠北洋女医局、海军医院、老公所白抬会服务团及热心匡助各机关。③

第一次直奉战争发生后，天津基督教联合会，因鉴时局紧迫，人心惶恐，所有河北河东一带居民，家道充裕者，皆已逃避租界，以资庇护。所

---

① 《红分会治愈伤兵》，《大公报》1922 年 6 月 13 日，第三张。
② 《赵夫人惠恤伤兵》，《大公报》1922 年 6 月 19 日，第三张。
③ 《赠送纪念物品》，《益世报》1922 年 7 月 11 日，第十版。

余贫寒黎民，无力迁移，又兼四乡人民络绎来津避难，其无处可投者，均投居各教会中。该会 25 日召集全埠各教会首领在东马路青年会开会讨论救济方法。到会者有马千里、宋则久及各基督教代表百余人，会议决定成立妇孺救济会。① 26 日下午，在东马路青年会至二十九号开会，讨论组织基督教妇孺会事，大家公推马千里为主席，宣读妇孺救济会简章。"该会名曰基督教妇孺救济会；以临时救济妇孺为宗旨；职员以基督教各教堂之教友及男女青年会之中西职员充之；以东马路青年会为事务所，以男女青年会及各教会为临时收容处……各职员届时均佩戴妇孺救济会、红十字会袖章。"② 经公众修改，即行通过。天津红十字会 4 月 30 日接商会函请求保护基督教妇孺救济会。3 日，妇孺救济会致各机关直奉两军司令、镇守使、省公署、教育厅、警察厅、省议会、县公署函：本会恐战事发生，地方不靖，为保护妇孺之安宁，拟定章程，组织基督教妇孺救济会，会旗拥用白地红十字，上书天津基督教妇孺救济会字样，请求他们给予保护。妇孺救济会并函各教会速推举职员，各任会务，急谋进行。③

天津基督教妇孺救济会规定，各教会在此战事之际，分担救护妇孺之责，近日各堂对于救护妇孺无不踊跃从事。自奉军败退后，本埠各教堂均在门口悬挂妇孺救济会旗帜，收纳逃难妇孺，计东马路福音堂收容妇孺三十人，西门里福音堂收容妇孺九人，西沽公理会妇孺四千余人。因 8 日夜直军追击奉军溃兵。北仓附近之各村人民，均行逃避于此，翌日，纷纷迁回，其他各教会，亦收容许多逃难之妇孺。④

侨津江苏武进县姚女士，以战区受伤兵士已有红分会拯救医治，而战区妇孺，每因由战受伤或被难者，无人救济，未免向隅，特发起维持妇孺协济会对受难妇女进行救济保护。此外，天津警察厅急赈会也进行了捐款，对战区灾民实施了一定的救济。

---

① 《教会筹设妇孺临时救济会》，《益世报》1922 年 4 月 27 日，第十版。
② 天津市档案馆：《为成立救济妇孺会启用会旗样式致天津总商会的函》（附简章），J0128－3－005429。《妇孺救济会积极进行》，《益世报》1922 年 4 月 28 日，第十版。
③ 《妇孺救济会之消息》，《益世报》1922 年 5 月 4 日，第十版。
④ 《妇孺救济会之近讯》，《益世报》1922 年 5 月 9 日，第十版。《妇孺救济之近讯》，《大公报》1922 年 5 月 9 日，第三张。

（二）第二次直奉战争中慈善社团的救助活动

第一次直奉战争后，张作霖不甘失败，曾与段祺瑞、冯玉祥订立反直协议；冯玉祥又与孙岳、胡景翼等建立反直同盟。1924年9月齐卢之战①爆发，张作霖自任总司令，乘机以十七万兵力进关。9月17日，曹锟发布讨伐张作霖的命令，并任命吴佩孚为总司令，率二十五万人马迎战，双方在榆关（山海关）一带进行激战，10月，直系将领冯玉祥在吴佩孚军队快要崩溃前夕，联系胡景翼、孙岳，把部队开进北京，未经激烈战斗，就推翻了曹锟贿选政府。直军得到北京政变消息后，士气一蹶不振，迅速退到天津，等待江浙等省直军援助，并企图回救北京。但奉军长驱直入，切断了直军与榆关的交通，使榆关一带直军全部被歼。由于山东督军郑士琦宣布"武装中立"，不许江、浙援军通过；山西督军阎锡山进占石家庄，也切断了京汉路的交通，阻止了河南的援军。这样吴佩孚孤立无援，在奉军和国民军的夹击下，几乎全军覆没。最后，吴佩孚由天津乘船浮海南逃，第二次直奉战争结束。②

直奉即将进行大战的消息传到天津后，天津红十字会立即组织集会，磋商预备一切急需物件及分配出发救济方法。21日下午，天津红十字会在该会会所召开紧急会议讨论出发事项。马千里提议分两队出发，一队赴山海关，一队赴喜峰口，设临时医院于滦州，通电双方总司令并在战区地方附近临时借用医院住址进行救护伤兵。先行出发两队，队长定为范莲青、朱祝颐，医院院长张国体，看护生均选熟手，夫役随时随地雇佣，并组织备队二队，队长为王翼菴、李燕林，公推薛赞青为文牍长，自二十二日起各董事每日到会办公，出发队限三日内出发。③

27日，天津红十字会借本埠三讲演所及省教育会为后方医院。讨论出发医队制服，制备旗帜，登报聘请医士，请各董事分向天津各医院分头接洽，请卜月庭、赵幼梅两理事与王承斌接洽，致各医院院长、大夫函。

---

① 这次战争又被称为江浙之战，是以江苏督军齐燮元为代表的直系军阀和以浙江督军卢永祥为代表的皖系军阀之间的战争。这次战争是第二次直奉战争的前哨战。

② 黄美真、郝盛潮：《中华民国史事件人物录》，上海人民出版社1987年版，第99—100页。

③ 《天津红十字会开董事会》，《大公报》1924年9月23日，第二张第六版。

9 月 30 日，第一医队组织完成，第二医队正支配职员，尚需筹备，第三四两队以备急需出发。① 天津红十字会经过会议协商借妥教育会地址为临时医院，进行收容伤兵伤民并布置妥当，举定了正副院长，对送来的伤兵，换药治疗。②

由于前线运来伤兵特别多，天津各伤兵收容所都已住满。10 月 15 日到 16 日，天津红十字会医院收容伤兵八百多人。红十字会在救治伤兵过程中，为预防火灾，会议召集已编两医队到院帮助。红会又函请警厅，知照附近区署拨派警兵数名前往保护，并求派消防队数人携带救火机器前往该分院驻扎，以防不虞。③

红十字会临时医院，因收治伤兵甚众，且到院换药者络绎不绝，该院能供给伤兵医药饮食，日需五六百元，于是函请各巨绅，捐款补助。

为了募集红十字会出发款项，天津红十字会函达总统、国务院各部总长、各省军民长官、各军队首领及红十字总会募捐，共襄善举。在红十字会的请求下，已故安徽督军倪嗣冲之子倪道杰捐助红十字会经费一千元。④ 王承斌捐款二千，湖北萧督军捐款二千元。红会因伤兵来津过多，所需药品不计其数，支付现款已达两千余元，恐日稍久，款项不能接济。昨又函请李桂山、李子香等诸大绅捐款协助。⑤ 为筹款，红十字会又分别致函各省督理省长电，致电前大总统黎元洪、徐世昌请求赞助。11 月 10 日下午四时开董事会讨论经费问题，大家讨论公决：（一）函请李颂臣催赛马会捐款；（二）致各行商公会函请其捐款；（三）函请王省长，设法补助。⑥ 为了减少经费开支，天津红十字分会议决将分院取消，将分院看护及夫役，择优留院服务，余为辞退。自 18 日起红会检查伤兵，其不能行动的百余名归并总会医院治疗，分院凡能行动，无危险者，均令出院。对治愈的七十六名伤兵，除发给棉衣鞋袜外，每人又发给川资二元，及该

① 《红会前日又开会》，《大公报》1924 年 10 月 2 日，第二张第六版。
② 《红会临时医院已开幕》，《大公报》1924 年 10 月 13 日，第二张第六版。
③ 《致警厅函云》，《益世报》1924 年 10 月 18 日，第十版。
④ 《倪道杰捐助红会经费》，《大公报》1924 年 9 月 24 日，第二张第六版。
⑤ 《红会募集捐款》，《大公报》1924 年 10 月 19 日，第二张第六版。
⑥ 《红会开会讨论筹款办法》，《大公报》1924 年 11 月 11 日，第二张第六版。

会治愈执照一纸，令自行回籍。

直奉战争开始后，天津红卍字会①负责人徐世光也与同仁组织救济队驰赴战区开展对伤兵伤民的救治工作。他们还在天津设立了临时医院对伤兵、妇孺进行收容与治疗，此外他们还组织医队从事掩埋尸体的工作。

直奉战争到了十月中旬，直军因寡不敌众，纷纷后退，吴佩孚组织援军前往战地支援。冯玉祥前线倒戈组成国民军回京发动了政变，囚禁曹锟。赶来支援的吴佩孚看大势已去，在奉军和国民军的攻击下，吴佩孚不得不率领残兵败将，退回长江流域。直奉战争告终。自此，天津又成为奉系军阀的天下，人民依然处在水深火热之中。

三　1924 年水灾与慈善社团的救助活动

1924 年是不平凡的一年，"天津春夏雨泽稀少，旱象已成，七月初淫雨连绵，二麦收成均二余分。静海，七月大水，永定河泛滥，杨柳青至王良庄一段铁路淹 4—5 公里。宝坻，六月大水，可乘船去天津，下游庄稼一点未收。"② 直隶地区水灾③，虽较民国六年时稍轻，然民间损失，亦属

---

① 1922 年成立的世界红卍字会起源于道院。1921 年 3 月 18 日道院在济南创立，12 月经林默清等人呈请，经内政部核准为宗教团体立案。道院成立后在北京、天津、济宁设立三个分院。1921 年，钱能训、徐世光、王人文、李佳白等人在北京组织发起组设世界红卍字会筹备处。1922 年 10 月 28 日，经北京政府内务部批准立案正式成立，定名为"世界红卍字会"。天津红卍字会，1922 年由道院徐世光、王人文、刘炳炎等组织成立。该社团正副会长共三人，每四年改选一次。董事会八人，会员三百人，内务分总务、储计、防灾、救济、慈业、交际六股。各设主任一人，干事若干人，均名誉职。红卍字会从事的慈善救济事业分为两种。平时慈业：（1）施诊所，中医二人施诊，不收号金。西医施诊，号金二分，有医药师及助手五人，施种牛痘，并成药十余种；（2）设立卍慈学校；（3）设残废院，收养残废贫民；（4）恤嫠，每名施一元至二元。临时慈业：（1）开办粥厂；（2）恤兵，组织救护队，赴战区救护难民伤兵，设所收容并给养治疗；（3）救灾，组赈济队，赴灾区查放赈粮，并赠送牲畜种籽。（4）施材，该会代为善士施材，在战区组织有掩埋队。该会经费：征常年会费，每会员自一元至五元不等，每年开支约二万元，均由有力会员捐。职工薪金及公费，每月六百元，由会员认捐。参见方竞、蔡传斌论文《民国时期的世界红卍字会及其赈济活动》，《中国社会经济史研究》2005 年第 2 期；来新夏、郭凤岐主编《天津通志·旧志点校卷》（下），南开大学出版社 2001 年版，第 320—321 页。

② 河北省旱涝预报课题组：《海河流域历代自然灾害史料》，气象出版社 1985 年版，第 836 页。

③ 另据侯亚伟研究，1923 年初，直隶南部也发生水灾，受灾地区达 20 余县。当时天津红卍字会成立不久，在会长徐世光的领导下，发起募捐，这次活动共募集赈银二十余万，活灾民五万余口。侯亚伟：《救人、救己与救世：天津红卍字会慈善事业探析》，《世界宗教文化》2012 年第 3 期。

不赀……①天津商会会长卞月庭报告；直隶省"成灾各县有天津、静海等五十余县"。津西独流镇西锅底村、南白九十三村、北白莲花店十三村尽被淹没。津埠西北一带尽成泽国，农人鉴于秋收无望，将每年效力之耕牛及骡马牲畜等，设法变卖。故津埠街市常见牲口三五成群，每早皆欲往南开牲口市聚集以便售出，惟价值大跌，值百元者只卖七十元，购者尚拣择认真。又贩卖人口者，近亦大为活动，实因各处成灾难民无法生活，亲率子女来津变卖，虽系残忍，亦处于不得已。② 文安王家口等处决口，田禾皆被淹没。难民纷纷来津，警察厅在北于庄子搭有窝铺四十余个，收留难民，于前日每名发给铜元百枚，购买食物，以资度命。现城内各街巷乞食者，络绎不绝。③ 华洋义赈会于十二月三日下午在海大道会社召集紧急会议讨论宣传募赈方法，由梁如浩主席报告最近所得各方报告之结果，直省现有灾民二百万人，被灾区域，达五千村庄之多，代赈孔殷。④

水灾发生后，引起了当政者及各慈善人士的密切关注。为应付水灾善后，临时慈善社团纷纷成立，协同既有的慈善社团一起开展对难民的救济活动。李嗣香以此次灾情可惨，特捐洋六万元，王承斌捐助二万元，曹前省长捐洋一千元。⑤ 奉天张雨亭慨捐小米七十万担，电请义赈会派员到奉天搬运赴津后散放。

直隶水灾急赈会28日下午四时在省公署开成立大会，到会者有省长王孝伯（承斌），政务厅长陆长佑，实业厅长于振宗，财政厅长金孝悌，教育厅长张瑾，警察厅长杨以德，地方检查厅长徐选楼，省议会议长边洁卿，天津县长齐耀成，商会会长卞月庭及各议员政绅学报各界，日本副领事田岛昶及各国来宾约一百余人。由王省长主席，首由主席报告直省本年水灾，极为惨烈，由于各河上游暴发所致，天津为九河下梢，中外人士甚多，颇堪注意。直省万全县损失巨大，淹毙三千余人，损失财产尤不可胜计，清苑阜平南和等县，水势等亦大，现发起直隶水灾赈济会，请大家募

---

① 《直隶水灾之奇重》，《大公报》1924 年 8 月 3 日，第二张第六版。

② 《水灾中难民之苦状》，《益世报》1924 年 8 月 8 日，第十版。

③ 《各县难民已纷纷来津》，《益世报》1924 年 8 月 14 日，第十版。

④ 《华洋义赈会积极筹备急赈》，《大公报》1924 年 12 月 4 日，第二张第六版。

⑤ 《灾婴救济会不日成立》，《益世报》1924 年 8 月 31 日，第十版。

捐认捐，并代表直省灾民致谢。①

天津基督教联合会，29 日在东马路青年会开特别祈祷会。天津各教会教友用减食方法捐款，由联合会具函上海基督教全国协进会，发起全国基督教徒减食救灾会，公举每礼拜日下午四时假东马路福音堂开祈祷会并筹划一切。② 天津基督教青年会水灾赈济会，9 月 19 日为提倡减食助赈事，又向各界发出了通告："我们基督教徒，本着基督服务的精神，亦要在这事上努力点，所以就组织了一个基督教联合的水灾救济会，除去个人力量捐输，并每星期下午聚会祈祷外，又想设法向他人捐募。方法是，提倡俭食助赈，贫苦的跟小铺子固然是节省不了许多，如果富足人跟大铺子，每人每月俭省五角，就所得不少。北马路国货售品所业已实行，听说月饭节俭省五六十元，每天的饭，并不甚坏。我们盼望家家铺铺，全国这样做，每到月底，把所俭省的钱，送到东马路青年会本会事务所，付给收据，并在报上公布。至用款的办法，这次并不打算自己去放打算调查已有的各善团，哪一个可靠，办得好，就送到那里去，将来还有该助善团的收据，交给捐款人。"③

直隶临时灾孺救济会在河北大经路中州会馆内成立，该会为本埠官绅成立慈善机关，以限制灾民卖其亲爱幼稚儿女为宗旨。凡灾民中因谋生或出外就食以幼稚子女为累及无依无告之幼稚男女灾孺为其父母里党或官厅警察或公益团体或慈善机关或素怀慈善之各界个人查见，可到该会寄养。凡寄养本会之灾孺，其寄养期间至第二年五月为止，其家族及其他送来人即须领回，其无依无告无人具领者本会收束时分别安置。凡灾孺来会寄养时，其经送人必须将该灾孺姓名籍贯出生年月日询明详报本会注册，其家族关系人亦同。凡送灾孺来本会寄养，其经送人必须具结妥保于夏历明年五月本会结束时领回，其不能领回者，当送来时声明。④

---

① 《直隶水灾急赈会开会成立》，《大公报》1924 年 7 月 29 日，第二张第六版。
② 《基督教联合会为水灾开紧急会》，《大公报》1924 年 7 月 30 日，第二张第二页。
③ 《水灾赈济会之减食运动》，《益世报》1924 年 9 月 20 日，第十一版。
④ 《直隶临时灾孺救济会收养灾孺简章》，《大公报》1924 年 9 月 19 日，第二张第六版。另据报道："边守靖提议，在河北中州会馆内，设立一灾婴救济会，以收留被灾之小孩，拟筹资五万元，现已着手进行，由边氏个人驰赴各地募捐。"《灾婴救济会不日成立》，《益世报》1924 年 8 月 31 日，第十版。

　　直隶省灾救济会特拨款水灾奇重之杨柳青一千元，由天津县公署派员赴各处散放。华洋义赈津会，11 月 26 日在英界海大道开委员会讨论募集捐款办法。决议派员往美国募捐，又派员前往南洋一带广为征集。12 月 9 日下午，直隶水灾救济会在省公署开会，公推杨敬林为会长，杨敬林自任筹款二十万，以济本年冬赈。公推彭一山、赵幼梅、鲁嗣香、宁紫垣为代表，谒见张雨亭总司令接洽奉省来粮赈济事项。①

　　天津市民为中国华洋义赈救济津会募捐款救济直隶省待毙灾民。十二日下午一点钟，在法界西开维斯理堂门前集合。到会者五十余团体及市民约五千人由韩慕儒、刘明义、王卓忱等指挥，童子军及各国侦探华捕维持秩序，至点半钟整队出发，各国人士及电影公司，在维斯理堂前及沿路拍照者约十余人。游行员各持旗帜，沿途呼救，散布传单，中外人士观者如堵。法界派有便衣侦探多名，随队维持，并派自行车队在前引导，巡捕三十余名，沿途指挥车辆行人。至英租界，又有捕头，带巡捕十余名，加入维持，至日界又加入日捕十余名。凡大队所过之处，车马行人，均令停住，颇为郑重。②

　　华洋义赈会举行募捐大游行，见者多为感动。中外善士团体纷纷捐款交慈善团体赈济灾民。徐世昌捐洋一千元，黎元洪捐洋五千元，麦加利银行捐洋一千元，仁记洋行迪乾生捐洋一千元，新泰兴洋行捐洋二千元，永丰洋行捐款五百元，怡和洋行彼得氏捐洋二百两，还有其他募捐者。③

　　旅津日本商民冈崎氏等，对于此次华洋义赈会之急赈运动，颇热心援助，曾向旅津日本人士方面捐募五千元，交付该会分配灾民。

　　临近年终，急赈会对本埠嗷嗷待哺之贫民，购定玉米面数万斤散放，公举查放员，分东、南、西、北、中区、三特别区等六大区查放……

　　天津此次发生水灾，灾区甚广，受灾人数众多，但是该次慈善社团救济并不是多么活跃，最起码各报刊对各慈善团体的救灾行动报道很少。9 月 21 日，红十字会临时会议上，有董事曾说过"近来水灾，红会虽身沉寂，然各处救护办事人，均多系本会同人"。

　　① 《直隶救济会开会记》，《大公报》1924 年 12 月 11 日，第二张第六版。
　　② 《华洋义赈会之募捐大游行》，《大公报》1924 年 12 月 15 日，第二张第六版。
　　③ 《华洋义赈会募捐近照》，《大公报》1924 年 12 月 16 日，第二张第六版。

四　国奉战争与慈善社团的救助活动

冯张战争即冯玉祥的国民军与张作霖的奉军之间的战争，也称国奉战争。① 这次战争分 1925 年底郭松龄与国民军联合倒奉和 1926 年初直、奉军阀联合进攻国民军两个阶段。1925 年 11 月，冯玉祥利用奉系军阀内部矛盾，与奉系将领郭松龄签订了《郭冯密约》，取得了联合倒奉协议，30日，郭松龄将部队改为国民军，挑起战争。12 月下旬，郭松龄兵败被杀。冯玉祥的国民军利用郭松龄和奉军交战的机会，向盘踞在天津的李景林发起进攻，攫取了直隶（今河北）地盘，取得了暂时的胜利。②

（一）各慈善社团对战争的反应及救护

奉军与国民军接战，天津战事激烈，所有战地各村村民，有力者纷纷来津避难，因地狭人稠，皆露宿风餐，其贫寒之户不能离家者，处于枪林弹雨之中，惊恐万状，行动不能自由，以致不能得食，避匿荒野，惨不忍闻，天津各慈善团体积极组织妇孺救济会救济受灾妇孺，设收容所，救济伤兵及其他难民。

八善堂开展了积极的救助活动。国奉战争爆发以后，杜筱琴、杜笑山兄弟借机把他们于 1912 年在天津城里大费家胡同南口水月庵设立的慈善社团南善堂加以扩大。他们联合公善堂、崇善东社、北善堂等组成了天津八善堂。14 日在南善堂召开会议，决议以各善堂空房收容难民，筹划难民之衣、食、住三项，对患病者，请慈善医院医治。决议制造红十字袖章旗帜，乘大车赴各乡救济难民。该日接来武清县灾民二十名，由双街子村接来灾民二百二十余名，并派员送入河北普乐园收容所安插。15 日善堂收到天津红十字会医院送往该堂的灾民，由其送往第一台收容所安插。张荫棠同救护员往北路接收战地灾民男女六百余人，交老公所收容所安插。③ 17 日高聚五同会员赴北乡双街，救出妇孺六百余人，至西沽村自投

---

① 黄美真、郝盛潮：《中华民国史事件人物录》，上海人民出版社 1987 年版，第 99—100页。

② 1926 年 1 月份，直奉军阀结成联盟同国民军开战。3 月 22 日，李景林部占领天津。国民军退往西北地区，直奉军阀，再次夺取了北京政权。

③ 《被灾难民来津》，《益世报》1925 年 12 月 17 日，第三张第十版。

亲友者约五百余人，入普乐收容所者一百六十余人。① 八善堂救济灾民善
会事务所为此购买草席、预备食物、借用地址，忙碌异常。各善堂董事及
所约之义务员有六七十人之多，尽职尽责。② 据报道，八善堂战地灾民救
济会出发战地以来，救护灾民约有三万余人之众。③ 战事平息后，八善堂
救济会各处难民收容所之难民陆续回籍，该会察其情形，给予盘缠。"杜
笑山、高巨五、张荫堂等亲往后方医院给予轻伤士兵川资，以资回里。"④
其余重伤兵士给以粮物，由该会用大汽车送往各医院。

八善堂特别会董带同职员二十余人赴武清各村查放急赈，以济灾民年
关之需。查放员已于 2 月 6 日早带同玉面四万斤出发。⑤ 另据 3 月 10 日益
世报报道，天津八善堂灾民救济会还为静海县天主堂携去助款二百元、红
高粱数十石，以济灾民。18 日早由独流镇赴唐官庄，与唐官庄商务分会
并红十字会救济队陶保晋接洽救护灾民。19 日又赴小站、湾头、慈儿庄、
小王庄、王千户、四党口等村救助灾民五百人，连前两次共计八百余
人。⑥ 天津八善堂善会连日派员由静海、文安等县接来灾民一千一百余
口，又有自行来津者五百余口，共约一千七百余口。9 月善堂还由静海县
西南坨、门厂、烧窑盆等村接来灾民七百余口。又有静海县大邱庄等村及
卫南洼逃来灾民一百余口，均集于总会门首，经该会杜笑山、赵善卿率同
职员照料，发给食品，遂送皇家马号收容。北路救济员吴子勤等由杨村、
蔡村、河西坞接来灾民一千一百余口并于东王旧道署收容所妥为安插。

八善堂灾民救济会注重安置灾民。5 月 27 日，在天津总站资遣杨村、
张庄、落垡附近各村灾民共计一千九百四十六口，发给大洋一千九百四十
六元。29 日，天津附近各村民三百八十二口，给予大洋三百八十二元，
红粮五千七百三十斤，均在各收容所门前资遣，由杜笑山派员护送回里。
5 月 30、31 二日，八善堂灾民救济会遣灾民一千六百七十七口，每口给

① 《汇志各团体救济灾民情形》，《益世报》1925 年 12 月 18 日，第三张第十版。
② 《善会安置难民之忙碌》，《益世报》1925 年 12 月 21 日，第三张第十版。
③ 《八善堂救济灾民之热心》，《益世报》1925 年 12 月 29 日，第三张第十版。
④ 闫元兴：《民初慈善事业与慈善团体探析——以天津南善堂和八善堂为例》，《中共郑州
市委党校学报》2008 年第 1 期。
⑤ 《八善堂分往各县放赈》，《益世报》1926 年 2 月 7 日，第三张第十版。
⑥ 《八善堂救济灾民状况》，《益世报》1926 年 3 月 5 日，第三张第十版。

大洋一元，散放红粮五万五千三百四十斤。6月3日，由旱路资遣灾民一千二百八十九口，发给大洋一千二百八十九元，红粮一万九千三百三十五斤，由主任杜笑山、董事张荫堂等派员保护回里。①

据报道，八善堂救济会自京津战争发生后，设所收容，禀请准入战线，拯救灾民，设所四十余处，收养灾民二十余县，人约一二十万之多，每日两次食饮。棉衣棉被，病者医药，产者收生，无不周备。战局定后，遣送回籍，火车、马车，水陆船只酌途分送，并给川资米粮，其住房有因战被焚者，发料起盖，随放赈济又发种籽以保农耕，所有战线之死尸一律用棺埋葬，深挖六尺，上敷白灰。伤兵医院，无论某方失利者，即由该会医治给养，痊愈者，酌给川资，发放便衣，以防途阻。②

其他慈善团体也参与了难民救助活动。战争爆发后，天津红十字会即组织临时救济二队连日出发救护。16日出发东北乡一带，带回难民约有五百人，除沿途投亲外，尚有二百七十余名，由红会移交第一台及各处收容所寄养。同日红会携带馒首四百斤及药疗器械等又出发北路北仓、张家沟、汉沟一带带回妇孺难民八百余名移交八善堂联合会第一台收容所。18日出发孟庄、新侯庄一带，带回妇孺约三百余人均交第一台收容所。晚又由战地用大车载来灾民妇孺数十名，送往大舞台戏园安插。临时医院杨禹闻等还组织救济队，出发杨柳青一带对灾民进行救助。③

19日，北京救济极贫会派员携带千元现款，协同天津红十字会赴善乐茶园、第一台、青年会各收容所散放各难民，大口一元，小口半元。北洋女医局丁局长，鉴于津埠各收容所内，不乏妊妇，形时分娩，19日函红十字会，遇有此项妊妇，请即派员送至该局。④

22日，红会救护队，由队长李国麟，队员王树芝、温洁明等带领服役，携有馒头数百斤，于21日早出发东北乡接收难民。⑤ 天津红十字会救济第一队在23日由杨柳青白塔寺等处救出灾民二百余人，到津后即送收容所安置，其受伤者送往该会医院治疗。奉军溃败后，红十字会救护队

① 《八善堂资遣难民昨讯》，《益世报》1926年6月7日，第三张第十一版。
② 《八善堂劝赈之公函》，《大公报》1926年11月12日，第七版。
③ 《再接再厉之救济声》，《益世报》1925年12月17日，第三张第十版。
④ 《红会捐募拯救难民》，《益世报》1925年12月20日，第三张第十版。
⑤ 《红会救护队昨日出发》，《益世报》1925年12月22日，第三张第十版。

队长刘道平，率领医士看护，并夫役十数名，携带药囊担架床多件，赴河北大胡同估衣街、天后宫一带沿途就地救护伤民伤兵。

1926 年，津浦路天津以南发生战事后，该会第一救济队正司令陶席三率领救护、医药、运输、掩埋四队，共计队长队员六十余人前往救护。为适应战时需要，他们又组三队，出发灾区拯救，第一队驻于武清梅厂一带，队员张绍周、吴廷佐带夫役二十余名，并携带馒头等物赴太平庄、高玉院、新庄等村散放，拯救难民。因难民过多，该会王绩臣、刘道平、刘襄孙等人又组成二、三两队分别出发。第二队队员王树芝等带领夫役十余名，并携带食物多种赴蔡村、马庄、韩庄等村散放。第三队队员王焕亭、牛凤楼带领夫役十余名并携带药品材料及馒头等赴南上村、砖厂等村散放。[①] 27 日李国麟赴河西务设立十处收容所，收容难民六百余名，并大车来津购大宗玉面运回收容所，供难民食用。该会还在宝坻县七区内设立收容所，武清城内成立收容所。[②]

世界红卍字会天津分会，因北方战事发生，组织第五救济队，内设救护、医药、掩埋、运送各组，分赴京津、京奉、津浦各路线救济伤亡兵士及逃难妇孺人等，并在津埠及津北二十里刘安庄，分设妇孺收容所十数处，收容妇孺千余口。12 月 8 日特遣队员张暄、杨尚志、张连升、师得胜率领夫役数名觅雇大车，将南王平等各庄各妇孺救护出庄。[③] 及至 9 日早上车时，约二百余人，一体送至津埠河北关上昆卢室、陈家店及新唐家口残废院妥为收容。天津红卍字会，连日救护各乡被灾难民，救出妇孺，日渐增多，截至 21 日止，各收容所收容难民合计二千二百五十八口。22 日该会到刘安庄运来难民五十余车，及杨柳青镇救出难民共约千余人。在天津红卍字会的影响下，静海县红卍会也组合妇孺收容所。杨柳青绅士组织红卍会，[④] 对所在地灾民进行积极救护。

黄十字会的救护。天津悟善社为救济战区灾民，创立黄十字会，分设收容所、粥厂，并施放玉面、棉衣。其第一收容所在河北邵公庄建窖式窝

---

①　《红会救济队救护难民》，《益世报》1926 年 4 月 16 日，第三张第十版。

②　《红会筹备救济会近况》，《益世报》1926 年 4 月 28 日，第三张第十版。

③　《津卍字会派员救护难民情形》，《益世报》1925 年 12 月 10 日，第二张第十版。

④　《津卍字会救护难民忙》，《益世报》1925 年 12 月 24 日，第三张第十版。

铺百余间。黄十字会在 28 日组织救济队，至各战区视查，并逐日派大车至四乡接运难民来津，截至 13 日，住难民一千余人，所有窝铺均已住满，每日由所供给食物，并施放棉衣九百余件。① 战事停止后，津南一带，因遭溃兵之焚烧抢掠，各村民之牲畜粮草以及衣服被褥丝毫无遗，被灾难民涌入天津。黄十字会边洁清、陆静生等人借定芥园及安记酱园两处为收容所，组织粥厂，日放米粥两次，自 1 月 10 日成立以来，收容居民二千余名。②

天津基督教联合会因战争而成立妇孺救急会，制定临时收容所简章，专收确实逃难来津之妇孺。③

青年联合基督教联合会，组织妇幼救济会临时收容所八处，灾民入所者，络绎不绝。该会职工部为切实救济灾民，以免乞丐流氓等混入其间，采取了按名注册，用白布条书写难民姓名，编列号数，揖于衣襟，而免迷失。收容所燃煤甚暖，夜晚有更夫看守，白昼有服务员照料一切，每日按时备有饮食二次。该会职员，恐灾民思乡，并为之讲述故事，多方抚慰。④

李景林夫人同各军长夫人组织天津难民妇女救济会，收容妇女，预备长时间衣食。中午教平民千字课，下午教之手工，免其烦闷，由发起人捐助巨款，并拟捐启分向各慈善家，求其慨解义囊，共襄善举。

天主教总堂文主教因来津避难者颇多，特联合教友在锦衣卫桥、西子庄等处设立粥厂，并散放粮米，救人颇多。近日赴厂领粮者，非难民与贫苦者颇多，慈善之教友，拟于领粮时，设法整顿，以期款不虚縻。静海县唐官屯与津各处天主堂前因战事发生，均有难民逃聚，遂设立妇孺救济会，得到各界热心赞助。⑤ 天主教堂艾神父协同益世报馆丁茂昌奉总堂文主教之命，前赴东局子查勘灾民情形，以便妥为救济。艾神父报告总堂文主教另筹完全之计外，18 日，携带玉面一万斤赴东局子施放急赈，然后

① 《黄十字会之收容难民》，《益世报》1926 年 1 月 20 日，第三张第十版。
② 《芥园又成立收容所》，《益世报》1926 年 1 月 25 日，第三张第十版。
③ 《妇孺救急会收容章程》，《益世报》1925 年 12 月 17 日，第三张第十版。
④ 《青年会收容所之完备》，《益世报》1925 年 12 月 19 日，第三张第十版。
⑤ 《来函照登》，《益世报》，1926 年 1 月 7 日，第三张第十一版。

再设粥厂。①

（二）对慈善社团救护活动的评价

战争是最牵动人们神经的事情。每次战争，都带给人们巨大的摧残。各军阀派系之间战战和和，弄得人民流离失所，痛失亲人，严重破坏了正常的社会生活秩序。各社会团体在配合政府对难民的救助活动中起到了不可替代的作用，他们亲临前线进行查灾、赈灾，救护伤兵及平民百姓。

这个阶段天津的救助活动得到了社会的广泛支持。战争一开始，天津各慈善机关，连日会议，为救济难民事，赶购大批苇席，盖搭窝铺，以收容难民。天津县参事会参事张焕亭、张励行等以战事方兴各乡人民逃难来津者甚多，露天卧地惨不忍睹，发起妇孺救济会，设法安置难民妇孺，并函请各界士绅共同研究办法。②

天津八善堂等合组的救济战地灾民善会对工作非常热心。该会自成立以来全力积极组织、分遣东西北三路救护员，由各会董分段指挥。成立后，自战地接到天津得以安插者仅三日之内已有数百余户，人口将及千余，战地灾民受惠匪浅。西门内幼女教养所承办人，向各善士募来捐款，交由青年会举办妇孺救济事业，该会在崇仁宫旧址设立妇孺收容所，救济难民二百四十余人……有专责职员负责照料，对灾民的卫生尤其注重，由北洋女医院丁大夫赠送灾民毛巾、胰皂、牙刷等物，并为诊视疾病，病势严重者则移居医院。

女青年会干事，为灾民演讲故事，教授唱诗，以开发其知识，此等慈善机关利用机会施行平民教育。③ 庆云落子馆演义务戏落子捐洋一百一十九元，代募七十八元，铜元一万一千七百六十枚。

权乐落子馆袁绍三等提倡演义务落子，请商董高聚五、张荫棠到场演说难民苦况，又选名妓十余人劝捐……

津埠一些慈善家也从组织和个人的不同角度力所能及地展开了救助。雍剑秋鉴于来津难民日多，特出资在南开汇文学校围墙搭盖窝铺二百余

---

① 《东局子绅商救济灾民》，《益世报》1925年12月19日，第三张第十版。
② 《参事会发起妇孺救济会》，《益世报》1925年12月15日，第三张第十版。
③ 《青年会爱护难民》，《益世报》1925年12月20日，第三张第十版。

间，收容各处逃难村民。① 对范节省生日筵费暨亲友寿礼助款共大洋一千八百八十九元，提归天津黄十字会五百元，红卍字会五百元，八善堂二百廿元，红十字会二百元，南开学堂二百元，英租界绅商临时救急会二百元。②

善团在合作救济灾民过程中的联系，关系进一步密切。直隶临时兵灾救济会于 1 月 14 日假市行商公所开会，到会者八善堂代表、红十字会、红卍字会等代表，讨论赈济四乡灾民各办法。③ 天津红卍字会在总会的指导和配合下与济南红卍字会一起，在杨柳青、静海、青县、唐官庄等处施放赈粮万余石，棉衣五千套，救济灾民五万七千五百余人，并借给籽种牛价每户五十元，秋收后无利偿还。④ 回教联合会 29 日召集开会，决议该会代募救济难民捐款共计八百余元，购米六十余石，捐送八善堂。⑤ 小街村等十余村村民，因战事被灾最苦，津邑临时救济会特助玉面五千斤，交八善堂临时救济会，并由八善堂筹备玉面十万斤，经会董会同职员等，定于 1 月 6 日前往被灾各村散放。⑥ 八善堂救济会并于 1926 年 4 月 29 日承悟善社黄十字会助秫米一千八百斛、北路广济补遗社助咸菜四百斤……⑦

八善堂还积极地同其他的慈善团体展开互动，共同对难民进行救济。河北高等工业学校以及水产、法政等处曾住伤兵一千余人，红卍字会奉张总指挥函托办给养治疗等事，托宋则久担任维持，红卍字会曾给予补助，但是由于费用比较大，无力再顾及伤兵。八善堂将治愈的轻伤兵士每人给以棉衣、路费，遣散四百余人，减轻了红卍字会的负担。宋则久致函天津商会对八善堂解决直军伤兵善后医院的饭食费用表示了感激。同时因为八善堂有能力完全接办伤兵善后医院，宋则久提出与天津八善堂赶速商定，请其推举代表与其接洽，以便交接。

---

① 《一片妇孺救济声》，《益世报》1925 年 12 月 16 日，第三张第十版。

② 《来函照登》，《益世报》1926 年 1 月 7 日，第三张第十一版。

③ 《临时兵灾救济会成立》，《益世报》1926 年 1 月 16 日，第三张第十版。

④ 参见侯亚伟论文《救人、救己与救世：天津红卍字会慈善事业探析》，《世界宗教文化》2012 年第 3 期。

⑤ 《回联会救济难民之热心》，《益世报》1925 年 12 月 30 日，第三张第十版。

⑥ 《定期放赈》，《益世报》1926 年 1 月 7 日，第三张第十一版。

⑦ 《八善堂收到救济物品》，天津市地方志编修委员会办公室、天津图书馆：《益世报》天津资料点校汇编（一），天津社会科学院出版社 1999 年版，第 1364 页。

慈善社团做到了尸体处理与灾民防疫并举，对灾民实施免费治疗。12月27日八善堂组织南善堂、广济补遗社、公善堂、老公所公善社四善堂及约请本埠各抬埋社协同工程处小工一百余人，携带掩埋工具，分途掩埋各地尸体。此次救济灾民数量众多，八善堂曾设立收容所十一处。男女青年会及黄十字会在河北造币厂后设立收容所两处，据调查，各团及八善堂所收之灾民已逾三万人。① 天津红十字分会在杨村梅厂设立临时第一救护队治疗所，成绩颇佳，前后共医伤兵村民二百余名。甚轻者则留所疗养，重者则派员转送该会医院，以资治疗。② 天津红十字会临时医院开办以来，医治伤兵伤民约计五百余名。八善堂派员每日赴各收容所查察，难民之中有患病者，即为施药诊治。③

在这次救助活动中，天津红十字会、八善堂、黄十字会等大的团体承担了主要的救护任务，八善堂在董事杜筱琴、张月丹、赵聘卿等人的领导下开展救护，有条不紊，各董事不辞劳苦，忘我工作，不但帮助灾民解决了物质的困难，还给予了难民精神上的慰藉，他们在战争平息后又积极地安排灾民返乡生产，发给路费及粮食，这对于稳定社会，鼓励难民生产自救起到了很重要的作用。

第四节　1923 年日本大地震后天津慈善社团对日救助活动

1923 年 9 月 1 日，日本关东发生 8.3 级大地震。此次奇灾由富士山起火地震引发大海啸和大水灾，各大工程及重要机关，尽成灰烬。沿津、横须贺、横滨等城市全部被海水冲毁，还有许多小岛被水冲没，踪影全无。仅东京就烧毁房屋 36.6 万间，大火烧死 3.8 万人。损失财产不计其数，这次大地震共死伤数十万人，灾情极为惨重。

一　日本大地震后天津社会各界的反应

东京大地震的消息，4 日传到天津后，天津社会各界表示出了强烈的

① 《来津之灾民已逾三万》，《益世报》1926 年 1 月 27 日，第三张第十版。
② 《红十字会治疗伤民》，《益世报》1926 年 1 月 1 日，第三张第十版。
③ 《八善堂收容难民之总数》，《益世报》1926 年 1 月 1 日，第三张第十版。

反应。

日本人侨居天津者，皆惊惶失措，有不进饮食者，有整日哭啼者，有成天呆睡者，心如刀绞，肝肠痛断。而天津洋广货、棉纱、海货等商向来派人在大阪等地坐庄，还有许多家未回来，所以这个信息传来，各坐庄的商号，亦各忧形于色，各人家眷属，也哭啼不已。①

4 日下午三点余钟，驻津日本总领事吉田茂带同副领事赴省公署拜会王承斌省长，陈述该国被灾情形。王承斌慨允设法救济灾民。吉领事出署后，王承斌即通知天津总商会会长卞月庭、财政厅长金午楼、直隶警务处处长杨敬林当晚六点到省署开会。关于拯救日本灾民办法，大家都认为应分头去办。② 10 日，曹锟、王承斌在省署组织日灾救济会，到会者除在野名流，还有各政府官员及社团会董约四百余人。王承斌就本次日本灾害进行了演说，主张发扬春秋时期的救灾恤邻义举，以示中华民国是有道义的大国风度。王承斌还提及我国历次旱灾中，日本的巨款捐助，要大家发扬礼尚往来的美德，积极筹措捐款对日本进行救济。

津埠慈善人士李士珍、周学熙、孙凤藻、严修等共同发出了募集日本急赈启事，希望社会各界广募捐款以济危急而笃邦交。

曾经留日学习的各方人士，对日本震灾表示了特别的关注。直隶司法界曾留学于日本的人员，对于赈济日本，非常热心，他们在司法界组织起了日灾赈济会，许多司法官员进行了热心的捐助。

9 月 3 日，梁启超发出通电，表示："救灾恤邻，责无旁贷，宜尽吾力所能逮，迅派军舰商船，募易服食各物，驰往急赈，以解灾区人类之倒悬，拯各友邦及我国侨民，义不容辞。"③，"同日，直皖战争失败后蛰居天津的段祺瑞发起救灾同志会，致电北京政府、孙中山先生、各省军政长官及各团体，请各处广为劝募，赈济日灾。"④

天津红十字会，5 日上午召开董事会紧急会议，议决致电驻京日本芳泽公使，请特电日政府慰问日本人民；致函日本驻津领事馆慰问日本商

① 《日本奇灾天津之影响》，《大公报》1923 年 9 月 5 日，第二张第二页。
② 《省署救济日灾之会议》，《益世报》1923 年 9 月 6 日，第三张第十版。
③ 《梁任公江电》，《大公报》1923 年 9 月 7 日，第一张第二页。
④ 李学智：《1923 年中国人对日本震灾的赈救行动》，《近代史研究》1998 年第 3 期。

民；致函日本东京赤十字总会社慰问；定于六日在会所开全体职员大会，议商救济办法；致函天津总商会、教育会、各慈善团体、各机关一致对日本奇灾拨救；赶印捐启，本会会员筹款；急购白米运赴横滨、东京灾区；公推孙子文、朱祝颐二人即日赴北京与红十字总会接洽；电复北京红十字总会报告该会商定办法；医组救护队出发事，俟得需要确息，再商酌办法。①

华洋义赈会会长梁如浩接北京总会来电，请在津迅开日灾赈捐会，汇往灾地，以济灾黎。11 日下午四时，梁如浩假英租界中街戈登路开大会，选举募员并筹募捐办法，约请华洋善士，共作善举。② 为募集捐款，华洋义赈会 10 月 12 日至 16 日，通过和各园接洽，举行游园筹赈会，并得到了各商家、银行的资助。该会还不惜重金礼聘俄国哥萨克马队，来京献艺，在天坛演出募款。

报界公会 5 日下午为救济日本赈灾事，召开紧急会议，决议成立日本奇灾救济会，由各会员担任劝募赈款。③

侨居天津的四千余日本人，与此次东京大地震有直接关系者，实有一千人以上。"在津学校官厅服务之日人，其为东京本籍者有五百余人之多，既非东京人，而其亲族有罹灾关系者亦属不少。"④ 他们在租界局内组织了救恤机关——天津母国赈灾救济会，积极劝募，以期对自己的国家进行力所能及的援助。

李学智教授根据《申报》《大公报》《晨报》《民国日报》1923 年 9 月间的报道统计，在赈济日灾活动中建立的各种慈善社团有 44 个之多。而天津就有天津救灾同志会、天津基督教联合会日灾赈济会、直隶司法界日灾赈济会、天津报界日本奇灾赈济会、直隶省日灾救济会等慈善团体，在全国对日救灾中居于突出地位。通过以上新闻媒介所载的部分报道，我们可以看到当时天津社会各界对日本震灾作出了迅速反应，救灾恤邻之情溢于言表。

---

① 《红十字会开紧急会》，《益世报》1923 年 9 月 6 日，第三张第十版。《红十字开紧急会议》，《大公报》1923 年 9 月 6 日，第二张第二页。

② 《华洋义赈会之募赈》，《大公报》1923 年 9 月 10 日，第二张第二页。

③ 《报界公会开紧急会议》，《益世报》1923 年 9 月 7 日，第三张第十版。

④ 《京津日侨讨论救灾办法》，《益世报》1923 年 9 月 7 日，第三张第十版。

二　慈善社团对日本的救助活动

对日本的赈灾，社会各界尽心尽力。他们为日本募集巨款，并向日本运送了大批的粮食和救援物品，奉行了中国救灾恤邻的友好传统。

在募集赈款活动中，在野在朝的官僚军阀政客积极带头捐款且数额巨大，引人注目。"9月6日，段祺瑞在天津住宅召开救灾同志会成立会，与会者当场捐款：段祺瑞、倪嗣冲、周学熙、靳云鹏、曹锐等各捐1万元，曹汝霖、张勋、鲍贵卿等各捐5000元，另有多人捐3000元、1000元、500元不等。1923年9月15日至12月30日止，中国实业银行经收救灾同志会捐款清单25份，捐款金额共收捐洋227780.34元。"①

时任直隶省督军的曹锟、省长王承斌在日灾后迅速发出会衔通电，组织募捐救济。9月10日，在省公署组织的日灾救济会上，卞月庭宣读捐启，并报告曹（锟）巡阅使认捐一万元。另捐五万元，内中以三万元交日本公使转汇日本，二万元交日本代办捐助留日学生。王省长一万元，已交天津急赈会五千元。前省长曹键亭捐助五千元，直隶义赈会拨捐一万元。② 另据报道，天津方面先委托警厅所办急赈会赶募急赈，并成立直隶省日灾救济会，联合绅商及慈善团体柬请各界在省公署开会，到会者数百人，曹锟、王承斌各捐万元，当场宣布，群情踊跃。③

天津基督教联合会为日本赈灾，在青年会开紧急会议，筹商募捐办法，以天津基督教联合会日灾赈济部为名，劝募天津各教区教友，除各自解囊相助外并请向亲友间及各堂之乡间支会，代为捐募，汇往灾区。④

得知日本震灾消息后，书画界进行了义捐募款赈灾。天津日灾书画助赈会定于28日起在中央公园开董事会十天助赈。会议期间，征集到当代名流硕彦所作书画极多。即向无润格，平日不轻为人作者，亦皆不吝挥毫。并有同人所藏字画玩物等件均标定最廉价目，当场售卖中外各界而救灾恤邻。⑤ "另外，天津警察厅急赈会会商平安影院演电影两日，除去各

---

①　李学智：《1923年中国人对日本震灾的赈救行动》，《近代史研究》1998年第3期。

②　《日灾救济会之成立会》，《益世报》1923年9月11日，第三张第十版。

③　《军民两长之通电》，《大公报》1923年9月13日，第二张第二页。

④　《基督教联合会之募捐》，《益世报》1923年9月14日，第三张第十版。

⑤　《日灾书画助赈会紧要启事》，《大公报》1923年9月24日，第二张第二页。

项费用，得款 591.08 元，电影园又免收电费 40.50 元、房费 24 元，均作为日灾捐款。"① 世界红十字会天津分会也积极劝募日本奇灾赈捐……

除了对日捐款外，还有一些慈善团体及个人向日本灾民捐助了一些衣物食品等。"天津日本母国赈灾慰问会预备粮食、药料、物品等约有三百余吨于九日装大智丸（轮船）输送日本作为赈济灾民之需。"② 此后，日本母国赈灾慰问会，募集款项五万余元随大智丸装运日本之物品蜡烛三万七千五百包，砂糖三百包，玉葱十万八百斤，雨伞一千五百把，马铃薯六万七千二百斤，粉条一万四百八十二斤，此外尚有棉花纸张及一切需用品甚多，统计价值一万○四千五百七十二元八角运往日本。③ 截至9月6日，该会收到各界捐款计 15 万元汇往日本。天津红十字分会捐献日本赈衣千件，中华实业工厂捐助木箱十个，每箱可装男女衣百件。9月4日该会送交驻津日领事交灾区散放。警务处长杨敬林 11 日自捐干白薯二百四十箱，交一百六十箱与日租界慰问会事务所。④

更为值得称道的是，由庚日莊得之、医校长牛惠霖率领的天津红十字会医队由上海出发日本灾区救助，该会由男女医士五名，会计一名，男女看护生十二名，队役四名组成，携带药品器具九十余件。到神户后，该会医院多备兵车救济难民中之患病者。⑤

震灾后"东京人民因地震而殒命者达十五万人，深川区一处灾民既有三十万之多，因缺乏物资，均有饿毙之虞……"⑥ 正是在这种情况下，中国人民对日本以种种赈济行动，给予日本灾区人民以物质上极大的帮助与精神上的深切慰藉。灾后，日本政府和人民以各种方式对中国社会各界的无私援助表达了深深的感激之情。

① 李学智：《1923 年中国人对日本震灾的赈救行动》，《近代史研究》1998 年第 3 期。

② 《震灾会输运食品》，《益世报》1923 年 9 月 9 日，第三张第十版。

③ 《大智丸运日之物品》，《大公报》1923 年 9 月 14 日，第二张第二页。《益世报》1923 年 9 月 14 日，第三张第十版。

④ 《杨敬林捐助食品》，《大公报》1923 年 9 月 12 日，第二张第二页。《益世报》1923 年 9 月 12 日，第三张第十版。

⑤ 《电告医队出发之经过》，《益世报》1923 年 9 月 19 日，第三张第十版。

⑥ 《各处灾荒情形及损失数目》，《益世报》1929 年 9 月 8 日，第二张第六版。

三　慈善社团对日救助活动的评价

从 19 世纪 70 年代以来，由于日本实行对外扩张侵略政策，中日关系逐渐恶化，1894 年日本出兵朝鲜，蓄意挑起了甲午战争，中国被迫签订了《马关条约》。民国建立后，日本政府诱使袁世凯签订了卖国的《二十一条》，激起了中国人民的极大愤怒与反抗。1919 年巴黎和会上列强把德国在山东的权利转让给日本，激起了中国人民的极大愤怒，中国国内爆发了反日爱国的"五四运动"。"1923 年 1 月 19 日，中国国会参议院通过了宣布中日《二十一条》换文无效案，3 月 10 日，北京政府外交部分别照会日本外务省和驻北京公使馆，声明取消 1915 年 5 月 25 日中关于日本条约换文（即《二十一条》），3 月 27 日为日本租界旅顺、大连 25 周年期满之日，照会要求接洽收回旅顺、大连问题，但均遭到日本政府的拒绝。中国人民以极大的愤怒掀起了声势浩大的抗议活动，3 月 24 日，上海各界 1 万人召开市民大会，提出以经济绝交抵制日本，全国各省各埠先后响应。"① 中国人民广泛地开展了抵制日货的活动，国人对日本更是持敌视态度。正是在这种背景下日本国内发生了大地震。面对如此灭顶之灾，中国人民将屡遭欺侮的愤怒和屈辱搁置一边，本着救灾恤邻的古训，发扬人道主义精神，在国内热心人士的提倡下对日本发起了大规模赈济救灾活动。

各界人士以高度的理智，将抵制日货的行为与发扬人道主义的救灾恤邻区分开来。在 9 月 24 日省署会议上，卞月庭作了演讲，他告诫人们抵制日货与办赈是截然两事，两种事实是不可相混的。日本关中大地震的消息传到中国后，天津红十字会主要负责人赵幼梅"立即召集天津红十字会各董事，举行紧急会议，议决对日本人民予以救济"。② 部分人对救济日本采取反对态度，天津红十字会向群众列举了 1917 年京畿大水灾期间，日本红十字会和国内的慈善团体向津埠捐款救灾的事迹，让群众知道人道主义是不分国界、救灾恤邻人人有责的道理。"当时，天津红十字会干事

---

① 李学智：《1923 年中国人对日本震灾的赈救行动》，《近代史研究》1998 年第 3 期。

② 中国人民政治协商会议天津市委员会、文史资料研究委员会：《天津文史资料选辑》（第四十九辑），天津人民出版社 1990 年版，第 131 页。

长马千里兼任校长、邓颖超任教的达仁学校，为学生出了《抵制日货和救济日本灾民两事的感言》的作文和演讲题；引导学生区分日本帝国主义和日本人民的界限，提高了学生的认识水平，从而使该校很快地完成了每人赶制一件赈衣的任务。"天津红十字会与各界联合会配合，制作棉衣一千套，送往日本灾区。

《大公报》就国人应该对日本赈灾采取的态度专门登载了福建学生联合会筹赈日灾办事处发出的宣言书，指出："抵制、赈灾。抵制的目的是用经济绝交的手段警醒日本人民，这是由于他们的政府对中国的侵略而引起的。赈灾的目的是本着救灾恤邻的古训，去赈济那些受灾被困的人民，一方面能表示我们的大度量，一方面引起日本人民对于我们的感情，令他们知道中国人的仁爱，人格和智慧的高尚，以及他们政府的卑鄙，增加他们因'抵制'而反抗他们政府的决心。由以上的解释，大家可以明白，赈灾也是抵制，我们并不是因为赈灾而忘抵制。再者，中国人民旅居日本的也不少，他们逢灾异国，依傍无门，困苦难以描述，我们又何能不去救呢，更何必去学那悻悻小人一样的行为，大书特书。"① 这份宣言书为国人扭转在救灾方面对日本的敌视态度有着很好的导向作用，对推动津埠乃至全国对日本救灾也产生了一定的影响。

曾经因立宪运动而闻名全国的直隶议员孙洪伊专门给直隶省议会来电，阐述救灾恤邻的必要性。孙洪伊认为，中日人民虽然国籍、居住地域不同，但生命是相同的。此次日本震灾，日本人民伤亡惨重，而灾区恰为日本文化中心。物质精神之文明遭重大损失，这不仅仅是日本的不幸，也是东亚的不幸，人类的不幸。虽然中日两国之间时有冲突，但这与日本人民无关，而是由统治者造成的。我们应该抱着人类的同情心。"视东临如吾国，视灾民如吾民，并其以图救灾，而不趁人于危。"② 孙洪伊分析了中日矛盾之根源，指出日本人民是无辜的，中国人民救灾恤邻是应该的。梁启超也指出："过去数年间，日本政府，举措颇招我国民恶感，虽为不可掩之事实。然患难相恤，人道亦然。我国当搆闵函侮之余，若能率先仗义为诸国倡，殊足以发扬东方文化，利他忘我之精神，于增进国际地位，

① 《排货与赈灾之解释》，《大公报》1923 年 9 月 28 日，第二张第二页。
② 《孙洪伊请恤日灾》，《益世报》1923 年 9 月 9 日，第三张第十版。

关系抑排细也，率布所感，求具有声。"① 梁启超在这里也极力主张摒弃前仇，对日实行人道主义的救助精神。

总之，无论是媒体还是个人，把对日本人民的救灾恤邻同日本军阀政客对中国的侵略区分开来，表现出是非分明的道德心和人道主义的伟大情怀。在历史的发展中虽然中日冲突不断，但是和平友好将是永恒的主题。无独有偶，2011 年 3 月 11 日，日本再次发生里氏 9.0 级地震并引起了大规模海啸，造成重大人员伤亡及福岛第一核电站发生泄漏事故。震后第一时间，中国政府迅速派出救援部队赶赴日本进行救援，同时往地震灾区输送了大量物资赈济灾民。历史再一次证明了中国人民具有的救灾恤邻、无私奉献的伟大情怀。

第五节　慈善社团在平常年份的救助活动

除了战争、自然灾害等造成的重大危机外，由于生产力水平发展有限，农业发展也受到种种制约。平常年份，如何帮助穷苦人民生活，这也是一个长期而又极其重要的任务。平常年份的救济活动中各社会团体也起着重要作用，我们将此阶段慈善社团实施的救济活动略作梳理，进一步加强对慈善社团的认识。

平常年份的慈善活动主要是一些早期成立的社团，也可以说是那些传统的社团所主要从事的业务，它们主要有：南善堂、崇善东社、广济补遗社、善堂联合会、八善堂（以南善堂杜笑山为主导由天津八个善堂联合而成）、延生社、备济社、慈祥社、体仁南善社等。这些团体在平常年份的慈善活动主要表现为对贫户包括嫠妇、文贫、贫民的救济。他们的慈善活动包括每月几次的放赈，如南善堂一般每月的初八、十八、二十八对各贫户施赈，其他团体也有一定的放赈时间。对各团体的慈善活动，略述如下。

南善堂在放赈前首先派员对各地贫户进行实地详细地调查，然后对这些贫户施赈。如"1920 年 1 月 2 日，南善堂第一批放赈，派出调查员，协同体育社成员，前赴南关下头姚家下厂体育社操场前各窝铺共计贫户五

---

① 《梁任公江电》，《大公报》1923 年 9 月 7 日，第一张第二页。

百户，共施白米二十八石二斗，红粮施出二十石〇八斗，玉面施出六百九十斤，棉衣共施一百七十三件，齐集南善堂按户散放。二十八日施米嫠妇一百五十户，放米二十二石三斗五升，玉面三千三百五十斤。"① "11 日，第二批派出查赈员前赴南门外崔家大桥、大舞台左右共计贫户三百二十户，分为极贫、次贫，每户酌给玉面三十斤或二十斤及十斤，计共施出玉面四千〇二十斤，共施棉衣九十六件，内有大氅二十九件。"②

1 月 29 日，南善堂施放各嫠妇二百〇三户，施玉面六千六百六十斤。③ 2 月 13 日第五批放赈，领取贫户六百户，玉面计一万〇六百斤，棉大氅一百八十件。

南善堂对嫠妇的施赈，往往采取以下手续：派员对各区的嫠妇实施调查，对符合条件的发给赈票，在每月的初八、十八、二十八由各嫠妇持票到该堂领取，善堂董事们当场监视赈款或赈粮的发放。通过 1921 年 5 月份《益世报》对嫠妇领米进行的报道可以了解得更清楚。"前日（初八日）为南善堂发给各嫠妇，半年恤米大票之期，并发放第一期恤米，由该堂董事当场监视，秩序整齐，兹将其顺序列左：（一）八日上午八点集合本堂；（二）引导各嫠妇统归大讲堂入座；（三）本堂董事相继演说，筹款购米情形；（四）逐条宣讲该堂恤嫠新章，俾令各嫠妇一体知晓；（五）按名发给号牌，以十人为限，鱼贯领米；（六）查看初次赈票，相符者发给大票，既章程各一份，并闻共计嫠妇一百户，施米十五余石。"④

《大公报》报道三则："兹闻南善堂于昨日（星期日）下午召集长期嫠妇五百四十户，并已查文贫二百五十四户，临时恤嫠二百户，极贫三百户，汇集施放，首由该堂董事报告宗旨，即由执事导引领赈，计文贫共施玉面九千三百三十斛，棉衣八十六件，长期嫠妇五百四十户，共施白米七十二石，又每户加恤玉米十斛，共五千四百斤，棉衣二十二件，临时恤嫠共施玉面四千六百七十斤，棉衣十八件。当场由该董事监视发给，嫠妇领洋凭照，定于二十五日即下星期六，到本堂持照具领恤洋，以资度岁，每

①《南善堂施放玉面》，《益世报》1920 年 1 月 20 日，第三张第十版。

②《善堂冬抚之汇志》，《大公报》1920 年 1 月 12 日，第三张。

③《南善堂又放玉面》，《益世报》1920 年 1 月 30 日，第三张第十版。

④《善堂放米》，《益世报》1921 年 5 月 18 日，第三张第十版。

户大洋一元，并闻来宾参观者三四十人。"① 1924 年 1 月 22 日 "南善堂施放年关恤嫠文贫各赈。一点前后，即皆到齐，先由该堂职员道引各长期嫠妇至后院休息，随即开会振铃，报告此次赈抚情形，由各董事按施衣处施洋处施面处分投照料，在门外拍照，计文贫工赈一千〇五十九户，共施玉面两万四千四百七十五斛，临时恤嫠二百九十五户，共施玉面二千九百五十斛，又释放长期嫠妇各度岁洋一元。次即验票给俾领赈，计嫠妇五百五十户，共施玉面一万四千一百五十斛，额外最苦嫠妇七名，连面共施度岁大洋五百五十七元，又每户加玉面条十斛，共五千五百七十斛，棉衣二百八十件"。②

南善堂对那些衣不蔽体的文贫、嫠妇除了发放粮食外，还酌情施衣、施药。如：夏历本月初一日，南善堂知事各员公投开查，青年合格之孀妇，共一百余户之多。计施白灿米十四石七斗五升。订于初八日下午一时各嫠妇来堂按户发领。以济孀孤并查看嫠妇中有衣不遮体者，当场给予棉衣，以资御寒。③ 1920 年冬，南善堂近因天气寒冷，饥寒交迫之嫠妇甚多，无不竭力抚恤，酌给常年月米并棉衣，曾经办理有年。惟每至冬令，对于文贫各户，尤为注意。凡畏羞隐忍，耻于告贷，坚持冻饿者，如属文贫，即可署名姓名住址，函寄南善堂，即可派员调查，酌送衣面，以资接济，俾免向隅，而资普遍。④ 在夏季，天气酷热，各嫠妇遇有时疫，南善堂备有各种暑药，免费索取。

善堂每年在年终都会开会总结赈务，对施赈情况登报予以公开，以示慈善活动之公允。南善堂在 1920 年除夕日，将全年执行之各善政，公布门首，计共补助文贫朱桐青等九十二名，施放玉面二千五百一十斤，棉衣十件。长期恤嫠高王氏等四百六十户，共施米八百四十石，又施极贫各户玉面共三万四千八百十五斤，棉衣共五百二十五件。⑤ 前日（夏历十六日），南善堂召开各董事，开常年大会，报告上年一切所有服务，及收支计算等情。并研究维持善举，革新进步各方法。首由长川董事杜笑山主席

---

① 《南善堂查放恤嫠文贫冬赈》，《大公报》1923 年 2 月 6 日，第三张第二页。
② 《南善堂年关赈济情形》，《大公报》1924 年 1 月 31 日，第二张第二页。
③ 《善堂恤嫠》，《益世报》1920 年 11 月 17 日，第三张第十版。
④ 《赈济文贫》，《益世报》1920 年 12 月 10 日，第三张第十版。
⑤ 《南善堂公布执行善政》，《益世报》1921 年 2 月 14 日，第三张第十版。

报告开会宗旨。由长川董事赵善卿报告上年收支各款及筹款情形、助款数目，并由各职员当场宣布，结存各款及米面赈衣存余各数目。复由杨春芳述说上年恤嫠冬赈各情形，并全体各董事讨论，预定今年进行手续。①

南善堂在其他平常年份也是如上面所列举的方法办赈，应该说成立于民国初期的南善堂在办理慈善活动方面还是比较认真负责的。

1920 年，"延生社、备济社、慈祥社也进行了大量的施赈活动。据报道：延生社、备济社、慈祥社等每年冬间在天津城关内外查放棉衣玉面，查得城关内外贫民一万六千七百七十户，大二万〇二百四十口，小一万九千三百六十七口，共放玉面二十九万九千二百七十五斤，棉衣五百八十件。又查得尤极贫民六百七十三户，大九百二十四口，小一千三百四十口。内有按一个月散放者五十二户，计玉面三千七百八十斤，有按两个月散放者六百二十一户，计玉面八万八千〇八十斤，又棉衣一千六百四十件。统共查得贫户一万七千四百四十三户，散放玉面三十九万一千一百三十五斤，棉衣二千一百九十四件。另有零放玉面六千斤，均由本社等自行备款，概不捐募"②。

广济补遗社报道二则："河北广济补遗社发放九月份第一期特字第一组钱票嫠妇五十户，由到社董事高聚五、张荫堂等当场监视，共放洋五十元正。"③ "翌年，广济补遗社，存在警厅急赈会小皮袄一千一百六十七件，残破小皮袄八十六件，棉裤袄一千五百件，残破棉裤袄二百二十件，单夹裤褂四百六十件，小孩裤褂等四十二件，残袍，残破单夹裤褂八百五十件，小皮鞋二双。该社因八善堂冬赈救济会成立，12 月 8 日将所存以上皮棉衣等全数送交该会应赈。"④

天津崇善东社及体仁南善社报道二则："天津崇善东社董事郭桐轩、岳芹堂、龚云波等将北四区一带调查贫户四千三百余户，查放玉面八万斤。25 日又调查北二区沈王庄、郭庄、富辛庄、新李公楼，接续查放。"⑤ 体仁南善社逐户施放，寒素之家，得该社赈济者，实属不少。该社去冬赈

①　《善堂开会》，《益世报》1921 年 2 月 26 日，第三张第十版。

②　《三社冬赈之数目》，《大公报》1920 年 3 月 9 日，第三张。

③　《发放恤嫠》，《益世报》1925 年 10 月 24 日，第三张第十版。

④　《存衣济振》，《益世报》1926 年 12 月 9 日，第三张第十版。

⑤　《善社放面》，《大公报》1920 年 1 月 26 日，第三张。

济情形如下：文贫李竹亭等三百五十户，共施玉面九千三百三十斤；贫户宋大等七百〇一户，共施玉面八千五百三十斤；长期恤嫠李王氏等共四百三十户，年终施白米六十五石一斗，一年共施小米七百八十一石二斗，玉面四千三百四十斤；临时恤嫠吴王氏一百七十二户，施玉面四千六百七十斤；长期临时各嫠妇每户加恤度岁大洋一元，共计大洋六百〇六元；嫠妇文贫户共施棉衣五百三十六件。

津埠慈善团体在平常年份的赈济活动中体现出下列色彩：关于慈善款项来源。（1）社会上的大量捐助。1920年，"江苏督军李秀山以严冬津埠贫民颇多，拨助冬赈款项四千元归河东崇善社购备玉面，由董事郭桐轩、岳芹堂、龚云波12日在河东特别二区、北四区一带查放冬抚，以济贫黎。"①南善堂每届严冬，举办文贫各赈。近闻赈灾募化之中，适承隐名氏助玉面五千斤、杨少泉、平和行各捐三千斤，魏信臣四千斤，李泉泰、刘品卿、新太兴、聚力行各捐二千斤，张雅堂、曹秀村、李韵松、荣业公司各捐一千斤，赵仲三七百五十斤，靳少卿、胡寿田、福厚堂各五百斤。②绅士杨檀民太夫人鉴于严寒逼迫，无衣无食者殊堪怜悯，撙节寿资，以作善举，特函送洋二百元送于南善堂，嘱购玉面以济穷民。张春华鉴于南善堂办理文贫并冬抚各善举，慨助玉面六千斤。张栋臣助玉面一千斤代为施放。邑绅康振普、王兆祥于日前将积存玉面数万斤携带亲往城西大小园、永丰屯、西关外芥园一带查放贫户而济贫嫠。③（2）广发捐启向社会开展募捐。如：天津补遗社以现届隆冬，饥民待哺，米珠薪桂，度日维艰。该社向办理恤嫠救急各事，无奈力量绵薄，自问实觉怀惭。划归该社各处由金家窑、狮子林、三条石、河北关上、关下大红桥、竹林村、赵家场、陈家台以及仁天寺窑洼等处，人烟稠密，贫民嫠户不下两万余家，虽有善堂联合会筹办城厢冬抚会拨到小米玉米面红粮等为数虽已不赀，然贫户众多，统计尚不足半数，该社发出捐启，希望各慈善家不分畛域，一视同仁，解囊沽助该社代为散放，俾贫民得以实惠均一。④（3）向政界要

① 《李督关心桑梓》，《大公报》1920年1月13日，第三张。
② 《捐助文贫面款》，《益世报》1921年12月21日，第三张第十版。
③ 《邑绅查放赈济》，《大公报》1920年3月5日，第三张。
④ 《补遗社分函募捐》，《大公报》1920年1月15日，第三张。

员募捐。如："1916 年 10 月 24 日善堂联合会召集全体董事开会筹办冬赈。董事李星北提议应官绅合力共作筹办冬赈以济穷黎并电请大总统量予捐助，同时提倡本埠绅商解囊资助。"① "前善堂联合会因该年各村灾歉较重，屡经各村村长等呈请赈抚，兹因公家财政奇窘未准面，各灾黎嗷嗷待哺，代赈孔殷，特函送齐县长捐启一叩请代为劝募巨款，以济穷黎。业经齐县长自捐玉面一万斤，代募玉面四千斤，洋二百〇二元一并函送联合会。天津善堂联合会董事宁世福等以津埠五方杂处，贫民甚多，电请大总统捐款赈济，大总统捐助京钞二千元，交曹省长转发该会查收②"。1926 年寒冬在即，经善堂会董郭桐轩接洽，邑绅李桂山将军慨捐冬赈巨款三万元，转致天津八善堂，即为代济贫民。（4）注重经费自筹。延生、备济、慈祥三社在对天津本埠的嫠妇、贫民救济活动中经费由各堂自行支付，概不募捐。直隶临时兵灾救济会，于 1926 年 9 月 26 日下午四点召集各会董开会，讨论赈济东光县兵灾事宜，到会者有会长赵元礼，东光县代表刘书田等十余人，由赵主席报告：（一）该会收入支出款项；（二）省署函拨常关附加赈捐两千元；（三）致曹焕章先生函稿；（四）收到各处之文件；（五）曹焕章先生代募玉米二百五十包。并经大会讨论决定东光县赈务，决议运往该县玉米四百石，玉米面一千袋，决议运往该县……③为筹集捐款，八善堂救济会义务戏，聘请杨小楼、余叔岩、王又卿、梅兰芳等于二十六、二十七日演出。④为修筑大红桥河岸，特由京约请全体名伶来津，演唱义务戏。⑤旧历八月二十六七八日三晚，八善堂在新明大戏院演唱义务戏，三晚共收票价二万九千九百二十三元五角。并有众多人士纷纷捐款。共计收洋三万一千四百五十二元。除去一切开支费用计一万六千〇五元四角七分，除开销实得洋一万五千四百四十六元五角三分。⑥

宗教团体对灾民的救助也极为关注。如："本埠（天津）老站东，新唐口一带，由道院设立残疾院一所，专收贫苦无告之残废男女，供给其衣

① 《善堂开会筹办冬赈》，《益世报》1916 年 10 月 24 日，第六版。
② 《捐赈款惠及穷黎》，《大公报》1920 年 1 月 24 日，第三张。
③ 《兵灾救济会讨论救济东光灾民》，《大公报》1926 年 9 月 28 日，第七版。
④ 《八善堂义务戏消息》，《大公报》1926 年 10 月 1 日，第七版。
⑤ 《义务戏加演一天》，《大公报》1926 年 10 月 4 日，第七版。
⑥ 《三天义务戏的收入》，《大公报》1926 年 10 月 15 日，第七版。

食住宿，并分别授以相当教育工作，所得余利，酌提归工作者，每月沐浴理发二次，以合卫生，并有医生专司治疗事务。残疾院规模整肃，院宇清秩。《大公报》评论该院：院长院监及诸执事之慈善华笔尽述，将来人人学而为之，俾天下四体不完之废夫，无忧流离颠沛，非特贫苦残废人感惠戴德，即四肢齐备而心有余而力不足者，亦安有不铭诸于肺腑也哉。"①1920年，北省旱灾"天津耶稣教联合会赈济会。所收捐款，经宋则久提议，将款放给灾民，由一元至五元，候年景恢复原状时，无息归还。此款收回时，以备防灾之需，或另办兴学与振兴实业之用"。②

善堂在救济中还注重对灾民开展教育，培养他们自立谋生的能力。如：津埠南善堂曾附设商业小学校，其学额约二百名之多，所授各科课程颇为各界嘉许。近闻薛校长、杜笑山会同教员赵毅荪考验本校成绩卓著之学生谢金科等七名均行分别报送在南洋烟草公司、广生行、民强报馆等处练习营业，以资谋生。③

善堂在恤嫠过程中，极为注重对嫠妇传统伦理道德思想的灌输与教育，1918年5月15日天津体仁南善社在旧历该月初八日第一次放米之期，准上午十点半在该社开劝导嫠妇演说会，"为各嫠妇以勉始终保全节志，并公推该社董事各负责任，借期众擎易举。"④

天津平常年份社会安定，但是当津埠之外发生战争及自然灾害时，津埠慈善界人士更是进行积极救助。津埠除了诸如红十字会、华洋义赈会等具有国际性的社团外，传统慈善社团也开展了力所能及的救助活动。如："华北华洋义赈会办理赈济北省旱灾成效昭著，为中外人士所信仰，1921年又以南省水灾浩大，募江、浙、皖各省水灾赈款，各界之输捐者络绎不绝。该会拨款赈灾，董事部1921年10月12日召开会议决定以余款十五万元拨交上海华洋义赈会，分灾情轻重赈济江、浙、皖水灾。又拨济南灾赈会国际组洋三万元，连前三次共五万元，赈济鲁省水灾。"⑤ "1924年

---

① 《贫苦残废人衣食有所矣》，《大公报》1925年1月14日，第二张第七版。
② 《办理灾区借款之报告》，《益世报》1921年11月17日，第三张第十版。
③ 《南善堂教育》，《大公报》1920年4月22日，第三张。
④ 天津市档案馆、天津社会科学院历史研究所、天津市工商业联合会：《商会档案汇编（1912—1928）》（3），天津人民出版社1992年版，第3445页。
⑤ 《华洋义赈会近讯》，《益世报》1921年10月14日，第三张第十版。

12 月 17 日，华洋义赈会在海大道开募赈委员会，向各界劝捐。24 日收到：驻津英美烟公司捐大洋一万元，美孚石油公司捐大洋五千元，美国兵舰捐大洋一百四十，美国领事馆捐大洋一百元。"①北京诸要人以江、皖、浙、鄂、湘、黔六省被灾甚重，在北京成立赈灾协济会捐款赈济灾民。曹锐也在本月十五日在署府设江、皖、浙、鄂、湘、黔六省灾赈协济会，并立取款处收款，以资救济该处灾黎。

有的外埠慈善团体为了对北方部分地区进行救济，在天津设立办事处。如："上海广仁堂、直鲁湘豫义赈会，在河北大王庙红十字会内，附设驻津办事处，筹办盐山、庆云两县冬赈，共计放五万五千四百余元，赈及七百五十余村，大小灾民四万九千二百余口，查放棉衣八千余套，于北京西直门外旗民，并沧州、盐山、庆云三县，五百六十余村，灾户五千六百余户。今年旧历正月十六，约集会员二十余员，分赴盐、庆两县，即于正月廿三开查。三月初六，放高粱籽十六万三千三百余斤，放洋二万四千五百余元。庆云因运粮不便，放洋二万四千余元。沧州放粮十五万七千三百余斤。盐山查放四十三余村，一万一千二百余户，大小灾民五万三千三百余口。庆云查放三百二十余村，四千余户，大小灾民二万五千余口。沧州查放五十余村，一千二百余户，大小灾民六千七百余口。"②

总之，这一阶段的救济体现了慈善社团对内、对外救济的多元化、广泛化、经常化与普遍化，对嫠妇文贫等弱势群体的救助体现出高度的关注。

---

①　《义赈救灾津会募赈近讯》，《益世报》1924 年 12 月 24 日，第三张第十一版。

②　《广仁堂赈济灾民情形》，《益世报》1921 年 6 与 9 日，第三张第十版。

第 三 章

民国中期的天津慈善社团
（1928—1936）

第一节　本阶段慈善团体组织状况

民国中期是天津慈善救济运行较好的一个时期。这个阶段，市政府对社会慈善社团逐渐进行了规范，慈善社团在市政府的统一监督之下运行，慈善组织的管理经过了两次大的调整。

1928 年 11 月国民政府内政部公布《地方救济院规则》。社会局为改善慈善救济事业，爰照京沪杭各市成例对各慈善机关名称改组加委，以便统一而利进行。

1929 年 7 月 9 日，社会局对本市慈善机关进行了改革。社会局认为，慈善事业关系救济灾害且与人群关系至为重大，而天津市慈善团体林立，各自为政，彼此不相谋，向无系统完善的组织，更缺乏通力合作的精神，组织不健全，设施存在许多缺憾。其次，各慈善团体虽具慈善救济之名，却难获博施济众之实，或为经费所限或为财力所围而拘于一隅，使得慈善救济的效力甚微。天津作为华北通商巨埠，南毗河南、山东，西连河北、山西，军兴以来，人祸天灾难害并至，各地难民携老扶幼络绎而来，啼饥号寒触目皆是，义粟仁浆难期普遍，慈云霖雨咸感不均，职局司社会行政负指挥改进之责，有监督管理之权，不有整齐划一之规。

据 1929 年 7 月 30 日报道：社会局为统一本市慈善机关名称，遵照国民政府内政部颁布《地方救济院规则》，参照京沪杭各地条例，考察本市情规定本市各市立、公立、私立慈善团体，一律分别改称为第几救济院；

各救济院改组后，名称暂分下列四种。甲、天津特别市市立第（几）慈善救济院；乙、天津特别市公立第（几）慈善救济院；丙、天津特别市私立第（几）特种事业救济院；丁、天津特别市市立公立私立第（几）特种事业救济院。各慈善机关附设事业，更名为第（几）救济院第（几）所或附设某所。凡各慈善团体改定名称后，仍由各该主管人办理以利进行。各救济院内部组织，暂分为下列三种：一、会员制；二、董事制；三、院长制。前列之三组织由各慈善团体斟酌情形，考虑事实召集会议决定。"各救济院长或委员、董事由各慈善团体公举推定后呈请社会局加以委任，但私立者只得备案。各慈善团体改组为救济院后受社会局监督指导并于每月月中将工作经过及收支数目呈报社会局备案，年终并由社会局汇案呈报市政府备案。本办法由社会局呈送市政府提交市政会议核准实施。"[①] 9 月，天津市社会局又对天津市慈善团体进行了分类：社会局为办理统一天津慈善团体，18 日在该局内召集本市各慈善团体开谈话会，到会者计有十七团体代表。主席报告天津市各慈善团体，经市政会议议决分为市立、公立、私立、特种等。"由市政府拨款，完全归官厅办者为市立；人民办理，请官厅补助或由官厅发起，请人民捐助者为公立；完全由人民举办，不须官厅补助者为私立；专办一种救济事业者为特种。唯私立者应定第几救济院。"[②]

1930 年市政府冬赈会议议决将冬赈各慈善团体定名为天津市慈善事业联合会，地址设于市府内。凡市政所属各机关、各慈善团体，本市绅、商、善士皆得为本会委员，推定公安局长、教育局长、社会局长、卫生局长、总商会、银行公会、天津红十字会、红卍字会、广仁堂、华北灾赈会、公善社、崇善东社、中国妇女救济会，并聘赵聘卿、雍剑秋、朱子桥、章瑞廷等十七人为常委，每年改选半数。大会规定了筹赈办法：即除由市政府按照去岁冬赈先例拨发赈金，并设法筹集，其余各慈善团体，除按照每年施放冬赈数目全数拨交冬赈联合委员会支配施放外，并由各慈善团体即绅商善士担任募集。[③]

---

① 《统一慈善机关名称》，《益世报》1929 年 7 月 9 日，第三张第十版。

② 《本市慈善团体中分类》，《益世报》1929 年 9 月 19 日，第三张第十版。

③ 《彻底救济贫民》，《益世报》1930 年 10 月 28 日，第二张第六版。

1932 年冬赈会议认为，1929 年国民政府公布的《监督慈善团体法》规定的市慈善团体应由人民依法组织，而受行政官厅之监督；本市现行救济事业联合委员会组织章程规定以市长为委员长，以社会局局长为常务委员会主席，并以社会局职员为总干事、秘书干事等职；会办事细则，规定日常事务由常务委员会主席负责主持，其总干事、秘书干事等秉承常务委员会主席命令办理；该组织以行政官厅居于慈善团体地位而又自为其监督，所属各慈善团体等虽为本会委员，但不过居于从属地位，受长官的驱策而不能主动地进行，这使得慈善团体法所规定的监督无法正常运行，各慈善团体从属于官办慈善事业团体之下无自由活动的余地；地方人士对于办理慈善的热心因常受官权的束缚而日久萎缩，不能振作各慈善团体的主动精神。各绅商对于慈善捐款不如往年之踊跃，他们都认为是现行办法所影响。为此，委员会依照监督慈善团体法的规定，将该会组织另行变更，改为官督民办的体制。同时也鉴于现行救济事业名义范围太广，侵越市立各种救济机关职权，所以仍恢复慈善事业的名义。

市救济事业联合会经"第十七次常务会议，将名称改为'天津市慈善事业联合会'，联合本市各慈善团体，及市商会、银行公会、钱业公会、其他各业公会，各自治区公所、坊公所，共同组织之，由民众团体自办，作为地方永久之慈善机关，当场推定刘梦扬、赵聘卿、陈筱莊、王筱岩等为起草委员"①。慈善组织的再次改革，使得慈善社团不再过分地拘束于社会局，而有更大的自主权，更充分地调动了慈善界人士办理慈善事业的热情，同时，在市政府社会局等相关部门的监督下，慈善运作更加规范，进一步防止了慈善社团运行中的诸如贪污腐化、以权谋私等弊端。可以说两次改革为天津慈善社团的顺利运作提供了保障。这也充分反映了津埠慈善活动运行中官民共同参与的协商性与平等性。

第二节　慈善社团在平常年份的救助活动

一　本阶段的冬赈救济

由于冬赈在整个民国时期的救济事业中占有重要的地位，且冬赈对贫

---

① 《救济联合会将改组决实行官督民办》，《益世报》1932 年 3 月 7 日，第二张第六版。

民、难民也具有生命攸关的重要性，在此特将冬赈救济作专门论述。

（一）冬赈概况

1. 受赈济群体情况

该阶段天津慈善社团的赈济活动主要以天津本地贫民为主。这个时期贫民愈来愈多，造成人民贫穷的原因有多个方面。如由于天津本地市面的萧条，造成众多小商小贩收入减少，养家糊口出现困难，他们中的很多人沦为社会救济的对象；由于受时局的影响，1932 年冬赈时天津境内鳏寡孤独者即达到了两千多人，而整个天津的贫困户则达到八万余户。1933年天津市失业者进一步增多，据报道该年设立粥厂后，粥厂食粥人数开始时与上一年同期相比多出千余人。以大舞台黄十字会两日来厂吃粥人数为例：黄十字会二日计男女二千一百九十四人，三日计男女二千三百十四人。红卍字会二日计二千六百七十二人，三日计男女三千六百余人。[①] 天津市各粥厂，自开锅施粥以来，每日前往领粥男女老幼日渐增加，"较诸往年增至二倍以上"[②]，据某会称，12 月 21 日因天气寒冷，各粥厂前往人数骤增，每处不下五千余人，七处共计约有三万五千余众。慈善会在河北小王庄设置粥厂，分男女东西两厂。吃粥者妇孺居多，施粥者每日人数在六千以上，较诸去年增加一倍。慈善社团还对衣服单薄者施放衣服。

由于各种灾害时有发生，附近省、县的贫民也不断地流入到天津，他们也成为天津社会救济的重要对象。如 1929 年天津附近各县发生了蝗灾，造成庄稼歉收，所以入冬以后，各县难民纷纷奔赴天津乞食。[③] 资料显示，天津贫民每年都在增加，这也说明当时的天津受到日本侵华影响，社会经济受到了相当大的冲击与影响。

2. 赈济措施

本阶段对贫民的赈济主要采取了设立粥厂，发放赈款、赈衣、赈粮的方式。1928 年冬赈南善堂给大量贫民发放了赈粮赈衣。后来由于南善堂董事杜笑山被警察厅缉拿枪毙，南善堂无法正常运行而被迫解散。天津警察厅厅长常之英在南善堂解散后念及各地来津贫苦之人日益增多，于是联

---

① 《领粥贫民数字惊人》，《益世报》1933 年 12 月 4 日，第二张第五版。
② 《昨日天寒食粥人数剧增》，《益世报》1933 年 12 月 19 日，第二张第五版。
③ 《小王庄粥厂状况》，《益世报》1933 年 12 月 22 日，第二张第五版。

合天津本埠绅商设立天津赈济慈恤会，借定行商分会作为会址，公举华璧臣为正会长，王君直、杜克臣为副会长，并公举孙俊卿为评议长，郭桐轩为总务部长，严范孙、孙仲英、倪丹忱、王桂林、张锡九、严蕉铭等人为会员，并仍请各有名之绅商，随时加入。① 八善堂结束后，其他的慈善社团力所能及地继续开展了对贫民的救济活动。如延生社、备济社在隆冬季节，体谅困苦贫民而购办玉米面、棉衣查放城关一带。他们还深恐无知之徒出为搅扰，于是专门恳请警察厅传谕各区一体保护。②

1928 年各处逃难来天津的贫民众多，较往年增数倍。佛教居士林在三不管大舞台旁借地设立临时救济粥厂，搭盖大小席棚四所，并设临时办事处，阴历十二月二十四日开办。每日上午十时起至下午二时止施粥。计划以一千人至一千五百人为度供应两个月为期。③ 天津义赈救恤会议定查放四乡发放赈粮，按贫民分甲乙丙三等由查放员发放签章条据，贫民凭借条据到会领粮。④ 该年冬天赈灾救恤会也收到各方捐助赈款赈粮棉衣等物品，据该会报告明新至善社捐玉面一万斤，赈务处捐棉衣二百套，该会对贫苦之人进行了施放。

"开粥厂是治标不治本的办法，但对于当时元气大伤的灾民来说，是一个拯救生命的良方。两千年中，粥厂在赈济灾民中有其特殊的功劳。"⑤ 所以冬日开粥厂施粥救济贫民成为天津历年冬赈的一项重要举措。1929 年天津市根据国民政府颁布的《慈善社团管理条例》进行了改组，天津市政府倡导组织了天津市慈善事业联合会。冬赈期间，天津市慈善事业联合会对贫民的救济主要采取了开办粥厂的办法，该会委托佛教居士林在大舞台东旧址开办粥厂。居士林借大舞台东之空地搭盖席棚设备一切，并在荣吉大街路西楼房组织办公处。"十二月十二日开始放粥，二十八日星期日上午十时至十二时恭请各界参观厂内一切情形。"⑥ 另据报道佛教居士

① 《难民啼饥号寒中赈济慈恤会积极进行》，《大公报》1927 年 12 月 2 日，第七版。
② 《警厅保护放赈》，《大公报》1927 年 12 月 21 日，第七版。
③ 《居士林施粥在三不管设立粥厂》，《大公报》1928 年 1 月 19 日，第七版。
④ 《救恤会之放赈办法》，《大公报》1928 年 2 月 3 日，第七版。
⑤ 高文学：《中国自然灾害史（总论）》，地震出版社 1997 年版，第 8—9 页。
⑥ 天津市档案馆：《关于在南市大舞台放粥恭请各界参观事给市总商会函》J0128—2—000252—026。

林定十二月十五日开始实施，以三个月为度，并函请派警士及保安队，妥为照料。① 除了居士林参与对贫民的赈济外，救世军也在李伯臣空地一段支搭席棚救济灾黎。红卍字会则择于新唐家口残废院对过开办粥厂，并请公安局予以派警保护。红卍字会天津分会所办施粥厂、食粥人数及日用煤水数目如下表。

表 3—1   红卍字会食粥人数及用煤数量（2 月 8—17 日）

日期（二月）	煮米（斤）	烧煤（斤）	用水（担）	食粥人数
八日	1650	1450	225	4000
九日	1650	1450	235	4020
十日	1732.5	1450	240	4260
十一日	1732.5	1450	240	4100
十二日	1815	1450	265	4808
十三日	1650	1400	240	3845
十四日	1567.5	1350	240	3540
十五日	1567.5	1350	240	3469
十六日	1732.5	1400	250	3990
十七日	1815	1450	250	4017
总计	16912.5	14200	2435	40059

资料来源：《益世报》1930 年 3 月 4 日，第三张第十版。

通过这十天的活动考察，我们可以看出红卍字会施救人数之多。从其他方面也反衬出其他慈善团体对贫民救济开展的活跃程度。本年政府对全市人口进行了统计，共计极贫三万七千六百六十三人，次贫四万九千八百一十九人，分大小口核发，极贫大口三角，小口二角，次贫大口二角，小口一角，共发赈洋一万七千七百四十六元六角。面对如此多的贫民，政府及慈善社团的力量显得力有不逮，广大贫民并不是每个人都可以到粥厂吃粥而得一温饱。

1930 年到 1932 年间，天津市政府在冬赈中提出了"彻底救济贫民"的口号，市政府与各慈善团体联合共同筹划通盘办法以便广施救济之益。

① 《吃粥去》，《益世报》1929 年 12 月 11 日，第五张第十七版。

决定慈善团体合力办事并定名为天津市慈善事业联合会。慈善事业联合会采取了依靠各慈善社团开办粥厂放赈救济贫民的政策。1930 年开办的粥厂主要有西广开清化祠崇善社放粥厂、河东唐家口红十字会粥厂、南市大舞台佛教居士林粥厂。

1931 年冬赈，慈善事业联合会继续开办粥厂对贫民进行施粥救济。1932 年 1 月 27 日，慈联会对本市各粥厂就所用米、煤、水总数量贫民进行了统计。

表 3—2　　　　　　　　　　各粥厂施赈情况表

项目	统计
煤	362613 斤
米	309403 斤
水	39982 担
就食人数	915589 人

资料来源：《益世报》1932 年 1 月 27 日，第二张第六版。

1932 冬赈中，临时收容残废贫民由警所送红卍字会残废院收容所，由慈善事业联合会补助其费用，普通无家可归的流民由救济院临时扩充地点代设收容所暂行收容，每日两粥，以三个月为限，慈联会酌给少数津贴。慈善事业联合会采购玉米津石六千石，小米津石四千石，各粥厂所用煤向开滦、井陉、正丰等处劝募。慈善委员会设粥厂七处：分别为该会在大舞台自办第一粥厂、在小刘庄开办的第四粥厂；华商公会在三义庄开办的第二粥厂；红十字会在河北竹林村开办的第三粥厂；红十字会在唐家口开办的第五粥厂；公善社在清化寺办的第六粥厂；崇善社在小树林办的第六粥厂。各粥厂除米煤水由会购买劝募分别发给。①

除了施粥外，天津市慈善事业联合会还查放贫民进行施粮、施衣等活动。1933 年 1 月 9 日慈善委员会施放玉面完竣。计全市贫户六万二千二

---

① 《慈联会昨日开会通过本年冬赈实施方案》，《益世报》1932 年 10 月 18 日，第二张第六版。

百二十一户，共放玉米面七十九万七千五百五十二斤。①

表3—3   **1930—1932年冬赈比较**

区域	年份	户数
公安第一、二、三、四、五区，特一、特二、特三、特四区	1930	47918户
	1931	70266户
	1932	62222户

资料来源：《益世报》1933年1月9日，第二张第六版。

按上列三年贫户统计，1930年最少，1931年最多，1932年多于1930年14304户，而较1931年则少8044户。

1934年慈联会所办粥厂截至11月26日，5日间，其人数已打破历年纪录，每厂多至九千余人，各厂拥挤情形，为往年所未有。

表3—4   **七粥厂五日食粥人数统计**

粥厂	地点	食粥人数
第一厂	南市大舞台	19112人
第二厂	广开清化祠	32369人
第三厂	河北竹林村	26951人
第四厂	小刘庄	39345人
第五厂	新唐家口	20295人
第六厂	河东小树林	25722人
第七厂	三义庄	21850人
总计		185644人

资料来源：《益世报》1934年11月26日，第二张第五版。

1935年1月16日，记者到小刘庄第四粥厂采访，据调查该天吃粥人

---

① 《冬赈玉面昨已施放完竣》，《益世报》1933年1月9日，第二张第五版。

数总额有一万〇八百一十二。该年冬赈还添加了暖厂。据报道，天津市开办了三处暖厂。一处是由东善堂举办，一处是由救世新教明德慈济总会临时救济院主办，一处是由救世军主办。住厂的人完全免费。只要穷人都有权利来住，住厂手续也很简单，来时只对办公室的人员说明一下，按照手续领取一个符号就可以进去，第二次来时便可以凭着符号进场。为了安全起见，南厂对于"白面书生"和"黑籍隐士"都一概拒绝收容。北厂除收容妇女和隐士，此外还有贫民工读教室和男子、女子餐所。凡有"黑""白"嗜好的人来厂，都要被挑在戒毒室里戒毒。

1935 年 12 月 29 日明德慈济会也在各处设立粥厂暖厂。据报道，该冬食粥人数一厂三千三百四十六人，二厂三千七百六十三人，三厂八千五百四十二人，四厂五千九百八十三人，大舞台粥厂四千七百七十一人，救世军经办的粥厂约达四万人。[①] 慈善会经办之东、南、西、北四处粥厂，自 1934 年 12 月 5 日分别开锅以来，统计一个月内贫民达七十五余万，用款已至万数千元。[②]

慈联会根据各厂主办善团进行了统计报告，全市有六粥厂：唐家口第一厂，西头清化祠第三厂，各施粥七十二日；特一区第二厂，小刘庄第四厂，各施粥六十六日；河北南竹林村第五厂，河东小树林第六厂，各施三十一日，全部合计共施粥三百三十八天，较上年约占二分之一强，（上年六厂每厂各放一百天），至本年六个厂食粥贫民，总计一百五十一万人左右。各厂共用小米，计一厂共用七万六千七百斤，二厂六万八千四百三十斤，三厂十八万〇二百四十斤，四厂十三万七千三百斤，五厂二万六千九百三十一斤，六厂二万二千五百六十斤，以上共计五十一万二千一百六十一斤，约三千四百余石。[③]

1936 年慈善事业联合会七处粥厂开锅施粥后前往男女贫民踊跃。厂方鉴于去年暖厂发生的大火，所以对各厂内部设备力求完美，同时加派职员五六人轮流值夜，各厂内部除以苇席搭设男女食粥棚外，并有消防水

---

① 《昨日风寒仍厉各粥厂贫民益增》，《益世报》1935 年 12 月 30 日，第二张第五版。
② 《一月中食粥贫民达七十余万赈款业已用罄》，《益世报》1936 年 1 月 6 日，第二张第五版。
③ 《施粥统计》，《益世报》1936 年 2 月 24 日，第二张第五版。

缸，男职员办公室、宿舍等各种设施。1937 年 2 月 21 日慈联会所办七粥厂停止施放。本届施粥因经费关系仅放三个月，较往年少十日。在这九十日里各厂食粥贫民以第四厂为最多，达十余万，七厂共计约三百万人。各厂所施小米总共一百二十一万二千九百〇八斤。煤总共一百〇三万〇一百八十六斤。合计共用小米八千六百六十余石，又大米（五厂用）二百七十九斤合两石，煤斤合计五百四十余吨，总计本届粥厂共用款项约八九万元之巨。①

　　3. 对本阶段赈济活动的评价

　　本阶段是国民政府统一全国后相对稳定的时期。国民政府在慈善事业救济领域加强了救济力度，注重慈善组织的运行绩效。根据 1929 年国民政府颁布的《监督慈善团体法》，1930 年市政府决定将各慈善团体统一起来定名为天津市慈善事业联合会。经过整合的天津市慈善事业联合会提出了"彻底救济贫民"的口号，在赈济活动中与各慈善社团进行紧密联合，对贫民赈品的施放或设立粥厂主要委托崇善东社、天津红十字会、天津红卍字会、佛教居士林、救世军等社团进行。1932 年后，慈善事业联合会为了充分调动津埠慈善社团的积极性。市政府对慈善团体进行了调整，改慈善团体为官督民办体制。联合本市各慈善团体及市商会、银行公会、钱业公会、其他各业公会、各自治区公所、坊公所共同组织，由民众团体自办，作为地方永久的慈善机关。② 经过改革以后，天津慈善事业的力量进一步增强，参加慈善的组织群体得到了扩大，募集资金的来源更为宽广。由于政府鼓励民间人士参与政府对社会的管理，政府在慈善救济领域保持了与各慈善社团及慈善人士的密切合作，该阶段天津又成立了多家慈善社团。

表3—5　　　　　　　　　　　　该时期新成立的慈善社团

慈善社团名称	地址	创设时间	创办人	经费来源	备注
天津赈济慈恤会	行商分会	1927	津埠绅商	自捐、募捐	警察厅长常之英协助

---

① 《粥厂结束之统计共需八九万元》，《益世报》1937 年 2 月 23 日，第二张第五版。
② 《救济联合会将改组决实行官督民办》，《益世报》1932 年 3 月 7 日，第二张第六版。

续表

慈善社团名称	地址	创设时间	创办人	经费来源	备注
中国慈善联合总会	英租界老电灯房旧址	1927	社会局联合社会各界	会员捐助	刘玉权负责设义学四处、粥厂二处
积善社	鼓楼东大费家胡同后	1928	樊荫慈、雷元桂、李大义等	绅商捐助	朱庆澜捐助7000元基金，由南善堂改组，从事恤嫠、冬赈施药
华北赈灾会	东门内费家胡同	1928	朱庆澜	会员捐助	从事华北救灾工作
显立文坛掩骨社	西沽村公所15号	1930	万兆福	慈善家捐助	
白卍字会	特二区大安街	1932	宋彬	募捐	冬赈、设立贫民医院与贫民学校
乐善堂	特别一区开封路	1933	赵聘卿、赵幼梅	董事募捐	救灾、恤嫠、育婴、冬赈
同义抬埋第一分会	东南城小红楼帝君庙第2号	1934	纪钜鹏	会员月费	抬埋、掩骨
天津市显广文慈院	鼓楼南50号	1934	刘玉峰		冬赈、施医、恤嫠
蓝卍字会	法租界大同桥东文新里213号	1935	朱绍亭为会长	董事及会员捐助	办理冬赈、养老、恤嫠、施医、施药、施茶、种牛痘。创设慈泽中学、蓝卍字会第一到第四小学
世界黄卍字会天津总会（天津市黄卍字会）	望海楼后	1934	薛兰亭	会员捐助	冬赈、公墓、施医、施药、施水、恤嫠，还成立树人第一、第二、第三小学
明德慈济会	日租界桃山街8号	1936	钟世铭		恤嫠、施赈、救灾

续表

慈善社团名称	地址	创设时间	创办人	经费来源	备注
黄十字会	日租界协昌里 54 号	1936	庄仁松		抚恤、施赈、救济
天津市黄卍字会第三分会	大寺胡同 20 号		张湘洲	会友捐纳	

资料来源：任云兰：《近代天津的慈善与社会救济》，第 278—280。

　　该阶段对贫民救济主要通过以下几种方式：第一，政府拨款施赈。天津市慈善事业联合会对冬赈极为重视。1930 年除动用本市官吏捐俸助赈大洋五千九百七十六元一角三分外，不敷洋一万一千七百七十元〇四角七分由财政局借垫。① 除了对贫民施粥救济外，慈联会还从外地购粮。据报道，慈联会为采办赈粮，向钱业公会无息借款一万元，由绥中购粮玉米二千八百石，小米三百石，截至 2 月 14 日运到五百二十余吨，并交给嘉瑞面粉公司，连夜赶磨，向所调查的甲、乙、丙各贫户施放。3 月 1 日最后一批赈粮玉米六百一十八石，小米二百石运到天津。1931 年冬，市政府为全面救济贫民就允拨二万元，购赈衣五千套，玉米面十二万斤进行发放。②

　　第二，津埠各慈善家捐助慈善社团施赈。他们除了捐钱外，更多的是捐助施赈的衣服、米面。如在 1927 年冬赈中八善堂冬赈救济会发出捐启后，各方捐助者甚为踊跃，计有周寅初捐助洋五十元，周严氏助洋五十元，张某劝洋一百元……张昆山助面八百斤，张荫堂助玉面一千五百斤，又助棉衣五十套，李质卿助玉面五百斤，李志年助洋二百五十元……③

　　1928 年南善堂杜笑山被枪决后各董事以事关恤贫，未便停顿，因请王松樵为临时主席，遇事主持。王以年关在即，除照常施给月米外，并购玉米一万斤。由沈佑生、雷丹林等率领职员分头调查，定期发放救济贫困。

---

① 《市区发放冬赈动用官吏捐款项》，《益世报》1930 年 2 月 4 日，第三张第十一版。

② 《津变急赈将办理蒇事》，《益世报》1931 年 12 月 25 日，第一张第四版。

③ 《冬赈救济会》，《大公报》1927 年 11 月 30 日，第七版。

1933 年积善堂石韩显斌女士购备棉衣数千套，分往各粥厂散放。12 月 30 日又送交特一区粥厂六百套，西广开清化祠粥厂一百套，代为施放，以济贫民。①

1935 年华商工会慈善活动得到了社会各界人士的赞助，普庆堂及张余斋、张学舫、蒋子香四人参观完该厂后当场共捐粥碗四百个，咸菜一百斤，筷子五百双；张星桥捐洋二百元，杜筱琴捐助玉面一千斤，王太太捐助玉米五石……②

1936 年 12 月 29 日，《大公报》记者会同普善堂代表沈、陈两先生携带他们第二次所捐玉面一万斤到河东铁道外金钟桥大街及沈庄子一带施放，共散放了四千多个贫困人家。截至本月 5 日，在黄纬路恒源纱厂宿舍，普善堂施放完毕。该会第三次又捐面一万斤。③

第三，津埠慈善社团独自施赈。1927 年天津红十字会分会在年底也举办了冬赈，按照东西南北四区，派员查放赈衣及玉米面。其中中东区查得贫户一千六百二十五户，共放赈衣裤一千六百四十八件，玉面二万一千二百六十斤。西区查的贫民一千六百〇六户，放赈衣裤一千七百八十件，玉面二万三千一百九十斤。④

1935 年新成立的慈善社团蓝卍字会加入了冬赈行列。据天津市蓝卍字会筹备处报道：十二月二十五日至一月五日，施放第一批冬赈，计棉衣裤一百八十件，玉面二万〇二百二十斤。查放人员分五组出发，第一组查放郭庄子，沈庄子、白衣庵、李家台，于厂一带，施放玉面四千二百斤，棉衣三十六件。第二组查放西南城角南大道一带，计玉面四千斤，棉衣裤三十六件。第三组查放河北狮子林邵家园子公园后一带，计玉米面五千斤，棉衣裤五十八件。第四组查放西门内外西广开一带，计玉面五千斤，棉衣裤四十件。第五组查放谦德庄、西楼村一带，施放玉面二千〇二十斤，棉衣裤十件。一月十九日至二十四日，施放第二批冬赈，计玉面三万斤，查放人员分四组出发：第一组查放郭庄子、复兴庄一带，计玉面八千

---

① 《积善堂施放棉衣》，《益世报》1933 年 12 月 31 日，第二张第五版。
② 《华商工会粥厂参观人数踊跃》，《益世报》1935 年 12 月 24 日，第二张第五版。
③ 《普善堂主人第三次捐面万斤》，《益世报》1936 年 1 月 7 日，第三张第九版。
④ 《天津红卍字会查放冬赈之实施》，《益世报》1928 年 1 月 11 日，第三张第十一版。

斤。第二组查放南门外炮台庄、万德庄、宁家大桥一带，计玉面八千斤。
第三组查放西头如意菴一带，计玉面四千斤。第四组查放陈家沟、小树
林、墙子河一带，计玉面一万斤。①

天津华商工会发动全体会员在南市三不管地带筹设了冬赈粥厂二处，
所需款项由该会自动出资，不足之数请各界捐助。华商工会设立粥厂，开
锅后，每日食粥人数不下四五千人。救世军仍在河东小树林开办粥厂一
处，计粥锅五个，每日煮米一石二斗。

第四，慈善人士开办粥厂助赈。北洋女医院院长丁懋英女士，近日除
在东门外北洋女医院旁设立粥厂一处，公民李子阁氏并捐助玉面五千斤，
丁懋英女士刻正四处劝募，力求扩充，闻近日贫民前往该厂喝粥者络绎
不绝。②

该阶段政府为了救济贫民积极劝募捐款。1931 年政府发布公告，对
各慈善团体及绅商善士踊跃者，爰照内政部赈款给奖章程由社会局呈请市
政府进行褒奖。1932 年市救联会自改组为慈善委员会以来，即先组织主
管委员会，负责筹备一切，该主管委员等于 9 月 15 日下午 3 时，在市教
育局礼堂，召开会议决议两项要案如次。一、推周市长、社会局长……红
卍字会长、红十字会会长、妇孺救济会、佛教居士林、崇善东社、公善
堂、广仁堂、赵聘卿、朱子桥、雍剑秋、赵幼梅、王晓岩……卞白眉及公
安局一、二、三、四、五区署长，特别第一、二、三区分局长，张品
题……《益世报》《大公报》……刘道平为慈善事业委员会委员。③ 二、
请周市长定期召集全体委员大会。慈善委员会包括了政府各部门及各慈善
团体，充分调动了以往救济机构参加，具有广泛的基础。募款分三项办
法，仿北平窝头会办法，所有本市各娱乐场所每处尽一日义务，除去费用
概助本会。各报社登报募全数助本会。各团体或士绅在可能范围内照例助
款分头携捐启劝募。其煤米水等项由该会供给以资熟手。募款由全体委员
负责劝募，除该会外又委托中国银行、交通银行、市商会、华商公会、钱
业公会代收赈款。筹款除春秋两季赛马款，其不足之数设法劝募。慈善委

---

①　《蓝卍字会明日成立》，《益世报》1935 年 1 月 28 日，第二张第六版。

②　《南门外施粥厂》，《大公报》1928 年 1 月 4 日，第七版。

③　《金风送暑冬赈慈善委员会即正式成立》，《益世报》1932 年 9 月 6 日，第二张第六版。

员会在冬赈期内长期登载劝募善款启事，并委托该报广为宣传及代收赈款，请《益世报》《大公报》《庸报》《商报》《新天津报》代登广告并代收捐款。1936 年 11 月筹款慈善会在 11、12 两日演冬赈义务戏，收入除去开支剩余二万六千元。

　　天津市政府对慈联会主办七粥厂极为重视，1936 年 11 月 23 日晨各厂开锅后，社会局长李在中、慈联会长王晓岩、华商公会会长张浙洲等均分赴全市七处粥厂视察，各粥厂主任，均有经办善团派定。粥厂开办半月后市长张自忠为明了各厂状况，12 月 8 日协同秘书长马彦冲及社会局长李在中，前往小王庄、南竹林村、西广开清化祠及南市大舞台四处视察，由"各厂主管人员陪同参观施粥情形，对于设备管理颇表满意"①。

　　该阶段对贫民救济除了施医施药发放赈衣赈粮外，对于他们的教育也进行了一定的关注，如 1934 年慈善团体在冬赈救济中关注了贫民儿童的教育。据报道：慈善事业联合会、中国红十字会天津分会在河北南竹林村经办的第三粥厂除施粥外还同"教育局会商在粥厂附近设立临时民众补习学校一所。共分甲、乙两班，上下午分别授课，每月经费二十五元，由慈联拨付"②。12 月 4 日上午十时进行了开学典礼。慈善事业联合会西头老公所经办的第二粥厂，老公所社长萧绍棠，仿照红十字会办法，也在粥厂内设贫民补习短期学校。计分甲乙丙三班，聘请学识优长之教员郑廷箴、韩子元等四人，轮班教授，共有学生三百人，28日开始授课。③

　　该阶段，天津市政府、社会局对社团管理加强了监管力度。在赈济活动中社会局发现办冬赈时有的慈善团体假借慈善名义借端敛财，甚至有未向社会局呈准立案的团体，随意印送捐册，滥行劝募。为重善政而杜绝冒滥，社会局严禁滥行劝募捐款。社会局规定慈善团体募款时须得主管官署之许可，其收据捐册，并须编号送由主管官署盖印方得有效。除饬属随时严查，并通令各善团一体遵照外，合行出示布告，仰市人等一体知照，倘

　　① 天津地方志编纂委员会、天津图书馆：《益世报》天津资料点校汇编（三），天津社会科学院出版社 2001 年版，第 1478 页。
　　② 《津河北南竹林村粥厂附设学校》，《益世报》1934 年 12 月 5 日，第二张第六版。
　　③ 《西头老公所第二粥厂附设学校》，《益世报》1934 年 12 月 29 日，第二张第六版。

有未经社会局盖印的捐册，滥行劝募者，即行惩办。本年度的冬赈救济，在慈善委员会领导下，由慈善委员会主导，各慈善团体在其领导下参与活动。

二　本阶段主要慈善社团及其活动

（一）妇女救济院

1. 张人瑞任院长时期

天津市妇女救济院①在河北天纬路西头张调辰旧宅。经市政府批准，1929 年 3 月，改为妇女救济院，张人瑞充第一任院长。院内一切事务，如经济建设、组织及应兴应革之事由院长综理。院设总务、训育、教务三股，每股设主任一人，职员若干人。② 该院经费由市府核准后，每月定经常费四百元，开办费一千元。入院妇女以妓女为多，童养媳、弃妇、婢女等次之，计有三十人。入院原因妓女则以阿鸨虐待，童养媳则以姑媳勃豀，率多受尽痛苦，年岁最长者四十，最幼者七八岁。这三十人来自潍县、饶阳、北平、山东沂州、上海、亳州、苏州、保定、天津、故城、霸县、宝坻等不同地区。妇女只有符合条件者才能申请入院。对那些家庭无压迫情事，受人诱惑谎报投院而有别种企图，经院中发觉或被告发查有实据者等均令其出院（妾婢优娼者除外）。妇女入院后由张人瑞院长及另聘有职员数人，划定钟点，轮流执教粗浅文字及缝纫刺绣烹饪等事，一星期授课时间为三十六小时。该院除救济衣食外兼授相当学识及技能，使这些女子将来具有独立的生活能力。每星期功课上午有缝纫刺绣，党义温习，下午为国语、笔算、敏算、习字，书籍是平珠千字课及各级初级入门教科书。职业教员教授缝纫、织袜、理发等一切职业能力。职业教育开办各科，设缝纫、刺绣、理学三科，缝纫科以年在二十四岁以下者四十人学习。习刺绣者要求年龄在十四岁以上，二十四岁以下。刺绣、缝纫、织

---

① 民国七年（1928），北伐胜利后，天津妇女协会成立，由妇协呈请社会局市党部创设天津市妇女救济院。1928 年政变以后，改为河北省执委会职员宿舍，该会搬往北平后，妇女补习学校移入，后经市政府批准改为妇女救济院。

② 其他职员还有：董家政，训育主任，32 岁，第二女子师范毕业；魏蓝生，高年生教员，35 岁，深县女子师范学校毕业；谢其谦，缝纫教员，23 岁，香山慈幼院女师毕业；王竞明，庶务会计，25 岁，北平人，香山慈幼院毕业；陈惠丰，文书保管，37 岁，河北省第二师范毕业。

袜、烹饪应许之材料及用具由该院供给，其所得出品，品评高次，定价高低，任人购买，售款除去资本外，余利提出百分之二十为工艺物品生产基金，即以百分之四十奖励院女，百分之四十作为工艺原料。救济院生的饮食、衣服、书籍等统由院内供给，患病者待请医生诊治。在院妇女到一定年龄符合条件者可以择配。两年后，张人瑞因创三八女职中辞去院长职务①。

2. 王贞儒任院长时期

张人瑞辞职后，金淑华女士接充，1932 年 12 月又由王贞儒女士掌院。王贞儒毕业于直隶女师（后改为河北女师），她五四运动时在妇女同盟会中已崭露头角，历年参加天津妇女运动各团体，活动颇力，对于经济痛苦妇女也具热心。《益世报》登文评价她"盖一精明强干之妇女运动老将也"。② 可见，王贞儒女士是出任救济院院长比较理想的人选。

市政府为了切实救济无依无靠妇女，修正了妇女救济院规则，依据该院组织章程第七十三条规定：自愿改善生活脱离妓院之娼妓；因被压迫脱离班主领家之女优；因被压迫自愿解除契约之妾婢；被离弃而无所依归之妇女；被人诱骗拐卖既经脱险而无家可归之妇女；贫苦无依流离失所之妇女；被家庭虐待情急到院请求临时栖止的妇女可以入院。请求临时栖止者外，均需由本院调查入院缘由，属实后，呈报社会局备案，倘查有不实仍交由原送机关或法团请其另行安置。经尊亲属或本夫请领而得本人同意者，但曾经其尊亲属及本夫卖作婢妾娼优者不准其请领，也不许其接见；经公私机关或团体任何职者；经为人娶为妻室者；在院品行端正学识优良，由本院代为介绍职业者；志愿转学经本院允许者可以申请出院。不遵守院章者；家庭无虐待压迫情事受人诱惑或讳报投院而无有别种企图者经本院发觉或被告发查有实据者迫令其出院……③

---

① 津埠一些人士鉴于妇女职业之重要，乃纠合同志，创立三八女子职业中学校。以培养妇女专门知识，一方面可以服务社会，另一方面可以谋女子经济独立，俾跻于真正男女平等解放之途。该校成立于民国二十年三月，校董皆为国内知名人士，课程分为文、商、手工、图画、普通中学等科，校址在日租界秋山街二十号，校长为张人瑞女士。

② 《多灾多难人的乐园天津市妇女救济院》，《益世报》1933 年 12 月 1 日，第四张第十四版。

③ 《救济孤苦妇女》，《益世报》1933 年 5 月 11 日，第二张第六版。

妇女救济院的经费是由市政府月拨一千三百余元，职员（院长在内）工友薪食共四百元，院生每人月膳食五元共计五百元，医药及院生衣履服用费二百元，修理购置杂费及教育用品共二百元。其中除薪资伙食四百元外，各部相互调剂，截长补短。遇有院生结婚时，男方可有一笔自由捐款给院方。

妇女救济院院长以下设总务、教务、训育三股，各股设主任一人，总务股分文书与书记；教务主任现由院长自兼，聘教员五人，授学业者二，授工艺者三，每日分班轮流授课；训育股分社务、疾病、卫生设主任一人管理，至于疾病则聘有市立医院尚伯华大夫，每日义务诊疗，此外有义务律师夏彦藻担任法律顾问，全体职员连义务共十二人。收容院生七十四人，救济院房大小六十余间，分设为接待室、院生接待室、办公室、院生四大宿舍、职员宿舍、饭厅、裁缝、织袜、刺绣、糊盒各室、课室、库房、诊疗室、病室、盥洗室、浴室、小图书室和小自省室（"自省"这个摩登名词是对院生中犯过错重大或屡次不改者，请她进去站着）。

妇女救济院里多是十五岁至二十岁的妇女，小孩子十岁上下的也不少，最小的六岁，最大的三十四岁。院生完全是半工半读的，学工艺按年龄与能力分刺绣、缝纫、织袜、糊盒等四种。救济院出品织袜。刺绣多招揽定活，自制精美者也陈列，所以该院接待室中玻柜与四壁陈列，绚烂夺目。缝纫间也做外活。幼小院生糊火柴盒，总共出品所得利润，分四六成，即院方得六成，生方得四成。读书分初小一、二、三、四年级，每日四小时工作，四小时读书，年长妇女则读书两小时。院生中资质聪慧肯努力者则资助至外校升学。一切服装均由院方大批购入原料或制造品，按时分做发放，各人均有号数，即在其衣襟被角枕端甚至毛巾上，亦皆缀以己号。大宿舍每屋二十二人，小者六七人，1933年时新制铁床八十架，分上下两层格。各容一人，旁竖小梯，可缘以登，宿舍内清洁整齐。每日三餐，荤少素多，雇有厨役四人包做，每星期日院生十五岁以上者由值日教员领导练习自制饮食，以为将来充母妻之准备。①

在妇女救济院，专门成立了婚配委员会，由院长和各职教员来组织监

---

①　《多灾多难人的乐园天津市妇女救济院》，《益世报》1933年12月2日，第三张第十四版。

督管理院女的婚事，她们结婚的手续是先由求婚者上呈文开具履历照片，后经总务股调查再报告婚配委员会，该会据报审查，如经认可，再就院生中择年龄适当无疾病无恶嗜较有训练者以为婚配。征得双方同意，再定期会谈，如双方均认为圆满，由男方出求配书，正式履历三家联保与订婚约指一枚跟结婚喜服全套等，再经院方具呈社会局批准后，即可定期结婚。院方备值二元之化妆零用品为妆奁。婚后数日，院生必来述彼方情形。一如女儿嫁后归宁。按此情形四五年来成全佳偶者颇多。自王女士长院以来一年中，连本星期四结婚之一人计共十四人。去年社会局曾通令致育婴堂与该院等，谓已达结婚年龄之妇女，如尚未婚配，应一律将照片悬挂门外，以便征婚。①

据报道，1935 年妇女救济院全年经费一千三百元，五分之二，用在院生伙食上面，五分之二，用在职员及办公经费上，其余五分之一，用在其他各项。院生在院每日读书，分为一、二、三年级，课程科目，和普通小学相仿，新入院的妇女，视其程度，分编在程度相当的班次里，如果不识字，和根本没受过小学教育的，则以年岁来分。② 另外设有妇女补习班，课程教本和民众学校一样。技能一层，分作缝纫、刺绣和糊纸盒。年长一些院生差不多都是一人兼擅缝纫、刺绣两种，糊纸盒则是专为年幼院生特辟的工作。以外的事，则是浣洗衣服等项，年长的院生，自己照顾自己，年幼的，由年长一些的代为照应。③ 每名院生伙食费是五元，每日三餐：早饭是白米稀粥馒首、炒咸菜，中饭是米饭，四菜一汤，晚饭是馒首四菜一汤，五人一桌尽足食用。到每星期五，院生要实习烹饪，由厨子生好炭火，所有这一日吃食是由院生们制作。院生每日早七点起床，晚八点就寝，十点钟熄灯。在工作上课时间，宿舍门是锁着的，任何人不许进入。南房是养病室，由院医诊疗。院生进院以后，照例是不许自由出入，如果到外面去必得院长的许可，家属亲友接见，规定是在每星期三由上午八时起下午四时止。在这时间内凡是院生的亲属朋友去见，经过挂号手续

---

① 《多灾多难人的乐园天津市妇女救济院》，《益世报》1933 年 12 月 1 日，第四张第十四版。

② 《妇女救济院一瞥（一）》，《益世报》1935 年 1 月 15 日，第二张第五版。

③ 《妇女救济院一瞥（二）》，《益世报》1935 年 1 月 16 日，第二张第五版。

即可在院生接待室会晤。如果涉及择配问题先得到该院请求，经过院方审查可行，将双方的身世互为传述一下，彼此均无问题，院方亦觉求配的人可靠，然后指定一天，双方会面一谈，这层手续过去，再议及订婚或迎娶等事，如果会谈的结果不佳，即归罢论。另外重要的一件事是院生婚配，绝对得一夫一妻，求配偶的人也必得娶为家主妇，不能在这里求姜婢，空口说话是不妥当，必得在领出院前，觅得两家铺保，签订类似一种誓约，方算完成一切手续。① 1935 年 9 月 7 日，市妇女救济院举行院女择婚盛典。本届举行院生联合结婚典礼，共计九对，9 月 7 日下午四时在河北经纬路西口举行。该院在院外聘请数人担任临时司礼职员，已定由刘作民司仪，周叔尧纠议，社会局长邓庆澜证婚，女方由该院院长王贞儒主婚，男方由各该家长主婚。②

表 3—6　　　　　　　　　　救济院历年收容统计

年份	收容人数	备注
1929	122 人	
1930	90 人	
1931	50 人	
1932	43 人	九年来共收六三四人，结婚出院一〇六人，除出院者外，现有一二一人
1933	65 人	
1934	73 人	
1935	84 人	
1936	94 人	
1937	13 人	
现有	121 人	

资料来源：天津地方志编纂委员会、天津图书馆：《〈益世报〉资料点校汇编》（三），天津社会科学院出版社 2001 年版，第 1478 页。

王贞儒任妇女救济院院长期间，救济院取得了很好的成绩，得到了政府的充分肯定。当时天津市长萧振瀛在视察所属各慈善机关后，以市立妇

---

① 《妇女救济院一瞥》（五），《益世报》1935 年 1 月 20 日，第二张第五版。
② 《妇女救济院今日盛典》，《益世报》1935 年 9 月 7 日，第二张第五版。

女救济院，经费有限、收容院生甚多、整洁肃静、管理得法，该院院长王贞儒更能以节余之款扩充设备教养成绩，特奖洋二百元以资鼓励。王院长受奖后召集院内教职员开会，讨论奖洋支配问题，决定全数购置纪念物品，永久留院保存。① 1936 年 12 月天津市扩大救济院组织将该院并入，改成妇女所。妇女救济院自成立迄今，已届八周年，最初规定收容妇女为六十名，截止 1937 年 6 月现有院女实数一百二十一人，增加一倍有余，历年收容人数为六百三十四名，除介绍职业或由家属及其他原因出院者，由该院代为介绍婚配出院者，八年来共有一百〇六人。

（二）广仁堂

广仁堂的历史前面章节已作介绍，在此不再赘述。1925 年 11 月三省协议修订广仁堂章程呈报立案，立案之纲要即三省会馆各举董事三人，共九人，共同负责，互选董事三人，主持堂务，董事任期一年，但得连举连任，更替时须报告地方最高行政官厅立案，另设财产保存会，由董事中各推会员一人及会长一人，地方行政长官与商学各界热心慈善者由董事会聘为名誉董事，董事会员皆为名誉职，不支薪，堂董一人，由董事会延聘，常年驻堂处理日常事务。1929 年《益世报》报道该堂内留养节妇及子女共三百余人。由各机关送来寄养幼女七十余人，另有堂外嫠妇，每月由堂领取钱米者四百数十人。该年经董事会决议由本校招收男女生一百名免收各费与在堂节妇子女一同授课以示普及。该堂原有女工厂，又添设男工厂一所，凡节妇之子年岁已大不能升学者令入工厂习艺为将来谋生计。夏季施医两月，今亦改为长期施诊，另辟寒舍，添聘中西医士分别担任治疗。此外如施棺、冬赈、收容难民，一切诸善举，凡财力所能及无不尽量推行。男子十岁以内在内食宿，十岁以上出就外所，成年男子为谋职业，女子代为择婚遣嫁，留堂节妇之子女及留养之孤儿，则由男女小学校以教育。毕业后，送往高小师范商业学校，考试及格者学费及膳费由学校供给。女校生为节妇之女及恤女，分甲、乙、丙、丁四班，按复式教授法分两教室授课，年岁稍长者兼习工艺及注重缝纫烹饪技能，于课外之暇学习手工，并使其花园种植花木以养成不依赖不游惰之习惯。

---

① 《妇女救济院成绩优良》，《益世报》1936 年 2 月 8 日，第二张第五版。

工厂方面，男子有在堂内习织明华葛的，有送往纺织各厂及印刷公司等处学工艺的，女子有织布、织巾、刺绣、缝纫者，工作种类随时或增或减，视工师之有无与经济为依据。节妇若为该堂未能收容者，每月给以养赡，经董事会决议，规定每月给米者一百五十口，给钱者三百口。堂外附近贫民，冬季酌量赈济米粮，并随时赈济棉裤袄及补助各处施粥厂。有疾病者设有中西医室，中西医士每日治疗。遇有贫民死亡，无以为殓者，堂内则给棺木。此外，对力所能及之慈善事项，该堂随时赞助。关于每年出入款项及收支状况，于岁首拟具预算，年终刊布征信录。

敬节所分东、西两所，每三人或四五人一间，按人数之多寡而定，可共容二百余人。[①] 广仁堂之敬节东、西所外栅门钥匙，由管理掌管，每值开门时，外管理与内管理共同监视，所内人不得随意外出，所外人亦不得掺杂混入。若节妇之亲族或女宾如有来堂看视者，仍照从前定章，于废历初一、十五为定期，女宾到堂时，一面由号房缮具请见条，一面引入接待室，将请见条送外管理登薄，再转知内管理通知本人，到接待室，始能见面，如遇特别事故，必须晤面时，仅可于栅栏门旁之转筒方作片刻之立谈，但例须经过号房具条通知之手续，不得随便擅入。节妇之子及十二岁者，即出所由学校教员照管，如有事故或进送物件，不得私擅入所，至已出堂在外就业之节妇之子，定为每星期日省母一次。[②]

院内饭食每餐由节妇自任烹饪，对于寄养恤女做菜时，各节妇给以指点，让她们明了烹饪方法，并加以练习。管理与稽查照料全所事务，由所中每十号中酌派一人为号长，协助进行。该堂为实施教育起见，对堂外贫民，无论男女均准与堂内学生受同等教育，以广造就人才，学生以一百名为定额。男女学生分设两校，课程按初级制实施党化教育，并切于实用，主要科目注重党义、国语、书算。十岁以上之女生，则另教以缝纫、刺绣各科，兼令学习烹饪。男校学生，三四年级及二年级十岁以上者，课余就校园隙地从事园艺，种植菽麦蔬菜之类，使之稍具农事之知识。堂外附学生愿意加入者，学费不收取，并供给书籍文件。堂外附学生，既系招收贫苦之子弟，与堂内待遇相同，以示体恤。毕业后成绩优异，志愿高尚，则

---

① 《津市生活——广仁堂鸟瞰》，《益世报》1930 年 8 月 10 日，第三张第十一版。
② 《津市生活——广仁堂鸟瞰》（二），《益世报》1930 年 8 月 11 日，第三张第十一版。

允其投考各高级小学或乙种实业各校，及将来转入中学校，学费概由堂内供给，毕业后，学业平常及年龄较长者，由堂内量材为之设法分送于各工厂商号学习工艺商业。

广仁堂施诊，所内设中西医主任各一人，中西医助理各一人、西医调剂一人、学生二人、挂号一人，施诊时间，春冬两季，每日上午八时至九时半为挂号时间，医士九时上班，九时半开诊至十一时，由十一时至十二时为堂内诊断时间，夏秋两季每日七时半、八时半为挂号时间，医士八时上班，八时半开诊至十时，由十时至十一时，为堂内诊断时间，就诊者，每次收号金大铜元八枚，西医普通药品施送，贵重者由本人自行配购，来者不拒。

堂内男女两工厂，女工厂除堂内妇女外，堂外亦酌量收入，年岁不限大小，能任工作者为甲等，年幼未曾习过手艺者为乙等，由工师教授，以三个月为限，如果期满懵然无知，令其改习别艺，厂内设织布、毛巾二科。工人工作，按各科成绩而定奖励，如每人每日织布半匹，给工资二角，每月织二十匹，奖洋一元，能织三十匹，一元五角，四十匹奖洋二元，按匹数之多寡，定资金之数额，如成品优良者，则另行分给奖金，以资鼓励，此项奖金，定每半年为一次，男工厂则为提花铁轮布机两科，用正副工师各一名，工匠若干名，工徒内、堂内过大之学生。工匠各项工作之工资，按照各工厂之通例，按时酌定，如织提花一匹，工资大洋一元二角，每月织二十匹，除发工资外，另给奖洋二元，织平面布每匹工资洋三角，每月织四十匹，除发给工资外，另给奖洋二元，每人每日伙食洋二角，由工资扣除，工徒工作无工资，伙食由厂供给，每月一日、十五日按其成绩发给奖资，最优者铜元四十枚，优者三十枚，中等二十枚，倘在此半月之中触犯厂规，在奖资内扣发十分之五，以示薄惩，并资鼓励，出品精良获有利益，至冬结账时，将所盈除提出四成，作为花红，花红多寡，由堂董按照个人一年中之勤劳而定，工徒三年卒业，期满如愿在厂工作，即按照工匠一律待遇，出厂者听其自便，休假及工作时间，与女工厂略同。该堂附设有女教养所，系临时性质，年过十九岁自行择配，如有特殊情形，经堂董审核特许，不在此例，有女婚姻，绝对自由，但有家族者，需得其家族之同意，无家族者，男方如何情形，必定经过详细调查，俟批示照准，方能领取。①

（三）育婴堂

育婴堂创办于乾隆五十九年（1794），专门抚养本市内无依靠之孤童幼女，由长芦盐运使周楠樵请长芦盐政奏准创立，因为以长芦盐商董其事，所以堂名标以"长芦"二字以表示该堂完全为盐政创办的慈善机关。首创时堂址选在天津东门外，当时旧堂设备很不完善。光绪初年（1875）畿辅发生大水，该堂迁到南斜街，改名为育婴新堂（至 1907），1906 年袁世凯督直时，西籍女医金某者创办女施医院，呈请指拨旧堂改为院址。育婴堂又到新开河北岸进行了大规模建设，占地十一亩九分余，价值三千二百余两。内部建筑屋宇共分三部分，中部为四合平房八进，该堂的公事房、客厅、讲堂、工厂等都在里面；东西两部，各分十进，东部现只用一所，为新婴住处，西部十所，住大婴及中婴。

育婴堂开办时，经费由长芦各盐商摊捐，弥补参商课帑，每引二钱项下拨发，每年以五千两至七千两为准，至光绪三十三年（1907）迁移新址时，一度归于官办，岁领库银三万九千四百两。至宣统二年（1910），仍归商办，每年由津武口岸报效项下拨发库银二万两。后稽核所成立，每年由津武口岸直接拨交三万六千元，并载明永以为例。但至 1921 年（民国十年）后，政局多变，每年所领费洋不足原定数目。自 1926 年（民国十五年）该盐店（津武口岸）为福昌接办后，改为每年拨二万元。至本年九月，因芦纲纲总被押于南京，无正式负责人。育婴堂靠产业每年千余元之收入来维持。

育婴堂设堂董一人，总理全堂事务。堂董以下，设男职员文牍一人、会计一人、库管一人、庶务一人、书记一人；女职员庶务一人、教员一人、巡查一人、监工一人、舍监三人、均常川住堂，商承堂董分任各项职务。以下有内外堂役，计外堂号房一人、大门司阍一人、二门司阍一人、采买一人、茶房一人、更夫四名、厨役三名、内堂司阍一人、奶头三名、女役二名、乳妇十九人，或堂三十二名。婴儿共分三班。

育婴堂职员仆役饮食，都由厨役备办，院内妇役婴儿由庶务发给米面自炊自爨。乳妇、成堂妇及大婴每人每日发白面一斤十两或大米一合。中

_____

① 《津市生活——广仁堂鸟瞰》（四），《益世报》1930 年 8 月 13 日，第三张第十一版。

婴及小婴减半，每日菜蔬油盐小料不定限制，以敷用为限。饮料为自来水，由厨役烧煮，每逢半月，犒赏一次乳妇，发给白面一斤十两，成堂妇、大婴、中婴各发白面一斤，肉半斤。该堂乳妇、成堂妇每年发给棉衣各一身。大中小婴，每年各给棉衣一身，夹衣一身，单衣二身，单袜布鞋各三双，冬季棉袜棉鞋各一双。鞋袜均按季发给布料，令成堂妇自作而另给针线工资。被褥乳妇及成堂妇每人每年发给棉被一床，大婴及中婴各给被褥一套。

堂内的教育，十五岁以上者，则分习倒线等简单事项，十五岁以后，始行分科工作，教读科分大婴中婴两班，每日下午三时入讲堂授课，教授语文、习字、珠算及三民浅说等课程。每半月后开家政一班，集大婴于一讲堂内，讲家庭常识，演习礼节及烹饪裁剪养蚕等事，一切用具及课本都由该堂发给。

育婴堂对堂内各科生徒的奖赏分二类，一类是工奖，凡工厂内各科生徒，日出成品超过限度以外者，逐日记入考勤簿上。每半月各按工奖规则分别奖励，由堂董亲自点名发给。毛巾每打奖五十枚，织布每丈奖七十枚，绣枕一付五十枚，兜肚一个五十枚，倒线每月八枚，织物每半月四十枚，手套每付二十四枚。另一类是学奖，每至年终集各班学生考试，评定甲乙，出榜告示，成绩优良者由堂董捐奖以资鼓励。

育婴堂聘中医雷丹林及王平洲二医士，他们每日上午九时至十一时来堂，诊视妇婴患病者，由庶务导医士入内堂诊视，配合药品，由成堂妇煎好送饮。

育婴堂所收男女婴儿以无主或有主而自愿遗弃者，可按照入堂规则安插，如有不能自养，或不愿割舍遗弃者，经人函送也准许寄养，但以一年为限，限满酌量情形，再展一年。其由官厅送往寄养者也一样，但十岁以上男孩，仍不收留；育婴堂内外职员，例准亲友探视，分设有男女接待室。乳妇或成堂妇有人探视的在转筒处不禁止，但必须询问姓名。

向育婴堂领养子女者，女婴以十岁以下为限，男婴不限年龄，但领者仍须年龄在四十岁以上或实不能生育的人，调查属实才可照准。如愿领女子为妻者，年在三十以下为合格，应据说帖，附带照片，调查属实，相看无讹者，然以年近二十之大婴，酌量分配，并由该堂给以奁资六元，购备灯桶等物，以循俗例，嫁后无母家归宁者，可住宿该堂内。

表3—7　　育婴堂收养婴儿出入之总数统计表（民国元年至十八年）

年数	旧管	新收	开除	实有
民国元年	353 人	304 人	341 人	315 人
民国二年	315 人	421 人	425 人	311 人
民国三年	311 人	441 人	374 人	338 人
民国四年	338 人	482 人	502 人	318 人
民国五年	318 人	404 人	411 人	311 人
民国六年	311 人	489 人	427 人	373 人
民国七年	373 人	469 人	528 人	314 人
民国八年	314 人	299 人	353 人	260 人
民国九年	260 人	621 人	494 人	387 人
民国十年	387 人	356 人	482 人	315 人
民国十一年	315 人	237 人	269 人	283 人
民国十二年	283 人	239 人	276 人	246 人
民国十三年	246 人	191 人	188 人	249 人
民国十四年	246 人	167 人	182 人	234 人
民国十五年	234 人	118 人	172 人	180 人
民国十六年	180 人	124 人	134 人	170 人
民国十七年	170 人	74 人	99 人	145 人
民国十八年	145 人	62 人	64 人	143 人

资料来源：《益世报》1929 年 11 月 12 日，第三张第十一版。

由上表可以看出，育婴堂所收婴儿从 1912 年到 1921 年，每年维持在三百人左右，而后的八年间人数开始减少，由三百多人减少到二百多人、一百多人。收容人数之所以减少，与育婴堂的收支款项有着密切的关系。如前文所述，1921 年（民国十年）后，政局多变，每年所领费洋不足原定数目。自 1926 年（民国十五年）该盐店（津武口岸）为福昌接办后，改为每年拨二万元。后因芦纲纲总被押于南京，无正式负责人，仅靠产业每年千余元之收来维持。

1929 年，根据民国团体慈善法，社会局对育婴堂进行了整理。社会局查该堂当时一切事务统由堂董一人全权办理，事务纷繁，内外兼顾，个人之精力有限，诚恐有碍事务之进行，且内部组织不良，凡事濡滞难行，所以对育婴堂进行了改善。由政府聘任董事九人至十一人，组织董事会，互推堂务董事一人，处理日常事务，其董事人选，以办理本市慈善事业之卓有成绩，能赞助该堂事务者为适宜，不分性别。董事会成立后，拟章程和办事细则。该堂所收之婴儿，可仍分乳婴、中婴、大婴三部，各部区添设管理员一人及富有经验之看护员若干人负看护病婴及指导保姆养育婴儿之全责。乳婴、中婴两部雇佣受有相当训练之保姆若干人以替现代现时之乳妇。该堂原设之成堂妇因为多数年迈老钟且对于养育婴儿方法毫无新的知识，所以取消。新雇保姆编成训练班，由该堂所请女看护生或市卫生局所派职员，负责轮流教授新知识。并将该堂冗员酌量淘汰。① 育婴堂还改善饮食及乳婴办法，该堂中大、中婴儿饮食，向由庶务每日按名各发成堂妇粮米菜蔬若干，任其随意支配制作，且各设厨房，自行烹饪。设立大厨房一处并食堂一所，凡属本堂婴儿统至食堂开饭以归一律而资整齐。乳婴食乳数量，请卫生局或其他医院检验体格，酌定乳量，分配时间，拟定表格，由该堂所请的看护妇指示保姆，分别哺乳。

关于学校方面，添设游艺室、体育场，每日由保姆或教员领导婴儿游戏，以增其兴趣，并发育其身体。教授课程，以适应儿童心理者为标准，教授方法，进行切实改良，总期力矫其私塾式之积弊。关于工厂方面，原来设备规模及设施，执事墨守旧规，不知改进，未能有多量之生产。为今之计，添购织袜缝纫等机器若干部，使所收养之儿童分别肄习，待儿童出堂后，养成独立谋生之技能。②

长芦育婴堂在天津有悠久历史，办理完善，堪称慈善机关之冠，自受社会局监督之后，诸多改革并聘何子奇为该堂监理，何子奇在任期间务求实际从而取得了显著的成绩。

（四）贫民救济院

贫民救济院是从游民收容所几经变更而来的。1928 年 11 月 15 日，天津市政府在河北新大路设立游民收容所。该所组织非常完善，对于贫民待遇也比较优厚。主任刘秉纯每日规定时间讲演，授以相当知识，以便将来游民能自立谋生。成立一个多月的时间内总所收容四百二十七名，西门

---

① 《改善育婴堂之计划》，《益世报》1929 年 11 月 19 日，第三张第十一版。
② 《改善育婴堂之计划》，《益世报》1929 年 11 月 20 日，第三张第十一版。

外分所四百八十余名，两所共收九百余名，除老弱不能给以工作外，余皆予以相当之工作，在该所组织之织袜部练习织袜手工。[①]

半年之后，贫民救济院人数日多。游民收养教养所整理委员会 12 月 18 日开第十五次常会，决议该所内部整理计划及关于扩充经费、裁汰职员、归并总分所址及规定收容范围等项。决议裁员，将河北新大路教养所改为分所，西关街分所改为总所。游民之老弱贫民妇孺残疾疯狂者，已达五百余人，由于经费支绌，决议由公安局交涉送往广仁堂寡妇院，残废送红十字会道院残废院。救济院对幼年游民，送交教育局负责办理的职业补习学校施行工读。对患病游民送交教育局负责办理的贫民医院施行治疗。对疯狂游民送交卫生局平民病院附属疯人病院施行感化。对壮年游民，由工务局挑选，并派熟练工人指导清理河堤和修补马路，老年游民，仍令做简易工作，如搓麻绳打鞋底等。[②]

随着形势的变化，救济院又改组为新的贫民救济院。市区实行统一机关，决将游民收容教养所与贫民第一工厂合改组为市立第一贫民救济院而节虚糜，任命市政府参事陈宝泉为该院院长，负责设计整理一切事务。游民收容教养所总所在西门外，内收容游民三百人。分所在河北新大路，内收容游民八十余人，另女游民四人。内部分为四部：游民收容部、贫民工厂部、补习学习部、医院部。游民所居号室划为三区即工匠工徒区、学校区、游民区。教育对旧式教学法加以改革，所有教师，拟由教育局选派，注重半工半读。工艺方面，购生产机器，从织造入手。[③]

1932 年 3 月市立贫民救济院兴革计划。由新院长李应着就教育工作诊疗管理设置诸端分拟草案。采分途渐进办法从事改善。该院教育所以教养兼施工读并重为原则，在院经济状况下力求改革完善。决定重新编级教育，学生一百二十余名，工徒百余名。原分八班，计学生职业班一，学生班二，工徒班三，院外学生班二。院内生程度分高一、初四、初三、初二、初一、五年级，院外生分初二、初一两年级。改定课程注重工读，以

① 《游民收容所之近况》，《益世报》1928 年 12 月 19 日，第三张第十一版。

② 《游民收容所将改组》，《益世报》1929 年 5 月 23 日，第三张第十版。

③ 《贫民救济院今日成立》，《益世报》1929 年 9 月 24 日，第三张第十一版。

期合乎国民义务教育之原则。①

　　1932 年 9 月 21 日，刘梦扬继任市立救济院院长，到院接事。对于该院职员一概不动，将来按办事成绩好坏以定去留。刘梦扬任院长后，锐意整顿，为增进各科工作效率起见，首将内部实行改组而使人尽其才各有专司，并将原有工作、教育及诊疗各所扩大，改组为工厂、学校、医院。凡患病者均予以细粮馒首等食用调养。该院分两院，收容贫民，总共有八百余名。内设有感化区，凡入院贫民染有不良嗜好或吸食毒品者，均先送该区为之戒除后，再施以感化教育使其悔改。幼童入院，除读书外，均入工厂学习织布、地毯等各项工艺，出品售出后，均按件给以奖金，藉资鼓励。所有幼童之出品，从优给奖，俟其年岁稍长款已储有成数，即按其所习工业，为之购置机器，使其出院独自经营，藉某自立。②

　　救济院收容贫民数量，平时为一千一百名，冬季为一千六百名，1934 年贫民较往年为多，收容贫民二千名。市长张廷谔希望将全市乞丐一律收容，不准再在街上行乞。院长刘梦扬决定扩大救济院，觅地建筑游民收容所一座，并分年陆续筹设各分所，期在五年内，办到街市上不见乞丐，以整市容而救游民。③ 1935 年，因百业萧条，谋生艰难，救济院超过定额六百余名，经费异常拮据。刘梦扬鉴于收容的贫民中多数为乞丐，他们好逸恶劳且多染有嗜好，对院生产生了不良影响。经呈准市府拟辟设游丐收容所一处，凡公安局所捕乞丐，即送往该所收容，辟地组织园艺，使其习于种植，以资生产。经研究另增攻读教育班，凡成年者，送入该班授以初等教育及普通工艺，以便将来自谋生活。④ 5 月，市救济院收容贫民数据。社会局统计该院五月份新收入贫民，计二百四十九人。河北一一三名，山东六十名约占百分之七十七，天津市当地贫民仅十五人，占百分之六，东北难民计四省共十三人，占百分之五。按新收贫民年龄统计，十岁以下贫儿仅九人，六十以上贫叟七人，而十一岁至二十岁少年贫民，则达三十二名，占百分之十二，二十一岁至四十岁的贫民五十五人，占百分之二十

　　① 《贫民救济院整顿教育改进注重教养兼施》，《益世报》1932 年 3 月 5 日，第二张第六版。
　　② 《刘梦扬积极整顿市立救济院》，《益世报》1933 年 10 月 2 日，第三张第十一版。
　　③ 《清除乞丐——市立救济院五年计划》，《益世报》1934 年 12 月 14 日，第二张第五版。
　　④ 《市立救济院辟设游丐收容所》，《益世报》1935 年 1 月 12 日，第二张第五版。

二。考察此项数字，可见受救济的贫民，以冀鲁少壮贫农及失业劳工为多数。由上述资料，我们可知五月份收容的贫民人数基本维持在一千人左右。

河北临时分院改为游丐收容所。市立救济院以本市乞丐众多，街头巷尾，触目皆是，有碍观瞻，且影响地方秩序，特将河北临时分院改组为游丐收容所，广事收容。院方制定了游丐强迫教育规则，分别实施。游丐收容所内分五区：（一）工业区。选择年龄相当之成年院民分科传习技艺，使其从事简单工艺。（二）劳役区。选择精壮游丐编成劳役队若干组，每组限定十人轮流外出服役。（三）感化区。本院新收游丐，除妇女及贫儿送本院分施教养外，其成年男子均拨本区，先施以感化教育，然后查酌能力拨入工艺劳役各区强迫工作及学习工艺技能。（四）留养区。内设残废、养老、疯人三室，残老游丐，择其能任工作者由技师担任传习简易手工。疯人则由医师担任治疗，经治复聪后拨归劳役区服役。如有家属，即通知具保领出。（五）病人区。各区游丐除疯人外，如有患病者，即拨病人区治，俾使与无病之人隔离，以防传染，病愈后仍拨归回原隶区。[①]

1936 年贫民救济院奉令扩大组织，俾宏救济工作而进行重组。新院长刘梦扬 11 月 2 日正式宣告成立。上午在西关街该院教育所大礼堂举行就职典礼，各界来宾参加者百余人，市府秘书长马彦冲、公安局长程希贤、社会局长李在中、慈善会董事王晓岩等莅临观礼。[②] 新扩大的救济院，实行官绅合办，共谋实施以惠无告贫黎。天津市府为整饬市容令市公安局大举搜捕乞丐，解送救济院收容。该院以原有河北新大路之游丐收容所，不敷容纳，特在西头小西关宜彰帆布工厂旧址设立游丐收容分所。由总所拨游丐八百余名送该分所收容，院长刘梦扬以天气严寒，14 日按名发给棉衣棉被，以资御寒，刻公安局仍在继续抓送中。[③] 天津市立救济院及附设游丐妇女等所收容人数截至十六日止共三千五百〇三名，至 16 日警署捕送游丐一百七十五名，经该院检验结果，内有吸食毒品者五十人，

---

① 《救济院对游丐强迫教育》，《益世报》1935 年 9 月 10 日，第二张第五版。
② 《新救济院昨成立》，《益世报》1936 年 11 月 3 日，第二张第五版。
③ 《游丐收容所成立》，《益世报》1936 年 11 月 15 日，第二张第五版。

于当晚交市立戒烟医院内戒毒部代为戒除，戒绝后仍由该院收养。① 救济院对那些异乡人民来津谋事无着或投亲不遇，因而流落，欲归不得致成乞丐者，对那些在籍确有家属愿归聚者，饬各自声明详细籍贯住址及家属人口姓名由该所报由救济院，请市府分函各该管政府查明，由院资遣回籍与家人完聚。②

抗日战争结束后，国民政府接管了天津市救济院。新院长刘绛雯接任，一切设施已逐步改善。该院为谋院务迅速推进以宏救济，特分期招待各界前往参观，1947 年 2 月 24 日下午二时招待本市各报社记者参观。首由院长介绍该院情形："本院已于民国三十四年十一月由社会局接收，院中费用，多赖社会人士捐助。行总平津分署给予较长时间之救济，由二月一日起接收本院，订定合同，允供给本院衣食半年，并派本人来院主持。行总发给面粉，七岁以上者每人按一磅半计算，七岁以下者每日按一磅计算。本人接任后，前后已收到面粉一千三百○五袋，棉衣四七○套，鞋七十余包，三月份面粉将领的五百袋。本院除总务组外，更设管教组、习艺所、施诊所等部门，管教组下设残疾教养所、妇女教养所、育幼所、安老所；习艺所下设手工部、纺织部、印刷部。学龄儿童除授以书本知识外，更教以各种生产技能，如织布、织袜、制鞋、制毛刷等。妇女教以缝纫之技能，老残者尽其能力稍事劳动。本院除力谋改善一切过去设施外，将来计划增加生产，改善教育，充实医疗设备，筹划院民出路，修建房舍，充实宿舍床位，补助院民营养。在行总大量供应物资之本年中，本院当设法逐渐增加生产，以期将来达到自给自足。"该院制袜室、制鞋室、制毛刷室、缝纫室、织布室、印刷室等处工作异常忙碌紧张。其产量及产品成色较前大见进步，体态龙钟之老妪静坐工作室制衣服，尤可赞佩者为十余岁之儿童，竟能印制文件、铸字及制鞋，其成品与大人制作者并无逊色，教室中幼小儿童则书声朗朗，聚精会神研读。③

我们通过对民国不同时期的救济院的慈善活动考察可知，救济院进行过多次改革，设备不断更新。救济院在天津市的慈善救济、难民收容方面

---

① 《救济院人满为患》，《益世报》1937 年 1 月 17 日，第二张第五版。
② 《救济院异乡游丐将资遣回籍》，《益世报》1937 年 1 月 22 日，第二张第五版。
③ 《救济院衣食无忧一切设施均将改善》，《益世报》1947 年 2 月 25 日，第四版。

占据着主导地位，得到了市政府的大力支持。它成为人们了解天津市慈善事业的一个窗口。

三　本阶段其他慈善社团的活动

天津其他慈善团体，由于活动资料较少，在本节略作叙述，为了让人们对其活动有个大致的了解，结合前面所详细介绍的几个慈善团体，力争对天津本阶段的慈善团体运作及其活动有个基本清晰的认识。

天津赈灾会。由于水旱迭见，战事不息，各乡户富者已贫，贫者更不堪言状。天津赈灾会于1927年12月1日组织完竣。1928年初天津赈灾救恤会派员赴四乡放赈，雇大车多辆运输红粮并有军警保护。据17日报道，西路查放董事郭桐轩、调查员段绍波、顾云波等调查西乡赈务：大稍直口甲、乙、丙贫户计大三百五十一口、小四百三十一口；大卞庄计大五百〇八口、小五百九十三口；贾家园子计大一百八十二口、小二百十七口；西姜井计大一百五十八口、小三百二十一口；东姜井计大二百二十五口、小三百七十七口；曹家庄计大七百〇一口、小八百九十九口。① 赈灾会还对其他地方组织难民救济扶助活动，受到了人们的赞扬。

华北灾赈会。1928年6月27日在南马路费家胡同后会址开成立大会，到会者有朱子桥、赵幼梅、娄翔青、钱俊人等三十余人。当场公推朱子桥为会长，钱俊人、商云汀、赵幼梅为副会长，娄翔青为董事长，张公衡为副董事长，陈诵洛为文牍股主任，杨莲舫为交际股主任，康振普为劝募股主任。② 华北赈灾会成立以来，对于劝募粮款不遗余力，所收效果可观。在东省募得粮食三万余包，各方捐款约十余万元，陆续购粮施放津属一、三、四、六、七、八等区及武清、宁河、宝坻、阜城、满城、完县、井陉、易州、望都、阜平、察哈尔、绥远等处。该会鉴于时届大秋，似无急赈必要而结束。③ 该团体存在了三个多月的时间。

辽宁水灾急赈会。辽宁省发生水灾，该省政府向各地政府机关发出求赈急电。天津市政府接到电报后，决议商定将陕灾急赈募款委员会改为辽

---

① 《赈灾救恤会西路查放员报告》，《益世报》1928年2月17日，第三张第十二版。

② 《华北灾赈会成立》，《益世报》1928年6月29日，第三张第十一版。

③ 《华北赈灾会结束急赈筹办冬赈》，《益世报》1928年9月18日。

宁水灾急赈募款委员会。鉴于辽西水灾严重，赶办陕西灾荒救济的慈善家朱庆澜"九月七日晚从西安启程返平并赴关外救济水灾"。[1] 急赈会爰照陕灾之例，十六日下午在中山公园中山堂召集北平市各慈善家及机关代表开会讨论办法。急赈会在天津法界三十九号路二十九号娄翔青处、南马路费家胡同华北赈灾会、英租界十九号路五十五号宅发起了募衣活动。此外北平的西城报子街七十四号振务处、内西华门三十八号诸宅、西门红庙花枝胡同三号饶宅、东城齐内老君堂普济佛教会展开募捐衣服的活动。[2] 朱庆澜、熊希龄等发起筹赈辽西水灾各界代表大会，16 日在中山公园中山堂内成立的北平筹募辽宁水灾急赈会通过募款办法五项，并推定朱庆澜等二十六人为委员，在中山公园董事会办公。在会上，熊希龄指出辽西灾况之惨重，并表扬了东省历年对关内各地灾荒救济所做出的伟大努力。本其投桃报李之义呼吁各慈善团体应该对辽宁水灾进行救济。18 日下午七时，天津市辽宁水灾急赈会在天津市政府礼堂召开成立大会，天津市长崔廷献及颜惠庆、娄翔青等 50 余人出席了大会。会议推举崔廷献市长为正委员长，朱庆澜为副委员长，并选出干事及各部门负责人，决定救济股翌日出发，除进行放赈外，还组织专人杨子功筹防水患，全希伯派医员随同前往。朱庆澜令陕灾急赈会拨两万元散放，娄翔青又筹集三千余元，登报捐得棉衣四千五百余套，李组绅捐助棉衣两千套，扬子功捐一千套，雍剑秋五百套，市长崔廷献与公安局长曾延毅共捐八百五十套，总共合计达一万套。市政府拨款两万元汇寄辽宁。并决定所有一切汇款手续由朱庆澜办理。西北赈灾会余款、面粉粮食等皆归辽宁水灾急赈会办理急赈。并决定为急赈筹款，辽宁水灾急赈会举办慈善奖券，演剧及开跳舞会，就上次陕灾时所赠书画各品，组织书画筹赈会，请求马会加赛，各报馆收集慈善捐款，各学校募集急赈，分电各区报告经过情形，并请同时举办，电朱将军早日来津，以资提倡。[3] 天津辽宁急赈会为筹款还积极地与戏剧界接洽，邀请名人来津演戏助款。梅兰芳先生答应演义务戏三场，杨小楼亦积极来津助演。张学良夫人于凤至同台演唱。辽宁水灾急赈在短短几个月内，筹

---

① 《朱庆澜已启程返平将赴关外救济水灾》，《大公报》1930 年 9 月 9 日，第一张第三版。

② 《娄翔青征求振衣启事》，《大公报》1930 年 9 月 15 日，第一张第二版。

③ 《辽灾急赈会昨成立》，《大公报》1930 年 9 月 19 日，第二张第七版。

得巨款，为帮助辽宁水灾难民重建家园做出了一定的贡献，表达了天津各界人民关心同胞，同舟共济的一片心意。

山东旅津同乡会组织的1933年山东水灾筹赈会与1935年山东水灾急赈会。"1933年7、8月间，黄河下游发生了二十世纪以来最严重的一次洪灾。""菏泽水漫四野，城堤外水深丈余，屋塌人畜俱毙，逃难者赤身露宿，妇孺悲号，惨状严重，为数十年所未见。""百年不遇的黄河水灾引起了全社会的广泛关注，中央和地方举行了大规模的赈济活动。"①

"山东旅津同乡会以服务桑梓为宗旨，自然也关心家乡水灾的善后救助。"② 水灾发生后，山东旅津同乡会作为山东省外一个重要的社团组织，很快就接到了山东赈务委员会的信函邮件，赈务会详细介绍了山东的受灾情况。山东旅津同乡会很快组织了救济山东水灾筹赈会，同乡会公推孙传芳为筹赈会长。"会馆除电政府乞赈外，并组织急赈会，筹款29000余元，赈衣2300件，除了支取2000元杂费外，悉数汇鲁施赈。"③

另据记载，"鲁西洪水成灾，统计山东会馆出头承办鲁西赈灾款项，以演义务戏、义售字画、报纸宣传等多种方式进行募捐。各界人士慷慨解囊，短期间募得3万余元。"④ 据1933年10月3日的《大公报》报道，"山东省政府参议范筑先赴鲁西菏泽、巨野、嘉祥、郓城、曹县、济宁、成武、单县、定陶等十县两次放赈，仅带洋三万五千元。"⑤ 山东旅津同乡会的筹款和山东省政府对灾区的救济款相比较而言，可谓尽到了对家乡救济的责任，对桑梓的关怀可见一斑。

1935年入夏，山东黄河再次发生水患。此次水灾，据国民政府赈务委员会许世英统计："山东全省灾民三百五十余万，被水最甚，面积达三万二千五百平方公里，估计三分之二为农田，约计一千一百二十五万亩，每亩损失按五元计算，则农产损失约合二万万元，再加上公司财产损失约

---

① 袁滢滢：《近代山东灾荒研究》，山东师范大学2004年硕士学位论文，第38、40、45页。

② 天津市档案馆：《山东旅津同乡水灾筹赈会征信录》，山东旅津同乡会J134—1—238。

③ 王静：《近代旅津山东商人研究》，天津师范大学2011年博士学位论文，第91—92页。

④ 中国人民政治协商会议天津市委员会、文史资料研究委员会：《天津文史资料选辑》（第五十六辑），天津人民出版社1992年版，第203页。

⑤ 王林：《近代山东灾荒史》，齐鲁书社2004年版，第285页。

五千万元，鲁省该年损失共达二万万五千万元以上。"① 据山东师范大学王林教授研究，"本次黄河水灾，就范围和危害而言不及 1933 年，但就山东本省而言，其严重程度超过了 1933 年。1935 年黄河水灾，直接在山东境内决口，鲁西十县首当其冲。由于这次水灾主要在山东境内，中央及全国的重视程度也远不及上次，这就为赈灾带来很大的困难。"②

黄河水灾发生后，各方积极展开了救援行动，大公报社为救济水灾，发起了募捐运动，代收赈款，该报 8 月份由中国银行分别汇款 2000 元、1123 元为山东办理急赈。

山东旅津同乡会组织了以名誉董事靳云鹏为筹赈会委员长，总务主任徐皆平、交际组主任王韬、赈务组主任劳之常、会计组主任常勉齐，名誉委员长潘洁泉为主的山东水灾急赈会。募款委员会在报纸上连续刊登筹募启事，还向旅外同乡、政府及社会各界呼吁救济。据 1935 年 8 月 18 日的《大公报》报道，在山东旅津同乡会的努力下水灾筹赈会募得大洋 5055.5 元及写意山水花卉、对联书籍、皮棉衣服、新旧鞋子等物多件，一并寄往灾区。同时，山东旅津同乡会接到家乡的求赈报告后，及时了解了山东的水灾情况以及家乡人民的困苦危难，并将这些情况积极向上级主管部门反映或通知其他慈善团体，经过其努力，中央政府和南京赈务组同意将"航空建设奖券移缓就急抢作赈款从优支配"。"并由财政部拨出 5 万元交由省政府备赈，并将华侨名下捐款拨款 1 万 8 千元办理鲁西急赈。第二次筹赈会在全体同仁的努力下，共计筹得赈款 2 万 7 千余元，除去 1 千 9 百元杂费外，汇往山东赈务会 1 万 5 千余元，剩下 1 万零 9 百元的筹款直到1936 年夏天才陆续收到。"③

另据资料记载，"1935 年山东会馆的董事们全体出动通过各种方式募得 3 万元赈款。"④ 同三百多万灾民等待救济相比，虽然这些捐款显得力不从心，但是作为山东在外的社团，关心家乡，热爱家乡，积极为家乡筹

① 《大公报》1935 年 9 月 7 日；《申报》1935 年 8 月 25 日，转引自王林《近代山东灾荒史》，齐鲁书社 2004 年版，第 295—296 页。
② 王林：《近代山东灾荒史》，齐鲁书社 2004 年版，第 318 页。
③ 王静：《近代旅津山东商人研究》，博士学位论文，2011 年，天津师范大学，第 92 页。
④ 中国人民政治协商会议天津市委员会、文史资料研究委员会：《天津文史资料选辑》（第五十六辑），天津人民出版社 1992 年版，第 206 页。

款募衣奔走呼号的人道主义精神却是无价的，在山东的灾荒史上留下了浓重的一笔，永远值得后人纪念。

第三节　慈善社团对外埠的救助活动

一　战乱与慈善社团的救助活动

1928 年 2 月，蒋介石以国民革命军总司令的名义在徐州召开了军事会议，决定进行北伐。阎锡山在津浦路与张作霖的奉系部队接仗，奉系军队败退。6 月 3 日，张作霖退出了北京。北洋军阀政府彻底覆灭。

战争发生后，中国红十字会因津浦路沧州一带人民受战事影响，无衣无食者较多，异常困苦。该会派员"带赈粮二百吨，使用该会专车，派有专员，前往灾区散放，以济穷黎"。① 鉴于四乡难民扶老携幼，流离失所，红十字会设立了难民留养所三十余处。收容妇孺六千余口。6 月 16 日，红十字会又组织救济队三队出发杨柳青镇、淀北二十四村，分头解救被难妇女七百余口，又往南北仓等村接来妇孺一百余口，分别送往河北昆纬路留养所、东宣讲所留养所及华林茶园留养所。12、13 两日组织救济第五队出发城厢四马路各处救出伤难民十余名，抬往该会治疗。② 6 月 21 日，红十字会又从淀北一带接来难民八十余车，19 日，又派办事员三名，带大车十八辆，赴该处接运。

据 7 月 19 日报道，"天津红十字会因津南静海、大城、沧县、青县、交河、献县、盐山一带灾情奇重，亟待赈济，红十字会购粮四百石连同北平战地政务委员会所拨赈款两万元及红粮四千石，由海路前往各县村庄实施赈济。分运静海八百石、大城四百石、沧县、青县、交河、献县、盐山各县共三千二百石。"③ 9 月底 10 月初，天津红十字会收容伤兵三十余名，借江苏会馆收容医治，后续收二百余名伤兵，逐日分别治疗，并对重者实施手术。

---

① 《红卍字会赈粮运往沧州》，《益世报》1928 年 6 月 2 日，第三张第十二版。
② 《天津红十字会救济队职员分路出发赴青镇等处接救难民》，《益世报》，1928 年 6 月 16 日，第三张第十一版。
③ 《红十字会赈济灾民》，《益世报》，1928 年 7 月 19 日，第三张第十一版。

世界红卍字会天津分会，多次组织救济队，出发战地，施送救护民兵，成绩久以卓著。4月，因直南大名一带战事紧急，又组织救济队，计队员医士十余人，夫役三十余名，高永咸为队长，请督署发给护照及乘车执照。16日，高永咸率领全队携带药品及一切救济用具乘车赴德州。该会还经募红粮数千石，陆续运往，赈济无告灾黎。① 世界红卍字会京津联合救济队，由总队长郝静存率领，于四月下旬在山东德州设立医院及收容所多处，适值班前方逃来受伤兵民络绎不绝，茹苦含辛，多有两三日未得一饱者，该救济队乃分别为之收容施药治疗，并给食料，妥为赈恤，前后收容救济不下数千人，现救济工作尚在进行中。② 天津红卍字会救济队，于本月九日由德州折回，拟稍事休息再行出发。③ 据方竞、蔡传斌研究认为，济宁地处鲁豫要冲，南京国民政府的"北伐军"与北洋军阀军在此血战数月，地方被灾甚重。"北京、天津红卍字分会派员携款南下，会同上海、杭州、无锡、常州、南京、江宁、徐州、蚌埠各会募集巨款，推举陶席三、杨易灵、陈昭然等率救济队员携带赈款，前往济宁，会同济宁分会职员，实施赈济。"④

京兆武清县属四蒲棒村本月九日午后，忽来大股匪徒，焚杀抢掠，曾有该村村正、副委托吴嶙伍、郝作舟来津向红卍字会请求赈济，该会即派救济队员前往调查……该会现筹运玉米面一千斤，红粮三千斤，特派救济队员会同该村正、副散放急赈，红卍字会尚拟继续接济赈粮，及筹办建筑房屋木料……庶免流离失所。⑤

6月，中国红卍字会以沧州一带农民因战事影响无衣无食者甚多，特派专员于前晚用该会专车押运赈粮二百吨，前往灾区散放。⑥

由于战争，天津近郊大军云集，宜兴埠、杨柳青、韩家墅、王庆坨等

---

① 《红卍字会救济队昨日出发》，《大公报》1928年4月17日，第七版。

② 另据方竞、蔡传斌两位学者研究《申报》1928年6月6日报道："京津联合救济队，前赴山东德县实施救济工作，一时医院及收容所成立多处，而受伤兵民赖以生存者。"上海市档案馆馆藏《世界红卍字会慈业工作报告书》，档号Q120—04—00002。

③ 《红卍字会救济工作状况》，《大公报》1928年5月13日，第七版。

④ 方竞、蔡传斌：《民国时期的世界红卍字会及其赈济活动》，《中国社会经济史研究》2005年第2期。

⑤ 《四蒲棒村空前浩劫》，《大公报》1928年5月26日，第七版。

⑥ 《赈粮运往沧州》，《大公报》1928年6月2日，第七版。

处人民纷纷逃避来津，世界红卍字会天津分会曾特设妇孺收容所七处，据调查 6 日晚，东门内江苏会馆第一收容所，收有三百余人，新于庄白庙村江苏公莹之第三收容所一千二百余人，西沽桥口老爷庙西万河两店之第五收容所二百余人，至设在东门内浙江会馆之第二收容所，北营门西汉桥南京里之第四收容所，河北财政厅后身段宅之第六收容所及堤头村小学之第七收容所，收留妇孺亦均甚多，并闻以上七处均收容妇孺，凡老弱男子，另外设所收容，其少壮者则概不收留，然统计各处人数，已在三千以上，每日支出甚巨。① 天津红卍字会救济淀北一带难民并接来八十余车。19日，该会又派学员三人带大车十八辆赴该处接运来津者分送各收容所留养。② 战争结束后，红卍字会注重灾民的遣返工作，8 月 27 日世界红卍字会天津分会资送河南江苏山东三省难民程在安等五十余名回籍，除由该会发给路费外，并承津浦铁路管理局驻津办事处特准免费印证放行。③ 另据研究，"北伐战争时期，天津红卍字会在天津、杨柳青、静海、沧县组织救济队，收容难民数达十万余人，疗治受伤兵民人数共计一万一千二百余人，平津联合救济队留驻德州一带达三月之久，诊治受伤兵民一万五千八百四十五人。"④

战争爆发后，津埠成立了多处妇孺救济会救助逃难妇女。直鲁联军连日多退至津埠附近，西沽北洋大学南北两面均为军队所占据，以致各村妇孺小孩纷纷逃避，该村村长佐等请北洋大学拟依照 1925 年办法（1925 年战争时，曾组织妇孺救济所一处）设法收容。该校教职员及学生合组临时妇孺救济会三四日收容人数达一千五百人。⑤

天津绅商也组织了津邑临时被灾救济会在河北究真、仰山学校一处。截至 6 月 14 日该所已收容妇孺四百四十余名，其中大多数系来自小店村。⑥

---

① 《红卍字会昨日收容避难妇孺三千余人》，《大公报》1928 年 6 月 7 日，第七版。
② 《大批难民来津》，《大公报》1928 年 6 月 21 日，第七版。
③ 《红卍字会遣送难民回籍》，《大公报》1928 年 8 月 27 日，第七版。
④ 《卍字月刊》1938 年 12 月第 1 卷第 3 期，第 4 页。参见侯亚伟论文《救人、救己与救世：天津红卍字会慈善事业探析》，《世界宗教文化》2012 年第 3 期。
⑤ 《北洋大学设立妇孺救济会》，《大公报》1928 年 6 月 8 日，第七版。
⑥ 《妇孺救急会》，《大公报》1928 年 6 月 15 日，第七版。

　　青年勉力会同仁目睹津郊妇孺流离苦楚后，商同河北昆纬路中华基督教公理会设立津邑临时妇孺救济会第三收容所。6 月 17 日下午二时，就收容妇孺一百七十多名安排在第一、第二、第三宿舍住宿。该所组织分总务、文牍、管理、训育、卫生各股，办理比较完善。除原有住所外，他们还将设法另开容纳之所救济被难妇孺。①

　　为救济灾民，国民政府拨款十万元，以四万元交冯玉祥，四万元交阎锡山，其余两万元由战地政务委员会代表孔昭绶携带来津采购粮食赈济津南、沧州、盐山、南皮、青县、大城、静海交口一带灾民，红卐字会及以该款两万元采购赈粮四千石。而津郊难民亦待赈济，又由该会购粮六千石，加入放赈。②

　　为救济灾民，华北灾赈会在南马路费家胡同后成立，公推朱子桥为会长，钱俊人、商云汀、赵幼梅担任为副会长，娄翔青为董事长，张公衡为副董事长，陈诵洛为文牍股主任，陈性源为会计股主任，邢荫山为采购股主任，康振普为劝募股主任，钱玉堂为查放股主任，杨莲舫为交际股主任，萧绍棠为稽查股主任。在成立会上该会议决：在红卐字会设立华北善堂联合会，公推商云汀、钱玉堂、杨莲舫、张墨卿等为联合处办事员；本会经常会费及查赈放舟车运力等费用，概由会员捐助，不动赈款分文；娄翔青报告，红十字会救济伤兵经费困难情形，当经会长及同人等捐四千元以资救济；唐小廷提议前为绥远等处办赈粮五千石，因战事交通不便，未能运往，已将该粮截留施放，应由本会设法补助施放；陈诵洛提议每日收到赈务款项，应由会计股于次日报告大众，并每三日会列捐户人名钱物数目，开单送登各报；杨莲舫提议为大毕庄妇孺救济会请款，公决将西沽教会余粮二十余包拨助交杨莲舫办理。③

　　1931 年，国民党西山会议派邹鲁等相率来津组织北方执行部，他们怂恿石友三叛变，以为声援，石友三的部队奸淫劫抢，无恶不作。但石友三的叛军很快被击溃。战事发生之后，各处乡民来津避难者很多，1931 年 7 月 31 日市慈善事业联合会特召集各委员在社会局开临时会议，讨论

---

①　《勉力会设立收容所》，《大公报》1928 年 6 月 18 日，第七版。

②　《战委会购粮放赈》，《大公报》1928 年 6 月 27 日，第七版。

③　《赈灾消息汇志》，《大公报》1928 年 6 月 29 日，第七版。

救济办法。会议制定了详细救济办法：借用各庙宇作为临时收容所。由社会局采办粮食，作为散放难民之用。会议决定对难民每人发放一角，每日以一万人计算，赈济一个月，并决定向银行借款推定募款负责人进行筹募。8月4日，慈善事业联合会又召开会议，推举出临时救济难民及战地委员长、副委员长，并各股股员五十八九人及市立医院全体医士。19日战地急赈会开第三次常务会议，劝募股报告收到款项，计收到交通银行六百四十五元二角，中国银行七千一百〇八元七角五分，盐业银行一千二百三十四元，大陆银行一千七百一十四元。[①] 急赈会利用这些善款对难民展开了救助活动。

九一八事变之后，大批东北难民入关。市党部24日开会组织天津救济东北难民联合会。决定从该日起由各机关各派代表一人往车站担任招待，一切听从社会局指导，按照救济办法进行。款项由省市政府垫付。逃难的东北学生，凡经备案者，由教育厅教育局安置。截至24日止，东北难民入关总数已超过两万余人，市社会局特于总站设立"收容东省邻近难民临时办事处"，由社会局负责指派招待人员并与津浦路局交涉，有沿该路南下者亦一概免费，并给南下难民馒首若干以备沿途食用。

九一八事变发生后，日本帝国主义在天津组织了"便衣队"暴乱。日本特务机关长土肥原和天津驻屯军司令香椎于1931年11月8日发动两千多名土匪，分路袭击中国警察机构、市政府、河北省政府。"一时交通断绝，商店关门，许多人死于非命，给天津人民的生命财产造成了很大损失"。[②] 这次便衣队变乱被天津保安队所平息。11月26日，日本侵略者再次组织暴乱。便衣队侵入华界，日军用大炮轰击市政府、公安局、电话局，结果又被保安队击溃。据报道此次津变以二十六日之役最为激烈，共死日韩人七百七十余名。这次津变，造成了大量无家可归的难民。

12月5日，市救济事业联合会、华商工会两组出发散放急赈，第一组放赈员出发一区一所广兴里南市兴仁里等地放出玉米六千斤。第二组放

---

① 《战地急赈会赶办结束准备改组水灾急赈会》，《益世报》1931年8月20日，第二张第六版。

② 天津社会科学院历史研究所、《天津简史》编写组：《天津简史》，天津人民出版社1987年版，第330页。

赈员出发一区六所清光巷等地放出玉米三千斤。12月19日，津变急赈会成立。该会决定自21日起，由该委员会安排各队长会同自治区街长，调查贫户，进行施赈。津变后，战地灾区曾为救济事业联合会发放急赈。但鉴于贫困人民太多，所以仍由各慈善团体先后成立粥厂对难民进行赈济。

表3—8　各慈善社团施救统计（1931年12月29日至1932年1月5日）

慈善社团	用米（斤）	用煤（斤）	用水（担）	食粥人数
公善社	16740	17905	1674	46117
红卍字会	13600	11450	1312	35162
红十字会	16525	18560	2195	41609
佛教居士林	10395	9013	1443	31027
崇善社	3450	5580	954	4411
总计	185745	194672	23251	158323

资料来源：《益世报》，1932年1月10日，第二版第六张。

另外，法界华商公会在三义庄成立粥厂，用小米七千八百〇一磅，煤一万五千三百〇九斤，食粥人数二万〇四十四人。[1] 粥厂成为人们最理想的避难场所，贫民前往就食者，异常踊跃，各厂前后共有四十九万八千〇二十四人之多。粥厂为救济难民做出了贡献。

1933年华北地区发生战争。[2] 天津红卍字会和总会一起组织救济队分赴滦东、北平、热河等战区实施救济。天津附近各县居民纷纷奔赴天津市东局子避难，天津红卍字会在河北唐家口主办贫民收容所，收容战地逃津难民及无依贫民。5月23日津市慈善事业联合会及红十字会、红卍字会等闻讯后即派员饬往该处视察协商救济办法并散放玉米面及救急药水等。24日慈善会、红卍字会、社会局等代表再度前往视察，决议拨玉米一万斤，芦席千余张，委托红十字会，查明待放。难民的疾病、生产由红卍字

---

[1] 《津变影响》，《益世报》1932年1月10日，第二张第六版。
[2] 此处"华北地区战争"指的是1933年初，日伪军大举进攻榆关（山海关）、热河而进行的长城抗战。战争发生后，红卍字会在北平、天津组设临时医院及收容所二十多处救济被难兵民。

会残废院诊治。红十字会员赵聘卿和雍剑秋又商议借得附近张世臣地四十余亩，搭盖席棚让难民居住，并对贫困难民一一发给玉面。并委托红卍字会、红十字会派员长川驻在该处，会同当地人士随时照料。[①]据 29 日报道，逃津难民达三万多，分别麇集于东局子、唐家口二处，每日难民饮食均系各慈善团体分配。市慈善事业联合会、红卍字会、红十字会地方协会、崇善东社等各慈善团体搭建难民窝铺六百座。慈善会 28 日分函本市银行公会、钱业公会、市商会、华商公会请竭力募捐救款以应亟需。红卍字会、红十字会 29 日派遣红十字会救护队、红卍字会汽车队及救济队分别出发滦东、平北一带实行救护难民。他们将难民运抵来津分别安插到各收容所。红十字会第三救护队李筱廷、王焕廷等赴武清县梅厂、陈庄子各处接来被难妇孺五百余名，除送往该会大王庄第四、五两收容所安插外，其余送归东局子收容所。天津红十字会对分娩之妇人专门设立难民保产处以资救护。

5 月 30 日慈善会员赵聘卿、王晓岩、李少田、张浙洲及社会局张正文等同赴东局子督促搭席棚及锅灶，并指挥照料难民饮食。市公安局应慈善会之请，派遣消防队员多名前往东局子视察，以保护难民安全。

世界红卍字会天津分会救济部为普及救济起见在墙子河一带搭设窝棚一百二十余个，除尽量收容妇孺外并辟设男收容所对来津避难男子一律救济，每日分给食品以资普及而全慈善，并派队员一百余名分别担任各棚救济事宜。该会派往武清、宝坻、香河、通州等县及津郊潘儿庄、淀北二十四村一带之救济队，1 日先后雇佣大车五十余辆护运一千一百余名难民到天津各收容所安插。天津红十字会在马场道、佟楼村三合里九号屋成立产妇救济医院。自 6 月 2 日起开始收容产妇。该会还通知各慈善团体，如发现此类产妇无人调护及重病之妇孺请送至该医院或自行前往，如分娩期颇不能移动就电请三局二九八四号转达该院，该院会立即派医师看护前往助产，该院对所有住院妇女一切饮食医药一概免收。[②] 30 日，该会第六救护队王少泉等，由武清、宝坻、安次等处救来难民八百余名，抵津后送归小

---

① 《东局子难民麇集万余人露处荒郊》，《益世报》1933 年 5 月 25 日，第二张第六版。
② 《武宝等县大批难民到津》，《益世报》1933 年 6 月 2 日，第二张第六版。

王庄第四收容所收容。①

6日，天津市慈善事业联合会举行第十八次常务会议。赵聘卿报告，收到捐助救济难民款洋五千五百九十九元二角及苇席、小米、玉面数目。搭建难民棚六百座，难民饮食每日施放窝头、小米稀饭，法国医生每日负责治疗。所有产妇及小孩，均已指定医院由基督教医生每日治疗。会议决议民政厅函送捐助救济难民款洋一千八百元发红十字会三百元、黄十字会二百元、青年会妇孺救济会二百元、公善社一百元，其余全拨给本会救济难民用。

东局子一带有红卍字会、青年会及红十字会与慈联会开展救济。各会当仁不让共同担当救济之责任。四团体共搭建席棚一千余间，可容纳难民五万人，平均计之，计青年会二百间，红卍字会二百间，慈善事业联合会及红十字会共六百间。此处难民大多来自武清、宝坻、宁河、三河四县，他们受不良驻军的骚扰不得不抛弃田园物产流离亡命。一般难民食用大部由地协补助，不足者由会自备，每日两餐。所施物品为玉米窝头，每人每顿一枚，外有小米稀饭。青年会方面早餐有菜汤，内有白菜粉条及少许猪肉，此处难民对饮食一项，特别满意。暇余时间，则由会派人讲演，戏游之小儿，则由会派员讲授千字课，以免荒芜儿童之学业，入夜并有专员巡逻，以防诱拐，白日无故亦禁止外出，如有疾病，各处附设有医务处诊疗一切。②

因时局危迫，市自治界徇各区坊市民之请，依据市组织法规定组织一永久慈善团体，定名为自治团体共济会，专辅助各善团办理一切救灾恤贫等事项。王墨林、李少棠、徐翰臣等分别当选为正、副会长指导救济事宜。③

华北发生战事后，天津市政府组织了河北省天津市各界合办救济华北战区灾民委员会，以救济华北战区为宗旨，会址设于河北省政府内，会员由河北省天津市各界人士组成。他们得到北平救济委员会五十万元，分发河北各省被灾区，并拟请本市各善团如红卍字会、红十字会等机关函商会

---

① 《难民从此得安居》，《益世报》1933年5月31日，第二张第六版。
② 《东局子难民苦况》，《益世报》1933年6月14日，第二张第六版。
③ 《共济会成立》，《益世报》1933年6月21日，第二张第六版。

同派专员前往战区散放，并到各县进行查放。9 月 8 日报道救济华北战区灾民委员会急赈组，派专员李春扬、张德熏二人分赴林、榆、滦县查放。9 月 7 日黄十字会派出会员二人与该组商洽担任查放工作。此次急赈款项四十万散放各县灾黎，十万元办赈衣赈粮。急赈组设置巡回医疗队三队，聘定医师，携带应用药品，轮流分赴各县区，实施诊疗疾病。无论医药等项概不收费，并为预防时疫起见施行播种牛痘注射伤寒霍乱疫苗借以消灭隐患而资救济。① 华北战区急赈会急赈组还拨发蓟县一万元，派专员到县查放急赈。

据报道，华北战区救济委员会急赈组此次赈济战区十六县灾黎总额共计三百四十八万五千四百九十六人，次重人口一百〇八万九千五百七十三人，较轻人口九十八万二千七百〇二人。②

这个时期，天津市各慈善团体对战争造成难民进行的救济虽然在一定范围内，救济的资金有限，但是各团体毕竟尽各自的努力将战争造成的损失降到了最低，力所能及地帮助了受灾人群维持生活，渡过难关。

二　陕西灾荒及慈善社团的救助活动

1928 年一场罕见的大灾荒漫卷而来。"旱荒以陕西为中心，遍及甘肃、山西、绥远（今属内蒙古自治区）、河北、察哈尔（今分属河北、内蒙古）、热河（今分属河北、内蒙古、辽宁）、河南八省，并波及山东、苏北、皖北、湖北、湖南、四川、广西的一部或大部，形成了一个面积广袤的旱荒区，从 1928 年一直延续到 1930 年。"③

（一）民国陕西的灾荒概况

在陕西关中，1928 年干旱来得特别早，延续时间长，从 3 月到 8 月，没落过一滴雨水。往年水盛时舟楫摆渡需要 3 个小时的渭河也露出了河床。第二年谷雨时分是夏麦收入的关键时期，"一场巨大的风沙、冰雹和黑霜又袭击了东自朝邑，西至阳武的十几个县。此后的夏秋两季依然是烈

---

① 《办理战区救济急赈与防疫决定兼筹并顾》，《益世报》1933 年 9 月 8 日，第二张第六版。

② 《战区十六县灾黎统计达三百万》，《益世报》1933 年 11 月 17 日，第二张第五版。

③ 李文海：《中国近代十大灾荒》，上海人民出版社 1994 年版，第 169 页。

日当空，四野龟坼。"① 1929 年与 1930 年之交，关中恐怖景象就普遍地出现了。漠漠荒道上，往往有饥饿者刚刚倒毙就被人切割得支离破碎目不忍睹，有的饥民甚至刨墓掘尸煮食。

俗话说，大灾之后必有大疫。陕西疫灾在三十年代初几乎年年爆发。流行地区蔓延较广，遍及全省，尤以关中与陕北为最。"1930 年陕西关中、榆林及汉中区北部等广大地区爆发了一场被时人称之为'春瘟病'的大瘟疫，传染所及达 57 县。"② 关于陕西全省人口损失数，说法不一。"据国民政府有关资料统计，民国 17 年全省 91 县（包括西安、长安）户数 210 余万户，1180 余万人。民国 18 年（1929）灾荒波及 80 余县，同年 11 月全省死亡达 250 万人，外逃 40 余万，灾民 535 万余人。全省人口锐减至 860 余万。"③ 旱灾、风灾、虫灾、雪灾及战乱使得陕西人民处在饥寒交迫的死亡线上，在这种情况下，国家、社会如何实施对灾民的救助就显得至关重要。

（二）天津社会各界对陕西的灾荒赈济

陕西灾害的酷烈引起了全国关注，灾荒消息传到天津后，天津社会各界积极行动起来支援陕西受灾难民。天津市迅速成立了以市长崔廷献为会长，慈善家朱庆澜为副会长的赈济西北灾民捐募委员会。他们几度开会，决定募捐救济灾民，拟就募捐组织计划大纲，确立了募捐原则。

1930 年 3 月 16 日委员会在西湖饭店宴请军政当局暨银行界 60 余人，由赖兴儒报告了捐募委员会成立经过及工作概况。为统一市筹赈机关，决定将青年会西北筹赈会并入赈济西北灾民捐募委员会，聘请朱庆澜为捐募委员会副会长，其余各委员及监察均聘为捐募委员会委员，并将青年会西北筹赈会所得捐款移交该会。以后关于西北的赈灾事宜均由该会办理。

赈济西北灾民捐募委员会成立以来为筹集赈灾款项：一是发行慈善券，一是发行皮毛券。青年会西北筹赈会"为竭力宣传起见，经过向各影院交涉，于开映前代映灾地写真照片，并于影院中设置救命箱以便观众随时捐助"①。1930 年 3 月 24 日天津市为办理西北灾赈，决定托朱庆澜购买赈粮，托给华洋义赈会散放，所有捐募赈款，应需杂费均由市政府拨助，不在赈款内动支分文，赈款由捐募委员会交中交两行保管，不由任何人间接经手。并一再强调，对所筹之款"动支必从严格，郑重向社会公布，使公众知此项捐款。将来购粮有人，散放有人，保管有人"。做到款项使用公开透明，增加群众的信赖度，以利捐款积极进行。② 1930 年 4 月朱庆澜赴山西向阎锡山请求拨车转运赈粮，得到应允，10 日由丰台装粮起运。18 日朱庆澜"赴郑州，转战陕州，催促转运，并就安新渑池观音堂灵宝等处，开办粥厂，并等运粮的空车皮，酌运灾民出关安插开垦"。"1930 年春，朱庆澜偕国内南北各慈善团体同人，赴陕赈救，初经军政长官协助拨给车辆，得以押运各方所捐赈粮四千余吨入陕"。③ 经过全面赈灾动员，赈灾会捐募委员会截至 1930 年 7 月 26 日共计收款三十八万八千七百八十一元四角八分，电汇西安二十七万二千五百元，面粉玉面二万三千○五十袋。朱（庆澜）去陕，将实存本会的四万七千三百八十五元七角四分，扫数携去，实施散放。④ 朱庆澜报告了华北慈善联合会截至十九年底所收赈款，由天津汇至西安赈款共计五十一万七千○六十元，北平汇至西安赈款共计十一万三千六百元，上海汇陕及在陕捐募赈款共计一万五千二百一十元五角三分六厘，以上共收赈款六十六万五千八百七十元五角三分六厘。陕灾急赈募捐委员会用于急赈计三十五万九千余元；用于工赈及特赈计十一万五千余元（此项包括修筑灾区道路桥梁、掩埋饿殍、施舍棉衣等）；用于教养灾童项下者计八万余元；用于冬赈粥厂项下者计十一万元（此项较已设之粥厂所需款数相差尚在十万左右）。⑤

天津赈济西北灾民捐募委员会不但在天津当地积极地宣传与捐募款项，而且还派专员深入灾区第一线指导救助。他们在陕西灾区主要从事以下救助行动。

1. 施放急赈。1930 年春秋之前，朱庆澜初次到陕，他与当地人士讨

---

① 《救命箱青年筹振会在各影院设置》，《大公报》1930 年 2 月 27 日，第三张第十二版。
② 《社评本市办理西北灾赈之进行》，《大公报》1930 年 3 月 24 日，第一张第二版。
③ 《朱庆澜到津朱氏报告在陕工作情形》，《益世报》1931 年 1 月 10 日，第一张第四版。
④ 《朱庆澜再来津收款实数》，《益世报》1930 年 7 月 26 日，第二张第二版。
⑤ 《朱庆澜到津朱氏报告在陕工作情形》，《益世报》1931 年 1 月 10 日，第一张第四版。

论救灾方针。募捐委员会在兴平、扶风、岐山、乾县、三原、醴泉、韩城、蒲城、汉中等灾区放急赈救济灾民;保存农具,散放秋粮籽种。天津赈济西北灾民捐募委员会在救治灾民中实施标本兼治方针。灾区灾民,由于饥寒所迫,就贱价出售农具作燃料。针对这种情况,捐募委员会特在兴平创设农具贷质处。陕西省赈务会也在咸阳、醴泉、武功等县仿设;① 此外救灾委员会向灾区积极散放籽种,指导灾民实行生产自救。北平五台山普济佛教会捐助的玉米三千包,由天津赈济西北灾民捐募委员会运到岐山、兴平、乾县、醴泉、周至、咸阳、泾阳、三原、长安、高陵、蒲城、华阴、临潼、渭南、朝邑等灾区散作籽种之用。1930 年秋,灾区秋禾又多为蝗虫所食导致灾民无力播种,天津赈济西北灾民捐募委员会又选重灾区域兴平、武功、扶风、乾县、醴泉、咸阳、郿县七县购散麦种。

2. 救济老弱妇女及儿童。老弱妇女及儿童是灾区的弱势群体,天津赈济西北灾民捐募委员会在各灾区设妇女收容所、灾童收容所、养老所以为临时之救济。据《陕西省志·民政志》记载:"民国十八年(1929)陕西大旱,灾民饿死很多,不少幼童被弃,华北慈善联合会朱庆澜来西安施赈设立华北慈善联合会陕西灾童教养院。该院收容灾童最多时 1700 余名。"赈灾委员会"设灾童教养院于西安,有男女灾童九百余人,设灾童教养所于扶风,有男女灾童约四百人"。赈灾委员会人员对这些灾童实行"教养兼施,身心并救。内设纺织、缝纫、木工、制鞋、理发等科,拟于短期内授以普通知识,及养身技艺,俾为社会造成自食其力之良好公民"②。对妇女的救济更注重对其职业的培养,捐募委员会设织染厂两处于西安,收容灾区妇女,并于兴平设妇女纺织资本处。

3. 工赈修路筑桥,兴修水利设施。天津赈济西北灾民捐募委员会为救济灾民,在灾区实行以工代赈,修筑武功兴平间汽车路九十余里,五丈原原坡之土路,并联合各慈善团体修筑岐山东鲁班万缘桥及宝鸡县境川陕交通大道,青江河铁锁索等。他们约请地质水利专家视察泾渭流域,协助华洋义赈会及陕西省政府实施钧儿嘴龙洞渠引泾水利计划。

4. 注重灾区防疫。1930 年夏,天津赈济西北灾民捐募委员会派员至

---

① 《朱庆澜到津朱氏报告在陕工作情形》,《益世报》1931 年 1 月 10 日,第一张第四版。

② 同上。

陕灾重各区代埋遗骸，眉县境内就有六千余具之多，乾县也在三千以上。① 灾区患时疫的人很多，天津赈济西北灾民捐募委员会承上海及平津各慈善团体捐助的两万余元药品在关中及汉中一带灾区施舍，活人无算。

5. 施舍棉衣，筹办粥厂。1929 年冬，陕西灾区因冻而死及残废者，人数颇多。天津赈济西北灾民捐募委员会在赴灾区救灾中吸取了以往教训，做到了未雨绸缪。1930 年冬，该会特制棉衣数千套，在各灾区择最饥寒者施给。捐募委员会在兴平、武功、扶风、岐山四县及郿县横渠设粥厂十处。天津赈济西北灾民捐募委员会在灾情较重的武功设粥厂二处。陈一甫、周实之、娄翔青，诸大善士经募专款在扶风杏林镇设立粥厂一处，就食者有五千二百余人。② 正是天津社会各界对陕灾的热切关注，对灾区实施的积极救助，才使数以万计的灾民得以存活。

（三）赈济陕灾取得重大成就的因素分析

陕西发生灾害后，天津社会各界快速采取行动对其进行人道主义救助，成绩之大，众所周知，正如当时天津市市长崔廷献所说："来年不幸，灾祲频仍，本市在军事时期，募款总数，竟达三十余万，实出人意料。"③ 天津市之所以取得如此巨大的成绩主要在于以下几个方面。

1. 天津市政府主要领导人对赈灾的积极支持和参与。1930 年 7 月 25 日晚，天津市市长崔廷献在急赈会上演讲指出：外埠之所以不如天津，其原因在于政府不提倡。由于公务繁忙崔廷献特意安排秘书长停止全部公务，专办赈务；实际上，据《大公报》2 月 2 日报道，青年西北筹赈会公推崔市长担任名誉会长，崔已面允，"并代函总商会及商民协会转各同业公会及商民分会，对于捐款，广为劝募"。④ 2 月 15 日，《大公报》报道"崔市长自接到聘书后，对于此事颇具热心，故特拟于一二日内宴请全体募捐委员，以研究募款进行方法，至于一切费用皆由崔氏本人负担"。

2. 慈善人士的宣传带动。在对陕西的赈灾中有热心慈善、有威望之人提倡宣扬。正如崔廷献市长所言，如果社会无领袖人物积极提倡进行救

---

① 《朱庆澜到津朱氏报告在陕工作情形》，《益世报》1931 年 1 月 10 日，第一张第四版。
② 《朱庆澜到津朱氏报告在陕工作情形》，《益世报》1930 年 1 月 10 日，第一张第四版。
③ 《朱庆澜再来津市长讲话》，《益世报》1930 年 7 月 26 日，第二张第二版。
④ 《青年西北筹赈会崔市长允任名誉会长日来正积极劝募》，《大公报》1930 年 2 月 1 日，第三张第十二版。

灾，则社会必然对之极漠然。青年西北筹赈会会长张周新为鼓励一般募捐，"自捐出银花插绣品玉瓶字画等物四十余件"。此外，张周新为赈灾事业"终日奔走，演讲灾况，2 月 2 日，在维斯礼堂公开讲演，听者均极为感动，当时在座者均踊跃解囊助捐，立得八十余元，即连日送款到该会者，亦得五十余元"。① 著名慈善家朱庆澜在宣传赈灾方面做了相当多的工作。1930 年 7 月 25 日晚，急赈会在天津西湖饭店开会时崔廷献市长表扬了朱庆澜在赈灾中做出的努力，他说："本市倘无朱将军之热心提倡，高声疾呼，亦难得现在之成绩。"② 陕灾发生后，朱庆澜三次亲临陕西第一赈灾现场，第三次留陕主持赈务达五个月之久。据报道："华北赈灾会长，西北筹赈会委员长朱子樵，于募款购粮等事尤不遗余力，该会及上海济生会、华洋义赈会等集有捐款十万余元托朱氏到东北购办赈粮。"③ 朱庆澜在东北购买赈粮后并亲自押运粮车出关前往灾区施救。

3. 各大报刊的积极宣传。陕灾发生后，《大公报》致函陕方请求逐日来电报告（赈款）散发情况以便宣传。捐募委员会李组绅还积极与"益世、新晨两报接洽请两报派人加入以利宣传和劝募"。各大报纸对赈灾的各项会议及救助措施进行了积极的报道，对捐款者每捐必登报鸣谢，在社会上造成了很大的声势与影响，同时针对救灾各项方针政策开展了广泛地讨论。《大公报》对本次灾荒报道的篇幅之大、持续时间之长是《大公报》自创刊以来所仅有。报刊不遗余力的宣传，让人们及时了解灾区的概况，这对援救灾区起了不可低估的舆论导向作用。

4. 各团体的热心参与。在天津，首先行动起来的是青年会，青年会同仁平日对社会公益及慈善事业素抱热心，得知陕灾后，经最热心的干事数人奔走接洽，邀请各界知名人士如张季高、杜芝良、张伯苓等发起成立青年西北筹赈会。1930 年 1 月 13 日开会讨论内部组织，并决定由委员会分头负责代向戚友劝募，以期迅速集成。④ 募捐股于 25 日讨论募捐进行办法，"请托《大公报》馆为总司库，凡每日募捐之款，皆分登报端，以

---

① 《青年西北筹赈会募捐工作》，《大公报》1930 年 2 月 3 日，第三张第十一版。
② 《朱庆澜再来津市长讲演》，《益世报》1930 年 7 月 26 日，第三张第十二版。
③ 《赈粮将入关》，《大公报》1930 年 3 月 25 日，第三张第十二版。
④ 《青年会组织之西北筹赈会》，《大公报》1930 年 1 月 14 日，第三张第十二版。

资征信"①。平安影院于一月八日开演陕灾慈善电影募款。北华电影公司允借影片《海滨奇缘》给青年会七、八两日在青年会礼堂开映，每天开映两场，售票所得之款，全数助赈。②

5. 民众的积极响应。陕灾的消息传到天津后，人们踊跃捐款，大公报社"门前有勇于救命者之足迹，上自皓颜老叟，下至髫龄幼童，咸赍捐款以至"③。熊希龄的残疾儿子，将自己储蓄的三百元捐出。熊希龄的两个女儿替她们的孩子捐款一千二百大洋。市益生机械工厂同仁因见报载陕西灾情惨状，特集款一百元，嘱为代赈陕灾。女伶林曼云看到报纸所载视察团的呈文，遂投书大公报，为陕人请命，表示"愿合伶界共成义举，俾集金赍救济灾黎"④。各界赈灾会邀集校长讨论小学生分区募捐。此次捐款可以说无论政府官员还是普通人民，无论年长者还是孩童无不热情参与。体现了天津人民乐善好施，在困难面前关心受难同胞，同呼吸共患难的伟大情怀。

总之，民国陕西的灾荒是人民饱受折磨的一个缩影。在民国，由于自然灾害及军阀之间的混战，国家内部不统一，造成了各地割据状态，使得社会处于一种无序的状态，民国政府对灾荒采取的救助措施也很不到位，而民间的各种慈善组织在灾荒救济中就扮演了重要的角色，这是对政府救助的一个有益的补充。天津作为近代开埠较早的城市，慈善思潮的传播为近代天津慈善救助事业的开展奠定了一个良好的基础。在天津无论是本地救助还是对全国其他地方的灾荒救助，天津社会各界都踊跃参加，这充分反映了近代天津社会的文明发展程度及天津人民乐善好施的友爱互助精神。

三　江淮水灾及慈善社团的救助活动

1931 年 7 月，由于受到北太平洋上强大高压和鄂霍茨克高压的影响，雨带徘徊于长江流域一带，7 月长江流域降雨量超过了常年同期降雨量的

---

① 《青年西北筹赈会正在积极进行募捐》，《大公报》1930 年 1 月 25 日，第三张第十二版。
② 《青年西北筹赈会努力募捐工作》，《大公报》1930 年 2 月 3 日，第三张第十一版。
③ 《社评陕灾之造因及目前之转机》，《大公报》1930 年 5 月 15 日，第一张第二版。
④ 《女伶林曼云为陕人请命》，《大公报》1930 年 1 月 19 日，第三张第十版。

一倍以上，致使江湖洪水满盈。干流容纳不了从各支流滚滚而来的大水，长江干流从湖北石首到江苏南通，沿江堤防漫溢 354 处，武汉、九江、芜湖、安庆、南京、镇江、无锡、扬州等地相继被淹。武汉三镇被灾尤烈。8 月 1 日，武汉单洞门溃决，大水咆哮着冲向市区，汉口全市除地势较高的少数地方和防守得力的日本租界外都被淹没了。15 日，日本租界也淹没于水中。19 日，江汉关水位达到 53.7 英尺，比 1870 年 8 月 4 日汉口最高水位还要高出 3 英尺有余，开江汉关建关以来水标的最高纪录。"武汉三镇被淹没水中达两月之多，受灾 16 万户、78 万余人，待救灾民 23 万多人。据事后统计，死于此次水灾的共 33600 人，武汉遭此重创，逐渐由盛转衰。"① 这场大水直到 9 月 6、7 日才逐渐退却。大批民房被水浸塌，到处是一片片的瓦砾场。店厂歇业，百物腾贵。2200 多只船艇在通衢大道上往来行驶。另据统计，"中下游地区被淹没农田 5000 多万亩，灾民达 2800 多万人，被洪水夺去生命的有 14.5 万人。武汉最高水位达 20.20 米，创 1865 年建站以来的最高纪录。"②

在湖北、湖南、皖南和苏南等长江干支流沿岸的广大农村，更是洪水袭击的重灾区。湖北监利新堤溃决，全县覆没，逃亡者 30 万。湖南汉寿，全县 330 余垸全部冲毁，50 余乡村不见踪迹。安徽无为，全县大小 940 多个圩围也都被淹没了，膨胀腐烂的尸骸漂流堆积，惨不忍睹。③ 正当江淮大水肆虐成灾之时，作为政府首脑的蒋介石，此时却集中精力对共产党实施"围剿"，1931 年 8 月 28 日蒋介石抵达重灾区汉口。9 月 1 日，蒋介石视察水灾并发表了一篇弭乱救灾的电文。关于这次大水，蒋介石认为纯属天灾，非人力所能克服，这么荒唐的谬论把政府应尽的救灾责任推卸得一干二净。

江淮水灾发生后，天津市慈善事业联合会收到河南省政府主席刘峙及安徽省政府的通电，请求赈济水灾。天津市慈善事业联合会决定将战地急赈会赶办结束准备改组水灾急赈会，8 月 19 日，娄翔青在天津水安饭店宴请慈善家朱子桥协商办赈救济江淮水灾区，20 日晚朱子樵南下，专门

---

① 陈颙、史培军：《自然灾害》，北京师范大学出版社 2007 年版，第 281 页。
② 全国重大自然灾害调研组：《自然灾害与减灾》，地震出版社 1990 年版，第 242 页。
③ 刘仰东、夏明方：《灾荒史话》，社会科学文献出版社 2000 年版，第 129 页。

办理江淮水灾。27 日下午三时，天津市绅商党政各界，在市政府举行水灾委员会成立大会，到会者有二百多人，首由市秘书长邹希古报告张市长电告召集成立大会之原因，次由全希伯参事宣读张市长来电，当即举定张品题为临时主席，大会决议：（一）本会名称定为天津市救济水灾委员会。（二）会址设于市政府内。（三）本会为委员制，设委员长一人，副委员长二人。（四）设总务、赈务两部，各设部长一人，总务部分文牍、庶务、会计三股，各设主任一人，赈务部分为劝募、交际、宣传、施放四股，各设主任一人。（五）公推张市长为委员长，颜俊人、张品题为副委员长，全希伯为总务部长，纪华为赈务部长。各股主任由各部推荐函聘，报告大会追认。[①]

29 日下午五时，救济水灾委员会举行第二次会议，到会者有张品题、颜俊人、卞白眉、王小岩等各界人士百余人，讨论组织规程草案及各项提案，指出本会以筹款救济各省水灾为宗旨，由天津市各界人士组成，本会各职员均为名誉会员，概不支薪。本会遇有重要事务，全体大会由委员长或副委员长随时召集，本会每周于星期二、五开干事会二次。

大会为筹款采取了以下措施：（1）由张品题、颜俊人分别与天津市银行公会总理卞白眉、钱商工会会长王晓岩接洽。经过银行公会召集常委会讨论，经商议后，均以水灾奇重，可先垫拨赈款三万元，由募捐之款随之归还。同样钱商工会，也由各商研究，垫拨五千元，由以后所募之款中扣除。最后李律阁代表万国及华人两赛马会同仁认捐五千元。这样，统计市政府垫付两万元，银行公会允垫付三万元，钱商工会允垫五千元及华人万国两赛马会捐五千元共六万元汇齐后交朱子桥带赴灾区助赈。（2）"请本市党政、女界、士绅、华侨、商会、教育、新闻、银行各设救济水灾分会，共策进行，以襄善举，收博施济众之效。"[②]（3）指出本会指定几家大银行，作为代收捐款机关，除指定十五家银行外，并请《益世报》《大公报》《庸报》等三报馆代收。（4）宣传拟定水灾讲演周之日期，请教育局通知各宣讲所，并函各学校征求水灾画会，印发传单。赈济水灾委员会

①　《市救济水灾会成立》，《益世报》1931 年 8 月 28 日，第三张第十版。

②　《市救济会昨开第二次全体委员会决先集六万元汇交朱庆澜》，《益世报》1931 年 8 月 30日，第三张第十版。

分队讲演，化装讲演，函电影园加映水灾文字及画片等。会上还提出了其他的募款办法，如水灾赛马、书画展览、演义务戏、华洋跳舞会、游艺大会、十人团、劝捐衣服、电影募捐、函商会劝各商自认募捐，函市党部及社会局倡导各级工会自认捐款，函教育局令各学校自动捐款等项。市水灾救济会决议印发捐启进行募赈，规定娱乐场所餐馆饭店征收加一赈捐，决交社会局办理暂定两个月为期。

北宁路局自南方水灾发生后，即准备捐款赈济。9 月 1 日，经各处处长联席会议讨论之结果，决定采用行政院规定按薪扣赈的办法由局扣算。为应灾区急需起见，先由会计处垫款二万元电汇上海水灾急赈会朱子桥将军，以便散放。各职员按薪扣赈应得实数若干，俟由会计处按照各人薪水数目扣算后，如超过两万元之数再由下次汇交朱庆澜。①

在水灾赈济委员会的号召下，南开学生组织水灾赈灾会，该会定于九月五日开学后正式结束。各种捐款结束后汇往灾区。连日捐款达七八百元。他们发行小捐册、设立捐钱箱、演电影、举办游艺会、组织发队向行人及住户劝捐，他们还在校内及校外附近满布各种标语及书画进行劝募。此外，他们还利用该校考试新生之期对投考的新生在入场时派人在门前劝募。

本市各工会，于 31 日下午讨论赈济水灾募捐事宜，成立水灾急赈会，开各工会代表大会讨论关于组织及一切赈灾募捐事宜。

中原电影公司全体同仁捐款 3000 元，并定于 8 月 31 日演剧一场，所得收入一律助赈。市妇女文化促进会邀请女界名流于 9 月 2 日开会讨论组织成立妇女水灾救济会，决议募款日期为一个月。他们还往各户劝捐并将衣服运往灾区散放。捐钱或募捐或自由捐送交指定报馆代收。对于募款经费，所募捐之款概不动用，所有车资各委员自备。

教育局长邓庆澜 1 日召集各校校长讨论一切，经决定由各校分别组织宣传队全体动员出发赴各地讲演被灾各省状况作扩大宣传。2 日下午三时，救济水灾委员会教育界分会在市教育局召开成立会，公推主席邓庆澜，副主席时子周、刘敬兴，常务委员陈星彩、姚书成、高樾青等十一

---

①　《市救济水灾会继续筹募赈款》，《大公报》1931 年 9 月 2 日，第二张第七版。

人。讨论进行办法、募捐原则，如个人劝募、游艺捐、学生家庭劝募等。①

市自治事务监理处处长刘梦扬，召集各区长在第一自治区讨论赈灾募捐，并决定由各区自行设立救济水灾委员会。以各区区长为本区主席委员，街村长副担任宣传，闾长担任按户劝募，以邻长协助之。各区区长、区助理员及街村长闾邻长等个人，应尽力认捐若干，以资提倡外，另由各闾长亲自向本闾各住户和平劝募，每户认捐之数目少至一二角，多至三五元，听其自便……②

天津市狮子会联合扶轮社及外国各商会，组织天津侨商水灾救济会，并由狮子会扶轮社电美国总会，转请各分会尽量捐助，以拯灾黎，并在小白楼二百八十五号设立办公处指导捐务赈济工作。

天津公教进行总会，接到市水灾救济会的公函后，于9月6日下午召开指导委员会，成立分会，全体表示赞成，呈请备案，并议定向各教堂接洽，请派员出发讲演，竭力劝募。③

江淮救灾运动，天津市社会局作为本次水灾慈善救济的主体，为了预防救灾中出现流弊，进行了认真的指导，社会局宣布了募捐办法两条，布告各界赈灾团体，要求各团体到社会局进行登记，并要求慈善机构将捐册送社会局盖印，以便稽核和对成绩优异者进行奖励。

9月10日下午四时，市救济联合会召开会议，水灾急赈会张学铭在临时常务会议上迅即拨款一千元交由水灾急赈会汇转。张学铭再次强调要根据中央命令三个月收入在百元以上者减薪百分之五助赈。除了对灾区进行经济救助外，对灾区逃来的难民决定设宽大收容所在车站附近以资便利，派警察调查河南会馆及车站附近之空地盖搭栅蓬收容难民。

市水灾救济会于11日下午三时在市政府召开第三次全体大会，张市长再次强调社会各界要群策群力救助江淮此次水灾。全希伯报告市政府派医生两人奔赴灾区服务。华北电影公司演有声赈灾电影，每区各派警十人保护，教育界自十二日起开始大规模募捐。

---

① 《救济水灾教育界分会成立》，《大公报》1931年9月3日，第二张第七版。
② 《自治区成立救灾会》，《大公报》1931年9月4日，第二张第七版。
③ 《公教进行会奋起救灾》，《益世报》1931年9月7日，第二张第七版。

　　在水灾救济会的指导下，在各界的努力下，本次赈灾取得了很大的成绩。社会局派员调查全市赈灾团体及其捐款数目，截至 9 月 11 日止，计赈灾团体八起，共收捐款十二万九千〇八十四元一角三，此外尚有四起，均未收捐款项。此外浙江会馆，武汉水灾急赈会，刻在筹募中。[①] 市救济水灾委员教育界分会，对于筹募赈款，积极筹备进行，各校学生，分组劝募团，持旗沿途劝捐。[②] 市筹赈会收款报告：市筹赈会公布自九月九日至十二日收到各界捐款统计收洋两万二千三百二十七元四角九分。

　　市水灾急赈会，前经第三次大会决议，由各会各界公所代收赈衣，最后交由天津北门内纲布纱厂同业公会汇存，赴送灾区。[③] 安徽水灾急赈会于 1932 年 3 月办理结束，共收款四万五千九百五十三元〇二分。日本侵略者发动了九一八事变，大批东北难民逃亡来津，天津市党部在 9 月 24 日开会讨论成立救济难民联合会。12 月，天津市由于津变急赈，遂成立了津变急赈会展开救济。

　　对于此次江淮水灾，天津市从社会局到各慈善团体、工业界、金融界、教育界、各娱乐行业、各大报刊都倾注了极大的人力物力劝募赈款进行救助。市长张学铭亲任救济水灾赈济委员会委员长，政府各部门政要也担任了救济水灾委员会各部的部长或副委员长，并将委员会设在市政府内。为筹款北宁路局及市政府采取了减薪助赈的办法。正是在市政府的带动下，各机关、慈善团体及各界才有了积极的救灾热情，在短时间内募集到巨款汇往灾区，对灾民实施及时的援助。

---

① 《救济江南水灾津市捐款统计十八万九千〇八十四元》，《益世报》1931 年 9 月 13。
② 《学生募捐今天开始》，《大公报》1931 年 9 月 12 日，第二张第七版。
③ 《市筹赈会募衣运动》，《大公报》1931 年 9 月 15 日，第二张第七版。

第 四 章

日伪统治时期的天津慈善
社团（1937—1945）

第一节　本阶段天津慈善社团组织状况

日本占领天津后，成立了日伪统治政府。日伪政府统治天津期间对天津进行了疯狂的经济掠夺，但是为了维持天津社会的稳定，他们沿袭了天津举办慈善的传统。这个时期，慈善社团组织活动和以前相比已经发生了明显的变化，有的慈善组织在日本占领天津后解散，有的领导者、组织者退出了日伪政府组织的慈善救济活动，有的逃离了这个殖民统治的城市而远走他乡。成立于辛亥革命时期的天津红十字会作为天津最大的慈善组织也"因在沦陷区域，故无法活动"。[①] 作为在全国有着广大会员的红卍字会，在抗日战争爆发后，世界红卍字会中华总会及各地分会，组织联合救济队，分赴各地救护伤兵难民，掩埋尸体。"红卍字会于北京设立收容所13 处，临时医院 2 处；天津设立收容所 9 处。京津两地的救济队共收容难民妇孺 22000 余人，治疗伤兵 4600 多人，掩埋尸体 700 余具。"[②] 该段时间内也很少参与慈善活动，还有其他的一些传统慈善团体干脆就偃旗息鼓而避难自保。由西方传教士组织的团体，如中华基督教协进会救济会、青年会等西方慈善社团由于受到日本侵略者的干预较小，所以他们在力图通过传教对中国人民进行思想同化的过程中为了继续获得中国人民的好感

---

① 《红十字会津会改组》，《大公报》1946 年 10 月 21 日，第二张第五版。
② 方竞、蔡传斌：《民国时期的世界红卍字会及其赈济活动》，《中国社会经济史研究》2005 年第 2 期。

而进行了一定的难民救济活动，这也是在津埠慈善弱化的形势下，他们的慈善行为值得肯定的一面。

日本侵略者占领天津后，为了显示他们建立"大东亚共荣"的"诚意"与表达他们的"慈悲"之心，在开始占领天津的时候，由日本天津驻军司令香月拨助面粉10000袋委托商会对天津难民予以救济，商会为了扩大救济范围同三津磨坊签订了将面粉兑换成玉米面的合同。为了鼓励人们参加慈善活动，天津市政府重新颁布了对从事慈善活动的社会人士进行奖励活动的条例。① 1939年救助天津水灾的活动可以说是本时期救济开展最好的一次。天津商会水灾救济会在这次救济中做出了应有的贡献。部分慈善团体如天津救济院、黄卍字会、青年会山东会馆、功德林、西老公所普善施材总社等在这次水灾救济中本着自身的人力、财力对难民进行了一定的救助。

该时期，天津市政府对各慈善团体及其他团体进行了重新登记。他们认为天津市人民组织的各项团体种类纷繁，向无稽考，自经事变后因环境的变迁或地址变迁或负责无人或停顿进行或改组设立情形各有不同，遂致凌乱失序，应予以调查以便管理。于是拟定了天津特别市人民团体组织暂行管理办法管理本市人民团体，调查一切，重新登记。

表4—1　　　　　　1939年天津市政府登记的慈善社团列表

慈善社团	地址
天津市公善施材总社	西头老公所
天津市公善抬埋善社	西头鱼市大街
天津市引善社	府属大街二十二号
天津市备济社	特二区粮店街孙家胡同
天津市广仁堂	西南城角
天津市济生社善堂	东门内石桥胡同
中国红十字会天津分会	河北大王庙前
崇善东社	河东尚师傅坟地
世界红卍字会天津分会	日租界桃山街五号

① 对"一、德行优异，二、有功地方，三、热心公益"的人士由当地官署转呈省公署咨请内政部请予褒扬。主要采取送给匾额和褒章的形式。《天津特别市公署公报·法规》第十四号。

续表

慈善社团	地址
北善堂	河北西窑洼大街
天津市积善社	城内费家胡同后八号
黄十字会	河北大经路
体仁广生社	北门东小大院
公善抬埋社	河东李公楼前街
同心抬埋社	堤头大街
天津市广济补遗社	河北关下募安寺
明德慈济会	日租界桃山街八号
天津市乐善堂	特一区
蓝卍字会	法租界大同桥东文新里二一三号
天津市黄卍字会	望海楼后
北京正字慈善会天津分会	南开大街路西八号
（宗教社团）佛教居士林	东南城角清修院内

资料来源：河北省档案馆藏《行政纪要》。①

　　但是，这个时期总的来说，由于天津社会经济动荡，物价飞涨。慈善社团救济无论从参与数量组织规模，救济力度与前期相比均出现弱化的趋势，但是这个时期部分慈善社团还是本着慈善的精神，力所能及地组织实施了一些救济活动。

第二节　慈善社团在平常年份的救助活动

　　全面抗战爆发以后日本侵略者发动了对天津的进攻，中国军队进行了一定的抵抗后，7月30日，大批日军从大沽口登陆天津，天津沦陷。1937年12月，日本在北平策划成立了"中华民国临时政府"，在天津成

---

　　①　该年进行登记的慈善社团还有各水会，如大直沽中街七十六号的福善西局，大直沽玄帝庙的同善水局，大直沽药王庙的普善水局，鼓楼东大街仓门口的公善水局，西门内城隍庙前的卫安水局，城内龙井街二号的井泉水局，药王庙前派出所义和街七十七号的公善助水会，城内乡祠前的天泉水局，辛庄大街十九号的辛庄伍善水局，河北堤头大街五十一号的保郡水局。此外，得到批准的还有天津基督教布道团、山东旅津同乡会等社团。

立了天津市公署，高凌霨由维持会长变为"天津市长"。"日本占领天津后进行了大规模的经济掠夺，并以天津作为掠夺华北的中心，以支持在中国的侵略战争"。①

京津沦陷后，不少市民避入租界，生活医疗等均极困难，慈善社团功德林本着利乐众生救护同胞的宗旨，以佟楼大厦为院址组设产妇医院，由张伯麟居士主持院务，为缺医少药的妇女同胞进行义务诊治护理，林友中亦有发心襄助的，均是义务职，经过数个月后，秩序稍见平静，乃告结束。②

天津沦陷，美英帝国主义不甘心他们在中国的特权被日本帝国主义剥夺，企图在日本侵占中国的土地之后，在中国人心方面保留对它怀念的思想阵地，特别是通过救济方式，收买中国人心。当时基督教内的外国传教士留在天津的仍然很多。1938 年前后成立中华基督教协进会救济会天津区分会，办公地点设在巴黎青年会内，当时青年会曾把这项工作当作首要任务。各教会的英美传教士几乎完全投入这一工作并担任着重要职务。为了把救济工作深入到农村，他们还把天主教的部分教区也包括在内并约请法国神父司义芳和荷兰神父杨仁祉参加了具体的放赈工作。救灾范围包括天津市和河北省的十七个县。一年中共赈放了五万五千余元，其中四万一千余元用于乡村，一万五千元用于市内，青年会在这期间曾由联青社捐了一些款项在市内扩充了工赈学校和义务小学两处。③

天津基督教女青年会（一九一三年天津成立女青年会，至一九二二年协会正式成立），1937 年"七七事变"后，难民状况极惨，女青年会曾先后与市立女医局、万国协会合办临时难民诊疗所三处：一处在女青年会楼下，专为妇科而设；一处在李善人花园；一处在佟楼。此外女青年会每年还举办各种救济工作。每年搞冬赈，发放会员捐的冬季衣物和玉米面等，据 1937 年统计"受惠难民共 2340 余户，计成人 45000 人，儿童 5000

① 天津社会科学院历史研究所、《天津简史》编写组：《天津简史》，天津人民出版社 1987 年版，第 358 页。

② 中国人民政治协商会议天津市委员会、文史资料研究委员会：《天津文史资料选辑》（第九十辑），天津人民出版社 2001 年版，第 83 页。

③ 中国人民政治协商会议天津市委员会、文史资料研究委员会：《天津文史资料选辑》（第二十一辑），天津人民出版社 1982 年版，第 139 页。

余人"①。每年夏季他们就施舍暑药和茶水。这个时期难民救济成为女青年会的中心工作。

临近冬季，天气寒冷，风雪交加，对难民救济是天津历年要做的事情，最常见的办法就是由市政府成立冬赈委员会并约同各慈善团体设立粥厂。1937年10月，伪治安维持会社会局接到了日军香月司令捐助的白面粉10000袋，为了扩大救济范围，维持会决定以面粉换购玉米面赈济贫民。维持会会同天津商会王竹林、王晓岩、赵聘卿商洽办理。商会和三津面粉厂签订了合同，用面粉兑换玉米面赈济灾民。1938年10月22日，市公署联合绅耆设立冬赈委员会附设社会局内，该会于11月11日正式成立。②该委员会仍按历年成案，多多开设粥厂并施放棉衣赈济文贫、瞽目及孀妇等。北京正字慈善会购置小米十万斤在天津市贫民中选择极其贫困者进行施放。共发放受赈贫户一万八千六百五十五户，放米十万七千一百七十六斤。津埠事变后，各慈善社团还对无家可归的难民进行了收容，共收容灾民约二万四千多人。本年市区共设立十处粥厂，其中华商公会、一心天道龙华圣教会、北京正字慈善会天津分会等三团体粥厂为自费办理。其余七厂由冬赈委员会委托各慈善社团代为经办。

表4—2　　　　　　　　　1938年冬赈粥厂一览表

名称	地址	经办团体	负责人
新唐家口粥厂	河东新唐家口子	红卍字会	朱洁珊
小王庄粥厂	河北小王庄杨桥大街	第四区警察署	杨振邦
放生院粥厂	梁家嘴东首大伙巷北首民丰公司后身	蓝卍字会	康振普
小树林粥厂	河东小树林	崇善东社	孙聘卿
清化寺粥厂	西关街清化寺	公善施材社	萧绍棠
三义庄粥厂	特一区开封路南头	特一区辅治分会	王少林
土城村粥厂	土城村东药王庙前	修渡堂公所	杨凤章
黄家花园粥厂	西头怡和斗店西黄家花园	华商公会	卢云波

① 中国人民政治协商会议天津市委员会、文史资料研究委员会：《天津文史资料选辑》（第二十一辑），天津人民出版社1982年版，第159页。

② 津商会二类2428号卷。另据天津《行政纪要》记载：冬赈委员会由市长兼任委员长，秘书长担任顾问，各局长任常务委员，绅商王晓岩、赵幼梅等任委员。

续表

名称	地址	经办团体	负责人
南市广和楼粥厂	南市广和楼	一心天道龙华圣教会	马仙龙
李公祠粥厂	河北李公祠前	北京正字慈善会天津分会	马长胜
南竹林村粥厂	河北关上南竹林村生生工厂前	内政部赈务委员会委托代办	孙潜佛

资料来源：河北省档案馆藏《行政纪要》，第82—84页。

　　粥厂自十二月六日开始到次年三月十五日结束，每日上午八时至十一时施粥，就食贫民者达一万多人，最少的时候也达三四千人，此外内政部该年拨款一万元交由天津市在河北南竹林村开设粥厂对贫民进行施粥。[①]该年冬赈委员会还对前日本香月司令所捐白面兑换的玉米面进行了冬赈救济分配。

　　1939年11月27日，天津特别市冬赈委员会成立。该组织以联合官绅救济冬季市内贫民为宗旨；会址设在市公署内；该会委员无定额，市公署函聘本市各善团绅商及委派所属各机关长官充任；该会设常务委员11人处理会务，由市长在委员中指定；该委员会会议无定期，由委员长随时召集；该会常务委员会会议例会每月终举行一次，并由首席常务委员随时召集，会议的决议事项，按照事务之轻重分别呈请委员长批示及呈报备案；该会设顾问若干人，由市公署聘任；为便利办事，该会常务委员之下分设下列各组：一、事务组：凡召集会议记录、拟撰文稿、收发管卷、缮写及收支赈款、采购赈品、保管支配等事项皆属其管理。二、赈务组：凡调查贫民、文贫及各粥厂设备，指导施赈计划等事项皆属其管理。三、监察组：凡赈品、赈务审核、监察及巡视各粥厂，考核办赈各员司勤、惰、利、弊等事项皆属其管理；该会设秘书2人，组主任3人，事务员若干人，由市长就本署职员中委派兼充；该会应需赈款，分别由市公署拨款及由各委员分任募捐。在捐款未经募到以前，由市公署先行拨垫，以便办理赈务；该会施放赈品得委托本市慈善团体代办之；该会鼓励慈善团体或慈善家自愿大规模办赈，并与该会随时接洽统筹办理。

　　1939年冬赈委员会委托市内慈善团体代办；粥厂设立厂数、地址、

经办团体及施放起止日期，均由冬赈委员会常务委员会决定；各粥厂设主任1人，事务员若干人，办理本厂事务，由经办团体遴选热心公益富有经验者，提经本会常务委员会通过聘任；各粥厂每日施粥时间自午前8时起至11时止，其施粥米数，按每人每日5两计算之……①

表4—3　　　　　　　　冬赈粥厂统计表（1939年12月份）

主办	厂数	食粥人数	用米斤数	需煤斤数	用水担数
总计	10	1267053	4877025	4044455	43262
冬赈会	3	560627	2126945	1999715	21367
慈善团体	7	706426	2750080	2044730	21895

资料来源：河北省档案馆藏《行政纪要》。

1939年水灾之后，由救灾分会设立收容所7处，后改并为5处，冬赈会仅设粥厂三处，供给30000人食用。

1940年市政府不再设收容所。市政府爰照旧案联合各慈善团体及本地士绅组织天津特别市冬赈委员会。该会委员长由伪市长高凌霨兼任；常务委员由秘书长、各参事、社会局长、警察局长、财政局长、商会会长、本地士绅4人充任；顾问由特务机关长、本署各顾问辅佐官等、新民会次长充任；委员由各局处长、各同业公会会长、各慈善团体、各士绅充任；会中职员由市署秘书处10员、社会局40员、财政局5员兼任。具体实施办法如下：该会拟办粥厂四处，分设于6、7、8、9四边区，每厂约数10000人，照上年持证领粥办法办理。关于慈善团体粥厂，召集开会请其量财力或自办或合办成立粥厂6处，受冬赈会指导，分在1、2、3、4、5及特一区一带，约计每日食粥人数有30000人。救世军粥厂，救世军往年均有粥厂设立，1939年共成立11处，每日可收容30000人，本年由冬赈会与之联络商仍继续办理。关于对灾民施放棉衣，1939年救灾会天津分会在本市发放棉衣10000余套，并拨冬赈会赈衣4250套分配各粥厂，贫民受惠良多。1940年，市面布价值高昂，大宗备制经费困难，拟一面募集旧棉衣，一面购置赈衣5000套，俾各无衣贫民，得以御寒。

———————

① 津商会二类2465号卷。

对文贫瞽目的救济，爰照上年成案举行文贫考试，并以 4000 元为文贫救济金，800 元为瞽目救济金。积善社救济嫠妇共百名，历年由冬赈会拨助 200 元，去年仍以原案办理。关于冬赈经费，由于 1940 年物价较 1939 年平均增长 2 倍，以上经费切实估减，尚需用款 381600 元，为数甚巨，除积极设法广为募集外，不足之款，仍请由市府拨付。

为了筹集慈善救助经费，冬赈委员会采取了下列办法募集资金：（1）印发捐启，印捐启 500 份，分发各界劝募。（2）演唱义务戏，本年除邀集京、津各大名伶及本市门票分借地点先后演唱义务戏外，拟爰照去年办法函请市公署影片、戏曲监察联席会，转商各影、戏院办义务戏 1日，将所售票款悉数捐助本会，充作赈款。（3）举办冬赈回力球香槟比赛，一次所售票款，除应得之奖金外，少数捐助冬赈之用。事变之后因时局关系，营业萧缩遂停止。现在租借照旧通行，该厂营业又见繁盛。且冬赈会本年预算较往年增加，筹措困难，自不得不广为募集，以资抵注。以爰事变前办法，函该商尽量协助。（4）售卖冬赈纪念花，冬赈会定制冬赈纪念小鲜花若干个，分交本市各舞场及乐户公会，由舞女、妓女等分向各戏院、饭店及其他娱乐场所与各观众宴会宾主等兜售，并说明只办 1次，所得价款除付原花价值外，余款扫数充作赈金。（5）印发赈济袋，1938 年冬赈会曾印制赈济袋 10 万个，每个捐洋一角，不记名，分交各地辅治会代为劝募，成绩甚其良好。本年拟爰案办理，由冬赈会和各联保主任接洽办理。募集衣物办法，凡旧衣物通行募集，由冬赈会印制收据，函教育局交各校学生，代为劝募，其募集最多之学生，由冬赈会发给奖状以资奖励。

表 4—4　　本市各区贫民口数支配玉米面数量清单（1938 年 10 月）

区别	丁口数目	赈面数	备考
第一分局	71 名口	1142 斤	余 1000 斤
第二分局	122 名口	2244 斤	余 2000 斤
第三分局	119 名口	1850 斤	余 1612 斤
第四分局	4646 名口	9292 斤	
第五分局	23733 名口	47466 斤	
第六分局	230 名口	460 斤	

续表

区别	丁口数目	赈面数	备考
特一分局	465 名口	930 斤	
特二分局	256 名口	512 斤	
特三分局	170 名口	340 斤	
水上分局	182 名口	364 斤	
总计	29994 名口	64600 斤	
附记	按照三津磨坊原开玉面总数共 64699 斤，除 59988 斤，下余 4612 斤		

资料来源：津商会二类 2809 号卷。

　　对于该阶段其他的慈善社团的活动囿于材料，在此笔者以救济院为例略作分析。1938 年救济院对各项规章进行了修订。社会局认为：救济院自缩小规模改组以后，所有以前各项均不适用。于是饬定收容各类贫民分别安置办法、院务改进研究会简章、妇女部院生择配规则及女孩准许领作养女规则、劳工部管理规则、平民施诊所就诊简章，等等。该年五月重订收容所各类贫民分别安置办法、妇女部院生择配规则及女孩准许领做养女规则并重订劳工、妇女两部院民工作、工资办法，均先后核准施行。

　　该年救济院收容人数剧增。救济院规定："凡自愿请求入院救济或各机关团体送交救济院各类贫民，均随时收容教养。"[1]

表4—5　　　　　救济院民国二十七年各月收容人数统计表　　　　单位：人

月份	收容人数	日平均收容人数
1	62861	2027
2	50282	1795
3	50522	1629
4	42558	1418
5	38660	1247
6	37370	1245
7	37341	1204

---

[1]　河北省档案馆藏 D693.62.23《天津行政纪要》（1938）。

续表

月份	收容人数	日平均收容人数
8	37527	1210
9	38235	1274
10	41700	1345
11	44811	1494
12	68555	2211

资料来源：河北省档案馆藏 D693.62.23《天津市行政纪要》（1938）。

正是因为如此宽松的规定，救济院收容人数在十二月底收容名额已达到二千七百余名，这比救济院定额收容人数超过了五分之四。教养院对所收贫民进行了安置。对于贫儿达七岁以上十二岁以下者，由儿童部实施教养；对于无依无靠的妇女、受虐待压迫的妇女、弃妇、童养媳等由妇女部教养；对成年失业贫民但是身体健壮者、异乡有劳动能力但在津埠流落无家可归者由劳工部暂时收养；对于年满六十岁以上无工作能力的老人由养老部终身留养；对于知识分子由养老部内的文贫室暂时收养；对于乞丐、莠民由乞丐部强制收容，对于他们之中染有疾病或有不良嗜好者送往该部附设诊疗室医治；对于肢体官能残毁成废者由残废部终身收养；对入院贫民有染病及不良嗜好者先拨医疗部施药诊疗，待治愈后再酌情拨遣。救济院对于入院收容之人严禁随便出院入院，并随时查询院民身世、习性、技能、体质强弱、有无废疾、嗜好及堕落缘由，分别情形严加管束，并施以感化教育，授以技能。通过这些措施帮助他们矫正恶习、除其嗜好而养成自立之人。

救济院对院民的衣、食、住、行采取了以下措施：（1）住居。院内采取了男女分院、老幼分部的政策，宿舍按间编号，每号限定人数，指定住舍，不得随便迁挪。（2）食膳。每日两餐，有玉米面、小米及菜汤、咸菜等品。每日派员检查，务使做饭清洁适口，对于工徒工作加午后点心一次。每逢年节，进行加餐。对于游丐、残废、养老各部院民日食玉面、小米各一次，每星期日蔬菜一顿，其余都吃咸菜二顿；男女生徒日食玉面两顿，每隔一日食小米一顿，熟菜、咸菜各一顿，工徒日加玉面、咸菜、点心一顿；对于患病院民、劳工院民日食米面两顿，每隔一日食小米一顿，熟菜、咸菜各一顿；重病院民外加营养餐费一角，日食米面两顿，熟菜、咸菜各一顿。（3）被服。院民各发单棉布衣鞋袜被褥，学生及服务院民按季发给制服。（4）卫生。院民轮流理发沐浴，衣服物品务令整洁，每周举行清洁扫除及卫生检查。（5）疾病。轻病报名按时赴医疗部就诊，重病拨住医疗部疗养，传染病实施隔离。（6）棺殓。院民病殁后由院医出具证明备棺殓，标埋于院民公墓。

面对如此多的院民，教养院本着教养兼施的理念采取了以下积极措施：（1）组织儿童部教育班。儿童部附设教育班，分学徒、工徒两组各四级。基本教育各二班，补习教育各二班。有教室两大间，两组交替轮流上课。学童组定为国语、珠算、日语、自然、卫生、作文、习字、音乐、体操等十科。工徒组定为日语、算数、应用文、书札、作文、习字六科。学童组每日教授五时，工徒组每日教授二时。下课做工，以备将来出院得有谋生的技能。救济院对学生在不同的季节还做了各种安排，以促进学生身体健康和增长知识。3月间，组织西星篮球队，队员二十人，队长一人，由训育员指导每日课间练习以锻炼身体。5月间，各级学生利用每晨朝会时间练习新民操以锻炼身体。8月间，因昼短夜长，提倡生徒夜间自修班以补助正课的不足，每晚七时上班，八时下班。11月间，因收容幼年儿童激增，不识字者较多，特成立幼稚班择优秀生徒、室长、班长担任助教教授儿童。（2）组织妇女教育班。妇女教育班设有学业班，依照初级小学课程施以初级教育。初小四个学年同在一教室授课。4月间，将原来的工艺班改为家政班以缝纫、烹饪为必修课，刺绣为专修科，拆衣服为普通工作。为了扩充全部院生工作，救济院将缝纫室改为缝纫房，茶炉室接添水管消毒等改为洗衣房，添置烹饪房，使全部院生分别实地练习。

救济院对于成年院民身体强壮者选为劳工队及预备劳工队，由劳工部管理预备劳工，由游丐部管理相当训练，养成忍苦耐劳、忠诚守法以备介绍外出劳作一切。

表4—6　　　　　　　　救济院全年外出劳作人数　　　　　　单位：人

月份	人数	日均人数
1	3964	127

续表

月份	人数	日均人数
2	3642	130
3	3382	109
4	4192	139
5	3247	104
6	2720	90
7	2768	89
8	3172	102
9	3479	115
10	2666	86
11	2836	94
12	2982	96

资料来源：河北省档案馆藏 D693.62.23《天津市行政纪要》（1938）。

从上表我们可以看出，教养院十分注重灾民自力更生，每日都有一百多人参加劳动，即使冬天，每日也有将近百人参加劳动。通过院民的劳动，减轻了救济院的负担，减小了院内开支，从而使得救济院在收容贫民方面有了更多的收容空间，这也是前面所述的救济院收容人数"至1938年12月底，收容名额达到了二千七百余名，比照救济院收容定额，几超过五分之四"① 的原因。

对于老弱残废院民不堪劳力工作者，酌给轻便手工作业俾免坐食，如缝制鬃刷、糊火柴盒等。对于年长妇女不堪工作者，使之从事生产或揽作女工外活以资补助个人用度。例如，该年十月份就接到警察医院诊察衣、手术衣、床单、棉衣套、大衣、枕头套、草褥、拖鞋等各项材料，让这些人按单制作。工人们按要求完成后全送交查收。

对于救济院收养院民，救济院最终目的还是让他们经过在教养院的学习，培养他们的自立能力。救济院对于老弱残废疯人丧失生活能力且

---

① 河北省档案馆藏 D693.62.23《天津市行政纪要》，（1938）第93页。

无亲属可投者终身留养。对于健壮的院民救济院采取了以下办法让其自谋生活：（1）介绍职业。贫儿、丐童经长期教养学成年长，有生活能力。知识分子失业日久入院暂时寄养等。院民在可能范围内代为介绍职业以资谋生。（2）介绍工作。少壮无业游丐及失业劳工经相当训练介绍院外工作或劳役。（3）婚配。无家可归之少妇、娼优、婢妾、童养媳等自愿择配者，经相当训练、教养，斟酌情形为之择配。1938年，救济院婚配院生共计三十六名。（4）保领。贫儿、幼女及被拐妇孺如有亲属具保请领，准其出院。无亲属之女孩有愿意领作养女者，合乎院章及保领手续准予给领。（5）资助回籍。来津谋事无成之外埠贫民流落无归投院救济的，量情形妥为资遣回籍。（6）自请出院。投院避冬之贫农、苦工开春归农复业或抱病失业贫民，由院施药治愈后请求出院者，听其自便。

为了更好地实行教养兼施的理念，救济院还设立了习艺工厂，让有劳动能力的院民练习技艺从而养成自立能力。救济院习艺工厂计有机制、针织、织巾、制鞋、造胰、木工、理发七科。由各技师负责训练工徒传习技艺。所有入场工徒均分科习艺，量材递进，以便训练并考察工徒工作成绩酌给奖金而藉资奖励。为了使工厂正常运转，救济院对工厂各项产品设法推销。其产品因多为日用品，销路良好。

救济院关心院民，极为重视医疗保健事务。救济院医疗部内设内科检查室、手术室、外科敷药室、调剂室、儿童病室、隔离室、浴室、洗衣室、待检室、院外施诊挂号室、候诊室、事务室等对于各部轻病院民及就诊平民每日定时分别治疗，其住部病人昼夜有值班人员轮流治疗。至附设平民施诊由该部医师兼办，所有应需药品等费一概免收。为预防天花起见，特备大批疫苗以便施种。按照收容院民及就诊民众人数核计交由医疗部实施种痘以便预防天花。六月份，为预防霍乱、伤寒等传染病症，发三千人应许疫苗数量交院责成医疗部自行实施注射而防疫。正是由于该院实施了积极的疾病预防措施，"从四月始十月间结束，全院院民死亡人数大为下降。"

表4—7　　　　救济院收容人数统计表（1939年1—12月）　　　　单位：人

月份	上月原有人数	本月入院人数	本月出院人数	本月死亡人数	本月实有人数
1	2696	1336	671	168	3193
2	3193	212	1354	198	1853
3	1853	1024	779	131	1967
4	1967	324	416	115	1760
5	1760	433	447	91	1655
6	1655	101	401	59	1296
7	1296	107	173	44	1186
8	1186	152	191	33	1114
9	1114	50	140	28	996
10	996	258	94	31	1129
11	1129	309	142	55	1241
12	1241	945	437	91	1658

　　资料来源：河北省档案馆藏《行政纪要》。

　　由上表可以看出：随着天津经济的衰退，天津贫民日益贫穷，教养院收容人数日渐增多。冬天由于天气寒冷，救济院成了贫民的理想乐园。由于居住条件差，卫生防疫救济做得不到位，与1938年相比，死亡人数增多。救济院加大了对贫民的培训力度，该年出院人数有8个月份超过了入院收容人数。住院人数长期居高不下，在这12个月当中，只有九月份人数低于一千。救济院成了对天津贫民救济的重要场所。

表4—8　　　　天津特别市公署救济院收容人数分类
统计表（1940年12月）　　　　单位：人

日期	孤儿部									妇女部				院民
	教育班		习艺工厂							教育班	工艺班			
	学生	工徒	织布	织巾	织袜	造胰	制鞋	木工	理发		缝纫	刺绣	烹饪	
1	137	56	36	3	4	2	5	3	3	70	38	38	10	198
2	138	—	—	—	—	—	—	—	—	—	—	—	—	—
3	—	—	—	—	—	—	—	—	—	—	—	—	—	200
4	140	59	39	—	—	—	—	—	—	—	—	—	—	199

续表

日期	孤儿部									妇女部				院民
	教育班	习艺工厂								教育班	工艺班			
	学生	工徒	织布	织巾	织袜	造胰	制鞋	木工	理发		缝纫	刺绣	烹饪	
5	139	—	—	—	—	—	—	—	—	—	—	—	—	201
6	140	—	—	—	—	—	—	—	—	—	—	—	—	203
7	—	—	—	—	—	—	—	—	—	—	—	—	—	201
8	—	58	38	—	—	—	—	—	—	—	—	—	—	202
9	139	—	—	—	—	—	—	—	—	—	—	—	—	203
10	140	—	—	—	—	—	—	—	—	—	—	—	—	204
11	—	—	—	—	—	—	—	—	—	—	—	—	—	—
12	—	—	—	—	—	—	—	—	—	—	—	—	—	—
13	143	59	39	—	—	—	—	—	—	—	—	—	—	206
14	—	—	—	—	—	—	—	—	—	—	—	—	—	210
15	—	—	—	—	—	—	—	—	—	—	—	—	—	—
16	—	—	—	—	—	—	—	—	—	—	—	—	—	206
17	—	—	—	—	—	—	—	—	—	—	—	—	—	202
18	—	—	—	—	—	—	—	—	—	—	—	—	—	—
19	—	—	—	—	—	—	—	—	—	—	—	—	—	203
20	142	—	—	—	—	—	—	—	—	—	—	—	—	202
21	—	—	—	—	—	—	—	—	—	—	—	—	—	204
22	—	—	—	—	—	—	—	—	—	—	—	—	—	—
23	—	—	—	—	—	—	—	—	—	—	—	—	—	—
24	141	57	37	—	—	—	—	—	—	—	—	—	—	205
25	—	—	—	—	—	—	—	—	—	—	—	—	—	204
26	142	36	36	—	—	—	—	—	—	—	—	—	—	207
27	143	35	35	—	—	—	—	—	—	—	—	—	—	211
28	—	—	—	—	—	—	—	—	—	—	—	—	—	210
29	—	—	—	—	—	—	—	—	—	—	—	—	—	—
30	—	—	—	—	—	—	—	—	—	—	—	—	—	207
31	142	54	34	—	—	—	—	—	—	—				

表4—9　　　　天津特别市公署救济院收容人数分类
统计表（1940 年 12 月）

天津特别市公署救济院收容人数分类统计表

| 日期 | 劳工部 | 残老部 | | 游丐部 | | | | 医疗部 | | | 合计 |
	劳工队	服务组	残废室	养老室	文贫室	预备劳工队	游丐感化区	病人室	服务组	诊治室	疗养室	
1	46	4	135	98	8	157	218	9	24	82	10	1338
2	—	—	133	97	—	159	215	—	—	81	9	1333
3	—	—	—	—	—	227	142	11	—	84	10	1336
4	—	—	—	—	—	158	213	—	—	81	11	1340
5	47	—	—	100	—	161	210	12	—	83	—	1348
6	—	—	—	—	—	—	204	14	—	87	—	1351
7	—	—	135	—	9	144	224	—	—	89	10	1357
8	—	—	133	99	—	162	210	—	—	—	—	1357
9	—	—	132	—	—	—	—	13	—	—	—	1354
10	—	—	130	102	8	166	218	12	—	90	—	1369
11	—	—	131	103	—	153	234	—	—	89	11	1374
12	—	—	—	—	—	164	224	—	—	90	—	1376
13	—	—	129	102	—	166	229	11	—	84	—	1379
14	—	—	—	103	—	161	253	—	—	85	10	1403
15	—	—	—	—	—	158	252	—	—	84	—	1398
16	—	—	128	—	—	179	233	12	—	82	—	1395
17	—	—	—	—	—	—	232	11	—	83	11	1390
18	—	—	129	102	—	158	250	13	—	—	—	1389
19	—	—	130	—	—	179	228	—	—	84	—	1391
20	—	—	—	103	9	183	238	14	—	83	—	1405
21	—	—	129	—	—	195	239	—	—	84	12	1421
22	—	—	—	104	—	197	245	—	—	85	—	1431
23	—	—	—	—	—	—	241	—	—	87	—	1429
24	—	—	—	105	—	199	250	13	—	84	11	1434
25	—	—	—	104	—	—	249	12	—	82	—	1428
26	—	—	—	105	—	202	245	—	—	85	—	1434

天津特别市公署救济院收容人数分类统计表

日期	劳工部	残老部			游丐部				医疗部			合计
	劳工队	服务组	残废室	养老室	文贫室	预备劳工队	游丐感化区	病人室	服务组	诊治室	疗养室	
27	—	—	127	107		201	—			84	—	1436
28	—	—	125	106	10	—	243	14		82	10	1430
29	—	—	127	107		—	244			83		1435
30	—	—	—	106		199	243	13		80		1424
31	48	—	126	107		204	239	9		79		1419

表 4—10　　天津特别市公署救济院收容人数分类统计表

（1940 年 12 月份）

天津特别市公署救济院每日男女院民出入人数统计表

日期	原有人数			入院人数			出院人数						合计①
							请假			死亡			
	男	女	计	男	女	计	男	女	计	男	女	计	
1	988	354	1342	5	—	5	7	—	7	2	—	2	1338
2	984	354	1338	6	—	6	7	—	7	4	—	4	1333
3	979	354	1333	10	3	13	9	1	10	—	—		1336
4	980	356	1336	12	1	13	5	2	7	2	—	2	1340
5	985	355	1340	11	2	13	3	—	3	2	—	2	1348
6	991	357	1348	5	2	7	4	—	4				1351
7	992	359	1351	12	1	13	5	3	8	—	—	—	1356
8	999	357	1356	5	1	6	2	—	2	3	—	3	1357
9	999	358	1357	3	2	5	4	1	5	3	—	3	1354
10	995	359	1354	20	3	23	3	2	5	3	—	3	1369
11	1009	360	1369	6	—	6	1	—	1	—	—		1374
12	1014	—	1374	7	—	7	3	—	3	2	—	2	1376
13	1016	—	1376	13	2	15	11	—	11	1	—	1	1379

---

① 此处的本日院民总数合计为：原有人数与入院人数之和减去出院人数。

续表

天津特别市公署救济院每日男女院民出入人数统计表

| 日期 | 原有人数 | | | 入院人数 | | | 出院人数 | | | | | | 合计① |
| | | | | | | | 请假 | | | 死亡 | | | |
	男	女	计	男	女	计	男	女	计	男	女	计	
14	1017	362	1379	21	4	25	—	—	—	1	—	1	1403
15	1037	366	1403	2	—	2	4	—	4	3	—	3	1398
16	1032	366	1398	6	—	6	4	1	5	2	2	4	1395
17	1032	363	1395	5	1	6	1	3	4	4	3	7	1390
18	1032	358	1390	7	1	8	5	1	6	3	—	3	1389
19	1031	358	1389	12	1	13	7	—	7	4	—	4	1391
20	1032	359	1391	20	—	20	4	1	5	1	—	1	1405
21	1047	358	1405	21	3	24	5	—	5	2	1	3	1421
22	1061	360	1421	14	1	15	3	—	3	1	1	2	1431
23	1071	360	1431	4	—	4	5	—	5	1	—	1	1429
24	1069	360	1429	19	3	22	10	2	12	5	—	5	1434
25	1037	361	1434	4	—	4	2	1	3	7	—	7	1428
26	1068	360	1428	11	3	14	5	—	5	3	—	3	1434
27	1071	363	1434	6	6	12	8	1	9	—	1	1	1436
28	1065	367	1436	4	—	4	7	1	8	2	—	2	1430
29	1064	366	1430	9	—	9	4	—	4	—	—	—	1435
30	1069	—	1435	2	1	3	7	3	10	3	1	4	1424
31	1061	363	1424	7	—	7	6	—	6	6	—	6	1419
总计			43026			330			174			79	23103

表4—11   **天津特别市公署救济院收容人数分类统计表**
（1940 年 12 月）

天津特别市公署救济院院民年龄统计表

| 年龄组 | 人数 | | 合计 |
	男	女	
1—5	—	30	30
6—10	50	69	119

① 此处的本日院民总数合计为：原有人数与入院人数之和减去出院人数。

天津特别市公署救济院院民年龄统计表

年龄组	人数		合计
	男	女	
11—15	213	74	287
16—20	103	41	144
21—25	78	14	92
26—30	72	10	82
31—35	69	13	82
36—40	90	21	111
41—45	52	22	74
46—50	60	11	71
51—55	68	2	70
56—60	59	6	65
61—65	75	11	86
66—70	36	11	47
71—75	22	14	36
76—80	5	5	10
81—85	1	1	2
86—90	—	—	—
91—95	—	—	—
96—100	—	—	—
未详	3	8	11
总计	1056	363	1419

表4—12　　　天津特别市公署救济院收容人数分类统计表

（1940 年 12 月）

天津特别市公署救济院院民籍贯统计表

省市国别	人数		合计
	男	女	
河北	473	210	683
天津	246	79	325
北京	71	21	92

天津特别市公署救济院院民籍贯统计表

省市国别	人数		合计
	男	女	
山东	135	17	152
山西	11	1	12
河南	65	8	73
浙江	1	2	3
江苏	7	8	15
安徽	11	—	11
广东	2	—	2
广西	—	1	1
绥远	1	—	1
湖北	1	1	2
四川	3	—	3
江西	—	1	1
云南	1	—	1
甘肃	1	—	1
满洲国	18	5	23
未详	9	9	18
总计	1056	363	1419

资料来源：河北省档案馆藏 D603.62.23《社会月刊》（1941）第 45—48 页。

从上表我们可看出：救济院 1940 年 12 月份收容人数基本维持在 1330—1400 人之间，每天都有入出院之人，劳工部做工人数相对救济院的院民来说数量较少，这可能与冬季不方便做工有关。和 1938 年相比，此时的救济院中残废、老年及病者增多。治疗时每日几乎都有 80 多人，疗养室每日几乎有 10 人左右患病疗养。院民死亡率开始上升，一个月死亡了 79 人。通过上表，我们也可以看出，此时收养的院民 15 岁以内无家可归的儿童占了很大的比例。在这些收容的人数中又以河北、山东占据多数，纵观整个民国期间在天津的贫民，河北、山东籍都占据着相当大的比例。由于地缘关系的原因，这两个省的贫民在生活困苦潦倒之时更趋向到天津逃荒觅食。民国时期，天津开展的广泛救济活动，也使得越来越多的贫民群体喜欢流落于此，而有些人本身并不是游民，为了节约家庭开支，他们熟悉天津每年冬天都实施大规模的救济活动，如施粥、发放赈粮等，于是他们特此来讨饭吃，一到来年春暖，就回家从事劳作。

当然，除了救济院对贫民的施救以外，社会上也进行了救济，商会刘静山还联合商、工两界有力分子，群策群力，统筹救济，他们在市区贫民区域筹设粥厂四处，每厂每日收容 5000 贫民施粥，共救济 20000 人。又为救济文贫及残废等另定调查施赈办法，以免向隅。同时并使壮年男女分别担任一部分公共建设事业，如修治道路、掩埋浮棺及授以家庭简易手工技能等俾能各自谋生。[1] 除了在冬赈对贫民救济外，1943 年 5 月 25 日至 30 日，天津市商会鉴于本市贫苦民众饥馑流离，亟待救济，爱本商民立场，协力本市各界联合临时急赈会于 24 日下午在该会会场召集所属各业公会会长及商店会员经理举行会员大会，发起募捐运动，并请国务院前总理龚仙舟，本市王市长参加。龚仙舟当场首倡率先认捐 10000 元，该会会长、各常务董事以次董、监事及出席之各业会长、各代表等纷起慷慨解囊踊跃认捐 10000 或几千元不等，当日认捐数目几达 300000 元。其继续认捐者计二十五日猪业公会捐洋 1500 元，二十六日丹华火柴公司捐洋 1000 元，又豆饼 2000 斤，二十七日染业公会捐洋 503.50 元，中国铁沙厂捐洋 300 元，华北第一搪瓷公司急赈发起人薛兰亭先生捐款 1000 元，又代募信义公麻袋庄 1000 元。

山东会馆救济难民。1942 年日军在山东实行"三光"政策，山东人逃难来津者很多。有不少难民无处投亲，流离失所，无以为生。"会馆董事们开会研究，立即分头募捐，短期内筹得一万余元作为赈济山东来津难民之款。"[2]

1944 年 12 月 22 日津西老公所普善施材总社为办理施材掩埋事致商会函，谓该社办理施材掩埋等项善举，历有年所。刻鉴于各洼内曝尸堆垒，惨不忍睹。该社为职责所在，特召集董事会议议决雇工掩埋。由本月

---

① 津商会为筹集冬赈致银行同业公会函，津商会二类 150 号卷，1942 年 11 月 19 日。

② 中国人民政治协商会议天津市委员会、文史资料研究委员会：《天津文史资料选辑》（第五十六辑），天津人民出版社 1992 年版，第 207 页。

十八日起，每日派抬埋夫四名出发各洼内掩埋无主尸体，并函请警察局转知各局，随时调查，遇有暴露尸骨即电知本社，立刻派夫前往席殓掩埋，以维人道而重卫生。除正式住户贫民持有董事签片来讨兼施材匣外，一律施给苇席派夫殓埋。特组织停尸处，以便汇集运往西乡大义地内标记掩埋，并拟定简章，相应函送。

总之，通过对所搜集到的这些资料的整理与观察，该时间段内，天津的慈善活动虽然与民国前、中期相比，慈善社团的救济规模，参与团体及参与的慈善家已经大为减少，但是，在日本占领天津实施殖民统治，各业窒息的情况下，部分慈善社团及社会救济活动依然得以继续存在。日本统治者的傀儡政府——日伪联合政府在天津强大慈善传统的压力下，不得不采取支持慈善事业的态度。一些国际性的社团由于受到日本的束缚较小，从而在津埠本地慈善团体大部解体或停止活动的情况下，它们充当了天津慈善救济的中坚力量。此时期的慈善救济，成为伪政府主导的事业，部分民间慈善团体在其领导监督下参加天津的慈善救济活动。官办的慈善救济事业如养济院成为难民收养的重要场所，养济院担当了难民收养，实施教养兼施的主阵地。但是，对于天津众多的贫苦灾民来说，慈善救济机构远远滞后于该阶段灾民救济的需要。天津大部分贫困人民处在了水深火热之中。

鉴于该阶段材料的缺乏，对该阶段慈善救济的概述显得不完整，希望以后的研究者再加以补充，让人们更多地了解该阶段平常年份的救济情况。

第三节　1939 年天津水灾及慈善社团的救助活动

1939 年，华北各省春夏之交雨阴失序，入伏以后淫雨连绵。更由于受台风袭击，出现三次大暴雨，永定、大清、北运、潮白、南运、子牙、滏阳、滹沱等河上游猛涨，水势陡然增高，激流冲击堤防，河决口甚多。面对突如其来的洪水，天津市署改组天津市河堤防险委员会为建设总署天津工程局组织临时防灾委员会主办各河防护事宜。

7 月 21 日起由市公署饬工程局加紧防护，昼夜不息。由于大水狂涨不已，北运、子牙两河先后告急，天津工程局于 27 日召集临时防汛会议，决定由建设总署各河务局及市公署加紧防护。海河流域的洪水淹没了河北省广大农村，包围了天津市区。大围堤、南大堤两堤先后溃决。"8 月 20 日，洪水冲进市区，天津除少数高地外，尽成汪洋，被水淹浸时间长达一个半月之久，大水冲倒了无数民房。"① 据商会调查报告此次水灾"天津全市约有 2/3 地方尽被洪水淹没，灾民约有百万之众。扶老携幼逃避无水地带，沿街露天仰卧，无处栖归，哭号凄惨，不堪闻睹。尚有仍在水中，未及救出脱险者亦属不少"。② 就河北全省来说，此次洪灾造成的损失也是罕见的。"全省水灾面积约为四万五千平方公里，灾民 800 余万，死伤 12300 人，冲毁铁路 160 多公里。受灾人数达 65 万，逃到天津的难民有 5 万。"③

一　天津市水灾救济委员会对水灾的救助活动

水灾发生后，天津市政府邀集中日官绅及热心善士筹设天津特别市水灾救济委员会推行救济业务。该会设委员长一人，副委员长四人，委员二百三十余人，聘任名誉会长二十一人，顾问二人，委员长由市长兼任，副委员长由市公署聘请本市绅商担任统筹救济水灾事务。委员由市公署函请本市各善团暨热心公益人士及委派所属各机关充任委员中指定。常务委员十人并指定一人为首席常务委员处理会务。常务委员会分设九部，各部以下视事务之繁简分设各组办理该管事务。

8 月 29 日，天津特别市水灾救济委员会向社会各界发出了通函，希各界善士对此灾民所需无论衣服金钱食料燃料皆望尽量捐助……并电函各省市长官各商会各法团各报馆，急望各方协助凫仰。水灾救济委员会为救济灾民采取了以下措施。

（一）收容灾民

水灾发生后，水灾救济委员会迅速组织了水上救护队进行抢救工作。

---

① 天津社会科学院历史研究所、《天津简史》编写组：《天津简史》，天津人民出版社 1987 年版，第 375 页。

② 津商会三类 9647—1 号卷。

③ 河北省旱涝预报课题组：《海河流域历代自然灾害史料》，万象出版社 1985 年版，第 854—855 页。

救护队各员驾驶船只沿途搜救，十二日共救护灾民约五百八十余人，均各送收容所妥为收容或自动前往投奔亲友。

表4—13　　　　　　　　　　救护难民人数统计表　　　　　　　单位：人

项别	共计	第一队	第二队	第三队	第四队	第五队	第六队	第七队	第八队	第九队	第十队
总计	582	73	92	46	54	19	61	83	38	19	97
8.29	101	41	40	10	10						
30	91							5	7	11	68
31											
9.1	10	10									
2											
3	130	5	21	21	5	5	20	47	6		
4	51			7	7	9	18	2	6	1	1
5	40	5	6			5	5	6	4	4	5
6	72	5	11	2	13			12	15	2	12
7	59	7	14		12		15			6	11
8	19			6	7			6			
9	9						3	5			

资料来源：天津市特别水灾救济委员会华北救灾委员会天津分会编：《天津特别市水灾救济实录》民国二十八年（1939）。

水灾救济委员会以被水灾民仓促脱险，麇集高地群居杂处不无影响社会治安且无衣无食厥状至惨，乃就各灾区附近、各娱乐场所及各学校设所收容，共设立难民收容所五十九处，收容难民约计四万余人，同时为移民就食之计，并将一部分自愿赴唐山、北京、关外一带的难民免费输送，前往妥为安置，迨至友军本间部队难民处理部成立，立当与联络协商会一同办理收容赈济事宜。后以难民散居各处水陆阻隔交通，既感不便管理亦难周密，乃划分现地炊餐。难民收容所四处，给予难民馒首，现品发放所二十七处。为了使各处难民就近食住，便于管理，水灾救济委员会于十月五日奉令改组为华北救灾委员会天津特别市分会，同时本间难民处理部也宣告结束。所有关于赈务事宜完全移交该会赓续办理。设立难民收容所之初以事出意外无相当地点乃就各娱乐场、各学校借地收容。委员会为恢复地方繁荣，体恤商艰，各娱乐场早日恢复，各学校得以开学，即除原有北站、天丰站、大直沽三处，将所有居住各娱乐场及学校之难民完全移入该三处收容，并于十一月五日将现品发放处所一律结束，后为求地点之适当乃将北站收容所归并于体育场，天丰站收容所移设于教军场。自此收容难民工作仅限于西车站、体育场、小王庄、大直沽、教军场五大收容所办理。

（二）灾民赈济

水灾救济委员会对于难民除施放赈粮以外，并有各方捐助大饼馒首、面粉以及衣服菜蔬等物，所有不适于难民需用者，经变卖价款移充赈济费，用其各方捐助之赈品均按各收容所人数，按日平均支配，馒首给予处所每人每日给馒首一斤，现品发放处所每日每一大口发放食粮一斤，小口半斤，计自八月二十日起至十月四日止共计发放馒首二八五六八三斤、小米二二七二一六斤、玉米面五三一五〇斤、高粱九〇五〇三斤、面粉二二九一〇四斤。及改组分会以来所有赈务事宜仍按前水灾救济委员会办法赓续办理，迨至十一月五日各收容所归并就绪，扩大办理以完成救济之本旨。

天津市水灾救济难民委员会还举办粥厂对难民进行施粥救济。粥厂在难民收容方面，主要是对于无亲友可投，无家可归者的收容，对那些诸如乞丐、吸白面者、盗匪及其他不法人等不予接收。该厂对所收容难民，采取难民自治方针，由各室内推举室长二人秉承主任命令轮流负责管理各室事宜，如发现吸烟以及其他不良人类，立即检举报告处理，并随时派各室室长轮流监视煮粥，每隔五日研究改良办法……为了对灾民进行必要的教育，该会隔日邀请模范学校教职员讲演关于难民应守道德等事。粥厂还积极替那些想工作的难民介绍职业，凡难民年少力壮欲谋职业者及少妇少女欲谋纺织职业者，该会代为介绍。

水灾委员会注重灾民卫生。为适应救济需要，水灾救济委员会临时检疫委员会组织卫生部办理水灾卫生事宜。为事先防范疫疠发生并扩散，检疫委员会所属检疫班六班、宣传班四班分别实行检疫注射及请演宣传事项，使灾民了解相互防范。对于霍乱，为彻底防范计，凡未注射及注射已满三个月者均需注射领证，始准通行。并增设各区及水陆检疫所进行户口调查，检验健康诊断检疫注射等工作。又设立隔离所及消毒隔离班及细菌监察室以隔离霍乱患者家属及其同居人，检查传染病原体是否保菌，前后共计注射 1412414 人。水灾救济委员会为力除清理防患饬卫生部组织粪便处置，除水上清洁队及消毒队分别打捞清除水陆各处污物粪便并各项消毒工作，尸体打捞队及尸体处置队分别执行打捞掩埋人畜尸体。后来分会成立，适值霍乱流行，为绝疫源，该会决定对阳性霍乱死者尸体予以焚烧。各医院所收容重病者及传染病患者又时有死亡，该队分别标埋，前后共计掩埋尸体 783 具，焚烧尸体 19 具。① 该会除了进行卫生清理外还饬由卫生处先后会同友军部队及警察局官，警合组防疫清扫队，先在排水区域南市马路一带实施防疫清扫，继以水洗消毒等工作……至九月三十日市临时检疫委员已届满期，卫生部基于连带关系，自须同告结束。鉴于疫情的存在，水灾救济委员会奉令改组为天津分会，卫生部同时改部为处，赓续负责，依照原定计划负责治疗清洁预防工作。

水灾救济委员会对患病灾民实施了积极的治疗。尽管水灾发生后采取了防御措施，但此次被灾难民达数万人，其中患病者约占五分之一，为设法治疗以恤灾黎，8 月 26 日，市公署临时检疫会卫生巡诊治疗各班划归该会编为卫生班十一班，长期住在难民收容诊所诊疗患病灾民，又成立医疗班四班，预备班二班分赴收容难民较少的收容所施行治疗。对感染重大病症或传染病者立即分别送往市立医院或传染病院。组设卫生巡视班二班，携带床架沿途巡视，遇有患病灾民，及时予以简易治疗或抬往医院，同时更派有消毒班、宣传班分向各处工作。改组分会后，即将各班另编为巡回诊疗班四班，继续施行诊治工作，并令市立第一医院及妓女检治所兼办难民产妇保产医院，市立第二医院兼办重病难民收容所，传染病医院兼办传染病患者收容所，以收容治疗难民、产妇、妇女及重病或传染病患者。

为预防冬季伤寒、白喉、猩红热等症起见，又将各巡回诊疗班扩充为八班而应需要。为预防，杜绝病源，又经购备伤寒副伤寒等疫苗发交各注射机关一体换用，注射自 10 月 1 日起截至 12 月 31 日止，共实行预防伤寒注射四五〇七六人。12 月 31 日，各检疫所撤销，但因难民尚

---

① 天津市特别水灾救济委员会华北救灾委员会天津分会：《天津特别市水灾救济实录》，1939 年，第 229 页。

有多数，仍改组设巡回诊疗班五班，每日分赴各难民收容所施行治疗工作，至 1940 年 3 月 31 日，各处难民遣散始行结束。前后共诊治病患者62845 人，收容重病患者、传染病患者及产妇共 852 人。附水灾救济会救助难民表。

表 4—14　　　　　　　　　　　施诊疾病灾民统计表

月别	共计	施疗所	巡回诊疗所	水陆医疗班	轻病患者
总计	43216	1588	2376	18359	20893
8	2490	1091	1399		
9	19833	497	977	18359	
10	4460				4460
11	6445				6445
12	9988				9988

表 4—15　　　　　　　　　　　收容疾病灾民统计表

月别	共计	重病	传染病	产妇	霍乱	霍乱保菌	赤痢	伤寒
总计	739	261	279	41	27	54	67	9
8	19	17	2					
9	173	107	48	18				
10	135	31	1	7	27	54	11	4
11	215	64	112	8			28	3
12	197	42	116	8			28	2

表 4—16　　　　　　　　　　　消毒作业统计表

月别	共计	房屋	水井	尸体	厕所	饮水料	蔬菜	其他
总计	1717303	52172	4	19	1768	593472	1069849	19
8.31	1815	12			3	1800		
9	24690	16406	4	7	1016	7238		19
10	1349877	15066		12	430	376010	958359	
11	300747	11622			211	177424	111490	
12	40174	9066			108	31000		

表4—17 防疫作业统计表

月日	共计	住宅	街巷	公共场所	马车	大车	小车	商户	积土场	公厕	积水沟口	其他
共计	33125	3456	347	4	856	4172	580	23304	13	111	15	267
总计	10411	3456	51	4	856	4172	580	1292				
11.1～12.20	22714		296					22012	13	111	15	267

表4—18 掩埋尸体统计表

月别	共计	尸体	兽体	棺木
总计	783	389	336	58
8	108	42	63	3
9	426	98	273	55
10	43	43		
11	101	101		
12	105	105		

资料来源：天津市特别水灾救济委员会华北救灾委员会天津分会编：《天津特别市水灾救济实录》民国二十八年（1939）。

水灾救济委员会，为救济灾区家畜与预防畜疫，防卫司令部规定《家畜水灾救济政策要纲》实施家畜救济防疫，经组织家畜救护班与移动防疫班分往各处工作，经该会核查发放计家畜清扫防疫费一九四四三．二五元；家畜救济费一三〇四五元，共计三二四八八元。于八月二十六日开始工作，派员调查，大多因饲料不足倒毙或罹灾死亡，及流失者影响畜产资源及食肉卫生颇巨，经托由防卫司令部代购饲料以便分发饲养。同时并查知在英法租界内之中国牛奶房，因物资高涨，饲料缺乏，自愿迁出租界，经与军部联络予以种种便利，由法租界内迁出五家计牛四十七头，散放于小王庄及大辛庄附近，按头免费发给饲料进行救济。

（三）结束救济处置难民办法

水患自1939年秋发生至1940年春天市内积水排尽，各处灾区均已恢复原状。水灾救济会结束。查本市水患成灾之后，水灾救济会应时成立救恤灾黎，政府颁发巨币，各方善士慨解仁囊集腋成裘，灾民受惠实多，一切款项收支则由经理部办理，为使款不虚糜，实惠均沾，等到本会改组分会，经理部亦同时改设为处，仍承前办理，计前后收各方面捐款一百〇二万三千五百九十二元四角七分，赈物残余什物变价及利息十六万八千三百二十一元四分，总计共收洋一百十九万一千九百十三元五角一分，购买赈品及救恤等费用共支出洋八十八万九千三百二十三元三角四分，除支尚余洋三十万二千五百九十元一角七分移交天津特别市公署，未尽事宜由市公署接办，经第十七次常务委员会决议，1940 年 3 月 31 日将各处难民收容所一律结束。所有灾民每人发放五元一律遣散；难民中壮年者介绍赴关外工作，外县难民一律回籍务农（临行时酌给若干种籽）；残废孤寡及老弱无所归者送就医院；其无家可归而自谋生活者发给席杆指定地点搭盖窝棚，俾得暂有归宿。查各处难民共有七千四百一十一名，于 3 月 31 日分别处置终了，计外县回籍者三千四百一十五人，在本市有所投奔者一千八百五十五人，介绍各工厂及日军清水部队工作者四百四十一人，老弱残废孤寡送救济院者二百九十人。无家可归经水灾救济会发给席杆指定在小树林、邵公庄、小王庄、津浦铁道线外搭盖窝棚暂住者一千四百一十人。

二　其他慈善社团对水灾的救助活动

水灾生后，一些慈善团体加入了天津市水灾救济委员会展开了对难民的救济活动。有些团体除了参与市水灾救济委员会外，还单独进行了救济，商会水灾救济会即是一例。除此外还有其他少数的慈善团体，力所能及地展开了自己的救助活动。

（一）天津市商会水灾救济会组织救济水灾

作为天津重要社会团体的商会，[①] 首先行动起来，积极实施难民救济。商会认为此种灾情浩大，其关于灾民的收容与救济，自应由专任机关以及各慈善团体群策群力，共同设法办理，以济目前之急。为此，商会于 8 月 15 日下午三时，召开执监董事及各同业公会代表大会，讨论救济办

---

① 商会作为津埠有着重要影响的商人组织，在此次水灾发生后积极组织了救济天津水灾的天津市商会水灾救济会，由商会领导。因此，笔者把它作为了一个重要的临时慈善社团加以概述。

法，当经决议组织天津市商会水灾救济会，讨论救济办法，公推焦世卿为
会长、年光垚、刘静山为副会长，洛琴轩、刘纯甫、薛兰亭、纪仲石等为
常务委员，各同业公会会长为当然委员。1939 年 8 月 20 日制定了水灾救
济协会拟定灾民收容救济办法。水灾救济协会拟具灾民收容救济等办法如
下：一、分区管理办法：查全市收容所若干处，指定慈善团体若干处，由
水灾救济委员会指派分区管理。以何段水灾收容所共有几处，指派某机关
团体负责办理一切救济事宜。详细办法由负责机关团体拟定之，以示分工
合作，负责有人之意。二、分担事务办法：关于此次水灾各项情节均由委
员会为最高机关，指示各协作机关团体分任办理事宜；（一）担任劝募捐
款机关团体，专司办理募捐收款等事宜；（二）担任办理购置救济食粮机
关团体，专司购买食粮，以供灾民赈食等事务；（三）担任救护未脱险灾
民机关团体，专司救生事务；（四）担任收容灾民机关团体，专司收容各
区灾民，设立收容所并管理事宜；（五）担任诊治死亡机关团体，专司办
理灾民诊疗及死亡掩埋等事宜；（六）担任治安维持秩序机关，专司办理
治安消防及安插各事宜；以上六条由各机关团体担任事务一项，以示专人
担任，责有攸归。唯各负责机关均应听从委员会指令办理担任事务，所办
情形呈由委员会备案。[①]

表 4—19　　　　天津市商会水灾救济会难民收容所地址清单

（1939 年 8 月 20 日至 9 月 3 日）

名称	地址
第一收容所	估衣街山西会馆内
第二收容所	北马路华北戏院内
第三收容所	官银号天津影院内
第四收容所	官银号大观楼内
第五收容所	鼓楼西旧镇署内
第六收容所	东马路国民戏院内
第七收容所	城内乡慈浙江会馆内

① 津商会备案 1063 号卷。

名称	地址
第八收容所	东马路育才学校内
第九收容所	大胡同河北影院内
第十收容所	大胡同鸟市聚英戏院内
第十一收容所	西北城角大陆影院内
第十二收容所	西沽老当铺内
第十三收容所	河北西窑洼学校内
第十四收容所	西头吕祖堂内
第十五收容所	西头千佛寺内
第十六收容所	侯家后三十八小学内

资料来源：津商会三类 9647—1 号卷。

8 月 21 日始，商会开始组织救济难民。对难民发放赈粮及其衣物。下面是商会进行各项救济的附表。

表4—20　　　　天津市商会水灾救济协会救生船救生工作统计表

日期	船号	出发人姓名	救济处所	救济人数				备考
				男	女	小孩	合计	
8.21	第1号	朱振东	南市一带	27	37	18	82	
	2	张化南	南市华安大街	17	47	17	81	
	3	宁瑞芝	东兴大街富贵庄	15	81	12	108	
	4	许蕴璞	宁家大桥杨家花园	28	76	24	128	
8.22	第1号	朱振东	南市六个街一带	50	84	57	191	
	2	张化南	西广开一带	20	15	7	42	
	3	宁瑞芝	老三不管	50	91	29	170	
	4	李向曾	老三不管	30	88	72	190	
	5	许蕴璞	杨家花园一带	20	30	2	52	
	6	王筱泉	南市富贵庄炮台庄	10	29	3	42	
9.2	第1号	陈世春	杨家花园一带	12	8		20	
	第2号	吴福厚	日租界一带	12	11		23	
	第3号	倪国玺	第一区三义庄	14			14	

续表

日期	船号	出发人姓名	救济处所	救济人数				备考
				男	女	小孩	合计	
	第4号	李文清	南大道南关下头	27	18	19	64	
9.3	第1号	李焕庭	西广开一带	12	22		34	
	2	倪国玺	小刘庄一带	15	1		16	
	3	李文清	南市及日租界	20	35		55	
4天	共出船17艘		共救出难民	379	673	260	1312	

表4—21　　　天津市商会水灾救济协会调查灾民并发放

救济粮数目统计表

日期	收容出所数	难民人数				发放救济粮数目				备考（重量斤）
		男	女	小孩	合计	馒首（个）	单位（斤）	面粉（袋）	小米（包）	
8.21	6	1218	2557	1077	4852	11104		16		
22	11	3322	191	1968	5481	22620	4679	16		
23	18	961		312	1273	38825		16		
24	26	493	1038	773	2304	26366	5579	8		
25	23	1170	827	690	2687					
26	10	984	59	848	1891	34759		50	100	6186
27	10	527	144	566	1237	7357	1299	121		
28	7	40	336	146	522	2658	473	410		
29	10	4095	1432	3154	8681	13824	1889	568		
30	9	4062		2344	4062	28340		38		3919
31	1	1047		1080	2127			19		
9.1	2	1021		1109	2130			29		
2	1	1021		1109	2130			319		水灾救委会借300袋
3	2					5000	833	20		
4	2							140		
9.5	2	108		139	247			240		
6										

续表

日期	收容出所数	难民人数				发放救济粮数目				备考（重量斤）
		男	女	小孩	合计	馒首（个）	单位（斤）	面粉（袋）	小米（包）	
7										
连同前共计 33237 人，馒首 190853 个，合 14752 斤，面粉 2010 袋，小米 100 包										

资料来源：津商会三类 9868 号卷。

表4—22　天津商会各收容所收容灾民调查表（1939 年 8 月 21 日）　　单位：人

地点	8 月 21 日			
	男	女	童	总数
山西会馆	120	400	151	671
大观楼	108	307	176	591
华北戏院	800	1500	400	2700
天津电影院	190	350	350	890
西沽当铺				2565
鼓楼西旧镇署				700
本日共收灾民				8117

表4—23　天津商会各收容所收容灾民调查表（1939 年 8 月 22 日）　　单位：人

地点	8 月 22 日			
	男	女	童	总数
山西会馆	600		400	1000
大观楼	188	191	218，夫役 25	622
华北戏院	900		500	1400
天津电影院	800		350	1150
西沽当铺及小王庄	834		500	1334
吕祖堂				800
地方法院				3000
浙江会馆				2000
河北影院				1000
旧镇署				700

续表

地点	8月22日			
	男	女	童	总数
二十三小学校				350
本日共收灾民				13356

表4—24　　天津商会各收容所收容灾民调查表（1939年8月23日）　　单位：人

地点	8月23日			
	男	女	童	总数
山西会馆	250		120	370
西沽当铺及小王庄				4457
吕祖堂				800
二十三小学校				250
梨园公会	55		15	70
大陆影院				2000
市立十八小学				350
市立三十七小学	109		177	286
闽粤会馆				500
西宣讲所				250
城隍庙	517	624		1141
义国花园				2500
西头芥园等13处				4796
师范学校				500
天宝戏院				1500
模范学校				3200
文庙				150
社会局				1650
本日共收灾民				24770

表4—25　天津商会各收容所收容灾民调查表（1939 年 8 月 27 日）　单位：人

地点	8 月 27 日			
	男	女	童	总数
二十三小学校	90		67	157
梨园公会		72	26	98
第九区				2506
广仁堂				1890
十九小学校	157		105	262
种德小学	95		71	166
十八小学校	185		271	456
本日共收灾民				5535

表4—26　天津商会各收容所收容灾民调查表（1939 年 8 月 27 日）　单位：人

地点	8 月 27 日			
	男	女	童	总数
梨园公会		72	26	98
第九区				863
义界天主堂	25	132		157
大舞台				550
十九小学				195
第三民教馆	15		10	25
天津影院		132	110	242
本日共收灾民				2130

表4—27　天津商会各收容所收容灾民调查表（1939 年 8 月 29 日）　单位：人

地点	8 月 29 日			
	男	女	童	总数
梨园公会		84	28	112
第九区	863		1258	2121
中德学校	94		73	167
十九小学	114		799	913
第九区分会	681		10	691

续表

地点	8 月 29 日			
	男	女	童	总数
第五区四所小树林派出所	900		600	1500
特三区礼和洋行肠衣部	200		100	300
第七区大直沽				4200
第七区沈庄、高庄、王庄上坡、郭庄上坡、汪道庄后台				8500
第三区警察署	616		672	1288
第三区警察署	721		769	1490
本日共收灾民				21282

资料来源：津商会二类 1063 号卷。

表4—28   天津商会水灾救济协会发放食粮统计
（1939 年 8 月 21 日至 9 月 1 日）

日期	粮名	个数	合斤数	粮名	袋数	粮名	包数
8.21	馒首	11104		面粉	16		
8.22		22620	4679		16		
8.23		38825			16		
8.24		26366	5579		8	小米	
8.25		21586	4314		128	小米	
8.26		34759			50	小米	100
8.27		7357	1299		121		
8.28		2658	478		410		
8.29		13824	1889		568		
8.30		28340	3919		38		
8.31					19		
8.21—8.31		207439			1390	小米	100

资料来源：津商会三类 9647—1 号卷。

据天津各同业公会水灾损失调查函报，此次水灾仅商界损失就达 100 余万元，可见水灾危害之严重。

1939 年水灾，商会水灾救济协会自 8 月 19 日至 9 月 7 日，计收捐款 28150.35 元，水灾协会各委员捐助 3550 元，统计共收捐款 31700.35 元。计开支难民救恤费 20274.66 元，除支结余 11425.69 元。[①] 所收捐助及购粮数目收入：河北省银行捐助面粉 800 袋，米业公会捐助面粉 100 袋，各商号捐助大饼、馒首 9687 斤。商会收购面粉 1920 袋，收购小米 23300 斤（100 包）。支出各警区及黄卍字会（10 袋）、青年会（20 袋）等面粉 2144 袋，大饼、馒首 9695 斤，小米 23300 斤。[②]

（二）其他团体的救助活动

山东会馆参与救济。该年水灾，意租界因为地势较高而幸免于难，界外大量灾民涌入租界以求庇护。意租界当局曾将各路口隔绝，只留三马路一处通行。然而这种消极避灾的措施未起到太大的作用，反而致使大量的灾民或露宿街头，或染疾病，或因饥饿寒冷而抛尸街头，为避免事态进一步扩大，意租界与租界内华商共同组织了天津租界水灾难民救济委员会，山东会馆的领导人岳福臣、徐皆平均被邀参与其中。

在委员会未解决赈粮问题之前，岳福臣的兴隆粮栈承担了租界内难民的粮食救济工作。他联合界内各同业在酷暑烈日之下熬粥。每日早晚督率各栈及粮帮同仁施放米粥馒首，达两月之久。两个月后，委员会组织自行施放，馒首每日施放两次，大口每人三个，小口每人两个，同时施放咸菜，领取食物时，一律凭领食证发放，对于疾病及产妇另给稀粥。

委员会还收到各界善士捐助的大量衣服，最初捐助的两千余件旧衣服主要是单衣及童衣。时近秋季，委员会又收到无名氏捐助棉衣一千套，委员会先将其发给年龄幼小及老弱有病的难民。随着天气渐寒，为了普遍施放棉衣，委员会还购置棉衣 4000 件，棉被 207 床用于施赈。为了防止瘟疫流行，委员会卫生股特聘内科医师马梭和俄籍外科医师妮娜及市立医院李允悟为医药顾问，又聘医师为难民服务。据资料统计，水灾期间他们共诊治病人五千七百十二名（以每日施赈数合计），接生婴儿二十三名，有效救助了难民，防止了疫病蔓延。考虑到收容面积有限，大量难民无法安

---

①　津商会财务科汇总呈报本会水灾救济协会收支款物清单。民国二十八年（1939）十二月二十七日，第 1523 页。

②　津商会三类 9657 号卷，第 1526 页。

置，为解决治安及疾病难防等问题，工部局及救济委员会商定，由工部局给每名发一元，后收容所无地可容令其投他处，每大口给资十元，小口五元，妥为安置。①

1939 年天津的大水灾，马路变成泽国，交通工具均以舟船代替马车，劳动人民受害最深，生命财产不知损失多少，尤其妇女婴孩在窝铺避难，无粮充饥。"功德林林友李政庵居士见此情景，乃发起发放馒头，设立办事处于华清池楼上，与汪子梁居士共同办理，每日以小舟满载蒸熟的馒头，前往窝铺发放，难民得以充饥，维持生命。"②

1939 年女青年会比较突出的工作就是组织天津水灾救济工作，办了十三处难民收容所，共收容两万多人。其中规模较大的有两处：一处设在英租界耀华中学，另一处设在法租界五十九号路，以法国领事高兰命名为"高兰村"。③

总之，日伪统治时期，1939 年为救济水灾所进行的慈善救助虽然与以前相比，慈善团体数目明显减少，但是这次救灾在民国时期还是可以称道的，也是应该给予充分肯定的。

---

① 天津图书馆藏：《天津意租界水灾难民救济委员会征信录》，编者及出版年限不详，第7—9 页。

② 中国人民政治协商会议天津市委员会、文史资料研究委员会：《天津文史资料选辑》（第九十辑），天津人民出版社 2001 年版，第 83 页。

③ 中国人民政治协商会议天津市委员会、文史资料研究委员会：《天津文史资料选辑》（第二十一辑），天津人民出版社 1982 年版，第 159 页。

第 五 章

民国后期的天津慈善社团
（1946—1949）

第一节　本阶段天津慈善社团组织状况

抗日战争胜利后，国民政府接管了天津并加强了对社会救济的监管，慈善社团在政府的监督下进行了改组，政府对社团的政令性指导也进一步加强。

抗日战争结束后，中国红十字会遵照行政院通过的《复员期管理中华民国红十字会办法》，在国民党政府的领导下进行了改组。改由行政院为主管官署。1946 年 1 月开始，该会主要工作人员均由行政院派人或指派。改组后行政院聘任蒋梦麟为会长，杜月笙、刘鸿生为副会长。蒋梦麟、蒋廷黻、钱大钧、杜月笙、刘鸿生等为常务理事，胡兰生为秘书长，曾大钧、杨蠡为副秘书长。该会工作力求刷新，设青年、妇女两部以及扩大其他社会服务事业。①

关于红十字会的改组，新任会长蒋梦麟指出："抗战八年来，中国红十字会的救护工作以从慈善家的功利心进而为保障人类文明的责任心，不但担起了战地救护工作并且开辟了平民俘虏的救护工作。战时红十字会的中心工作偏重救护，只限于医药卫生范围，复员后必须突破救护的藩篱而进行广泛的社会救济。复员后红十字会的工作不但是建国的卫生建设中一个重要动力，在积极方面，它的工作实在是中国未来命运中的一个新机

---

① 《红十字会改隶政院》，《大公报》1946 年 1 月 5 日，第一张第三版。

运。复原期间必须使全国各地分会健全，我们要从事积极性、保育性和集体性的社会服务。"

作为中国红十字总会重要分支机构的天津红十字会奉总会命令也进行了改组。1946 年 10 月 20 日，天津红十字会在河北三官庙大街一一四号原址内召开会员大会并选理事。① 邓庆澜主席主持会议并表示将重新改选。为了将红十字会的工作扩大与发展，大会规定此后分会推进会务必须依照"博爱人类造福社会"八字为目标进行。大会公推舒敏杰为当然理事，刘道平、邓庆澜、孟子清、陈锡三、刘韵波、范雅林、李海寰、王冠华、王翰臣、王西铭等十五人为理事。②

作为全国重要慈善机构的红卍字会也进行了改组。北平中国学院院长王正廷博士在中国红卍字改组后任总会会长。为了加强了对各地红卍字会的指导工作，王正廷于 10 月 24 日下午六时半由北平乘车到天津，副市长杜建时及红卍字会天津分会理事长、常务理事张建荣、万慈小学校长孙星桥、育幼所所长王永悟等到车站迎接，王正廷对天津红卍字会的会务进行了指导，对其所取得的业绩给予了充分的肯定。

1947 年 1 月，天津市黄十字会在银、钱业同业公会召开全体委员大会，改选理、监事。市党部及社会局派出代表莅会监选，选出王西铭为理事长，年光亮、吴清源为常务理事，李兆林为监事。③

抗战结束后的天津，除了国民党组织的中国善后救济总署、天津市冬令救济委员会、天津红十字会、天津红卍字会、天津黄十字会等慈善团体外，更有先前从事过慈善事业的崇善东社、救世军、西老公所、西沽公理会、大悲院粥厂、蓝卍字会、黄卍字会、白十字会、广仁堂、救济院、天主教青年会、德善义赈会、山东东莱同乡会、河北宁河同乡会等慈善团体参加入了社会救济的行列。

本阶段天津慈善救济资金得到了《益世报》、美国救济团、银行业、国民党中央的很大支持。天津士绅如边洁卿、雍剑秋等著名慈善家又积极加入了赈济难民的行列。这个时期，国民党政府加强了对各慈善

① 《红十字会》，《大公报》1946 年 10 月 20 日，第二张第五版。
② 《红十字会津会改组》，《大公报》1946 年 10 月 21 日，第二张第五版。
③ 《黄十字会》，《大公报》1947 年 1 月 12 日，第二张第五版。

团体的领导，并多方筹集救济款项，动员广大慈善社团参与社会救济活动。该阶段各慈善团体进行大规模劝募捐款的活动已不再和从前一样，各慈善团体所需款项更多地是由政府及社会局拨助。随着国民党军队在战场上接连溃败，国民党采取了放弃中小城市，集中力量坚守大城市的策略。作为华北重要城市，国民党把天津作为救助的重要对象，加大了救济拨款力度。

抗日战争胜利后，美国成了侵华的急先锋。美国支持蒋介石打内战，蒋介石政府为取得美国的大力支持而不惜出卖国家利益，同其签订了一系列有利于美国的条约，美国和国民政府的关系有所好转。同时，美国推动成立了联合国善后救济总署，为了争取中国人民的好感，该组织对中国开展了战后救济活动，他们把大宗救济物品投放到天津，构成了天津慈善救济物资的重要一部分。但是，这个时期由于国民党发动了内战，造成了大量难民流入天津，这就增加了天津慈善救济的负担。不管怎么说，在天津特别市政府的领导下，在津埠慈善界人士的参与下，这一阶段的慈善救济还是取得了很大的成绩，是值得肯定的。

第二节　本阶段慈善社团的慈善活动

日本帝国主义占领天津后，在政治、经济、军事、文化等方面对天津实行了残酷的法西斯殖民统治政策。在战争期间，一些慈善团体因募款困难而停止了以往的慈善活动。战后的天津贫民遍地。1947 年，天津社会局长胡梦华曾把该年的三十万贫民分为三类：三十岁以上的算是由帝国主义的剥削造成的，十五岁以上的算是由军阀混战造成的，十五岁以下算是由日本人统治压榨造成的，最近乃是战乱的结果。

一　慈善社团的冬赈活动

1945 年日本战败投降后，国民政府成立了善后救济总署，并得到了联合国善后救济总署的大力支持。联合国善后救济总署及中国善后救济总署联合发起了天津冬赈活动。紧急冬赈计划于 1 月 5 日正式施行，决定免费发放大批面粉给当地三万二千贫户。由中国救济总署发动，天津慈善机关成立二十三处，它们以天津冬赈委员会调查分配急赈办事处名义负责公平分配。天津市政府将天津划分为八大区，每区设立赈所一处，区分所三四处。每户发给面券一张，按券每户可领取适当数量联救总署运来的美国面粉。凡断绝经济来源的住校学生、失业工人、清贫教员、瞽院、孤儿院皆可获得分配。[①] 善后救济分署，自28日起分三站开始发放由美运来赈济中国贫民的衣服。第一站在桃山街委托红卍字会办理。第二站在南马路由救世军主办。第三站设旧英租界和平仓库内，委托慈惠普济社协助。全市贫民三万户，四五日内发放完毕。教职员领衣服者有三千人每人四件，公务人员每人配给十斤面粉。[②]

国民政府接管天津，杜建时就任市长后，他对安定民生特别注意。1946年到1949年杜建时主政天津期间非常重视对贫民的赈济。如1946年11月2日杜建时召见社会局长胡梦华垂询一切。11月4日市政府召开冬赈会议邀请有关方面及冬赈委员会各常委商定施赈办法。[③] 为筹划本年冬令救济，3日下午市府召开该年度冬令救济委员会第一次常务会议。杜建时及党政军团各机关三十余人出席。杜建时说明冬赈的重要性并恳请各界共同负担。为慎重计，决定另行组织天津市冬令救济实施委员会推由地方士绅负责，政府则立于协助地位，公推边洁卿为主任委员，任振采、徐瑞甫、雍剑秋、陈亦侯、苏玉书、庄乐峰等为委员。冬令委员会通过了对贫民的赈济计划：决定救济四万赤贫，设干粥厂四处，设避寒所四处，施放投宿证，施放赈衣，施放特殊救济金（文贫、嫠妇等）；发放救济小米。

筹款采取以下办法：冬赈慈善费由商会召集各同业公会、银行、公司、工厂并由本会函请本市各慈善人士分别惠助；在各影院、戏院、舞场除票价之外比照娱乐捐征收数额加增慈善捐百分之十，捐款由财政局负责代收分期送缴市民银行存储并由财政局将捐款明细表送交本会核查；征收公用、商用、自用汽车冬赈慈善费；征收自用三轮车、电车、公共汽车冬赈慈善费。[④] 同时，冬赈会议商定向四行两局借款四亿元，

---

① 《救济总署紧急急赈》，《大公报》1946年1月5日，第一张第三版。
② 《救济分署发放衣服》，《大公报》1946年3月2日，第一张第三版。
③ 《冬赈会议》，《大公报》1946年11月3日，第二张第五版。
④ 《本市冬赈办法决定》，《大公报》1946年11月5日，第二张第五版。

先行采购赈粮。四行两局经商定每单位担负借贷五千万元，共计三亿元。①

为了广泛筹集冬赈款项，11 月 15 日冬令救济委员会在天津中国大戏院将各学校、各团体、各区保、各机关代表由各中小学、民教馆、各青年团分团以区为单位分别组织在公共场所、交通要道讲演并由会发给标语底稿交各工会、区公所转交各娱乐场所、商号抄誊张贴。壁报按青年团、政治部、民教馆编制张贴于交通要道。报纸宣传由会供给材料请各报大量宣传。广播请市长、副市长、社会局长、法团领袖及各界人士踊跃惠助。幻灯片请各影院办理。戏剧宣传请各剧院酌予演唱有关救济戏剧，各演员由词中宣传并请各艺员广播时作简短宣传。宣传自 11 月 10 日开始。② 在冬赈委员会的宣传下，银联 15 日夜在中国戏院发起主办冬赈义务戏。蓝卍字会积极办理冬赈，经国民大戏院经理邱奎章热心协助在该戏院约请天旅话剧团义演。③

11 月 26 日社会局召集各团体开会协议，划分目标、分工合作。天津社会局为积极辅导各慈善团体工作召开了各慈善团体工作会议，胡局长要求各慈善团体对办理冬赈事宜要与冬令救济实施委员会的工作配合以免重复。各善团进行了下列活动：红卍字会施放小米约万余户，施放赈衣四千余套；黄卍字会施放文贫一百名、极贫二百户约百万元；贫病救济会举办贫病施医施药。正字普济社、德善普济社、普济慈善社、慈善普济社进行了筹赈，施放赈款等活动。

对于本市待救贫民约计一万户五万人。12 月 1 日各慈善团体在红卍字会召开会议当场决定设粥厂。冬救实施委员会 15 日开始调查，调查队共组四十队，每队调查员五人，全部调查人员由宗教及慈善两大团体共选出六十九人，教育界八十人，救济分署四十人，各有关方面共有十一人，共计二百人。④

---

①　《四行两局允贷振款》，《大公报》1946 年 11 月 6 日，第二张第五版。

②　《冬令救济宣传会议》，《大公报》1946 年 11 月 10 日，第二张第五版。

③　《蓝卍字会》，《大公报》1946 年 11 月 19 日，第二张第五版。

④　上文乃《大公报》的报道，另据《益世报》报道：津市冬赈委员会工作经月余筹备，决定于 15 日开始调查。此次调查贫民工作，系动员贫苦教员一百名及贫苦学生二百名。

表5—1　　　　　　　　　　　冬赈各粥厂施赈社团

施粥厂	地址	负责团体
第二区施粥厂	崇善东社（尚师傅坟地）	普济慈善会、正宗救济会、崇善东社、同济慈善会、红十字会
第四区粥厂	第二区三马路黄卍字会内	世界黄卍字会、白十字会、明德慈济会、体仁广生社
第六、第十区粥厂	第六区闽侯路红卍字会残废院内	慈惠普济同善会、红卍字会、黄卍字分会、正字普济会
第八区粥厂	西老公所公善施材社内	公善施材社、蓝卍字会、黄十字会、总善义济会、贫病救济会、广仁堂等

资料来源：《益世报》1946年12月3日，第五版。

　　该阶段慈善社团大力开展了恤嫠及救助盲瞽文贫等项工作。12月各团体代表开会讨论对恤嫠、文贫等救助工作，截至12日各单位认助款将近四千万元由各该团体联合发放。① 各慈善团体捐助文贫、嫠妇、瞽贫救济款九百八十五万元，小米、玉面八万四千斤，边洁卿当即捐助玉米二万斤。另据报道：冬赈实施委员会自接受新闻界建议，于24日赴仓库点收棉衣随即在全市分八处发放。棉衣分配一万户计一万五千套。另外以二千二百七十三套发放嫠妇及瞽贫，五百套发给监狱囚犯。② 另有旧棉衣七千余套12日开始在各区办公地点施放。该日还由仓库运至红卍字会，备第二批发放。为慎重计，边洁卿及检查组人员分赴各局视察或分向各贫户抽查外并函请机关团体及新闻界届时到场监察。冬赈棉衣于29日发放完毕。此外，天津市又收到中央所拨救济金两千万元，政府决定交由冬赈委员会施赈贫民。

　　各慈善团体共同捐助款粮，对文贫救济通过冬令考试的方式进行发放。登记文贫经过考试确定救济文贫共六百三十名，共施放赈款一千一百九十八万元。救济嫠妇一千五百二十四户，放秫米二万斤，白玉米面一万四千斤，小米二万六千九百六十斤，总共六万〇九百六十斤。救济瞽、贫

---

① 《各善团恤嫠救贫》，《大公报》1946年12月13日，第二张第五版。
② 《津冬令赈棉衣即发放》，《益世报》1946年12月20日，第五版。

共五百四十户，放二万一千六百斤。① 到 11 日冬令救济筹募委员会募款收到三亿元。冬令救济款各区于 16 日同时发放。"赈款每户一万元。汤粉每户十二磅。"② 全部贫户一万四千五百户，共放十七万四千一百五十磅。拨发赈款由会按区填发支票由各区持据具领按户计款分发。

天津冬赈实施委员会 17 日还发放抗属忠烈遗族慰问面粉票。会中经费由各委员认捐赈款三千万存备急需，天津红卍字会协助冬赈会施放赈衣赈款面粉等物资后，18、19 两日开始在万德庄西头、二区河东、水梯子、尚师傅坟地及狮子林一带施放数百户由该会自筹的小米。

18 日，冬赈实施委员会在同善会召开全体委员会议，报告过去实施情形，随即商讨结束问题：（一）本会自即日起结束，会内结束工作由各组及各区分别办理结束手续，编制报告，俟汇集发表。（二）会中赈款收支由中国银行结束，本会总务组结束零用账目。（三）会中经费开销决不动用赈款，由各委员自行认捐，集资二百万元充之。计恒源纱厂董事会认捐一百万元，同善会长杨仲明捐廿万元，邵受言捐助四万元，雍剑秋捐助五十万元，李海寰捐助十万元，边洁卿捐助十六万元。（四）会中结存物资存于各慈善团体以备补发。赈存赈款三千万元以备急需。（五）本会内部未了事业公推邵受言、霍培修、鲁惟闾、李东园、董怡如五委员继续负责，对外工作即日起告一段落。③ 19 日冬赈实施委员会结束。

1947 年冬，社会局对市民进行了统计，本市共有市民三十三万二千二百二十七户，一百七十万六千〇四十三人；外侨共有一千九百六十一户，八千七百八十四人。④ 冬赈同以往相比更加严峻。杜建时亲任冬令救济委员会主任委员。执委会办理实施工作，聘工商领袖为募捐委员募款，筹集冬令赈款。⑤ 天津市政府组冬令救济筹募委员会。各救筹委会负责募捐，施赈由救济协会主持。该年的救济工作统一办理，募捐一概由冬令救济筹募委员会负责，救济的实施由地方救济协会负责，任何机关团体都不得单独举行。

---

① 《冬救实施委会结束》，《大公报》1947 年 1 月 19 日，第二张第五版。
② 《津冬令救济委员会明日发赈款汤粉》，《益世报》1947 年 1 月 15 日，第四版。
③ 《冬赈实施委员会结束》，《大公报》1947 年 1 月 19 日，第二张第五版。
④ 《户口统计》，《大公报》1947 年 11 月 20 日，第二张第五版。
⑤ 《冬令救济工作开展》，《益世报》1947 年 10 月 18 日，第四版。

天津市该年冬赈预算需款八十亿元，社会部指定募款三十亿元，总数一百一十亿元。为此，冬令救济委员会 15 日下午三时在社会局招待本市各报社、通讯社记者及广播电台负责人报告该会宣传工作计划，自 17 日起举行宣传周，宣传方式除壁报、标语、幻灯片外并请杜市长、张副市长、时议长、郭主委等分别在天津电台广播。① 对于筹募渠道，天津冬令救济委员会拟定分为附加慈善捐及向富商劝捐等。18 日，募集委员会在社会局邀集本市各影戏院负责人谈话，经决定影院戏院各募捐十亿元，共二十亿元。此笔捐款由影戏票中每票加收慈善费一千元。下午三时，慈善会还邀集银钱业同业公会全体董事谈话决定银钱业各负担八亿元，共十六亿元。18 日晚七时四十分由杜市长在天津电台向市民广播。② 各大公司、厂、矿、慈善家认捐。自用、商用汽车，自用三轮车，娱乐场加捐并举办义演，由市民、中国、大陆、金城四银行代收捐款，从本月十七日起到三十七年一月底止都是收款时间。

表5—2　　　　　　　　　1947 年冬赈开办粥厂统计

举办者	粥厂	规模	经费	备注
丁懋英（女医师）	大王庄八经路救世军会址粥厂	食粥人数五百名		丁大夫还请仁立毛织公司来帮忙，把一部分织毛线的机子搬进粥厂，帮妇孺们工作，由仁立照付工资，救济穷苦无依靠的人
利群社	大觉兴善寺暖厂附设粥厂			由张润生、张丙生捐资一亿元
《大公报》与中国银行会	大悲院粥厂	食粥人数一千名	四亿三千多万元	小米购妥二万七千余斤，足够供一千人食用。棉衣都是新的，凡是去该粥厂喝粥贫民都可以领到一套

① 《冬令救济会展开宣传工作》，《益世报》1947 年 11 月 16 日，第四版。
② 《为冬赈忙着抓钱》，《益世报》1947 年 11 月 19 日，第四版。《冬赈款开始劝募》，《大公报》1947 年 11 月 19 日，第二张第五版。

续表

举办者	粥厂	规模	经费	备注
七区棉纺织业公会	西开教堂附近粥厂	食粥人数五百名		以三月为期，一切实施进行事宜将委托天主教青年会、救世军及同善会邵受言负责办理，另由该会推广专人管理财务
中天电器厂	第十区西康路沙市道口粥厂	食粥人数五百名	二亿二千五百万元	从本月十日起到三月九日止施放两个月
社会局	小树林粥厂			

资料来源：《大公报》1947 年 12 月 3 日，第二张第五版。《大公报》1948 年 1 月 2 日，第二张第五版。《益世报》1948 年 1 月 3 日，第四版。《大公报》1948 年 1 月 7 日，第二张第五版。《益世报》1947 年 12 月 16 日，第四版。

根据收到的冬赈捐款的实际情况，社会局委托各慈善社团代办了六个粥厂，并计划于本月 15 日至 18 日全部开锅。

表 5—3　　　　　　　　　　各慈善社团所办六粥厂

地点	规模	经费	代办社团
第一区河兴村	食粥人数一千人	二亿元	天主教青年会
第三区旱桥	食粥人数一千人	二亿元	黄卍字会
第四区李公楼	食粥人数一千人	二亿元	蓝卍字会
第四区枫林大街	食粥人数一千人	二亿元	天主教青年会
第九区梁家嘴	食粥人数二千人	四亿元	德善义济会
十一区西广开	食粥人数三千人	六亿元	红卍字会

资料来源：《益世报》1948 年 1 月 9 日，第四版。《大公报》1948 年 1 月 9 日，第二张第五版。

为了扩大慈善社团的影响，杜建时市长还邀请本市各报记者参观三所粥厂，借以明了天津现有十二所粥厂的大概状况。同时希望为冬季赈济事业向社会呼吁以引起更多的关注。杜建时强调说，这次参观的目的在于切实了解贫苦人民的生活情形，唤起社会人士的同情与帮助。

　　除了上述单位举办的粥厂外，还有难民冬季救济委员会主办的西车站屠宰场粥厂、交通银行粥厂、中国银行与《大公报》粥厂。这其中，难民冬季救济委员会主办的西车站屠宰场粥厂不同于其他粥厂。这里在室内施粥，不限分量以吃饱为度。男女分室而食，可以供二千三百人喝粥，目前只有一千四百人来喝。这儿同时还设暖场供难民住宿。难民大多来自沧县，在这里难民还可以纺线得点工资。①

　　交通银行同仁筹办的粥厂2月5日在十区西康路沙市道前东方油厂院内开锅，救济佟楼附近一带妇孺老弱残疾的人。该厂以六百人为限额，每日施粥一次，到四月五日止施粥六十天。② 中国银行员工及《大公报》员工所办粥厂，自开办以来，因得各方协助，一再扩大，由每日供给四百人喝粥，刻已每日增至施放两千人，并制棉衣一千件分发各粥厂施放，现已放出五百件，其余五百件正在赶制中。③

　　各粥厂开锅以后得到了社会上的大力援助。如华北国际救济委员会天津分会捐给本报和银行联合办的大悲院粥厂红豆五十大包（计重五千一百斤），分配给各粥厂。④ 另据报道，大悲院粥厂自上月二十六日开锅以来因得各方协助由原定每日施放四百人已增加至每日施放一千余人。国际救委会募捐美国红豆五千余斤，又因广收各方面捐款甚多，即日起筹划再扩大至每日施放一千五百人。⑤

　　慈善社团还对战争造成的外来难民进行积极地救济。在北方地区，国共两党战争爆发后，河北省文安、霸县、任丘、献县四县男女难民因不堪战祸，相率逃避来津，散居马场道工商学院附近，市府令社会局迅速设法救济。⑥ 另据报道，安、霸二县难民投宿于丁字沽西于庄一带，并推举代表向各方请赈。⑦ 各慈善团体进行了妥善安置。"三八"节前夕，市妇女会将前次赈灾义演余款四百八十万购买棒子面一万余斤，另请市政府将冬

---

　　① 《随杜市长看粥厂》，《大公报》1948年1月24日，第二张第五版。

　　② 《又一粥厂》，《大公报》1948年1月30日，第二张第五版。

　　③ 《大悲院粥厂供粥名额已增至二千人》，《大公报》1948年2月5日，第二张第五版。

　　④ 《美国红豆五十包捐给大悲院粥厂》，《大公报》1948年1月16日，第二张第五版。

　　⑤ 《大悲院粥厂决扩大救济》，《大公报》1948年1月18日，第二张第五版。

　　⑥ 《难民来津》，《大公报》1947年3月2日，第二张第五版。

　　⑦ 《安霸难民五千余人扶老携幼逃津避难》，《益世报》1947年2月10日，第四版。

赈会结束后所剩棉衣千余套拨交妇女会连同面粉在"三八"节时发放。凡由四周逃津难民经慈善机关调查属实者皆可请领。① 天津社会局鉴于逃津难民日渐增多，救济款项无法筹措，特呈请市府爰照北平市成案，呈请行政院拨赈款十亿元以资救济。市府据呈后，11 日致电呈请行政院，并函内政部早日核发进行救济。②

市政府为统筹本市救济事业特联合公、私立社会救济机关团体一百余单位及地方热心慈善士绅等多人组织天津市社会救济事业协会。3 月 15 日在市商会举行成立大会，由杜建时市长主席，决定"对战后我国贫困的社会作整齐的、划一的救济。大会选出理事杜建时等二十五人，监事张子奇等七人。"③

宁河县第三区潘庄难民二千余人，于本月二十日上午八时随国军撤出该镇，沿途流离分散，到津难民千余人分散在河东陈家庄子、小王庄、小店借居或在街头露宿。天津市救济事业协会经方筹备，18 日发放赈款，大口每名万元，小口每名五千元，由天津市社会局代表张主任，河北省社会局代表吴督导，绥靖区急赈大队杨辑梧、周文典等四人亲往发放，共发放大口、小口一千六百九十一名，赈款一千五百五十万元。其余未领赈款者将继续发放。据报道，4 月 19 日慈善社团筹得元豆、玉米等共百七十余万斤廉价配售给贫民难民。④

1947 年秋季后来天津的难民进一步增多，有些山东难民无处为家，于是就携带一家老小来到山东会馆。会馆承担了这些难民的吃住，会馆还给安排去学校或旅馆住宿。徐皆平会长号召发起募捐运动以救济这些难民。"这次募捐得法币 500 多万元，当时天津在国民党统治之下，物价飞涨，粮食缺少，有钱买不到粮，几百万元也起不了什么作用。董事会只好把募集来的救济款直接发给难民，按大人、小孩逐人发放。这也是解放前

---

① 《津妇女会三八节赈济难民》，《大公报》1947 年 3 月 5 日，第二张第五版。

② 《赈济难民》，《大公报》1947 年 3 月 12 日，第二张第五版。

③ 《市府联合各机关团体成立社会救济事业协会》，《大公报》1947 年 3 月 16 日，第二张第五版。

④ 《平粜粮救济穷人》，《大公报》1947 年 4 月 19 日，第二张第五版。

山东会馆的最后一次募捐活动。"① "1947 年山东部分地区遭受严重灾害，特邀著名演员程砚秋、尚小云举行义演，募款 3 万余元交山东赈济会救济难民。"②

在对贫民进行慈善救济的过程中，政府及慈善社团注重灾民的返乡工作。由社会局召集各同乡会商讨办理登记，能遣送还乡者给资遣送，不能还乡者实行以工代赈辅助就业，老弱残疾者予以收容，壮年者劝服兵役，筹设粥厂暖场三处，由警察局调查设厂地址（救济外县难民和本市极贫户，十八日发放，以每人十斤为限）。冬令急赈委员会在第二监狱代赈监犯一千三百三十六名，每人发放给十万元，由各慈善团体同救济协会的工作人员发放。慈善社团加强嫠妇冬令赈款，恤嫠冬令赈款定本月六七两天在第十区归绥道红卍字会发放，每人可领二十万元。嫠妇总数以各慈善团体发出的恤嫠证为根据，约有一千七百多人。本市各收容贫民和难民的粥厂大多于是日即结束，但桃园村粥厂到四月十二，当局方面为了统一结束粥厂，也将其他粥厂日期延长至四月十二日。但在这一时期要由当局补助。当局决定发行总的剩余救济物资，如绒布、毛毯、面粉、旧衣和旧鞋等，分配方式每人十斤面粉。③

社会局和招商局向联勤水运处交涉使还乡难民四百九十八名在 15 日免费搭乘一〇八号差船离津去沪。计有陈唐庄收容所一百五十七名，张兴庄收容所九名，大举庄收容所二十五名，西站十八名，何兴村寄宿六十名，红卍字会休息所一百四十八名，居士林八十一人。凡原住收容所难民都发给大米五斤以上作船上食粮，其余的由天主教青年会发给每人干粮二磅。行前由卫生事务所派人接种牛痘。④

平津路铁路局为协助津市当局疏散逃津难民返乡起见，一律准予免费搭车运送津浦、平汉各路沿线。⑤

---

① 中国人民政治协商会议天津市委员会、文史资料研究委员会：《天津文史资料选辑》（第五十六辑），天津人民出版社 1992 年版，第 207 页。

② 同上书，第 186 页。

③ 《粥厂统一结束日期》，《益世报》1948 年 3 月 19 日，第四版。

④ 《还乡难民》，《大公报》1948 年 6 月 16 日，第二张第五版。

⑤ 《协助疏散难民平津路局准免费搭车已与社会局商定办法》，《大公报》1948 年 5 月 16 日，第二张第五版。

慈善社团十分重视对贫民的医疗卫生工作。美国救济工作团拨款一亿元赠予本市各市立医院，专为贫苦病人等设立免费床位、医药救济及复原计划。本市难民收容所中，有许多人害了病无钱医治，也有不少的婴儿没有奶吃。卫生局负责各项卫生消毒，注射免疫针，并派大夫去各医院巡回治病，有住院必要时，则送往各市立医院免费病床。至于婴孩营养，救济院已拨一部分奶粉给他们饮用。① 山东会馆创办的山东医院，1945 年第二次开诊后，来院求诊之患病者如系贫苦会员，确实无力负担药费者可以到会馆申请免费，经会馆核实后发给证明，病人即可享受免费就诊、取药以至住院，一直到治愈出院后，一切费用均由会馆负担。

中央与地方对难民救济都加大了力度。救济津市难民，中央拨款八百亿：社会部属行政院美国救济物资处理委员会洽商简章，由五市配美国面粉，办理各重要地区难民救济工作，规定全国救济名额为一百万人，分配津市三万人，不分大小口，每月发给米二十四斤。限期三个月。津社会局奉令后业经筹妥难民救济实施办法，将各收容所和粥厂延长三个月，并在宜兴埠等三十二村实行分村寄养，安置难民由一千至三千人，昨已规定中外各慈善团体代表边洁卿等为该委员会委员，定于下午二时假第十区成都道丁大夫宅召开成立大会研讨进行。社会局决定将居士林、大王庄、梁家嘴、西楼村等四个粥厂结束，把多余的食粮以作赈济入关难民之用，这四个粥厂是该年四月利用社会部拨发的行署物资设立的，原定两个月为期，今天期满。因为难民救济至为迫切所以不再继续维持。② 何兴村木厂难民临时寄宿所，委托宗教慈善团体联合会主办，预计收容一千人。委托黄卍字会在二区三经路空地搭帐篷成立难民临时休息站，供给饮用热水。③《大公报》与中国银行合办大悲院粥厂，结束后尚余款一千〇九十四万七百二十五元，交社会局作为救济难民之用。④ 东北难民逃进关，其中山东籍的人很多，旅津部分山东同乡拟发起救济，并择定西车站旁就合作社房

---

① 《加强医药救济》，《大公报》1948 年 5 月 5 日，第二张第五版。
② 《四个粥厂结束》，《大公报》1948 年 5 月 30 日，第二张第五版。
③ 《社会局解决难民住宿问题又成立了临时性的收容所两处》，《大公报》1948 年 5 月 30 日，第二张第五版。
④ 《粥厂余款捐助难民》，《大公报》1948 年 5 月 30 日，第二张第五版。

址暂充收容所。①

政府慈善机构为了加大救济力度，展开了广泛的工作，动员社会力量。为了改善难民收容所，天津市社会福利救济事业审议委员会17日召开第四次会议，除由社会局报告难民返乡儿童膳食扶助金和社会批准之合并计划外，讨论决定改善难民收容所注意新陈代谢。难民中已能自立谋生的劝其早日离所，以遗额救济他人。

8月2日天津社会福利救济事业审议委员会开会决定将五千袋一号粉换成三号粉救济东北难民，发放面粉定于五日开始，预计难民总数为九千人，施放一个半月。②15日，社会局开始发起扩大宣传，希望各界捐助。呼吁各界捐助衣服、鞋袜，各军警机关、各大公司、厂矿捐助旧衣服。宣传请各报馆刊行义务广告；请广播电台义务播放广告；由各影院放映劝募标语；由社会服务处印制宣传品对各界宣传；请教育局发动各教育馆广为宣传。收捐赠物品地点选在《民国日报社》社会服务部、《益世报》社会服务部、红卍字会、黄卍字会、慈善普济同善会、女青年会、天主教青年会、基督教青年会等处。

为加强1948年冬赈救济工作。9月27日，社会局召开冬赈筹备委员会，报告该局今年冬赈的计划，征求意见，以作决定，筹备委员计有边洁清，邵受言等九人。③该年冬赈对象八万人，难民六万人，文贫、警贫、嫠贫、荣属、抗属、监狱、极贫囚犯二万人；赈济沿用设粥厂、发现金、发放投宿证等办法外，本年要添放棉衣、搭窝铺、办工赈等三项；经费除请中央补助一部分外，向各界募捐；做棉衣不足的布匹、棉花或成套的衣服向外募集；本年度冬赈从十二月一日起至第二年三月底止计三个月。冬赈委员会筹备委员会决定分衣食住三个小组由各委员会参加负责。衣服尽量发动市民捐助；住宿赶紧搭窝铺；去年的粥厂全数恢复，增加新粥厂新暖厂，全体在十二月一日同时开锅。④冬赈捐募委员会决定从10月起到1947年1月止每月15日至21日奉办宣传周，利用标语、报纸、电台、影

---

① 《东北难民源源来津》，《大公报》1948年5月3日，第二张第五版。
② 《发放东北难民面粉》，《大公报》1948年8月3日，第二张第五版。
③ 《预筹冬赈》，《大公报》1948年9月26日，第二张第五版。
④ 《今年冬振工作搭窝铺办工振》，《大公报》1948年9月28日，第二张第五版。

院等扩大宣传。募捐办法如下：（1）扩大推行一周济贫运动。（2）向各银行、钱庄、公司、厂矿、同业公会劝募。（3）向士绅及各慈善团体捐募。（4）加收自用、商用、汽车及自用三轮车慈善捐。（5）加收娱乐场所慈善费。（6）举办义演义赛。

随着国共战争的进一步扩大，这个时期天津难民急剧增加。特别是从东北来的难民日益增多。难民入关选择了乘坐飞机的方式飞进关来。从北平运面粉到沈阳的飞机，回程无货可运，于是大运难民。票价很便宜，以沈阳的物价来说，只等于十斤高粱米，因此，多数在沈阳谋生困难的人都登记求搭面粉机。这些人又多半是山东、河北人，飞到北平以后多半立刻来天津，成为"飞来的难民"。据飞到天津的东北难民说，空运队在沈阳已登记难民乘客十万多名，现已运完二万多名。据说最近中央航空公司也要在沈阳登记进关旅客，估计最近可能有二十万东北难民入关。[①]

豫、鲁、晋、东北及冀省各县集津难民，总数达十二万人。各收容所寄宿舍收容者达七千六百六十六人，领食粮者共一万余人。本市宗教慈善团体，修建难民窝铺两千个，收容一万人。[②] 天津的难民有一万四千余人左右，集中在下列九处：（一）西关教堂后、河兴村；（二）陈塘庄；（三）大毕庄；（四）张兴庄；（五）凌家莊；（六）西车站；（七）六区闽侯路；（八）河东黄卍字会；（九）金阁寺。参加救济工作的主要团体有天津黄卍字会、红卍字会、《民国日报》、《益世报》、山东东莱同乡会、河北宁河同乡会、天主教青年会等。

面对如此多的难民，慈善人士纷纷呼吁扩大冬赈组织，大家团结起来真诚合作，群策群力渡过今冬难关：边洁卿提出今年的组织必须扩大，必须发动各阶层参加组织，必须请市府、参议会和新闻界各方面发动冬赈工作，群策群力。[③]

据当时在同乡会工作的赵静民讲述，1948 年秋，德县部分中学和师范学校学生共四五十人盲目跑来天津求助于同乡会。山东旅津同乡会遂派他与救济总署负责人杨亦周联系，经救总批准，给每个学生发放面粉一

---

① 《难民飞进关来》，《大公报》1948 年 10 月 7 日，第二张第五版。

② 《津难民达十二万人》，《大公报》1948 年 10 月 28 日，第二张第五版。

③ 《今年冬振问题》，《大公报》1948 年 10 月 21 日，第二张第五版。

袋，并与教育部天津辅导处主任王任远联系，将这批学生安排在中学进修班和职业班就读。此时已近冬季，学生们衣着单薄，鲁北同乡会理事杨文卿请在津鲁北商号进行捐募，共得款 3000 余元，由理事们购一批御寒衣物发放给学生们，并鼓励他们努力学习，别辜负同乡们的关怀。

政府及其他慈善救济社团采取多种方式赈济难民。《大公报》发起了"壹圆济贫运动"（1948 年 10 月 15 日起，1949 年 1 月底止）天津市冬令救济筹募委员会举办壹圆慈善费济贫运动，向一般市民、各业同业公会、矿产业公会会员、津市各机关团体职员、各级学校教职员进行劝募。并聘请本市社会服务处主任为副队长，各区区长，警察分局长，各机关团体总长及商会公会工业会理事长分任大队长分别负责各该单位劝募工作。①

二　红十字会与行政院善后救济总署平津分署的救助活动

本阶段天津市红十字会和善后救济总署在津埠的慈善活动比较积极。在此，特略作概述。

（一）中华民国红十字会天津分会的慈善活动

中华民国红十字会天津市分会，在过去二十年间办理水灾、旱灾、粥厂、暖场、冬赈、急赈、救护等工作得到了社会好评。自"七七事变"天津市沦陷后，因物资损失巨大，红十字会工作被迫停止。1946 年 5 月，中国红十字总会北平办事处成立，6 月间，颁布了各种法规，北平办事处主任舒敏杰到天津主持恢复天津红十字会的工作。天津市社会局根据社会部颁布的民间团体组织章程，也在派员筹措红十字会改组事宜。在经过与天津市社会局的几次交涉后，天津红十字会开始按照自己的法规进行改组。

1946 年 10 月 20 日，天津红十字会在河北三官庙大街——四号原址内召开会员大会并选理事。② 出席大会的会员有 71 人，邓庆澜主席主持红会的重新改选工作，为将红十字会的工作扩大与发展，分会以后推进会务均依照"博爱人类，造福社会"八字为目标进行。大会公推舒敏杰为当然理事，刘道平、邓庆澜、孟子清、陈锡三、刘韻波、范雅林、李海

---

① 《壹圆济贫运动》，《大公报》1948 年 10 月 7 日，第二张第五版。
② 《红十字会》，《大公报》1946 年 10 月 20 日，第二张第五版。

寰、王冠华、王翰臣、王西铭等十五人为理事。① 在当晚召开的第一次理事会上选举舒敏杰、邓庆澜、刘国庆、范士斌、刘恩治为常务理事，公推邓庆澜兼任会长，刘国庆、范士斌为副会长，舒敏杰兼总干事，刘恩治兼副总干事。为了利于工作的进行，天津红十字会又聘请天津市市长杜建时为名誉会长、副市长张子奇、善后救济总署冀热平津分署副署长顾德明、社会知名人士雍涛、寿丰面粉公司经理孙冰如为副会长。

新恢复的红十字会从1947年1月开始了征集会员和捐募款物的活动。为了宣传红十字会配合征集会员的活动，"红会大量印刷了《中国红十字会天津分会征集会员筹募基金细则》和其他宣传品，并发起了征集会员的竞赛活动。"② 当时规定会员具有以下权利：享受医疗机构的健康检查、卫生指导、预防注射、优先住院和免费治疗、参加红会诸如旅行、观看电影、参加相关的生产技能训练等各项活动。同时红会会员必须履行下列义务：缴纳会费③、参加红十字会服务社会的工作。但是由于日本帝国主义统治期间，天津的各行业都受到了摧残，人民日益贫穷，加上国民党在1946年又发动了内战，为了支付战争经费，国民党在其统治区域征收各种苛捐杂税，使得民不聊生，人民无心也无力参加红十字会的活动。

虽然红十字会成立后募捐遇到了一定的困难。但它还是积极发扬了慈善救济的职能，具体表现为：

1. 开展了防疫工作。1947年夏天，红十字会为本市各监狱的囚犯及慈善堂所拨发了除虫粉液，积极开展了消灭臭虫、消灭蚊蝇等预防传染病的工作。为了广泛开展卫生防疫工作，天津红十字会"于4月16日筹办救济训练班，招考志愿学员二十名，并请外科医师二人，授以各种技能。第二期训练于6月1日开始。该会又为适应环境需要，于5月1日起组织巡逻医队、医疗救护队三队，先后出发距津西北三十公里之杨村附近前线救护双方受伤士兵计一百六十三人。他们还深入到本市第五、九、十一各区贫民区域、窝铺、难民收容所及地方法院监狱、天津看守所等处，为贫

---

① 《红十字会津会改组》，《大公报》1946年10月21日，第二张第五版。

② 赵辉：《天津红十字会九十年》，天津人民出版社2001年版，第32页。

③ 当时会费规定：缴纳法币20万元以上者为团体会员；10万元以上者为名誉会员；2万元以上者为特别会员；6千元者为普通会员；3千元者为青年会员。前三者为永久会员，后二者会员资格只有一年。

民、难民、囚犯等用 DDT 免费消毒并诊治患者，受惠人数三千三百八十五人。"① 6 月在天津市开展的夏季预防霍乱中，红十字会还与"天津市卫生局合作参加天津市夏令防疫工作，经商定由该会巡逻医疗救护队担任本市第八、九、十一区，三区各学校防疫注射，10 日该队李子荣等七名医务人员，携带疫苗及应用消毒药品前往本市西车站崇仁、万慈两小学校注射。"② 本市第二区三经路东北逃津难民休息站以及附近道旁所住难胞不下千余人，或麇集帐篷内，或露宿街头，疫疠堪虞。黄卍字会为预防传染保持健康起见函请红十字会派员到站消毒以重整洁，红十字会（为难民休息站消毒）慨允，并于十六日下午派巡逻医疗救护队多人带大量消毒注射药品普遍消毒及接种注射。③ 巡回医疗队还深入部分学校、工厂及难民收容所给 17000 人注射了霍乱疫苗。

2. 开办红十字会诊疗所。红十字会原来开办的平民医院在日伪统治时期内停止了工作，人走楼空。国民党接管天津，红十字会恢复后为了津埠人民看病的方便，他们积极着手恢复诊所，"该会又将坐落本市九区三官庙大街十号会房前半部房屋修缮完竣，敦聘医师三人、药剂师两人、医护员四人，于 6 月 1 日成立。诊疗所内设内科，外科、耳、鼻、眼、喉各科。"④ 红十字会诊所医疗价格极其低廉。红十字会还开展了对贫困人民的免费诊治。

3. 发放救济物资。1948 年 10 月初，联合国天津区儿童急救工作审议委员会委托天津红十字会诊疗所办理儿童奶站。红十字会对津埠九区的贫苦儿童进行了调查，38 天共发放奶粉 909 磅，并陆续发放到 1949 年 1 月。"在发放奶粉的基础上，天津区儿童急救工作审议会又委托红十字会诊疗所办理儿童膳食站。经调查，待赈的贫困儿童共有 400 名。自 1948 年 11 月 21 日至 1949 年 1 月 2 日，每天上下午各供应 200 人到诊疗所喝粥一餐。后因燃煤供应中断，遂按每日定量将实物发放给贫苦儿童享用。1948 年底，诊所又承担了被国民党军队占住的两所学校儿童膳食站的 1000 余

---

① 《红十字会诊疗所今日开幕》，《大公报》1948 年 6 月 7 日，第二张第五版。
② 《红十字会协助防疫注射》，《大公报》1948 年 6 月 11 日，第二张第五版。
③ 《红十字会》，《大公报》1948 年 6 月 18 日，第二张第五版。
④ 《红十字会诊疗所今日开幕》，《大公报》1948 年 6 月 7 日，第二张第五版。

名贫困儿童的膳食发放工作。"①

1949 年 1 月 15 日天津解放后，天津军管会派人到中国红十字会天津分会接洽，让其暂时保留原有机构，并在红十字会诊疗所内设立第九伤兵收容所，临时收容国民党伤兵人员。军管会在医药及医护人员方面还给诊所提供了力所能及的支持。"自 1 月 18 日至 2 月 5 日，经收容所医治后遣送回原籍的 161 人，送训的 204 人，转院的 45 人，逃跑的 35 人，死亡的 17 人，总计 462 人。"② 红十字会还继续承担了儿童救济物资的发放工作。1 月 20 日，根据联合国天津区儿童急救工作审议委员会的指示，红十字会诊疗所将奶站、膳食站、粥厂所剩的奶粉 755 磅及豆、菜等物资分别发放给原受救济的贫困儿童。1949 年初，因天津发现了天花，红十字会响应政府号召，承担了八、九两区各机关团体及市民的种痘任务，从 3 月 14 日到 4 月 10 日先后接种了 13891 人。

（二）善后救济总署冀热平津分署的慈善救助活动

行政院善后救济总署冀热平津分署成立于 1945 年 12 月 1 日。它对天津贫民儿童救济做出了重要的贡献。下面就其对儿童的救助进行概述。

儿童作为一个弱势群体，在当时国困民穷的形势下，如何实施救助对儿童的健康成长具有重要的意义。从大的方面讲，儿童承担着以后建国的责任，培养出全面发展的人才对国家复兴有着举足轻重的地位。行政院善后救济总署冀热平津分署在成立的一年里对儿童的救济和教养不遗余力。为了加强儿童教育，救济总署特组儿童福利委员会，由各委员分别以教育、营养、卫生、娱乐和保健各部门推动各辖区内的儿童工作。因为天津失学儿童过多，救济总署自办理儿童福利以来，总计有 3 万儿童获得救济。救济总署一方面设立了义务学校，收养失学儿童，一方面成立奶站，供应贫苦儿童。此外还创办了贫童收容所，收容那些流浪街头无家可归的丐儿。

1. 天津贫童收容所。收容所设立在唐家口红卍字会附设残废医院及孤儿院内，共收容丐童 76 名。收容所人员有院长 1 人，总务主任 1 人（是义务职），他们都由红卍字会调任。指导员 4 人，男工役 2 人，女工

---

① 赵辉:《天津红十字会九十年》，天津人民出版社 2001 年版，第 35 页。
② 同上书，第 37 页。

役 4 人，厨役 4 人（他们都是以工代赈）。收容所内分为收容、救济、诊疗、教导四个部分。收容部收容 6 岁到 15 岁流浪街头无家可归的童丐。可以自己直接报名或由别人介绍入所，该所提供食物及衣服，对于年龄较小或体质较弱的儿童，按他们的体质需要，另外发给营养品。每一个儿童入所之前，要洗澡，换上行总的赈衣，由指导员给他们安排床位。最后由教导员带到教导部报到，由教导部分配教室位置。童丐一经报名检查合格后，即发给登记证，贴好照片，遇有残废的，由该所介绍到残废院设法收容，救济部对这一部分童丐只供给膳食和衣服，他们和收容部的儿童一样都有受教育的机会，但是救济部的儿童着重技术训练，以六个月为一期，成绩优良者介绍到工厂做工。救济诊疗部负责儿童的健康检查、疾病治疗及儿童起居饮食方面的卫生事项。每两个月对儿童进行检查照相一次，比较他们的健康状况，对有病的儿童送该所诊疗室诊治，对病重的儿童则送到救济总署特约医院诊治。该所除对院内儿童服务外，对一般贫民也实行免费治疗。教导部负责全院儿童教导事项，进行生活指导和课程指导，意在养成儿童识字写信记账等能力。指导儿童阅报成为一种课外活动，同时注重对儿童的常识、技术训练，教儿童在院子里种植各种青菜，培养他们热爱生活的品质。

2. 天津奶站。行署冀热平津分署在天津的儿童福利工作主要围绕两个方面。一是接济供给贫苦儿童丰富的营养物质，一是注意补救他们的教育。在形式上由义务学校和奶站两个单位来完成这方面的工作。奶站的救济对象有三种：一、孕妇（主要指那些营养不良的孕妇）；二、乳母（通过给贫困乳母喝牛奶增加她的奶水）；三、12 岁以上的儿童（凡是营养不良和体质较弱的儿童都是奶站救助的对象）。为了加强业务，开展儿童福利工作，该站在赈务组特设福利科，并有联总福利专家。每个奶站有服务人员 4 名，他们除了调乳配发事宜外还做家庭贫民访问，给贫民灌输哺乳常识、卫生常识。每周二福利科人员在救济分署召集各站服务员开会一次，检讨奶站的工作问题，同时监督奶站工作人员，加强工作效率。据统计，关于就乳儿童的家庭状况统计，劳动阶级工人失业难民最多，约占 54%，小贩、商人占 26%，教育、军警、公务员占 10%，农家子弟及其他占 10%，来站喝奶不间断的是难民及失业工人子弟，他们是天津奶站救助的中心对象。

表5—4　　　　　　　　　　天津奶站分布表

站名	地点	成立时间	供养人数
第一站	第四区唐家口贫童收养所	5.20	22284
第二站	第四区李家台复兴车行	5.20	37363
第三站	第四区姚家台清福公所	5.20	36097
第四站	第七区小洋货庄仁慈堂	9.19	16228
第五站	第七区西板桥胡同普育小学	6.1	21454
第六站	第七区西南城角广仁堂	6.20	23962
第七站	第七区红十字会普慈第二小学	5.20	16973
第八站	第七区南开大学妇婴医院	8.26	10008
第九站	第一区南开教堂天主教孤儿院	9.1	4871
第十站	小白楼女青年会	8.13	5029
第十一站	第六区土城	—	8344
第十二站	第九区北营门蓝卍字会慈普第三小学	5.20	4630
第十三站	第六区小刘庄	9.7	17071
第十四站	第五区郑家庄	10.1	4679

资料来源：天津社会科学院：《善后救济总署冀热平津分署一年来之儿童福利工作》（1946）。

3. 天津义务学校。善后救济总署成立后，把对为因经济受压迫而失去求学权利的儿童提供受教育机会看成与贫户的救济、难民的遣送同等重要的事情。4月9日，分署在天津成立了贫童义务教育筹备会，讨论并决议关于设立义务学校的办法。他们利用公、私立学校及慈善团体原有的地址，收容7岁以上13岁以下贫苦无力入学的男女儿童。从4月20日起，先后成立了义务学校八十六处。各义务学校每校设两个班，每日由分署给予面粉半磅，学生的文具书籍都由分署免费发给。这些学校利用各校正班学生下课时间作为教学时间。教材注重国语、算术、常识及公民等科。这些班级每班学生定为50名。学校实际收容人数有八千〇二十人。学校在教学中注重"教"与"育"并重，一方面给予学生知识技能的补救，一方面施以物质的救济，学生经审查合格入校后就可以领到分署的牛奶、旧衣物等。据当时的报道称："自平津分署设立义务学校以来，直接减少了未来天津市八千个文盲。"① 他们甚至希望这些儿童经过培养将来能产生出天才，所以他们对培养学生很认真。

表5—5　　　　　　　　　　义务学校第一期校址及名称

特一中学（第一义校）	卍慈第二小学（第三义校）
普育小学（第五义校）	模范小学（第七义校）
长芦育婴堂（第九义校）	第一民众义务学校（第十一义校）
文华小学（第十三义校）	安达小学（第十七义校）
市立第五十五小学（第十九义校）	万辛庄小学（第二十一义校）
醒民小学（第二十三义校）	复兴小学（第二十五义校）
进益小学（第三十一义校）	崇实小学（第三十三义校）
儿童福利社义务第一小学（第三十五义校）	天津市慈幼育婴托儿所（第二十七义校）
养正小学（第三十七义校）	晓风小学（第三十九义校）
东楼小学（第四十一义校）	赵民小学（第四十三义校）
山东公学校（第四十五义校）	蓝卍字会慈善第四小学（第四十七义校）
省立天津女中（第四十九义校）	广育小学（第五十一义校）
三义庄小学（第五十三义校）	慈育义务班（第五十五义校）
捷城小学（第五十七义校）	省立天津中学（第五十九义校）
澄衷小学（第六十一义校）	时中小学（第六十三义校）
市立第十八小学校（第六十五义校）	市立第九十六小学校（第六十七义校）
贫童收养所（第二义校）	勤散小学（第四义校）
蓝卍字会（第六义校）	士范小学（第八义校）
广仁堂（第十义校）	崇德小学（第十二义校）
秀山第二小学（第十四义校）	民益小学（第十六义校）
蓝卍字会慈善第二小学（第十六义校）	东初小学（第二十义校）
姚家台小学（第二十二义校）	育英小学（第二十四义校）
私立第一小学（第二十六义校）	市立第八民教馆（第二十八义校）
育青小学（第三十义校）	志民小学（第三十二义校）
建德小学（第三十四义校）	四成小学（第三十六义校）
第九民教馆（第三十八义校）	第七民教馆（第四十义校）
成城小学（第四十二义校）	三义庄小学（第四十四义校）

---

① 天津社会科学院：《善后救济总署冀热平津分署一年来之儿童福利工作》（1946）。

续表

特一中学（第一义校）	卍慈第二小学（第三义校）
今是小学（第四十六义校）	达仁小学（第四十八义校）
市立第三十小学（第五十义校）	德馨小学（第五十二义校）
济生第二（第五十四义校）	沈氏小学（第五十六义校）
志达中学（第五十八义校）	怀益小学（第六十义校）
种德小学（第六十二义校）	山西旅津小学（第六十四义校）
儿童福利社义务第三小学（第七十一义校）	蓝卍字会慈善第一小学（第六十八义校）
清真小学（第六十九义校）	市立第十九小学校（第六十六义校）
市立第八十六小学（第七十三义校）	桃林小学（第七十五义校）
弘仁小学（第七十七义校）	白十字会第一小学（第七十九义校）
东恒小学（第八十一义校）	竹林村小学（第八十三义校）
万国道德会小学（第八十五义校）	启明小学（第七十义校）
市立第六十七小学（第七十二义校）	育正小学（第七十四义校）
西沽民十小学（第七十六义校）	树培小学校（第七十八义校）
崇仁小学（第八十义校）	裕齐小学（第八十二义校）
树人第二小学（第八十四义校）	励德小学（第八十六义校）

资料来源：天津社会科学院：《善后救济总署冀热平津分署一年来之儿童福利工作》（1946）。

行总冀热平津分署天津办事处取消后，与教育局合办。吸取了第一期的经验，义务学校由署局两方派专人指导，又办了二百班，共收一万人。该次选择了第一次办得比较好的义校继续办理，成绩不好的予以取消。该期学生自十一月一日上课到翌年二月底结束。对这些学校，在此不再一一列举。

（三）天津市救济院

1947年9月4日天津市救济院组织规程正式公布。按照规程，救济院设立了安老所、残疾教养所、妇女教养所、育幼所、习艺所、施医所。救济院根据1947年6月颁布的《天津市救济院收容办法》对"年在六十岁以上鳏寡或精力衰竭不能自谋生活贫苦无依者；因疾病伤害残废或其他智力上之缺陷不能从事劳作者；贫苦无依不能自谋生活之妇女；不堪压迫虐待及曾操不正当之营业而自愿改悔之妇女；三岁以上十二岁以下贫苦无依之儿童；因天灾或其他事故使事业不能自谋生活者"① 进行收容。

救济院安老所收养男女老少，依据他们自身的条件教他们一些技艺，如糊制纸类物品，编制植物用具，纺纱或洗补衣服，饲养家畜种植园蔬及其他体力堪胜之工作。对这些男女老少，救济院通过演说和座谈方式，教些有益于他们身心的课程。当他们经过在院的学习能自谋生活时就让他们出院。

残疾收养所对收养的残疾人设置训练课程，包括识字缮写文书及其他应用文艺、公民常识、各种应用技能、音乐剧曲艺刻绘及其他各项艺术、其他谋生的技能。通过施以特殊训练，使他们擅长一技而能自谋生活。

妇女教养所对来院申请妇女首先给以身体检查，对染有恶疾者先进行治疗，待治愈后再入院。对入院的妇女施以智能及家事训练，还得参加救济院的各项劳作或派入习艺所工作。救济院对妇女收养期限定为一年，必要时再向社会局申请批准延长或缩短。对于妇女期满后，救济院按照她们的志愿代为介绍婚姻、辅导就业，如有自愿随其家属者须取具妥实保证。对那些出院后仍理旧业的妇女，法院依法进行追究，并使其家属迫交留院教养时的一切费用。

育幼所对收养儿童依照教育法令设法教育授以公民训练和职业教育，并安排入本院习艺所工作。对收养的儿童达到了法定年龄，可以继续在习艺所工作或由救济院代为介绍工作，女童可以进入妇女教养所由救济院按照她们的志愿予以介绍婚姻。对收养儿童天资聪明者，由救济院呈请社会局转请政府予以深造。

习艺所主要设了印刷、纺织、手工三部，让院内妇女儿童都有平均习艺的机会。施医所除为救济院院民诊疗外，并为贫苦市民提供义务诊断。

救济院对院女择配极为重视。1946 年 10 月 21 日，国民政府颁布了《天津市救济院院女择配办法》。规定院女择配每年分春秋两季进行，为了让院女有个好的归宿，救济院对院女嫁娶时求婚人做了这样的规定，二十岁以上的男子，在本市有确定住所和正当职业，足资赡养家室；经医生证明身体强壮无任何疾病；保证负责对院女的终身赡养；保证婚后无虐待和其他不法事情；保证无重婚行为；以殷实商号两家作保。符合以上条件

① 天津市丛刊编辑委员会编印：《天津市单行法规汇编》（第一辑），1947 年。

者才可以申请求婚。在这个过程中，完全根据院女的意愿，经介绍后，自由恋爱。

第三节　本阶段慈善社团救助活动评价

该阶段天津的慈善救济出现了在政府掌控下，各慈善社团共同参与的模式。通过对此时期各慈善社团的考察，很明显地看出慈善团体与民国中期的慈善社团相比，慈善社会活动主体发生了很大的变化。在以政府为主导的慈善救济活动中，善后救济总署冀热平津分署在救济中投入了较多资金与人力物力，民间慈善团体除原有的广仁堂、红十字会、红卍字会等慈善社团外，贫病救济会、普济慈善社、慈善普济社、崇善东社、黄卍字会、蓝卍字会、黄十字会、公善施材社、慈惠普济同善会、救世军等社团都积极参与慈善活动。总的来说，这一时段慈善救济体现出了以下特点。

第一，民间慈善社团在社会救济活动中处于主导地位，它们是市政府赈济活动的实施主体。1945年冬赈天津设立慈善机关二十三处，在天津市冬赈委员会指导下发放联合国善后救济总署拨给的面粉及衣物。1946年冬令救济委员会明确规定，该年实施的冬赈救济推由地方士绅负责，政府处于协助地位。公推边洁卿为主任委员，任振采、徐瑞甫、雍剑秋、陈亦侯、苏玉书、庄乐峰等为委员，设干粥厂四处、设避寒所四处、施放投宿证、施放赈衣、施放特殊救济金（文贫、嫠妇等）、施放救济物资小米、赈衣物等由贫病救济会、慈善普济社、红卍字会、黄十字会等慈善社团具体负责进行。1947年，天津市政府联合公、私立社会救济机关社团一百余个单位组织了天津市社会救济事业协会。在该年冬赈中黄卍字会、天主教青年会、救世军、同善会、红卍字会、黄十字会等慈善社团承担起了筹办粥厂的任务。面对越来越多的难民，1948年慈善人士强烈呼吁扩大冬赈组织，群策群力渡过难关，各慈善社团承担了更多责任。仅宗教慈善社团就修建难民窝铺2000多个，收容10000多人；此外，黄卍字会、红卍字会、山东东莱同乡会、河北宁河同乡会、天主教青年会等承担了主要工作。正如善后救济总署冀热平津分署在1946年所总结该年的赈务时所说的那样"因战时的搅攘和战后国家财政的艰难，迄今公立的救济机关还不太多，而且一般的状况是拮据。我国社会私人慈善团体举办救济设施，由来已久，嘉惠了不少的老弱妇婴鳏寡孤独和残废，外国的宗教团体也创立过若干有价值的救济机关，这些中外人士埋头苦干，服务人群，到现在本区的永久性收容事业大部分依仗他们的努力"。[①]

第二，冬赈款项主要由政府筹集，政府组织募捐。1946 年，政府在向社会各界募集赈济捐款时，指出捐款由财政局负责代收，分期送交市民银行存储。1947 年筹款时，天津市政府组织冬令救济筹募委员会负责募捐，救济协会负责施赈，救济工作统一办理，任何机关团体都不得单独举行。1948 年天津市政府得到了中央拨款八百亿元作为赈济天津难民之用。当然，这期间社会上也有很多热心慈善人士将善款交由部分慈善社团，但这些民间捐款数量有限。这些社团在进行贫民的救济中主要依靠政府的拨款来运行。

第三，赈款筹集方式与以前相比发生了变化。该阶段赈款的筹集主要采取了向各同业公会、银行、公司、工厂募款；向娱乐场所加收冬赈慈善费；对各影院、戏院、舞场在票价之外比照娱乐捐征收数额加增慈善捐百分之十；对日常交通用具如公用、商用、自用汽车、自用三轮车、电车、公共汽车一律征收冬赈慈善费的办法。

该阶段为了募集捐款而提出了"认缴救济特捐是有钱人报效国家、救助人群的好机会；救济特捐是专供办理救济事业与赈恤难民之用的；要求社会安定，必须多多认救济特捐；绅商巨富多多认捐；如果有钱不肯出钱，我们要公开检举"[②] 的口号。这些口号，一是利用人类的善良唤起人们的同情心来参与对贫困人群进行募捐，但更多的是政府推行强行募捐的政策，对有钱不捐者要进行检举，予以治罪，从而达到募款的目的。这一方面说明民国后期国民党忙于战争，财力短绌，国家处于贫困的边缘。本阶段天津所实施的慈善救济一是传统使然，二是国民党为了社会的稳定，维护自己统治。但通过募款来看，此时的慈善救济已不再体现慈善救济中捐助者自愿的本意，而是一种强迫的慈善活动。

第四，加强了对流亡学生和贫困儿童的专门救助。政府对东北流亡到天津的学生特别关注。为此，天津市专门成立了救委会，教育局发起

---

① 天津社科院图书馆藏：《善后救济总署冀热平津分署一年来的赈务》（1946），第 21 页。
② 《救济特捐标语》，《益世报》1948 年 3 月 14 日，第四版。

"流亡青年救济委员会"对他们予以救济。前一节关于对学生的救助，已作阐述，在此不再赘述。

天津市社会福利委员会对贫困儿童表示了极大的关注，天津成立了专门的儿童救助机构。天津市成立了社会福利救济事业委员会。该委员会筹集了三十七亿六千万元分配给本市十三所儿童福利救济机构的一千〇九十一人，每人每月发给四十七万元，连续发给四个月。①

儿童救济工作审议委员会也于 1948 年 6 月 14 日下午正式成立，通过简章，决定人选，社会局胡局长按部令任主任委员，丁懋英大夫当选为副主任委员。救济儿童站设十处，西广开辅仁医院、大王庄救世军、河北公理会、西沽小学、地道外沈庄子、河北第二卫生事务所、西头看守所、男青年会、女青年会以上九处共救济一千人。②

贫困儿童问题还引起了联合国儿童急救委员会的密切关注，该委员会由上海"海光"轮船运来天津大米六百吨供平津区分配给儿童。另有一批鱼肝油将自美国及加拿大运来中国，其中平津区分得八万八千一百八十四磅。③

第五，天津市的救济事业得到了国民政府和国外特别是美国的援助。当津南二十县难民为逃避战争灾难而到天津时，二十县旅京同乡会及难民代表到京请求行政院救济，行政院饬令财政部拨款十亿元遣送该 26 县逃津难民回籍和救济老幼残弱。后经市政府召集有关机关商讨决定用该项经费设立暖厂、粥厂收容老弱、残废之人。27 日，市政府召集各党政机关开会讨论实施办法，议决：即日成立津市难民冬令救济委员会；暖厂、粥厂都设立于红卍字会难民收容所和西车站屠宰场收容所；请工务局尽量雇用难民以工代赈修筑道路。除工务局以工代赈外，请河北省社会服务处贷款为难民办理生产合作社。老弱残疾由市政府、社会局、参议会、市党部同各同乡会等同谋收容，连同三亿元救济款中所剩二亿元，共十二亿元，全部都购买中信局残粉。④

---

① 《推进救济工作》，《大公报》1948 年 5 月 26 日，第二张第五版。
② 《儿童救急委员会成立》，《大公报》1948 年 6 月 15 日，第二张第五版。
③ 《儿童急救会》，《大公报》1948 年 9 月 25 日，第二张第五版。
④ 《救济津南难民》，《益世报》1947 年 12 月 28 日，第四版。

1948 年天津市救济事业审议会救济计划得到社会部批准，行政院即按计划拨款。本市统一救济工作开展，一为救济贫民计划，一为救济难民，预计一万五千人。一为救济本市贫民，预计三万人，社会部把两者合并为一个计划，共救济三万人。① 为救助来津难民，中纺捐款四十五亿分送津冀两救济协会施放。行政院批准并拨发天津市难民专款一千亿。社会局救济事业审议会推胡梦华、边洁卿等四人处理这笔款项。他们用此款向中信局买得面粉五千袋，再改换赈粮发赈。如救济对象为一万人，可以继续吃一个半月。②

美经济合作总署拨款一千亿救济津市一万余难民，用以购买赈粮，供全体难民一个半月的食用。③ 9 月 30 日经合署天津办事处讯，经合署面粉五万四千五百九十五袋，二十七日由美轮运抵大沽口，至此批，经合署前后共运津一万一千四百〇九吨美援面粉。④

此时期慈善社团在进行慈善救济过程中的捐款主要来自政府及联合国国际救济委员会。慈善社团得到的款项一方面用于维持慈善机构本身的运转，一方面进行积极地施救。1946 年 1 月 4 日，基督教联合会向国际救济委员会申请大批救济金，据不完全统计"联合会曾先后请得传教人救济费 600 万元（旧法币，下同），灾民救济费 200 万元，平民救济费 100 万元，医药救济费 72 万元。此外，又以接受国际救济委员会委托的方式分发给各教会救济金 300 万元，补助传道人救济金 500 万元等"。⑤ 联合会还以接受国际救济委员会委托的方式，由基督教青年会和女青年会办理平民教育班，并由大王庄救世军办理粥厂和暖场，协同东亚、仁立办理粥厂等。

联合国善后救济总署冀热平津分署对灾民救助起了非常大的作用。据报道，天津市冀热平津分署补助的慈善社团人数有："仁慈堂老人院 25

---

① 《社会救济事业审议会救济工作即可开展》，《大公报》1948 年 6 月 11 日，第二张第五版。

② 《难民救济专款拨到》，《大公报》1948 年 7 月 30 日，第二张第五版。

③ 《美经济合作总署拨款千亿救济难民》，《大公报》1948 年 7 月 24 日，第二张第五版。

④ 《美粉又有一批抵津》，《大公报》1948 年 9 月 30 日，第二张第五版。

⑤ 中国人民政治协商会议天津市委员会、文史资料研究委员会：《天津文史资料选辑》（第五十辑），天津人民出版社 1990 年版，第 148 页。

人、孤儿院 58 人、救济院 34 人、慈惠普济同善会孤儿 13 人、红卍字会残疾院 22 人、孤儿院 76 人、贫童收容所 80 人、天主教孤儿院 92 人、广仁堂 138 人、长芦育婴堂 65 人、天津市救济院 453 人、教保托儿所 75 人、同善普及托儿所 25 人、育颖托儿所 52 人，其余的还在考查中。"① 联合国善后救济的工作重心在恢复生产，协助建设，因而善后工作最为重要，而战争后面对千疮百孔的灾区，救济工作最紧迫最急。冀热平津分署成立以来，就以救火的心情先来推动急赈。1946 年冀热平津分署在总结其一年来的工作时指出："截至该年十月底，天津市发出的急赈物资有面粉 1174237 磅，衣服 139652 件，鞋 77 双，还有少量营养食物和现金国币 812000 元，救济人数 152452 人。"② 1947 年，行总救济分署宣布发面粉两万袋赈济本市冬赈，并将全市贫苦教员、学生、瞀贫、嫠妇等造具清册，转请该署发给冬赈面粉，以示救济。对当时错过的贫户，冬令救济委员会规定补放面粉日期，文贫给现款，嫠妇放粗粮。行总津办事处赶办施赈工作，对象为学校慈善团体及贫民。行总发放物资包括面粉二百六十吨，豆粉二千七百〇八袋，干豆一千八百五十袋，干乳一千六百五十二箱……旧衣一千三百三十九包，棉布二千六百〇一匹。③ 26 日开始发放，救济协会工作委员会讨论放赈的各项原则。每区每日发两千户至三千户，全市共有五万多贫户代赈，三四天发完。首次冬赈发放，总数六十四亿四千〇二十五万，极贫大户三十万，小户二十万元。

第六，该阶段救济重视以工代赈。1946 年冬防期间老弱残废者由冬令救济委员会负责救济安置；无业游民由工务局编组给予修路及挖河等项工作，以上两项贫民由社会、警察两局调查，分别送交冬令救济委员会或工务局收容。④

该阶段慈善社团的救济活动还表现为：重视对文贫、嫠妇、瞀、贫等弱势群体的救助。天津冬赈实施委员会对抗属忠烈遗族给予了相当的关注；慈善团体不但救助本地难民，还对外地难民进行了力所能及的救助，

---

① 天津社科院图书馆藏：《善后救济总署冀热平津分署一年来的赈务》（1946），第 22—23 页。

② 同上书，第 10 页。

③ 《赈品种类繁多》，《大公报》1947 年 10 月 19 日，第二张第五版。

④ 《安插贫民》，《大公报》1946 年 11 月 8 日，第二张第五版。

据报道："山东难民八百万，今春又增加了四十五万。社会部批准拨款八十亿元，赈粮二百吨，运往山东救济。""1948年冬登莱同乡会为山东部分地区受灾，特邀请著名京剧演员程砚秋来津义演，募集捐款2万余元，汇往山东灾区救济。"①

冬赈中基督教青年会及佛教居士林等教会团体在社会救济中发挥了不可替代的作用；各粥厂的设立秉承了前期的冬赈救助模式。但一定时期对津埠贫困人群的救助模式与民国其他时期相比也发生了明显的变化。

总之，民国后期蒋介石政府实施反共反人民的策略，不断扩大战争，军费开支在不断加大，在全国经济疲敝，贫民源源不断地流入的情况下，从天津市到民间慈善社团对贫民的救济依然组织得卓有成效。所以，考察此时期的救助资金我们明显地看出投资更大，救济的群体更多。今天我们再次回眸这段历史时，应该给予国民政府与民间慈善团体的慈善活动以充分的肯定和高度的评价。

---

① 中国人民政治协商会议天津市委员会、文史资料研究委员会：《天津文史资料选辑》（第五十六辑），天津人民出版社1992年版，第187页。

第 六 章

近代天津慈善社团在天津社会
现代化进程中的地位

民国时期天津慈善社团无论从社团数量、慈善组织者、善款渠道及其救济范围在全国都是非常显著的。民国天津社团的发展兼具了我国南北方社团发展所需要的社会人文环境。开埠通商进一步促进了天津商业经济的发展，金融业的发展使得天津成为近代北方金融贸易中心。在洋务运动的带动下，天津成为北方工业发展的引领者。在洋务企业的刺激下，天津举办了众多近代民族企业。清末新政以后，天津成为袁世凯推行新政的重要实践基地。近代以来天津成为北方的经济、金融中心，造就了大批富庶的群体，这使得它具有了同发达的江南地区一样的经济实力来开展各种慈善活动。同全国政治中心北京相比，近代天津也聚集了大批的官绅政要，他们利用自身在占有社会资源方面的优势来从事慈善事业活动。天津具有中国最多的租界，中外之间接触与全国其他地区相比更具有优越性，在与外国思想、政治、文化及生活习惯的接触中，兼具了向国外学习的优越条件，在各方面都较早地开始了近代化变迁。总之，近代天津的发展，使得它兼具了南北方特色，这在一定程度上也深深地反映在慈善事业中。

近代慈善社团在天津历史上占有浓重的一笔，值得大写特写。天津慈善人士对慈善的热情在全国范围内都是可圈可点的，慈善组织的进一步完备，慈善团体救助范围的进一步扩大，慈善团体对全国灾情的关注都达到了空前。本章作为结束章节，对近代天津慈善团体的特点、慈善团体在促进天津社会向近代化发展过程中所起的作用作一简要概述，以便对近代天津慈善社团有个总体清晰的认识。

第一节　民国天津慈善社团及其慈善活动评价

一　民国天津慈善社团的特点

研究慈善事业的学者毕素华认为："民国时期的慈善事业不仅有较为完善的管理机构及社会慈善组织，而且有较为完备的成文法规和组织制度；在实际运作上，在救灾赈灾，战争赈务、安老、育幼、扶助、助残等方面发挥了积极作用。此外，民国政府在指导思想上打破了消极赈济的观念，注意将赈济与生产创业结合起来，这些都体现了民国时期赈济慈善事业的特点。"① 经过资料的整理研究我们发现，频繁爆发的自然灾害，接连不断的战争几乎贯穿于民国将近四十年的历史。与此相适应，这一时期政府赈济管理机构逐渐健全，政府在赈济中采取了较为积极的措施。民间社会慈善组织众多，民间慈善团体成为社会赈济的主体。为应对各种自然灾害和稳定社会秩序，各慈善团体积极为灾民筹募赈款、赈物，输送衣服、粮食，办粥厂，施医施药。同时，还采取了更为有效的救济措施，如工赈，让农民参加一些基本的建设以解民困。如为了应付各河水灾造成的灾害，各慈善团体在市政府领导下修筑河堤。为应付旱灾，挽救生命，让流离失所的贫民筑路自救。我们可以看出民国时期的慈善团体所开展的活动已经从单纯性的救济善举向灾害预防性和善后建设性的现代社会保障方向发展，这无疑是一个巨大的进步。

民国时期天津慈善社团受到近代西方新思潮以及中国社会变迁的影响，与传统的慈善社团相比，它已发生了很大的变化，表现为以下几点。

第一，民国时期慈善社团组织结构更加完备，运作更加规范。政府对慈善社团举办者规定更加严格。传统的慈善社团，诸如善堂、善会等，它"一般采取的是封建家长式的管理方式，堂主具有至上的权威，人事、经济及日常工作都由堂主做主。这类团体一般从事一些小规模的慈善事宜"。② 民国时期慈善社团的规模明显比以前扩大了很多。有的慈善社团的救助活动活动区域已经超出了一定的地域范围。这类团体"设有总会

---

① 毕素华：《民国时期赈济慈善业运作机制述论》，《江苏社会科学》2003 年第 6 期。
② 蔡勤禹：《民国慈善团体述论》，《东方论坛》，2001 年第 4 期。

和分会，制定严格的规章制度。根据团体章程规定，组织系统采取了董事会制或会员制。每遇重大事情决策，需要召集全体董事或会员共同商讨，由执行董事负责执法"。① 各慈善社团成立后，为了积极扩大组织，招募会员，发起人经常通过媒介进行积极的宣传，招募会员。他们经常向社会征集会员。根据捐款多少，把这些会员分为名誉会员、特别会员和正会员。社会上一些有名望的官员政要，因为他们广泛的影响力、财力及其在社会上办事比一般人拥有更多的资源，他们通常被举为名誉会长。如天津警察厅水灾急赈会推举杨敬林为负责人，赈济西北灾民捐募委员会举崔廷献为名誉会长、朱庆澜为副会长。1923 年天津妇孺会成立四年后改组时举津浦路局长孙子文为名誉会长，该会遣送妇孺乘津浦路段车时予以免费。社团开会比较频繁，例如天津红十字会及警察厅水灾赈济事务委员会，面对复杂的灾情，几乎每天都开会讨论事务。开会时详细报告在赈灾救济中的收款支出项目，做到公开透明，取信于民。近代天津各慈善社团的救济理念也在向着近代化方向转变，他们的慈善活动不单单限于施舍救济而更多注重从根本上救治贫民，他们把教养兼施作为一项重要的理念贯彻在慈善救济活动中。通过解读民国不同时期天津慈善社团救济史料，我们可以明显地看出，越是后来越注重教养兼施，慈善救助越向着近代化、理性化方向发展。

民国时期对办理慈善社团的发起人及倡导者做了明确的规定，要求办理者名望素著，操守可信，热心公益，慷慨捐输，要求发起慈善社团救助具有特殊的经验或学识。对那些贪官污吏、劣迹斑斑的士绅土豪、吸食鸦片等毒品者坚决不许参加。这些规定可以进一步从源头上杜绝社会上有些人打着办慈善事业的幌子而进行的肥私诈骗，从而保证了慈善团体真正发挥其在社会中的救助作用，提高慈善社团的公信力，使得人们对慈善事业采取积极的支持态度。

第二，天津慈善社团救助已打破了地域的界限，加强了同其他地区慈善社团之间的联合，这既有外部慈善社团加入到天津慈善社团进行的慈善活动，也有天津慈善社团走出去配合外地慈善社团进行救助。天津慈善社团与外地慈善社团形成了良好的互动。1921 年天津及周围地区发生灾荒

---

① 蔡勤禹：《民国慈善团体述论》，《东方论坛》，2001 年第 4 期。

时，上海广仁堂、直鲁湘豫义赈会在河北大王庙红十字会内，附设驻津办事处，筹办盐山、庆云两县冬赈。广仁堂约集会员二十余员，分赴盐山查放四十三余村，大小灾民五万三千三百余口。庆云查放三百二十余村，大小灾民二万五千余口。沧州查放五十余村，大小灾民六千七百余口。[①] 旅津日侨在急募捐款大会期内，实行挨户劝募，募得巨款后，由日本驻津总领事船津辰一郎交给急募筹赈会天津支部。日本红十字会并议决派遣救护班来华，在京津灾民聚集之处，施行救济。华北华洋义赈会3月15日收到由美国圣公会教会汇银六千两，合大洋八千三百二十一元七毛八分。[②]据《益世报》3月18日报道，天津由外县移来灾民，计三百九十八户，日本救济团赠予此项灾民赈票，随即按户散放。日本领事馆书记官川岛直次郎并青年会主事藤江真文二人到署亲自发放。3月20日报道西国传教士在韩国平阳郡为中国北省旱灾募得赈款一百六十二元三角六分。4月2日报道美国捐助洋二十五万元，委托天津华洋义赈会代为散放。华洋义赈会由三月七日起至三十一日止，共收到捐款四十三万四千四百二十五元，其中美国捐款三十九万五千元。[③] 天津社团对外救济活动前面章节已经作了讨论，在此不再赘述。

第三，慈善社团的传承性比较强。一些成立较早的慈善社团，尽管在历史的演进中，因种种原因，改换了名称，但是它们却一直延续下来，而且本身在不断地向近代化慈善社团转变。这种传承性成为天津慈善社团一个明显的特征。

育黎堂就是其中最典型的代表。育黎堂创立于康熙二十六年（1687）其宗旨为"收容无告，资其衣粮，疾者医治，死者棺瘗"；1739年陈宏谋出任天津道，带头捐俸，下属官员纷纷仿效，并改育黎堂为普济堂。光绪十年（1884）长芦盐运使拨白银2100两，并提出前天津道内存款1400两，增设房屋，收恤饥黎，恢复育黎堂名称。民国元年（1912）年与栖流所合并，政府拨款9000元，重新翻盖房舍。1915年官方委派天津警察

① 《广仁堂赈济灾民情形》，《益世报》1921年6月9日，第三张第十一版。
② 《义振会收到赈款赈品》，《益世报》1921年3月16日，第三张第十版。
③ 《美国最近之捐款》，《益世报》1921年4月2日，第三张第十版。

厅长杨以德、天津县知事如锡章为该堂监督，育黎堂董事乡绅宁世福、王贤宾、叶登榜等将育黎堂及栖流所原地及东南草场庵学棚合并，开办了天津教养院。并设立贫民工厂。1928 年北伐战争结束时，难民日多，社会秩序混乱，天津警备区司令傅作义于 1928 年 2 月 1 日令将天津教养院改组为游民收容所，广收无家可归的贫民。同年秋得到了赛马会 3320 元的捐款和政府 6000 元的拨款，政府决定又增设分院两处及贫民医院一处。1929 年秋，天津结束了民办慈善机构的历史，政府决定由天津市社会局管辖。社会局对游民收容所内部组织进行了调整，使之日趋正规，增设了教育部、诊疗所、贫民工作部，并将其与贫民工厂合并，更名为天津特别市第一贫民救济院，月拨经费 6070 元，同年冬设冬季临时救济分所，以500 人为限，每期 5 个月，月经费 2000 元。1932 年社会局计划改救济院为地方企业，因需绅民赞助，易名为市立贫民救济院，并改革院长任命制为董事选举制。1933 年改名为市立救济院，院内贫民增至 1100 余名，进入救济工作的兴旺期。1936 年，随着日本侵华，人数剧增为 3570 人，达到了该院成立以来人数的最高峰。1937 年日本占领天津后，建立伪政权，该院被改为天津市公署救济院。1945 年后由国民政府接管救济院。到1949 年天津解放后，该院又由人民政府接管改为天津市生产教养院。对所收养人员通过教养兼施的措施进行教养改造。为新中国成立初政府改造贫民，稳定天津社会发挥了重要作用。1952 年 9 月 29 日，天津生产教养院并入中国人民救济总会天津分会，该院正式撤销。这样，随着历史的变迁，育黎堂就经历了由育黎堂—普济堂—育黎堂—天津教养院—游民收容所—天津特别市第一贫民救济院—市立贫民救济院—市立救济院—天津市公署救济院—救济院—天津市生产教养院—中国人民救济总会天津分会的发展。历经民办—官办—官民合办的模式。时间跨越了清政府—民国政府—北洋政府—南京国民政府—中华人民共和国政府等不同政权时期。通过育黎堂一步步发展壮大的历史演变我们很清楚地看到该慈善社团的传承性。

第四，慈善社团举办的临时性也是近代天津社团一个明显的特点。翻开天津慈善社团的救济活动史料，我们可以看到更多的是那些随着社会变迁应时而生的慈善团体。如 1917 年京畿大水时由警察厅和士绅组织成立的天津水灾急赈会、孙仲英组织的临时妇孺留养院、孙仲英和卞荫昌组织的难民施粥厂。1920年大旱时成立的直隶义赈会、天津妇女社会服务团、江浙粤直行商急赈会、普济急赈会、女子青年会及后来的西北筹赈会、陕灾急赈募款委员会、辽宁水灾急赈会、天津市战地急赈会、天津市救济水灾会、天津安徽水灾急赈会、天津市妇女临时募捐救济会、天津救济东北难民联合会、津变急赈会、救济华北战区灾民委员会，等等，不胜枚举。这些临时慈善社团在水灾、旱灾、战争发生时，应需要而设，它们对救济灾荒发挥了重要作用。虽然它们存在的时间不长，但是这些团体筹款数目之大，救济范围之广，救济人数之多，对稳定社会起着举足轻重的作用。这些临时性的慈善社团和长期性的慈善社团共同配合，相互补充，使救济更有成效。

第五，慈善社团中个人、社团、政府及社会形成了良好的互动。天津的慈善事业和政府及各当权者之间已经形成了一种互动关系。天津最早的慈善团体为明朝由官府举办的养济院。到清朝时期虽出现了众多民间慈善团体，但是政府在赈济中的作用依然处于主导地位，各民间慈善团体都与政府有着千丝万缕的关系。出于慈善对于稳定社会，消除灾荒的重要作用，政府鼓励民间大力举办慈善事业，并且还多次拨款赞助慈善团体。例如"广仁堂成立后，清政府每年从浙漕运项下拨米200石给广仁堂，以示奖励。于是上行下效，直隶总督衙门也捐银2000两，司、道各500两，两府（天津府、河间府）各100两"。① 广仁堂也正是利用这些银两在广开一带和南市、城厢、北马路等地买地建房，并购买房屋2200余间。通过出租房屋取得租金而得以更好地维持该堂的顺利运行。统治者给这些团体以指导与奖励，以便使他们更加积极地参与慈善活动。

到了民国时期，国家为了鼓励富裕人士参与到慈善事业的行列，国民政府几次颁布褒扬条例，对尽心公益的社会人士由当地政府官员报内政部呈请褒奖。规定对办理赈务优秀的人员进行褒奖、升叙、晋级、加俸等八种奖励。这使得更多的慈善团体都有政府官员，或是由政府提倡，或是政

---

① 中国人民政治协商会议天津市委员会、文史资料研究委员会：《天津文史资料选辑》（第五十三辑），天津人民出版社1991年版，第168页。

府重要官员充任发起者，成为该组织的领导者或会董。

　　天津社会变迁中所形成的慈善的巨大影响力及政府的积极提倡使得近代天津的慈善救济活动没有间断过。民国时期，天津战争不断，领导者更是走马观花地换个不停，但是，不论哪派军阀掌权，惮于慈善的巨大影响力，他们要想在天津站稳脚跟，赢得天津各界的支持，就必须对天津社会各阶层所热衷的慈善事业摆出了一副热心的面孔。李景林督津期间，由于战争影响，各乡难民纷纷逃津，流离失所，他辅助慈善机关开展救济难民的活动，自己捐助天津善堂联合会一千元，督办公署副官李家骧亦捐助善堂联合会一百元。[1] 国奉战争刚刚发生之际，天津县参事会就以天津地方战事兴起，大量难民即开始逃亡天津避难，他们宿天卧地，惨不忍睹，天津县参事会发起妇孺难民救济会，一面设法安置，一面筹划赈需。准于"该月十四日下午假八善堂开会，共同研究办法，以拯灾黎"。[2] 参事会积极与八善堂接洽，力谋对难民进行救济。1926 年，京津发生战争，造成了大量难民，各慈善团体展开了积极的救助活动。并得到了当权者的大力支持。据报道：收容八善堂之男女难民，日内已逐渐返里。凡还家者，均由官厅方面具备车辆及船只。至由铁路旋里者，则由救济会及八善堂向路局所收免费车票，以便分送各处。近因褚玉璞躬先提倡赈济，故奉令各机关以及文武长官，亦均有捐助，业经分散灾民。二十七号下午二时，又有八善堂送难民两千余人，自西站返津南本乡，当由该善堂人员护送。[3] 1928 年，直督褚玉璞因津埠贫民及各处逃难来津之难民为数颇多，啼饥号寒，颇为可悯，特捐款赈灾救恤会五万元，施放冬赈。[4]

　　众多在天津为政的官员为募集捐款不遗余力，发挥了他们作为政府部门领导人的优势。在"五四"运动期间，曾以镇压学生而臭名昭著，被称为"杨梆子"的杨敬林，他在民国期间利用其警务处长、警察厅长及直隶省长的特殊身份不但创办慈善社团，而且还以慈善家的身份进行个人

---

　　① 《李督办赈恤灾民》，《益世报》1925 年 12 月 19 日，第三张第十版。

　　② 天津市档案馆：《为各战区难民逃难来津露宿街头本会发起救济妇孺之事与天津八善堂临时救济战地灾民善会的来往函件》，J0128—2—002161—001。

　　③ 《八善堂护送难民返里》，《益世报》1926 年 5 月 28 日，第三张第十一版。

　　④ 《褚玉璞捐助赈款五万元》，《益世报》1928 年 1 月 10 日，第三张第十一版。

慈善捐助，当时新闻媒体对其报道不绝如缕，如1917年京畿地区发生了大水，天津作为重灾区之一，迅速成立了以杨敬林为首的天津警察厅水灾急赈会，杨敬林以身作则，为赈济水灾，挽救难民不遗余力，为此次水灾善后工作做出了不可磨灭的贡献。杨敬林同各慈善团体领导人多次深入救灾第一线指挥救灾，为募集救灾资金，多方筹集。如1917年8月20日杨敬林报告救灾经过：天津所有河工除宜兴埠领款自修外，沿河险要计数十里委鄙人专责办理，当令工程处夫役、体育社社员自备器具襄助一切，并教养院、抬埋会、各公所、各水会均拨夫役，每日千数百名，会同地方警察随时防堵，其余各村每村五人，遇险时由信锣召集，每户一人。前次御河下游出险，鄙人闻信前往召集各处夫役一万余人奋力抢救，始保无虞，所有工料为数甚巨，值此国家困难之时，若请领官款实力有不逮，现捐之款又须留为善后分别之用，故各处工程材料及临时急赈窝铺食物等除由各界义绅补助外，不敷之数均由鄙人暂行筹垫，谊关桑梓，不敢不竭力维持，但用途孔多不能借他山之助。① 9月，杨敬林饬各县警察所长限三日呈报水灾情形，筹划手续并预备船只，公推董事带赈款出发散放急赈，其各种办法由急赈会议通过后即行举办。御河水9月22日忽大涨，北岸平漫，河北大街尽成汪洋，商民纷纷逃难……是日警察厅长杨敬林协同天津水灾急赈会董事张月丹、李星北等全体赴两岸购买麻袋，督率打埝。杨敬林指令工程处、体育社、教养院等添派人员，出发西堤护救堤防。② 水上警察局中队队长于二十四日早同《益世报》馆、红十字会、南四区、中五区、南三区、东一区、东六区各雇大船前往被灾各处救济难民。③ 杨敬林因河水暴涨，唯恐各处河堤或有匪人私挖致酿其患，特饬令警察马巡队队长丁恭督率往沿河各堤昼夜梭巡，以防不测。10月1日，警察厅长杨敬林通令各区派警将境内难民一律送由李公祠前登船回籍，按名发给赈济，并约善堂董事前往参观。④

1924年，直隶省长杨敬林现以被兵各县人民生命财产损失甚巨，现

---

① 《杨厅长通告救灾经过之情形》，《益世报》1917年8月21日，第六版。
② 《城厢一带被水之情形》，《益世报》1917年9月23日，第六版。
③ 《雇船救济难民》，《益世报》1917年9月25日，第六版。
④ 《护送难民回籍》《大公报》1920年10月2日，第三张。

届严冬，急应加意抚绥，以示体恤。昨规定表示，通令各县调查填注，分别发放赈款散放。① 1925 年，省长杨敬林因直省迭罹水灾，又继以兵燹，前曾设立水灾救济会，为经募捐款无多，而冬春赈抚，又需款孔殷，自应设法提倡，以期共襄义举，当由本人捐洋五千元，行知财政厅照数提交送署，以资交会收用。②

同时慈善团体救济活动中还得到了其他各地高级官员的大力协助。如红十字分会函称：天津近畿救急赈捐会由湖北解面粉三千包协济赈款，当蒙王督军会同曹督军谕饬沿途保护，俾得运到津实惠灾黎，两督军者口角春风为民造福，敝会曷胜感激，至于护送人员为王君家桂，景君福森，正目一名，副目二名，正兵二名。乘数千里之轮毂，受五六日之风霜，卒能完善竣事，泽被灾区，殊堪钦佩，爰登报端，藉申谢悃。③ 此次，我津水灾难民过众，其每日食用颇难维持，幸北京徐树铮等诸君倡办急赈，陆续赈济而食，可谓一大接济。④ 内务总长汤化龙现因津埠大水成灾，代赈孔急，特派代表石锦峰等到津往谒曹锐及各机关筹商急赈办法。吴佩孚因1926 年天津战地灾民困苦万状，特捐大洋五千元，由汉口电汇来津，交八善堂临时救济战地灾民善会备用，以惠灾黎。⑤ 1920 年直省亢旱成灾，难民之既多且苦，除本省募款赈济外，外省各机关以纷纷筹助。上海各大慈善家助款之踊跃尤甲于他省，即盛宣怀一家即出资三十万元，其余尚有八机关代筹之赈款为数甚巨，统计约有五百万元之谱。⑥ 1921 年时任淞沪警察厅徐厅长，因直鲁豫旱灾，会同何护军使、王道尹派员携款三万来元津散放救济天津灾民。共在西四区、杨柳青一带、中二区、中三、五两区、西二区、西四区等地散放给一万一千三百二十三户，大口二万九千八百四十二口，小口二万三千八百九十五口，总共放大洋二万九千二百五

①《杨省长筹赈被兵灾民》，《益世报》1924 年 12 月 30 日，第三张第十版。
②天津地方志编修委员会办公室、天津图书馆：《益世报》天津资料点校汇编（一），第1355 页。
③《函谢护送湖北面粉人员》，《益世报》1917 年 11 月 7 日，第六版。
④《急赈会董事会开会记》，《益世报》1917 年 10 月 1 日，第六版。
⑤《吴佩孚将军惠济灾民》《益世报》1926 年 1 月 12 日，第三张第十一版。
⑥《义赈会派员赴沪致谢》《大公报》1920 年 9 月 24 日，第三张。

十二元六角五分。所剩大洋七百四十五元三角七分交警察厅急赈会散放。①

津埠慈善团体的发展离不开天津社会中有名望的个人与群体。士绅、商人纷纷加入到慈善行列。1916年，城内冰窖胡同李绅昆仲，以城厢内外赈抚同善堂联合会分投散放。四乡之中以东乡为最苦，连年又被虫灾。东乡各村联名上书巡按使及天津县长，请发赈款以救灾黎。无如公家之款，愈形拮据，碍难抚恤。该绅慈祥在抱，遂不忍使灾民成为饿莩，出巨款筹备东乡义赈，并由善堂联合会协给银千两，择极贫之户散放。② 1921年，邑绅李嗣香因津埠难民众多，生计维艰，组织平粜局，其宗旨以借款抚恤贫民。（一）凡小本买卖，如本钱亏耗，势需借贷者，报由本局查明，认为应行借贷，酌定数目，即为借给，分为百日归还，不取利息。或五日一交，或一日一交。除大风大雨及其家有事故外，不得延欠。（二）凡小本买卖，日赚日吃，倘有疾病，不能出门，报由本局查明属实，本局每日酌给二三百文，以资养病，并可酌给药资。（三）凡拉洋车者，倘将洋车损坏，报本局查明，借给赁车之价，亦分为百日归还。除未拉车之日，无款归还外，不得延欠。倘有疾病，报由本局查明，亦可每日酌给养病之费。（四）凡泥瓦等之小工及在工厂洋行电车，每日做小工之人，倘有疾病，不能做工，亦可照拉车者一律抚恤。（五）以上所开小本买卖及拉养车做小工者，如愿得本局借款及抚恤者，现将姓名住址，某种职业来局报明，由本局查实登册，以后有应借款及抚恤之事，方能照办。③ 妇女作为灾荒时的弱势群体，引起了慈善家的极大关注。1921年，李齐民设立妓女救济局，并定救济妓女会简章，具呈内务部，咨请省署饬警调查办法。本会得官厅保护，绅商赞助，凡一切事宜，亦必得官绅同意，而后执行。本会得商请官厅，严禁秘密卖淫，并勒令其到署领照营业，违背者查出送办，并追办保娼之流痞。本会得商请官厅，示令各妓到会注册，填明姓名、年龄、籍

---

① 《淞沪警厅长散放赈款》，《益世报》1921年1月20日，第三张第十版。
② 《慈善家赈灾民之热心》，《益世报》1916年1月7日，第六版。
③ 《组织平粜局抚恤贫民》，《益世报》1921年7月18日，第三张第十版。

贯、来历。第十条，本会救济妓女，规定妓院事宜：妓女不得在茶肆旅馆及游戏场或排立街巷拉客。妓院不得养雏妓并买押良家妇女为娼。妓院不得强迫身体未发育之雏妓卖淫图利。妓院不得虐待妓女并男女班之欺侮。妓院如无特别纠葛，不得干涉妓女之从良。妓院应遵循督率妓女习艺及储金检验等事。① 侨居本埠前清遗老吕海寰、谢嘉祐等，以天津为通商大埠，居民繁盛，残废民极多。此辈既无谋生能力，流离道途，情殊可悯。现拟集资设立残废院，收养此项人民，教以工作。已择定河东新唐家口地方，建筑屋舍数十间，业经兴工，补大造之缺遗，化无用为有用。闻已报天津警察厅随时保护。② 省议会议长边洁卿等，在邵公庄、怡和斗店西、西门外、韦驮庙、东排地、慈善庄、天主堂等处设立难民收容所，业经成立。昨经边议长请警察厅通令各区，若有难民报送该收容所时，请即派警随时保护。③ 天津绅士孙仲英热心慈善，对天津社会救济做出了重要的贡献。由1923年的一则报道我们可以看出他为慈善所付出的努力。"天津绅士孙仲英近年来淡恬时局，不问世事，居气养体，慈善为怀，故每遇善举，无不首先从事，踊跃输将。前年华北水旱偏灾，先生不辞憔悴，四处奔走，在浙江募来赈款一千余万元，灾民全活者，孙先生之力居多。今年浙江出蛟山崩，淹没无算，流离载途，而我津人，悄无声息，置若罔闻，先生乃亲赴上海组织华洋义赈会，赈款额定四百万元，越五阅月，始克成立，日始返津，携来灾民画图与募捐章程甚多，拟分散布募款，望各大慈善家，慷慨解囊，众擎始乃易举，集腋方可成裘，亦投桃报李之美意也。"④

　　政府当权者对慈善社团的运作起着决定性的作用。很多历史研究者在研究中国社会时引用了西方的"市民社会"及"公共领域"理论。学者任云兰在其博士论文中深受西方"市民社会"、"公共领域"、"国家与社会关系"研究范式和研究视角的影响。她认为："中国不存在一个严格意义上的哈贝马斯的'市民社会'和'公共领域'，但确实有那

① 《救济妓女会简章》，《益世报》1921年9月4日，第三张第十版。
② 《集资设立残废院消息》，《益世报》1922年7月17日，第三张第十一版。
③ 《保护难民》，《益世报》1925年12月23日，第三张第十一版。
④ 《孙仲英劝募浙江赈款》，《大公报》1923年1月23日，第三张第二页。

么一个国家和社会都参与的领域，譬如慈善救济领域。"① 通过对民国慈善社团活动的研究，我也极为赞同学者任云兰的观点，在民国时的天津，是存在着国家和社会都参与的慈善领域，但是慈善活动深受政府当政者的影响。

很多的慈善团体成立时都聘请社会政府首脑冠以名誉会长或董事的头衔，从而利用这些社会上有名望的人的权威与声望，而使社团的活动顺利开展。这些人对社团的发展起着举足轻重的作用。八善堂即是一个典型的例子。八善堂主任杜笑山经办慈善事业多年，在杨敬林的支持下，善堂不断扩大。1925 年 12 月 14 日，杜笑山在原来其创办的南善堂的基础上，将公善堂、崇善东社等七个慈善团体合并，组成了规模更大的八善堂。后来由于杜笑山和时任天津警察首脑常之英发生矛盾，加上杜笑山自己存在的部分劣迹而被缉拿入狱，从而八善堂失去了政府的支持。在这种情况下警察厅长来函辞副会长，政务厅长来函辞会长职。② 八善堂在召集董事们开会时，一些董事怕因南善堂而受到牵连，从而以各种理由拒绝参会。面对这种情况，杜笑山之兄长杜筱琴委婉指出："八善堂原系八个善堂合组而成，呈请官府备案，并由省署发给钤记。兹崇善社、公善社相继退会，则八善堂名义在法律上已不能存在，自应依法解散，惟手续上呈请省公署

---

① 据任云兰研究，罗威廉和冉玫铄最早借用哈贝马斯关于特定欧洲时期的市民社会和公共领域概念来研究中国问题。罗威廉的著作《汉口：一个中国城市的商业和社会（1796—1889）》、《汉口：一个中国城市的冲突与社区（1796—1895）》二者都力图证明在中国独立于国家之外的"近代公共领域"的雏形已出现；冉玫铄的著作《精英行动主义与中国政治变革：1865—1911 年的浙江省》，也使用了"公共领域"的概念来论证浙江地方精英的自治和公共管理。但是大卫·斯特拉德在其著作《北京人力车夫：1920 年代的城市人和政治》中在使用"公共领域"的同时，注意到了北京行会、同乡会等类似于哈贝马斯所言的"公共领域"与欧洲的根本不同。后来魏斐德对罗威廉和冉玫铄机械地使用哈贝马斯的"市民理论"提出了批评，认为这种做法会导致某种目的论暗示和对含义两可的材料做出片面的解释。较早研究慈善的学者孙善根在其博士论文中对"市民社会"及"公共领域"也提出了质疑，他认为：上个世纪（20 世纪）以来随着"市民社会"理论在国内的兴起，慈善事业这一所谓非公非私的领域成为学者们讨论国家与社会关系的重要证例，相应的，学界也纷纷把"市民社会"理论作为进行慈善公益史研究的理论取向，这一理论与框架完全以西方的社会历史为背景，任何一种理论一旦被套上普适性的光环，那么它的破灭是迟早的事情。但他也同时认为"市民理论"也为分析近代中国社会提供了新的视野。

② 《八善堂解散之先声》，《大公报》1927 年 12 月 20 日，第七版。

指示。"① 主张予以解散。1927 年 12 月 23 日，杜笑山被褚玉璞下令枪决。八善堂冬赈救济会自该堂主任杜笑山伏法，所有总稽核董事长等，亦均避不到堂，该会尚未结束，现该堂事务已无人主持，职员薪工亦已停止，惟南善堂仍在进行。② 八善堂从而彻底瓦解。慈善社团与天津社会掌权者之间的关系，真可谓"成也萧何，败也萧何"。政府决定着他们的绝对命运。而与此同时常之英又号召组织成立了新的慈善团体对难民进行救济。据报道，天津警察厅厅长常之英因各地来津者日众，本县之贫民尤多。值此严冬，应设法救济，特函请本埠绅商到会商议救济办法，议定设立天津赈济慈恤会，请绅商组织，常厅长愿为尽力襄助，1 日下午各绅商开会讨论办法，并借定行商分会作为会址，公举华璧臣为正会长，王君直、杜克臣为副会长，并公举孙俊卿为评议长，郭桐轩为总务部长，并请严范孙、孙仲英、倪丹忱、王桂林、张锡九、严蕉铭等人为会员，并仍请各有名之绅商，随时加入。③ 天津赈济慈恤会为了顺利开展工作，聘请褚玉璞这个反动军阀为名誉会长。该会致函褚玉璞函，"现经天津警务处长，召集绅等组织天津赈灾救恤会兼办冬赈事宜，业已成立。呈请备案，伏念督办素以慈善为怀，群情感戴，当由公众推举钧座为敝会名誉会长，藉重威信，以资观感，登高一呼，众山皆响，则群黎受惠无既矣，谨此奉达，敬乞俯准，无任感祷，目分切之至。"④

天津广仁堂的例子更能说明慈善团体与个人及政府的社会关系，也更能说明慈善团体中个人对其运转、生存的重要性。广仁堂前身为光绪二年由盛宣怀、吴大澂、周馥、经守业、翁同龢共同组织成立的慈善社团，历经扩充，光绪四年由李鸿章奏请改为广仁堂。收养天津、河间二府的难民，并得到了政府资助。广仁堂第一任管堂总董陈际堂死于任上，董事会公推巢凤岗继任。是时堂长多有撤换，第一任堂长庄厚庵因将广仁里房屋占为己有被撤职追究。继之为京奉铁路局长周用、留英学生廖继藩，堂事经营开始出现困难局面，在廖继藩即将卸任时，官产处调查主任于乐亭竟

---

① 《八善堂解散之先声》，《大公报》1927 年 12 月 20 日，第七版。
② 《八善堂散伙》，《大公报》1927 年 12 月 21 日，第七版。
③ 《难民啼饥号寒中赈济慈恤会积极进行》，《大公报》1927 年 12 月 2 日，第七版。
④ 《赈灾救恤会》，《大公报》1927 年 12 月 20 日，第七版。

然以广仁堂西新开的房地产两条胡同 40 间房屋地皮为侵占而得到的，要进行拍卖，后经董事张紫垣请客送礼才了结此事。广仁堂经此次波折，不但应酬所费不赀，连堂内租项亦从此大受影响。民国十六年（1927）后，由于社会上有人提出广仁堂应由天津人自己办理，廖继藩辞职，由杨鸿绶（高凌霨的亲家）接管，但不久即去职。这时广仁堂内外忧患接踵而来。在巢凤岗的请求下，时任警察厅东区署长的周静山接管广仁堂，当时堂内积亏六万元左右。周以警察署长兼广仁堂管堂总董的身份经过整顿，使得地租及其房租所得收入每年达四万元之多。不但还清了广仁堂的积欠，"还在盐业银行存款十二万元。广仁堂除每年冬赈一次外，还有数种救济，如向无力请医生者施医，对贫苦儿童助学，对难民助粮，给堂内施棺等等。"① 广仁堂从而顺利运行。1931 年，周静山因警务繁忙而去职，后任管堂总董因开源无数，节流无方，堂内存款耗尽后，度日维艰。新中国成立后广仁堂改组为天津教养院。由此我们可以看出，个人特别是有能力的政府官员对慈善团体的发展起着重大的作用。

政府和民间各慈善团体的紧密团结进行慈善救助，取得了优异的成绩。得到了社会各界的广泛赞扬。京畿地区水灾过后，水灾急赈会总结此次救助中所取得的骄人成绩时认为：水灾急赈会之所以取得那么好的成绩，"不外乎群策群力，比如国家若能一心，必然富强，我国不富强之原因就是不能群策群力。"官与民办事向不结合团体，其中害处无穷，果能官民一致，则社会自然改良也（并引各国官民一致之事实为例以证明之）。查杨处长筹办急赈维持公益尚能与绅商联合，故人民受惠匪浅，然官民之间因误会致生意见尤当防止，能如水乳之妙，否则贻害无穷。即如现在南北战争，非由误会所致，而何欲解释误会，必须民在事则直接与官筹商，官有事则直接与民研究，不令有隔阂之弊，即所谓开诚布公道也。官民一致之益大矣。② 这可以说是对此次水灾救助中政府和各慈善团体密切协作的一个充分肯定。我们来进一步考察在近代天津慈善活动中的著名慈善人士。

---

① 中国人民政治协商会议天津市委员会、文史资料研究委员会：《天津文史资料选辑》（第五十三辑），天津人民出版社 1991 年版，第 171 页。

② 《补记水灾急赈会演说》，《益世报》1918 年 9 月 25 日，第七版。

表6—1　　　　　　　　　　近代以来天津慈善人士列表（部分）

姓名	籍贯	履历	慈善活动
宁星普 （1842— 1928）	天津人	早年在天津经营草帽辫出口生意致富，受聘于英商新太兴银行任经理。1903 年 4 月，天津商务公所成立，出任该所总董，11 月公所改为商会，任总董。1918 年商会改组，仍当选为特别会董	参加了津埠灾荒救济活动，1917 年水灾时参加红十字会活动
李士铭 （1851— 1927）， 字子香	天津人	李春城长子。1876 年光绪丙子举人。援例为户部候补郎中、云南司行走。宣统改元时，筹备立宪，在天津创设天津宪政协议会，任议长，顺直咨议局议员。在滦州矿务局、滦州地矿公司、启新洋灰公司、怡立矿务公司、华新纺织公司都有大量的投资，担任过启新洋灰公司董事	自 1872 年李春城逝世后，即子承父业，接办了其父所设的寄生所、御寒社、义塾等慈善机构
李向辰 （1856— ?），字 星北	天津人	清光绪年间秀才。1903 年天津成立商务总会，任会董。1918 年商会改选，仍继续任会董	热心社会救济事业，如收容受迫害的下层妇女和掩埋无主或无力营葬的死者，筹办天津济良所与义阡局，任董事。又为天津救济院院长，被选为天津善堂联合会会长
李颂臣 （1875— 1953）， 名宝诚， 字行	天津人	李士铭之子。二十五岁起即以李氏家族代表活跃于官场。曾任天津议事会议员、直隶省议会议员及天津总商会会董兼评议员。辛亥革命事起，与天津士绅组设保卫局。经营瑞昌盐店，把持长芦盐经销，独资开办银号、瑞和堂药店、福源永酒店，并投资于启新洋灰、滦州矿务、怡立煤矿、华新纺织等公司，担任董事或理事	1920 年任直隶赈务处督办、顺直助赈局坐办。襄理过红十字会；组织过中国慈善会、天津市慈善事业联合会，并担任过天津备济社、积善社、明德慈济会的董事或会长

续表

姓名	籍贯	履历	慈善活动
刘梦扬（1877—1943）	天津人，回族	清末秀才，天津著名社会活动家，曾任《大公报》主笔、直隶稽征局局长、天津警察厅工巡捐务处处长等职。北伐后任天津市自治监理处处长，市政府传习所讲师	组织过不缠足会，民国时期曾任天津贫民救济院院长等职。参加过众多慈善活动
杨以德（1873—1944），字敬林	天津人	1902年任津浦侦查处侦探员，被袁世凯赏识，1906年升任津榆铁路总稽查，又任探访局总办。1908年任京津电报电话线路督查，赐三品二等顶戴。后历任警务道台、直隶警务处处长兼天津警察厅长、天津工巡捐务处处长等职。与鲍贵卿等成立新四公司，经营房地产。杨以德在天津南开、东马路等地广置房产，仅出租的就有千余间	1917年天津洪水成灾，他发动各界赈灾筹放了二万五千元赈款；1920年大旱时，又募集七千元赈灾；以及为汛期排洪，与顺直水利委员会协议将海河三岔口一带截弯取直，疏浚加宽。组织过警察厅水灾赈济会。民国时期的赈灾活动中对其有很多报道，是民国时期较为活跃的慈善家之一
杜宝桢（1873—?），字筱琴	天津人	天津商务总会顾问，商业研究所议长，体育社副社长，民立小学堂校长，义恒泰染店经理，1918年连任天津商会董。天津染业同业公会成立后，一直担任主席或会长	办有慈善团体体仁南善社，自任主任。1925年京津战事发生，联合引善、济生、广济补遗、补善、体仁广生、公善、崇善等社组织八善堂临时救济战地灾民善会，被推为主任，以总其成

续表

姓名	籍贯	履历	慈善活动
杜宝贤 (1884— 1927)， 字笑山	天津人	清末选用州同，依靠天津警察厅长杨以德提拔，历充天津警察局书记长、科员；奉天乡镇东路区区长，承德第二厅检察官；直隶巡警道科长；天津警察厅勤务督察长。1926年，褚玉璞任直隶督军时，又得褚信任。1927年任天津屠宰场场长，后因屠宰场账目不清以及营私舞弊等，被褚玉璞下令枪决	与其兄杜宝桢成立南善堂。1917年天津水灾，参加赈灾工作。1926年，在他的领导下，天津8个慈善社团合并为善堂联合会，积极组织过天津的各种赈灾工作。他创立的南善堂在天津平常年份对嫠妇、瞽贫、文贫的赈济中担当着重要的角色
孙凤藻 (1884— 1932)， 字子文	天津人	清育才馆及北洋大学毕业。历任北洋高等工业学校教习、北洋水产练习所所长、1911年天津议事会副会长，继任直隶水产学校校长及大总统、国务院、江苏督军公署和直鲁豫巡阅使署顾问、津浦铁路管理局局长兼浦信铁路督办、直隶教育厅厅长等职	曾任全国饥馑救济会会长，天津红十字会副会长。参加过津埠重大的灾荒、战争救济活动
严蕉铭	浙江镇海人	早期天津宁波帮商人代表人物之一	从1885年至1920年担任浙江会馆主持人，捐资兴办浙江义园，浙江学校等公益事业

续表

姓名	籍贯	履历	慈善活动
张品题 (1877— 1957)， 名仲元	天津人	直隶高等工业学校毕业，留学日本，学习造纸。曾任天津直隶水产学校校长、天津县参事会民选参事。创办中华实业股份有限公司，后改为大新染织公司，任经理。独资开办兴元织布厂、兴元面粉厂，并向寿丰面粉公司及光华造纸厂投资。1925 年，当选为染织同业公会会长。1926 年担任商会会长。1931 年商会改选当选为主席。1937 年天津沦陷后，不参加任何社会活动	参加过津埠众多慈善活动
林墨青 (1862— 1933)	天津人	1902 年首创天津第一民立小学	1915 年成立社会教育办事处，兴办起一批社会教育事业机构，如宣讲所、游行演说团、书报阅览所，组织天足会、崇俭会等，开国内之先
赵聘卿 (1880— 1958)	天津人	裕元纱厂开办时，被聘为总经理。后任嘉瑞面粉公司经理。独资经营德源银号，合资开办裕津银行，任董事长	对天津公益事业有所捐助，被选为天津慈善事业联合会会长，中国红十字会天津分会会长
娄鲁青 (1880— 1945)	天津人	毕业于北洋大学。曾投资天津中原公司、天津造胰公司、启新洋灰公司、大陆银行、浙江兴业银行等，分别担任董事及董事长	担任过本斋中学、新学中学、浙江同乡会、青年会的董事

续表

姓名	籍贯	履历	慈善活动
顾文翰（？—1914），字梦臣	天津人	以商业起家，志从善举。1911 年天津会成立时，以所保管的善款半数银票七百两充金	1885 年集合同志创济生社于闸口，办理恤嫠婴、义冢、义学及施赈。次年在城内设引善社，1891 年设广济补遗社。1892 年创立体仁放生社，并办理掩埋暴骨。1908 年创立广生社。1912 年联合官绅，赈济运河决口灾区难民。1913 年成立善堂联合会，筹办城乡冬赈
熊希龄（1867—1937），字秉三	湖南凤凰人	1889 年中举人，转年中进士。辛亥革命后，任江苏都督府财政司长，中国公学校长，1912 年任财政总长，热河都统。1913 年任国务总理兼理财政。长期在天津作寓公，曾任中国实业银行总董	1917 年直隶发生水灾，被任命为京东河道督办，曾为天津西南隅展宽筑埝，拨款八万元。1925 年任永定河工督办。1932 年任国民政府国难会议议员，并任世界红十字会中华总工会会长

　　津埠慈善人士众多，在此只能略举一二加以说明，由表中我们可以观察到民间慈善事业主要是由社区精英组织和倡导的，但乡绅无疑是地方公益事业的提供者和组织者。上述材料反映出这些长期从事慈善活动，为天津近代慈善救济做出重要贡献的人，大都是有身份功名的人，清末民初年间的知识分子精英阶层，他们除了担任政府的重要职务外，还积极投身于商业、工业、金融业等领域，而且在各方面都为领军人物。他们有雄厚的经济实力来从事慈善活动，同时这些慈善家也通过举办慈善活动得到了更多的利益。例如天津著名的李善人李春城家历代举办慈善救济团体，如李

春城办过寄生所、御寒社（发放冬赈及棉衣）、保生所（冬季收养无依无靠的女贫民）、保贞社（月给嫠妇以钱米）和义塾等，李士铭办过幼女厂、主持过济良所以及接替他父亲主办过的慈善机构，这些是常设机构，临时的就更多了。李宝诚参加的赈济活动更是不胜枚举，如顺直急赈会、战后灾民救济会、皖鲁鄂湘黔赈灾协会、日灾救济会，他还襄理过红十字会，组织中国慈善会，并任天津备济社、积善社、直隶临时兵灾救济会、天津市慈善事业联合会董事，天津市救济事业联合委员会常委，明德慈济会名誉会长。李家举办各种赈务，各方募集来的救济款由他们经手代办，从而也进一步扩大了李家的财势和影响。李家祖孙三代通过举办慈善，在一定时期稳定了社会秩序，历届政府也需要这些士绅大户来参与社会活动，稳固自己的统治。因此李家及更多的慈善人士得到了当政者的肯定与赞扬。政府给这些士绅也提供了更多的便利，形成了一个个人、团体、政府互动与依赖的社会关系网。这些举办慈善的贤达因此也占有了更多的社会资源。民国时期李家分别和袁世凯、曹锟、陈光远、杨以德等都结成了亲戚关系。在这些政府要员的帮助下李家利用大量的善款经营生意，担任政府的要职，李士钰任芦纲公所纲总，李颂臣曾任天津议事会议员五年，两任直隶省议会议员，李宝诗任芦纲公所纲总等。

办理慈善的人们除了生前可以得到实权及利益外，还得到了很高的荣誉。天津广仁堂董事陈际堂 1920 年 12 月病故，天津绅董李士珍、严修、赵元礼、杨以德、高凌雯等以该董事自到差以来对于村中诸事竭力整顿筹足款项，每年施材不可胜数。又六年大水时收集贫民多人，红粮面粉到处施放，赖以存活者数万人。今年北省旱灾收养灾童数百名，教以书算，仍发给家属凭照，俟年岁丰收时再行领回，热心善举，殊堪嘉尚，以联名呈请省长咨部褒扬，以昭激劝。[①] 邑绅李子香 1925 年逝世时，"全邑各界无不悲痛，引发时，老幼贫民嫠妇及各机关人员填街塞巷，执绅者数万人。"[②] 天津总商会故会长卞月庭，生前维持商务，办理地方公益，不遗余力，久为各界所嘉许。不幸月前因劳病病故，各界莫不惋惜，昨日（二十九）为卞氏发引之期，由前大总统黎元洪、徐世昌、前执政段祺

---

① 《津绅请奖广仁堂故董》，《益世报》1920 年 12 月 23 日，第三张第十版。
② 《李子香周年纪念》，《大公报》1926 年 12 月 19 日，第七版。

瑞、直隶保安总司令褚玉璞、参谋长张冠五、政务处长赵镜波、袁镇守
使、丁警务处长、曹道尹、津海关祁监督、教育厅、实业厅、各级审判
厅、天津县知事、全国商联会、教育局、实业局、各善堂、律师公会、各
同业会、各绅商等，所送匾额七十余方，万民旗伞数百柄，各界送殡者约
两千余人，沿途祭棚三十余座，颇极一时之胜。① 司马迁说过，一个人的
死"或重于泰山，或轻于鸿毛"，津埠这些慈善家的死是重于泰山的，他
们得到了社会各界的深切追悼与怀念，这也是人们对慈善家一生的最大肯
定。社会对他们的认可与尊重，也使他们所奉行的慈善精神得以在社会上
弘扬，激励着更多的人从事于这一造福人类的行业。

　　通过对慈善社团的考察，我们也可以看出，任何时期慈善社团的诞生
都是有一定的原因的。纵观民国慈善团体的发展，我认为主要受以下因素
的影响。

　　第一，国内情势的影响。内战纷扰，旱魃降临，水灾泛滥，匪患侵袭
等都是慈善团体成立的动因。如 1920 年华北五省大旱，死亡五十万，灾
民三千万。为救济灾黎，各地民间慈善团体纷纷成立。

　　第二，区域人文环境的影响。近代慈善团体多为士绅所立，同时又与
城市化密切相关，特别是新式团体多设于城市，与这个城市的文明发达不
无关系。人文发达的京畿地区士风浓厚，善风浩荡。慈善团体的背后有着
强大的群体支撑，津埠开风气较早，近代以来天津经济的发展，富裕阶层
的出现，都为慈善社团的慈善活动提供了坚强的经济后盾，而且这些富裕
阶层对举办慈善的热情长期以来经久不衰。纵观各种慈善活动，社会各个
群体无不参与者，从普通的人群到商人、金融界、工人、企业家、机关人
员、在任的政府官员、寓居于天津的下野政界要人、天津籍的在京官员、
在天津的外国人在面对灾难的时候，都积极地加入到了慈善的行列，力所
能及地捐款捐物，所有这些内外因素都直接促进了天津地区慈善事业的
发展。

　　第三，国家政策的制约。这是影响慈善团体发展的关键性因素。慈善
团体作为一支不小的民间力量，其成长的快慢，除受上述两种因素的影响
外，受政府政策的制约是最为显著的。当政府认为民间团体已发展成为一

───────────

① 《卞月庭之荣哀》，《大公报》1926 年 12 月 30 日，第七版。

支不小的势力，将要影响其专制政策时，便会以整理为借口，将一些社会团体解散。如果政府感觉无力面对国内诸多社会问题时，如灾黎遍地，难民成堆，便会鼓励民间社会，兴办慈善设施，由此，慈善团体便异常活跃。

二　民国时期天津慈善社团活动的评价

近代天津的慈善活动伴随着近代天津的历史一起成长起来，众多慈善团体的出现，在对天津社会贫困人群与灾荒救济中成为政府不可或缺的依赖，他们所取得的成绩使得天津慈善事业同近代中国各地举办慈善事业相比更为引人注目，为近代中国慈善救济的顺利开展提供了宝贵的经验与范例。

近代天津慈善团体一些是由旧式传统慈善社团转变而来，他们在慈善活动中就免不了打上封建传统的烙印，如"公善社的经常性活动，都带有浓厚的封建色彩，宣扬孔孟之家的旧礼教"。[①] 恤嫠会鼓励死掉丈夫的妇女守节，西老公所发放救济款和物品。此外其他慈善团体所办的恤嫠会，也极为强调封建的贞操观念，它们每到嫠妇领米领款之日，经常性地组织慈善社团领导人或邀请社会名流来堂演说，鼓励这些寡妇或孀妇遵守孝道，珍视节操，灌输封建伦理道德。实现儒生的儒家伦理观念。天津八善堂救济会会员张月丹代陈天津乡绅徐汇请之次媳唐氏，因夫身亡绝食殉夫，肯乞转请表扬，业经杜笑山开会时随案协议，当经全体议决，准为代请省长及各行政长官，给予匾额，各慈善团体及法团一律赠予对联，以资褒扬，而劝贞节。[②] 所以"这些慈善救济工作从根本上说还是维护旧的封建秩序，宣扬封建道德，缓和劳苦大众对统治阶级的反抗情绪"。[③]

但是，在近代慈善社团组织实施慈善活动的同时，由于处于一种摸索的阶段，特别是一些慈善团体是开创性的，难免存在某些不到位的地方。

广仁堂创办后，民国二年（1913）直隶督办冯国璋以广仁堂匾额上

---

① 中国人民政治协商会议天津市委员会、文史资料研究委员会：《天津文史资料选辑》（第二十四辑），天津人民出版社 1983 年版，第 204 页。

② 《节烈可风》，《大公报》1926 年 10 月 7 日，第七版。

③ 中国人民政治协商会议天津市委员会、文史资料研究委员会：《天津文史资料选辑》（第二十四辑），天津人民出版社 1983 年版，第 204 页。

有"津河"二字为由，又借有节妇因饥寒而控诉，遂报请袁世凯接为官办，但因三江人（即江苏、浙江、安徽）极为反对而未遂。但冯都督之意亦未便过拂，遂令广仁堂成立董事会，由三江每省举三人为董事，从九人中再推举三人，名单送直隶省公署，由民政局长就资望较高者圈定一人，为董事会管堂总董，董事与总董均采取聘任制。从这个事例可看出天津本地人与外来人争夺慈善掌控主权的矛盾，以及天津慈善对外来慈善活动的排挤。庄厚庵任堂长，他在后来居然将广仁里房屋据为己有，经董事会决定，将庄撤职送交法院。最后法院尊重堂方意见，将其视为失职，退回广仁里房屋，赔偿损失了结此案。这种借办理慈善之名侵吞财产虽然不是经常现象，但至少也反映出慈善人员选拔方面出现的纰漏。

慈善救济办理中，《益世报》报道过其他黑暗现象。某慈善团体"专为收容乞丐起见，为多年之慈善机关。据知其内幕者云，该院黑幕甚多，其最明显者如此下：（一）职员采用世袭制，父传子，子传孙，成为私人之营业；（二）警厅及各警区送入乞丐，自前门送人，自后门放出，有违慈善之本旨；（三）该院巡捕对乞丐任意虐待，实属惨无人道；（四）少数董事长期把持，以致内部无人负责整顿"。① 凡媚乳非与该善堂人员有亲戚关系者不能得该堂之救恤。且该堂员司蛮横异常，媚妇多有烦言。本埠公民姚静轩、王啸云等联合同志组织慈善调查团，专调查各善团之黑幕劣迹，并在慈堂联合会设立办公处，以便实行调查。②

早期的济良所成立在宣统末年，由李士铭、林墨青③、赵元礼、吴荫臣等人创办，进入该院的妓女、使女、童养媳等在所中受到严格的制度限制，平时食宿均在所内，不准与外人接触，并且听从所方给选择配偶，经主管人许可才可出所。出所要交付领人费，分三等：头等一百二十元，二

---

① 《慈善机关黑幕重重》，《益世报》1925 年 10 月 28 日，第三张第十版。

② 《公民组织纠查团》，《益世报》1925 年 10 月 29 日，第三张第十版。

③ 林墨青在天津创办多所学校，据《天津志略》记载：公立私立，凡城市乡镇各学校，莫不有先生汗血存乎其中。除创办学校之外，林墨青尤其注重学校教育。民国四年，创办临时阅报讲演棚，临时灾民半日学校，早班夜班各补习学校，男女露天学校，前后计十八处；游行演说团，分赴四乡讲演；通俗讲演所四处，阅报社五处，儿童图书馆等。对地方公益事业他也极为关心，庚子以前倡办不缠足会。又介办崇俭会，先生实行节俭，还特发起御冬储金会，以平日所储之款，至年终专资助文贫嫠妇。经常以棉衣玉面托代施放者，其他若广仁堂、备济社、红十字会等各慈善机关，他也积极参与并给予赞助。

等六十元，三等三十元。实际上请领人必须事先托情，同主管人讲妥条件（等于身价）后，才有可能得到批准。当时主管人李士铭利用其做生意，"成千上百元的索要，当时所女张翠卿和小莲芬择偶的事，就引起各界不满。名妓张翠卿经审判厅发济良所择配被乐亭县刘坦买去，竟索要身价一千伍佰元。投所坤伶小莲芬，店员岳殿仁愿领为妻，并已向天津议事会申请得到批准，但所方却令将小莲芬许配鲁志馨为妻，原因是除所要身价五十元外，另外派捐经费六百元，对李士铭还另有酬谢。"①

作为政府主办的济良所也存在着慈善黑暗现象。早在 1929 年，据报道，济良所在丁振之、常之英等接充警务厅长以后，妓女投所请求救济者，逐日减少，至常之英任内末年，投所求救者，数月不曾一见。因有张某者，本乐户出身，夤缘得充警厅要差，遇有妓女请求送所择配时，即被张某设法稽延时日，暗自送信与领家或寮户，夤缘运动，用压迫手段，使该妓仍由原领家领回，故济良所中，除旧有待配之数十妇女外，新收者，妇孺凤毛麟角，绝无仅有。② 1930 年，据报道，济良所内容腐败，形同监狱，居奇勒索，黑幕重重，名虽慈善，实谋私业，恳请派员调查。窃查天津济良所，创立迄今，已有二十余年之久，资格根基不谓不深且厚，乃考其成绩，则每况愈下，适与其历史成反比例，向之妓女依济良所为保障，以投所为荣誉者，今乃以济良所为畏途以投所为咒誓，声名狼藉，人言烦喷，其腐败黑暗情形，可证一斑。时人对济良所所作的"慈善救济"写道："该所成立于前清光绪末季，为冰窖胡同李绅募款创办，李本津埠巨绅，声势显赫，赀财雄厚，各登高一呼，垂手而成，当时正在专制时代，且为有实力之巨绅创办，故内部一切，咸取高压主义，而李之创此实亦别有用心，并非专为慈善也，投所妇女，一经入所，无异深入樊笼，听其摆弄，出所无期，实诚无罪之囚，长期监狱。查该所秉专制之余毒，少数之把持，辗转传袭，以至今日，现有所女仅二十余口，每日两餐均系黑面馒头咸菜，每人每月膳费不过四元，三四人或四五人共一寝室，空气污秽，

① 中国人民政治协商会议天津市委员会、文史资料研究委员会：《天津文史资料选辑》（第七辑），天津人民出版社 1980 年版，第 91 页。

② 《济良所之概况》，《益世报》1929 年 2 月 15 日，第三张第十版。

日光黑暗，既无相当教育，又无适宜工作。"① 济良所时至今日，已成为少数人之私产，违背慈善之本旨，渎溺拯救之职责。虚耗地方三百元之公款，不但不能为地方造福利，为女同胞谋幸福，而反居奇图利，伤害人道，是则吾津人士，同声痛恨而惋惜者也，……伏乞委派专员，前往调查，以明真相，并设法改善一切，以维人道。②

育婴堂也存着腐败及管理不到位的现象，1927 年就有人指出育婴堂存在的弊端。长芦育婴堂为天津之一大慈善机关，自迁至河北新开河小王庄西，因距各善堂耳目较远，致内容日益腐败，弊端丛生。查该堂自本年阴历四月间至今，已死婴孩七十余名之多，现在存活之一百余名，每日两餐，每人只给二两余之面饼一枚，及至啼饥号饿，则又给面糊一碗，故均异常瘦弱，至食乳之小孩，尤为可怜，每一乳媪哺小孩二名，该媪等乳水不足，且每将小孩置之屋内，己则充工厂女工，工作闲暇时始以面糊为小孩充饥。堂长刘某，对于住堂之小孩，尚极关心，唯因住处离堂甚远，不能常往查视，仅逢阴历初一十五亲自到堂查号，并赏给各孩食品。该堂账房霍某亦因行医，不能终日在堂，段某则在堂养尊处优，颇形阔绰，每遇有该堂参观或往询章程者，均严词拒绝。③

慈善团体由于管理不善，1936 年冬赈暖厂失火造成了一百多人被烧死。此次火灾虽损失不巨，而死伤人数，实属可惊，故轰动全市，津市公安局以南市粥厂暖厂发生火灾，以为该管地方公安长官前防止及事后救济多有疏忽，特将该管公安第一分局局长阎家琦记大过一次，第六分所驻所局员郭汉章撤职，以示警诫。25 日调第三分所所长向麟祥升任第六所驻所局员，另委任范良佐充第三分所所长。④ 对造成如此灾难之责任者，政府只是进行记过、撤职的处分，未免过于袒护。

这些事例都说明政府在某种程度上缺乏监管力度，以致让举办慈善之人横行霸道，在一定时期内，没有真正实现慈善团体救人救彻的目的。

但是，我们也不能因为某段时间内存在的不合理现象而否定整个事物

① 《济良所黑幕之大暴露》，《益世报》1930 年 8 月 18 日，第二张第七版。
② 《济良所之大黑幕》，《益世报》1930 年 8 月 21 日，第二张第七版。
③ 《育婴堂内容腐败》，《大公报》1927 年 7 月 19 日，第七版。
④ 《南市火灾余波郭汉章撤职》，《益世报》1936 年 2 月 26 日，第二张第五版。

的发展，任何事物在发展过程中不会总是一帆风顺的，都会出现挫折。天津慈善社团这一事物的发展也是一样的，慈善社团在进行慈善活动中难免出现漏洞，但是纵观民国时期的慈善救济，我们会为这个阶段慈善社团取得的成绩而感到骄傲和自豪。历史资料充分显示了慈善团体无论是政府倡导的还是津埠个别慈善人士举办的，他们的慈善活动已经成为稳定天津社会秩序，帮助灾荒及贫困人群维持生命所不可或缺的。仅仅每年的冬赈救济就达到百万人之谱。对弱势群体，例如嫠妇、孀妇、文贫的救济则是长年累月。近代慈善救济中所体现出来的观念的更新更是促进了天津社会向着现代化的方向迈进，教养兼施贯穿于慈善救济的始终。

慈善事业是社会福利资源的一种再分配。通过慈善团体的募捐或倡导社会志愿活动，它将民间一部分人力物力财力集中起来，用以安老助孤、救弱济贫、赈灾安危。慈善事业的发展状况和发展水平如何，从侧面反映了社会文明的发展程度。慈善事业在中国已有几千年的历史，但较高发展形态的现代慈善事业则是从民国才起步的。

近代城市贫民阶层是一个庞大的社会群体，他们是城市社会结构中一个重要的组成部分，由于其特殊的社会地位和身份，他们在权利、物质财富、教育、社会关系等社会资源的占用方面处于劣势。在城市近代化的过程中，社会发生了剧烈的变迁，利益分化愈加明显，贫民阶层失去的不仅是居住的处所、蔽体的衣服、果腹的饭食，而且还有教育的机会、做人的尊严和权利。面对庞大的贫民阶层，以各级官吏为代表的国家和以地方士绅商人为代表的民间社会清晰地认识到：在利益分化的时代，如果分化越过了公平的底线，则将在各个阶层和各个群体间制造出鸿沟和对立。这不仅有损社会公正，还将影响社会和谐，成为社会不稳定甚至动荡的根源，使得所有人的利益得不到保障。因此，在他们的倡导和主持下，各类慈善和救济机构应运而生，这些慈善救济机构在平衡社会财富，扶助下层社会，推动社会公平，稳定社会秩序等方面发挥了一定的作用，通过政策的调整和规则的重构，如征收斗店捐、乞丐捐、慈善捐和赛马捐，让富者的财富部分地流入穷人的口袋中，平衡了财富资源，防止了大规模的分裂和冲突发生，实现了互利和共赢。①

---

① 任云兰：《近代城市贫民阶层及其救济探析——以天津为例》，《史林》2006 年第 2 期。

民国时期各慈善团体的救灾赈济实践正如有的学者所谈到的，它发挥了社会福利的积极作用。救灾赈济，在一定程度上减轻了自然灾害所造成的损失。战争赈济减轻了受伤士兵的痛苦，减少了战争伤亡，也减少了因战争影响而流离失所的灾民的痛苦，在帮助他们渡过难关，恢复生产过程中发挥了重要的作用。总之，我们不能对民国政府在救灾赈济工作方面所做出的努力视而不见。它毕竟把中国的慈善事业带入了一个具有现代色彩的新阶段。①

第二节　天津慈善社团与天津社会的现代化

一种制度的确立与变迁，往往服从于特定时代的需要。近代天津慈善事业的蓬勃发展始发于天津社会早期商业、工业、城市变迁这一背景之下。近代天津经济的发展为天津社会救济提供了物质基础，西方先进救济理念的传入，则开阔了人们的视野。这些都有力地促进了近代天津慈善事业迈向现代化的步伐。现代化的内涵包罗丰富，研究者从不同角度，各取所长。研究现代化的著名学者罗荣渠对现代化给出了广义和狭义的两种解释。"广义的现代化主要是指自工业革命以来现代生产力导致社会生产方式的大变革，引起世界经济加速发展和社会适应性变化的趋势，具体地说，就是以现代工业、科学和技术革命为推动力，实现传统的农业社会向现代工业社会的大转变，使工业主义渗透到经济、政治、文化、思想各个领域并引起社会组织与社会行为深刻变革的过程。"② 中国与西方的第一次较量始于鸦片战争。这次战争引出中国与近世西方资本主义势力的全面冲突。这些冲突打破了中国长期封闭性发展的格局，是中国走向现代化的开端。西方国家在条约口岸获得特权，这使得在那里形成了中外共管、文化混杂的现代化城市，这打开了中国人向西方学习的窗口。不论是根据不平等条约被迫开放还是自行开放，"这些开埠通商地区成为传统中国接触外部世界和西方文明的前沿地带，成为中国现代商业、工业、金融业、运

---

① 毕素华：《民国时期赈济慈善业运作机制述论》，《江苏社会科学》2003 年第 6 期。

② 罗荣渠：《现代化新论——世界与中国的现代化进程》，北京大学出版社1993 年版，第3页。

输业以及文化事业的中心，对推动中国经济和社会的现代化和半现代化发挥了带头作用。"①

鸦片战争之后，西方国家在炮舰的护送下向中国输入了大量的商品，也同时输入了近代西方文化。中国在西方炮舰的威胁下被迫接受西方的商品，也接受了西方的文化。近代中国从闭关自守走向门户开放的过程，就是中国封建社会在西力的冲击下逐渐解体、蜕变和转向现代化道路的复杂而痛苦的历程。慈善作为世界各国都有的思想，在强国家、弱社会的背景下，它在任何时候都构不成对当权者的威胁，相反慈善活动的开展还有利于维护社会的安定，人民生活水平的提高。所以西方慈善活动的部分先进理念使得传教士易于传播，近代向西方学习的中国人所乐于接受并得以在中国积极推广。同时，近代以来，地方战争及自然灾害连年不断，救灾活动特别是规模较大的救灾活动实施困难，统治者更加关注民间社会的力量。地方富绅依靠自身的经济实力、号召力和较强的组织力，加上官方的倡导和支持，在救灾活动中占有重要地位，发挥着越来越大的作用。民间赈济在一定程度上弥补了官赈程序繁琐、动作迟缓的不足。虽然民间赈济力量有限，但可以积少成多，而且更重要的是只要社会有需要，它可以随时随地办理，对地理位置偏远或交通不便的灾区，尤为有益，这种办赈方式起到了官府赈济所不能起的作用。另外，民间社会力量参与官赈可以在某种程度上避免政府救灾活动中容易滋生的诸多弊端。② 新的理念伴随着近代中国频繁的灾荒及战争迈出了现代化的步伐，慈善救济已经由单纯地施衣、施粮扩展为施药，更多的是在慈善救济中广泛地实现了教养兼施，帮助难民改造思想，去掉他们的恶习，用所学技艺来养活自己，从而减轻社会的负担，达到对贫困人群救济与促其自立相结合的目的。近代慈善救济中慈善人士广泛提倡的教养兼施收到了一定的效果。慈善家们的救济理念在近代社会发展中逐渐形成了世界观念，如红十字会、红卍字会等慈善社团，不仅平时开展灾荒救济，而且积极地参与战争救济，他们的活动是以前慈善团体所不曾有过的。他们在战争中遵循国际惯例，得到了各国的

① 罗荣渠：《现代化新论——世界与中国的现代化进程》，北京大学出版社 1993 年版，第 300 页。

② 张艳丽：《嘉道时期的灾荒与社会》，人民出版社 2008 年版，第 173 页。

充分肯定。

　　慈善社团①的救助在近代已不再囿于天津城市一隅，而逐渐向周围地区辐射，突破了传统地域性的慈善活动范围。近代中国灾害频发，慈善团体在救助中展开了积极的互动，特别是作为通商大埠的上海、天津之间联系更进一步加强。近代先进的新闻传播媒介被慈善团体充分利用，在慈善救济中作为慈善团体和民间各阶层之间形成了良好互动的一个重要媒介，慈善团体利用报纸、征信录等公布所收捐款和慈善善款的用途，使得慈善活动的透明度增强，从而得到了民间募捐人更大的信任，这使得慈善活动开展得更深入，慈善社团的规模更加扩大。

　　作为慈善公益事业的水会，民国时期得到了较大的发展，水会作为一个民间组织是为适应城市救火而由商人市民自发组织成立的。在天津早期城市发展过程中，作为民国时期的警察把防火救火也作为其一项重要职责。但是随着近代天津城市的扩展，单靠警察实施防火救火，就显得捉襟见肘，水会作为防火救火的慈善社团恰巧弥补了政府部门力不从心的局面。在商会等社会团体的帮助下，水会得到了根本的改观，并得到了政府的支持。购置最新式救火汽车火龙，建筑十五丈报警钟楼，装设各街道自来水龙头并各十字路口报警专电，附设保险部，组织商家，互相保险，共同监视。既免奸商阳借保险，阴自放火之狡谋，又可挽回外利权，诚一善举而数备焉。② 通过上述报道，我们可以很明显地看到，水会经过改良后，适应了近代天津城市发展的需要，引进了新式的汽车火龙，而且就天津进行了分区治理，还在十字路设置了报警电话，这使得火灾救助、信息预防及时，扑救及时。商人们在祸患的威胁下，开始把自己的私有财产加入了防火保险，保险作为近代西方较为发达的一种产业被引进到天津，火险成了当时保险份额中占绝对优势的险种，同时商人们又从火险中能取得一定的赔偿款，减轻了损失。可是说火险的推行过程中，商会起了很大的作用，商会为近代天津保险业的推行付出了努力。

---

　　①　在慈善社团与天津现代化的研究中，此处的慈善社团是从宏观方面进行论述的。作为戊戌变法期间兴起的阅报社以及为改良社会风俗而成立的各反缠足会及戒烟会等公益社团在本文论述中也包括在内。

　　②　《内地改良救火会详志》，《益世报》1923 年 7 月 13 日，第三张第十一版。

　　中国传统社会历来奉行重农抑商政策，民族工商业从而长期被窒息不能发展，这是中国没有发生内源性现代化的重要的原因，晚清以来的一系列的变革引起社会与国家新型关系的产生，商会作为资产阶级社团早期现代化的主角，在推动地区乃至中国现代化的进程中发挥了重要的作用。同样作为较早成立的天津商会在天津社会近代化的征程中发挥了重要的促进作用。天津商会在城市的公共活动中参与管理达到了前所未有的程度，其中创办报刊、兴办商学、平粜粮食、实施赈济、整顿交通等公共活动，进一步构建了商会在公益事业中与政府的协调合作关系。① 天津商会为了开商智、联络商情、振兴商务而创办了近代天津第一份商业类型的报纸，《天津商报》的发行，适应了近代天津开埠通商后商业经济的发展形势，为商人的商业活动提供了更好的信息与指导，成为商业界人士宣传商业与发表自己言论的一块主要阵地。它大大地增强了工商界在社会上的影响，而且该报纸的创刊也带动了其他报业的创刊。对于这份报纸，研究天津商会的学者宋美云给予了这样的评价："天津商会创办的《天津商报》在全国或者至少在北方地区起了开风气之先的作用，将商人们只注重眼前利益的短浅眼光，引导到树立现代宏观经商战略、经营方式和长远目标的层面上，具有逐步培育现代化意识商人的深远意义。"② 这可以说是对商会创办报刊活动的一个中肯的评价。早期维新派号召同西方进行商战，而进行商战关键的一个法宝就是造就商业人才。天津商会成立后把兴办商学作为该会的一项重要举措，他们鼓励和倡办各种实业学校，1906 年，天津商会在东马路创立中等商业学堂。1907 年王永泰等绅商呈请创办天津民立第一初等商业学堂，该学堂以造就商业人才为宗旨，不收学费，学制三年。这些实业学校在一定程度上为天津商业造就了人才，也促进了天津资本主义商业的发展，为天津教育的近代化作出了一定的贡献。此外，据宋美云、庞玉洁等学者对天津商会的研究，天津商会还在推动城市消防的近代化及卫生管理向近代化的转变方面作出了巨大的贡献。同时商会在积极提倡节俭，弘扬中华民族的勤俭之风方面起着重要的倡导引领作用。各种新式商人的诞生，是近代商人力量成长壮大的一个新的界标。它迅速改变

---

① 宋美云：《近代天津商会》，天津社会科学出版社 2002 年版，第 287 页。

② 同上书，第 295 页。

了商人的社会形象，大大提高了商人的社会地位，使其从千百年来"四民之末"的卑贱地位，一跃成为城市生活中不可缺少的重要角色，也是影响当时政局风云变幻的一支不可忽视的社会力量。① 商人形象改变以后，官商机制也相应地发生了变化。新式商人团体开始如雨后春笋般相继成立，其中位数最多、影响最大的社团是商会、商团。它们首先是在城市建设、管理、治安、教育等社会公益事业方面发挥作用，随之扩大到收回路权运动、抵制美货运动、争取立宪运动等方面，发挥明显的政治影响，最后在辛亥革命中发挥了重要作用。② 对于商会在天津现代化中的重要意义，学者邵雍曾指出清末直隶商会的重要作用，他认为：商会成立以来调控银钱比价，平息金融活动；举办初、中等商业学堂，以先进业务人才，造就新型商业人才；设立阅报室和讲演会，开通风气……商会支持清政府振兴实业、预备立宪的政策，商会还组织开办免费义务学校，创办新式学堂，组建和参与新式教育社团、捐资教育或介入社会教育，积极兴办近代教育事业。③

　　缠足起始于南唐后主李煜，缠足之俗大约始于北宋晚期。缠足旧恶习的历史悠久。缠足使广大妇女被剥夺了走出家门，从事社会活动的能力。近代中国出现有组织地宣传缠足之害，号召人民放足、反缠足是从传教士创办的教会学校开始的。清末西方传教士创办的基督教刊物《中西教会报》开始刊登大量反对缠足的文章，基督教人士还在天津设有不缠足会，规定凡入教者不许缠足，向教外人士广泛征求劝诫缠足的文章。维新变法期间，维新派人士从多方面对缠足进行了抨击，掀起了反缠足高潮。1901年12月23日，光绪皇帝颁布禁止女性缠足上谕，这成为第一份由皇帝亲自下达的关于禁止女性缠足的诏令。并得到了诸如岑春煊、张之洞等封疆大吏的热烈响应。1902年，经过了八国联军侵华打击的慈禧太后，回到北京后为了维护摇摇欲坠的政权，决定实行新政。慈禧太后颁布懿旨，把废缠足作为新政的一项举措，正式废除缠足。环顾近代中西各国的近代化

---

　　① 朱英：《辛亥革命时期新式商人社团研究》，中国人民大学出版社1991年版，第285页。

　　② 罗荣渠：《现代化新论——世界与中国的现代化进程》，北京大学出版社1993年版，第297页。

　　③ 邵雍：《中国近代社会史》，合肥工业大学出版社2008年版，第83页。

历程，可看出他们无不是思想观念，社会意识率先近代化的国家。缠足是封建的中国落后愚昧野蛮的一个标志。因此，废除缠足，具有反封建的作用，它传播了一套国家、民族的新观念。废缠足多少改变了人们固有的思想观念，使得妇女反传统的思想开始萌芽，通过这一活动使妇女追求男女平等、追求解放的社会风气与思想观念都为之发生了变化，人们开始从心理、思想和行为方式上实现了由传统到现代的转变，日益现代化。它是社会文明进步的一个重要标志。在各地不缠足声势的号召下，以后的北洋政府和南京国民政府都颁布了禁缠足法令。天津的不缠足运动一直持续不断的开展，取得了良好的效果，对推动近代天津社会风俗改良起到了不可低估的作用。

同乡会是在特定的历史时期由特定的经济和政治目的所决定而成立的。历史步入近代，人口的流动性进一步加大，那些客居异地的商人，面对林立的行帮竞争和激烈的市场角逐以及各种强权力量的压迫，他们感到势单力薄，于是他们为了在城市中能够站住脚，开始通过地缘、血缘关系联结乡谊，寻求建立一个维护自身利益的团体即同乡会。所以同乡会就是以地缘为纽带的互助、互济团体，宗旨大都有"联络商情"、"举办公益事业"、"为同乡谋福利"① 等活动。民国时期天津的很多同乡会还建有他们的公共墓地，为那些客死异地的同乡安葬。同乡会建立以后，他们具有自己固定的会馆，并推举出会馆董事，董事具有很高的威望和权力，他可以处理同乡内部的纠纷，代表同乡同官府接洽以及排解与其他乡帮的矛盾冲突。随着近代天津商业的发展，会馆的功能进一步增强，会馆不仅为同乡介绍职业、办理丧葬、迁运棺材等事务而且随着会馆力量的强大，经济实力的增强，他们开始兴办各种慈善事业，实行对家乡灾区的紧急赈灾救助。可以说，"会馆是随着商业的发展而产生的一种地域性的公益性组织"。② 会馆对于近代天津商业的发展和天津慈善群体的壮大起着重要的作用，极大地促进了近代商业信息的交流和推动着慈善救济事业的开展，

---

① 王春霞、刘惠新：《近代浙商与慈善公益事业研究（1840—1938）》，中国社会科学出版社 2009 年版，第 279 页。

② 中国人民政治协商会议天津市委员会、文史资料研究委员会：《天津文史资料选辑》（第五十六辑），天津人民出版社 1992 年版，第 158 页。

促使商业和慈善事业的运营实态向着近代化的方向迈进。

　　民国以来，天津慈善社团更向着规模化、集中化的方向发展。民国时期是我国慈善事业发展的重要阶段，也是近代天津传统慈善社团迈向近代社团的一个重要转折时期。民国时期随着新的慈善理念的传播，募捐已经打破了传统地缘、血缘和业缘关系的束缚，捐助范围更加广阔，募集资金更加雄厚。民国时期，南京国民政府对慈善事业积极鼓励扶持，同时为了让慈善活动更加有效地进行，对慈善团体也采取了鼓励与监督相结合的方针。为了让慈善团体运行更加规范、更加有效率，南京国民政府逐渐对旧有的传统慈善社团进行了积极的整顿，将这些慈善社团统统纳入到各级主管部门的统一管理之下。同时，为了配合慈善社团的管理，南京国民政府还制定与颁布了监督慈善团体法规，将规范和监督慈善组织纳入了法治的轨道。1928 年南京政府先后颁布了《管理私立慈善机关规则》《地方救济院规则》。1929 年又颁布了《监督慈善团体法实施规则》。1932 年颁布了《各地方慈善团体立案办法》《中华民国红十字会管理条例》。1933 年颁布了《中华民国红十字会管理条例施行细则》等法律、法规。慈善团体法对监督慈善团体和促进慈善团体自律方面具有重要的指导意义，因为一系列法案具体明确了慈善团体的性质及其经营范围，确立了监督慈善团体的职能部门及其权限。对慈善团体的发起者、管理者的权力、职责以及运行过程做了全面系统的监控约束，严格慈善团体的立案审批程序，明确慈善团体的主体资格，鼓励并吸收各界热心慈善的人士加入慈善事业的行列，将慈善事业发展纳入到一个全社会共同监督之下。为了慈善事业的健康发展，慈善团体法对举办慈善团体的人提出了明确的要求。《监督慈善团体法》规定举办慈善的人必须是名望素著，操守可信，曾办慈善事业卓有成效者；热心公益，慷慨捐输者；对于发起之慈善事业，有特殊之学识或经验者。其属于社团性质者，每年至少应开总会二次，由董事报告详细收支情形及其财产状况。办理慈善事业著有成绩者，主管官署呈请国民政府或省政府褒奖之。[①] 同时限制土豪劣绅、贪官污吏、经济犯罪分子、破产者及吸鸦片者等人品瑕疵者为慈善团体的发起人或组织管理者，从源头上保证慈善队伍的纯洁性与社会信誉。同时针对办理赈务的人员制定了

①　谢扶民：《中华民国立法史》，上海书店 1948 年版，第 620 页。

奖励条例及惩罚条例。这使得转型期的中国慈善事业基本上有法可依，并在一定程度上促进和保障了慈善事业的健康发展。① 天津社会局及时公布了国民政府的这些慈善方面的法令条例，并多次按照法令对津埠慈善团体进行了改组，在社会局的统一领导之下，天津慈善团体演变在向着近代慈善社团规范化、统一化、组织化方面迈进。

①　龚汝富：《民国时期监督慈善团体立法及其启示》，《法商研究》2009 年第 5 期。

结　语

慈善社团与慈善救助活动的
当代社会价值

　　中国的慈善事业与慈善活动已经经历了几千年。鸦片战争后中国传统慈善思想开始逐渐发生了变化。戊戌变法时期，在维新人士的宣传与实践下，传统慈善社团向着近代新式社团迈进。社团的慈善救助理念不断更新，慈善行为的对象在进一步的扩大，社团的组织结构也日趋完备。民国时期，应时势而出现的大量社团和前期的社团相比较而言已经迈出了现代化的步伐。这些社团继承了传统社团的某些特征，同时又形成了自己独特的新功能。红十字会、红卍字会以国际红十字会的组织纲领及其精神为指导，这些慈善社团不仅参与了天津本埠的慈善救济活动，它们还远赴其他各地实施救助，它们的慈善行为得到了全社会的积极响应，上至政府下至平民百姓无不给予各社团以高度赞扬。各社团在慈善活动中进一加强了中外之间的互动联系，得到了国际社会的认可。

　　纵观民国时期的慈善社团，慈善活动过程中各个环节均实行了公开透明的制度，对各慈善家、各社会团体及个人捐助的善款、物品都向社会进行了及时的公布。对善团的用款也进行了核算，所花的款项、用途都予以登报公开。可以说天津慈善社团与其他地方社团在从事慈善活动中所表现的不良行为相比较，民国时期天津慈善社团的救济活动是令社会满意的。

　　政府对慈善社团给予了积极引导、鼓励与支持，在社会救助中形成了政府与社团之间良好的互动。慈善社团的募款也超出了地域范围。新闻媒体的舆论导向对慈善社团的发展起了不可低估的作用，天津本埠发行报刊众多，且有在全国报界占有重要地位的《大公报》《益世报》。两报对各社团的慈善活动进行了及时的宣传报道，使关心慈善的人们得以充分了解慈善社团的具体情况，也使人们对慈善活动本身的意义有了更加深刻的认识，对社会贫困救助有了一份紧迫感与使命感。大家认识到扶危济困是应尽的一份义不容辞的责任，认识到国家提倡、社会参与慈善活动是维护社会稳定的一项重要措施。

1949年新中国成立后，特别是我国改革开放以来，居民收入与以前相比有了大幅度的提高，人民生活有了很大的改善，这是有目共睹的事实。但是，我们也看到由于地域、资源分布等众多因素的影响，在居民收入方面，存在着沿海与内地，城镇与农村的差别，而且有愈演愈烈之势。贫者愈贫，富者愈富，大部分的财富集中到了富人手中，贫富悬殊引起了低收入人群的不满。这对构建和谐社会造成了一种无形的障碍。通过收入再分配来调节社会贫富悬殊的现象，国家鼓励富者积极投入到慈善行列中。但是，当前我国富人对慈善事业的关注还显得不够，慈善社团运营过程中缺少相应的监督，有关慈善的法律法规体系也不完善。近年来曝光的慈善善款被挪用甚至基金会本身的丑闻等恶劣事件让慈善组织的公信力大打折扣，这也严重影响了社会各界人士对慈善捐助的热心和信心。2011年6月，郭美美在网上炫富，并称自己是中国红十字会商业总经理。据新闻报道："中国慈善信息中心之前公布的检测数据显示，自6月下旬郭美美事件发生后，全国7月份社会捐款数为5亿元，环比下降50%，慈善组织6到8月的捐赠额降幅则达到86.6%，红会接受的捐赠也有所减少。"① 6月20以后因郭美美网络事件，使得大家对红会诚信度产生了怀疑，个人捐款大幅度降低。为进一步规范慈善社团的管理，红十字会常务副会长赵白鸽表示红会今后工作人员必须加强职业化、专业化，加大干部竞争上岗、公开选拔和轮岗交流力度。据新闻报道："今年7月初，中国红十字会向社会承诺'两公开两透明'，即捐赠款物公开，财务管理透明，招标采购公平，分配使用透明的制度。2011年7月31日，中国红十字会总会捐赠信息发布平台上线试运行，捐赠人可查青海玉树地震的捐赠收支等情况。"为了做到透明公平，总会正在建设全国联网的"中国红十字会综合管理信息系统"，以加快实现红十字会系统接收捐赠款物及使用

---

① 《红十字会承认个人捐款受郭美美事件影响锐减》，《京华时报》2011年12月8日。

的信息化管理。这个信息系统一旦建立将遍布省市县三级网络，有了该信息系统，一旦有了捐款信息就会输入到系统里，可以有效防止虚假信息的编造。另据新华网 12 月 31 日报道，中国红十字会已协商有关方面并得到同意，决定撤销商红会。同时，开始建立专家委员会、社会监督委员会、公共信息平台，开展对红十字会品牌使用的规范制定和现状调研，力求提升社会公信力。①

在当今时代，怎么样才能让慈善救济事业实现良性运转，避免慈善救济中发生的不和谐现象已成为人们关注社会问题的一个焦点、热点。为了更好地促进中国慈善事业的健康发展，针对目前慈善过程中出现的一些不良现象国家民政部不断出台政策来加强对慈善社团的监督指导。2011 年 7 月 8 日，民政部公布了《中国慈善事业发展指导纲要（2011—2015）》向社会广泛征求意见。中广网北京 7 月 9 日消息，据中国之声《央广新闻》报道，目前，民政部就中国慈善事业发展向社会征求意见，未来五年民政部将在慈善全行业推行慈善信息公开透明制度。中国将建立和完善以慈善业务年审为主要手段的监管制度，重点加强对公益慈善类组织的信息披露、财务报表和重大活动的监管，以确保慈善事业的公开透明。民政部门鼓励慈善组织利用互联网及时披露捐赠信息。

2012 年 11 月 8 日，中共中央总书记、国家主席胡锦涛在中国共产党第十八次全国代表大会上做了《坚定不移沿着中国特色社会主义道路前进为全面建成小康社会而奋斗》的报告。就"在改善民生和创新管理中加强社会建设"这一主题的报告，胡锦涛就统筹推进城乡社会保障体系建设这一问题时指出，要"坚持全覆盖、保基本、多层次、可持续方针，以增强公平性，适应流动性、保证可持续性为重点，全面建成覆盖城乡居民的社会保障体系。完善社会救助体系，健全社会福利制度，支持发展慈善事业，做好优抚安置工作"。②

报告中提出了支持慈善事业的发展，指出了慈善事业在社会保障中存在的必要性。通过对历史上慈善事业的研究，我们已经很明了慈善在社会

---

① 《郭美美事件调查公布结果商业系统红会被撤销》，《新华网》2011 年 12 月 31 日。

② 胡锦涛：《坚定不移沿着中国特色社会主义道路前进　为全面建成小康社会而奋斗——在中国共产党第十八次全国代表大会上的报告》，人民出版社 2012 年版，第 36—37 页。

救济中所发挥的作用，在稳定社会，救助贫困中所起到的举足轻重的作用。社会需要慈善，人们离不开慈善。随着社会的发展，社会财富的增加，我国的社会保障体系会越来越完善，但是毕竟我国还处于社会主义初级阶段。习近平主席也强调："社会主义初级阶段是当代中国的最大国情、最大实际，我们在任何情况下都要牢牢把握这个最大国情，推进任何方面的改革发展都要牢牢立足这个最大实际，不仅在经济建设中要始终立足初级阶段，而且在政治建设、文化建设、社会建设、生态建设中也要始终牢记初级阶段。"① 随着中国特色社会主义进入新时代，我国社会的矛盾由以前"人民日益增长的物质文化需要同落后的社会生产之间的矛盾"转化为"人民日益增长的美好生活需要和不平衡不充分的发展之间的矛盾"。目前，在社会发展中城乡区域发展差距和居民收入分配差距依然较大，社会矛盾依然存在，部分群众生活依然比较困难。对于现代化进程中造成的贫富差距现象、弱势群体更引起了社会的关注，慈善在社会财富的再分配中仍起着重要的作用。2017 年 10 月 18 日，习近平总书记在中国共产党第十九次代表大会上所作报告。习总书记再次指出："完善社会救助、社会福利、慈善事业、优抚安置等制度，健全农村留守儿童和妇女、老年人关爱服务体系。"② 习总书记再次强调了慈善事业在社会中的重要地位，指出了慈善事业在社会保障中存在的必要性。

由于我国慈善事业在新中国成立后失去了生存的土壤而被取缔，直到改革开放后慈善事业在国家支持下重新兴起，同国外慈善多年来的发展相比，中国慈善事业已经严重滞后，在运行中难免因缺少经验而出现各种纰漏。近些年来，关于慈善运行中出现的不良现象，各新闻媒体多有披露，特别是中国红十字会，社会很多热心慈善事业的人士对此也表示出了深深的担忧。对于慈善发展过程中出现的这些不良现象，我们应该客观地看待，中国社会科学院社会政策研究中心秘书长、研究员唐钧认为："红十字会的治理问题，是一个全球性的问题。"③ 对一个新事物的成长我们一

---

① 习近平：《紧紧围绕坚持和发展中国特色社会主义学习宣传贯彻党的十八大精神——在十八届中共中央政治局第一次集体学习时的讲话》，人民出版社 2012 年版，第 6 页。

② 习近平：《决胜全面建成小康社会夺取新时代中国特色社会主义伟大胜利》，人民出版社 2017 年版，第 47 页。

③ 阿净的博客：http：//kuangwenbo.qzone.qq.com。

定要抱着包容的态度。为了慈善事业健康的发展，笔者认为社会在宣传参与慈善活动的过程中，正如《中国慈善事业发展指导纲要（2011—2015）》向社会广泛地征求意见时所提出的："应该贯彻这样的理念：即以社会主义核心价值体系为指引，慈善文化全面普及，慈善理念广泛传播，使公民、企业和社会组织的社会责任意识逐步增强，让越来越多的公众、企业和社会组织加入慈善行列，让慈善逐步成为社会风尚和人们的生活方式；政府监管、民间运作、行业自律、社会监督的慈善事业管理体制和运行机制进一步完善，各级各类慈善事业推动主体和运作主体权责明晰、分工协作，共同推动慈善事业发展。"[①] 为了发展慈善事业，弘扬慈善文化，规范慈善活动，保护慈善组织、捐赠人、志愿者、受益人等慈善活动参与者的合法权益，促进社会进步，共享发展成果，国家制定的《中华人民共和国慈善法》已由第十二届全国人民代表大会第四次会议在2016年3月16日通过，习近平主席签署了第四十三号主席令，并于2016年9月1号起实施。《中华人民共和国慈善法》分十二章内容从总则、慈善组织、慈善活动、信息公开、监督管理、法律责任等方面等进行了详细的说明，全文一万多字。这为我国慈善事业的顺利开展提供了一个基本的法律制度遵循，慈善法的出台有利于我国慈善事业沿着正确的轨道发展，不断为社会主义事业的发展做出新的贡献。

发展慈善事业，通过民间捐赠和志愿行动汇聚社会各界力量，对于应对突发事件、缓解人们的生存危机、缩小贫富差距、缓和社会矛盾具有重要作用。"作为一种'道德产业'，慈善事业的良性发展和运行还有助于在全社会范围内形成一种富有人文关怀精神的社会风尚，推进社会主义和谐社会主流价值的形成，对于提高社会凝聚力、增进民族团结与融合具有不可替代的重要作用。"[②]

为了加快慈善事业和谐健康的发展，笔者认为当前我们应认真做好以下方面的工作：首先，我们应该总结我国历史上慈善事业发展中的不足，汲取慈善社团成功运作的经验，借鉴发达国家举办慈善的经验，"建立完

---

① 民政部今日发布《中国慈善事业发展指导纲要（2011—2015）》民政部门户网站，时间：2011 - 07 - 15，14：15。

② 郑雄飞：《慈善事业的伦理根基和理性建构研究》，《学术研究》2011 年第 12 期。

善慈善事业法规政策体系，推动出台慈善事业法、社会募捐管理条例、志愿服务条例等法规，推进社会团体登记管理条例，出台一批有针对性的政策措施，为慈善事业健康有序发展营造良好环境。"① 其次，在慈善活动中要健全权力运行的制约和监督体系。保障参与慈善事业的人有知情权、参与权以及监督权，做到每一笔捐款来源、去向透明公开，让慈善活动在阳光下运行。再次，在加强慈善活动宣传的同时，加强对社会主义核心价值观的宣传，加强对公民道德素质方面的培养。通过慈善宣传与普及，使人们认识到支持、发展慈善是社会上每个公民的责任，使社会形成讲正气、讲奉献、讲和谐的良好风尚，积极传递社会正能量，不断提高慈善的公信力。

总之，慈善事业发展的道路并非一帆风顺，但是笔者坚信，随着社会的发展进步，广大人民群众思想道德水平的提高，社会上参与慈善的人们会越来越多。在以习近平总书记为核心的党中央带领下，我们定会走出一条新时代中国特色社会主义的慈善发展之路。

---

① 民政部今日发布《中国慈善事业发展指导纲要（2011—2015）》民政部门户网站，时间：2011-07-15，14：15。

参考文献

一 地方志

李梅宾、吴廷华、汪沆：《天津府志》，（清）（乾隆四年）（1739）刻本。

朱奎扬、张志奇、吴廷华：《天津县志》，（清）（乾隆四年）（1739），刻本。

余治：《得一录》（清）（同治八年），得见斋，刻本。

吴惠元、蒋玉虹、俞樾：《续天津县志》，（清）（同治九年）（1870），刻本。

沈家本、荣铨、蔡启盛、徐宗亮：《重修天津府志》，（清）（光绪二十五年）（1899），刻本。

薛柱斗、高必大：《天津卫志》，（清）（1644—1911）抄本。

薛柱斗、高必大：《新校天津卫志》（清）（1644—1911），易社民国23年（1934），铅印本。

《中国地方志集成》天津府县志辑（全六册）《光绪重修天津府志》（一）、《光绪重修天津府志》（二）、《民国天津府县新志》、《民国蓟县志》、《乾隆宝坻县志》、《康熙静海县志》、《民国静海县志》、《光绪武清县志》、《光绪宁河县志》，上海书店2004年版。

石小川：《天津指南》，（清）（宣统三年）（1911），铅印本。

集思堂居士：《天津县地理教科书》，天津曾文，石印本。

视学：《直隶风土调查录》，商务印书馆民国五年（1916）。

《简明天津旅游指南》，1925年。

天津市政府：《天津市概要》，民国二十三年（1934），铅印本。

河北省通志馆：《河北省通志稿》民国二十四年（1935），铅印本。

贾恩绂：《直隶省通志稿》，民国（1912—1949），抄本。

《河北省概况》，民国二十九年（1940），铅印本。

《河北省各县沿革志略》，民国（1912—1949），油印本。

张焘：《津门杂记》（清），天津古籍出版社1986年版。

天津市地方志编修委员会：《天津通志·旧志点校卷》（下册），南开大学
　　出版社2001年版。

二　报刊、杂志、资料汇编

（天津）《大公报》。

（天津）《益世报》。

（武汉）《民国日报》。

《东方杂志》。

《北辰杂志》。

河北省政府民政厅：《河北民政汇刊》，北平，1928—（？）。

南京国民政府：《修正中华民国红十字会管理条例第四条条文》，南京政
　　府1934，第1578号。

天津市政府统计委员会：《天津市统计年鉴》，民国二十四年（1935）。

行政院新闻局：《中国红十字会》，南京，民国三十六年（1947）。

上海难民救济分会秘书处：《救济旬报》，上海，1939年。

天津市特别水灾救济委员会华北救灾委员会天津分会：《天津特别市水灾
　　救济实录》天津：民国二十八年（1939）。

天津市社会局：《天津市社会局行政周刊》，（1936—？）。

《中华民国红十字会管理条例》，1936年。

南京国民政府社会部公布复原期间管理中华民国红十字会办法文献，《国
　　民政府公报1946》，第2705号。

南京国民政府社会部：《复原期间中华民国红十字会总会调整及管理分会
　　办法》，南京政府国民公报1946，第2705号。

南京市国民政府社会部：《各省市县社会救济事业协会组织规则》，国民
　　政府公报1946，2512—2637，第2589号。

华北临时政府行政委员会：《办理救灾人员奖惩条例》，《华北政务委员会
　　法规汇编》（上册）。

华北临时政府：《华北救灾委员会组织大纲》，《华北政务委员会法规汇

编》（上册）。

天津档案馆史料：《天津水会资料》。

天津社会科学院馆藏：《善后救济总署冀热平津分署一年来的赈务》，
　1946 年。

天津社会科学院馆藏：《善后救济总署冀热平津分署一年来福利工作》，
　1946 年。

天津档案馆藏：《天津市单行法规汇编》（第一辑），天津市丛书编撰文员
　会编印，1947 年。

河北省档案馆藏：D693.62.23《天津市行政纪要》（民国二十七年）。

河北省档案馆藏：D603.62.23《社会月刊》（民国二十九年）。

天津市政协文史资料研究会：《天津文史资料》。

天津市地方史志编修委员会总编辑室：《天津近代人物录》（内部发行）
　1987 年版。

水利水电科学研究院：《清代海河滦河洪涝档案史料》，中华书局 1981
　年版。

河北省旱涝预报课题组：《海河流域历代自然灾害史料》，气象出版 1985
　年版。

　　三　著作类

陈凌云：《现代各国社会救济》，商务印书馆民国二十六年（1937）版。

邓云特：《中国救荒史》，商务印书馆 1937 年版。

陈续先：《社会救济行政》，正中书局民国三十六年（1946）版。

柯象峰：《社会救济》，正中书局民国三十五年（1946）版。

顾长声：《传教士与近代中国》，上海人民出版社 1981 年版。

胡绳：《从鸦片战争到五四运动》（上），人民出版社 1981 年版。

胡绳：《从鸦片战争到五四运动》（下），人民出版社 1981 年版。

来新夏：《天津近代史》，南开大学出版社 1987 年版。

李新、李宗一：《中华民国史》，中华书局 1987 年版。

天津社会科学院历史研究所、《天津简史》编写组：《天津简史》，天津人
　民出版社 1987 年版。

全国重大自然灾害调研组：《自然灾害与减灾》，地震出版社 1990 年版。

朱建华：《中国近代政党史》，吉林大学出版社 1990 年版。

李文海、周源：《灾荒与饥馑（1840—1919）》，高等教育出版社 1991 年版。

朱英：《辛亥革命时期新式商人社团研究》，中国人民大学出版社 1991 年版。

［美］费正清：《剑桥中国晚清史》（上下卷），中国社会科学出版社 1993 年版。

［美］费正清：《剑桥中华民国史》（上下卷），中国社会科学出版社 1993 年版。

罗澍伟：《近代天津城市史》，中国社会科学出版社 1993 年版。

罗荣渠：《现代化新论》，北京大学出版社 1993 年版。

韦庆远、高放、刘文源：《清末宪政史》，中国人民大学出版社 1993 年版。

姚洪卓：《近代天津对外贸易（1861—1948）》，天津社会科学院出版社 1993 年版。

张洪祥：《近代中国通商口岸与租界》，天津人民出版社 1993 年版。

王世刚：《中国社团史》，安徽人民出版社 1994 年版。

章绍嗣：《中国现代社团辞典（1919—1949）》，湖北人民出版社 1994 年版。

李文海：《世纪之交的晚清社会》，人民大学出版社 1995 年版。

北京大学世界现代化进程研究中心编：《罗荣渠与现代化研究——罗荣渠教授纪念文集》，北京大学出版社 1997 年版。

罗荣渠：《现代化新论续篇——东亚与中国的现代化进程》，北京大学出版社 1997 年版。

高文学：《中国自然灾害史（总论）》，地震出版社 1997 年版。

刘健清：《中华文化通志——社团志》，上海人民出版社 1998 年版。

高建国：《中国减灾史话》，大象出版社 1999 年版。

孟昭华：《中国灾荒史记》，中国社会出版社 1999 年版。

张注洪、王晓秋：《国外中国近现代史研究述评》，中国文史出版社 1999 年版。

安宇、周棉：《留学生与中外文化交流》，南京大学出版社 2000 年版。

夏明方：《民国时期自然灾害与乡村社会》，中华书局 2000 年版。

梁其姿：《施善与教化——明清的慈善组织》，河北教育出版社 2001年版。

尹保云：《什么是现代化——概念与范式的探讨》，人民出版社 2001 年版。

冯贤亮：《明清江南地区的环境变动与社会控制》，上海人民出版社 2002年版。

高艳林：《天津人口研究（1404—1949）》，天津人民出版社 2002 年版。

郭建民、尹小满：《中国社团概论》，华文出版社 2002 年版。

康沛竹：《灾荒与晚清政治》，北京大学出版社 2002 年版。

潘镇贵：《近代中国维新与革命的历史轨迹》，香港凌天出版社 2002年版。

宋美云：《近代天津商会》，天津社会科学院出版社 2002 年版。

周俊旗：《民国天津社会生活史》，天津社会科学院出版社 2002 年版。

王子今、刘悦斌、常宗虎：《中国社会福利史》，中国社会出版社 2002年版。

郭汉民：《晚清社会思潮研究》，中国社会科学出版社 2003 年版。

何宗美：《明末清初文人结社研究》，南开大学出版社 2003 年版。

李泽厚：《中国现代思想史论》，天津社会科学院出版社 2004 年版。

庞玉洁：《开埠通商与近代天津商人》，天津古籍出版社 2004 年版。

王林：《山东近代灾荒史》，齐鲁书社 2004 年版。

王名、刘培峰：《民间组织通论》，时事出版社 2004 年版。

王卫平、黄鸿山：《中国古代传统社会保障与慈善事业》，群言出版社 2004 年版。

张静如、刘志强、卞杏英：《中国现代社会史》，湖南人民出版社 2004年版。

陈国庆：《中国近代社会转型研究》，社会科学文献出版社 2005 年版。

[美] 彭慕兰：《腹地的构建：华北内地的国家、社会和经济（1853—1973）》，马俊亚译，社会科学文献出版社 2005 年版。

张世保：《西化思潮的源流与评价》，华东师范大学出版社 2005 年版。

周秋光、曾桂林：《中国慈善简史》，人民出版社 2006 年版。

陈旭麓：《近代中国社会的新陈代谢》，上海社会科学院出版社 2006

年版。

费孝通：《中国绅士》，中国社会科学出版社 2006 年版。

赵津：《中国近代经济史》，南开大学出版社 2006 年版。

曹树基：《田祖有神：明清以来的自然灾害及其社会应对机制》，上海交
通大学出版社 2007 年版。

陈颙、史培军：《自然灾害》，北京师范大学出版社 2007 年版。

池子华：《中国近代流民》，社会科学文献出版社 2007 年版。

李学智：《民国史论稿》，天津社会科学出版社 2007 年版。

张建俅：《中国红十字会初期发展之研究》，中华书局 2007 年版。

任云兰：《近代天津的慈善与社会救济》，天津人民出版社 2007 年版。

陈业新：《明至民国时期皖北地区灾害环境与社会应对研究》，上海人民
出版社 2008 年版。

陈旭麓：《中国近代史十五讲》，中华书局 2008 年版。

葛全胜、邹铭、郑景云：《中国自然灾害风险综合评估初步研究》，科学
出版社 2008 年版。

孟令君：《中国慈善工作概论》，北京大学出版社 2008 年版。

尚克强：《九国租界与近代天津》，天津教育出版社 2008 年版。

邵雍：《中国近代社会史》，合肥工业大学出版社 2008 年版。

［美］李怀印：《华北村治：晚清和民国时期的国家与乡村》，岁有生、王
士皓译，中华书局 2008 年版。

贾长华：《严复与天津》，百花文艺出版社 2008 年版。

徐建平：《清末直隶宪政改革研究》，中国社会科学出版社 2008 年版。

薛毅：《中国华洋义赈救灾总会研究》，武汉大学出版社 2008 年版。

周秋光：《红十字会在中国》，人民出版社 2008 年版。

张艳丽：《嘉道时期的灾荒与社会》，人民出版社 2008 年版。

乐启良：《近代法国结社观念》，上海社会科学院出版社 2009 年版。

刘仰东、夏明方：《灾荒史话》，社会科学文献出版社 2011 年版。

王建革：《传统社会末期华北的生态与社会》，生活·读书·新知三联书
店 2009 年版。

四 期刊论文

沈渭滨、杨立强：《上海商团与辛亥革命》，《历史研究》1980 年第 3 期。

李运华、卢景新：《试论五四运动对天津民族工业发展的影响》，《历史教学》1987 年第 3 期。

廖一中：《晚清"新政"与天津工业近代化》，《天津社会科学》1988 年第 2 期。

胡光明：《论北洋时期天津商会的发展与演变》，《近代史研究》1989 年第 5 期。

胡光明：《被迫开放与天津城市近代化》，《天津社会科学》1989 年第 5 期。

姜铎：《洋务运动与津、穗、汉、沪四城的早期近代化》，《近代史研究》1993 年第 4 期。

田敏：《新民主主义革命时期的天津妇女社团》，《天津史志》1996 年第 1 期。

朱英：《五四运动期间的天津总商会》，《华中师范大学学报》（哲学社会科学版）1997 年第 6 期。

孙炳芳、张学军：《天津商会与中国近代商业意识的觉醒》，《河北师范大学学报》（哲学社会科学版）1998 年第 4 期。

徐永志：《明清政府与天津社会经济变迁》，《中国社会经济史研究》1998 年第 4 期。

曲广华、王富国：《试论五四时期社团繁荣的原因》，《北方论丛》1998 年第 4 期。

张玉法：《戊戌时期的学会运动》，《历史研究》1998 年第 5 期。

曲广华：《试论五四时期社团繁荣的历史作用》，《黑龙江社会科学》1999 年第 4 期。

朱英：《20 世纪中国民间社团发展演变的历史轨迹》，《华中理工大学学报》（社会科学版）1999 年第 4 期。

杨丽红：《浅论清末民初（1903—1920 年）天津商会的政治特色》，《河北大学学报》（哲学社会科学版）2000 年第 1 期。

汤志钧：《戊戌的思想启蒙和辛亥革命的风暴》，《史林》2001 年第 2 期。

曲广华：《五四时期社团的整体特征—从与戊戌学会之比较谈起》，《北方论丛》2001 年第 3 期。

宋美云、宋立曼：《近代天津商会与国内其他商会网络机制的建构》，《中国社会经济史研究》2001 年第 3 期。

陈晓锋：《对 1928 年陕甘灾荒及救济的考察》，《兰州大学学报》2004 年第 2 期。

魏文享：《近代工商同业公会的慈善救济活动》，《江苏社会科学》2004 年第 5 期。

杨焕鹏：《国民政府时期国家对人民团体的管制——以浙江省为中心》，《东方论坛．青岛大学学报》2004 年第 5 期。

应莉雅：《近代商会研究新视角：商会网络运行机制——以清末民初天津商会网络为个案》，《天津社会科学》2004 年第 6 期。

郭剑林：《袁世凯、徐世昌与天津地方自治》，《历史教学》2004 年第 7 期。

庞玉洁：《商会与清末民初天津城市社会生活的进步》，《城市史研究》2004 年。

任云兰：《民国灾荒与战乱期间天津城市的社会救助（1912—1936 年)》，《中国社会经济史研究》2005 年第 2 期。

方竞、蔡传斌：《民国时期的世界红卍字会及其赈济活动》，《中国社会经济史研究》2005 年第 2 期。

王仲：《民国时期商会自身的现代化（1927—1937）——以苏州商会为例》，《苏州大学学报》2006 年第 1 期。

任云兰：《近代城市贫民阶层及其救济探析—以天津为例》，《史林》2006 年第 2 期。

任云兰：《论华北灾荒期间天津商会的赈济活动（1903—1936）——兼论近代慈善救济事业中国家与社会的关系》，《史学月刊》2006 年第 4 期。

朱英：《清末民初天津工商同业研究所初探》，《天津社会科学》2006 年第 4 期。

唐永余：《民国时期工业会成立原因探析》，《民国档案》2007 年第 1 期。

徐建平：《清末直隶经济社团研究》，《江苏商论》2007 年第 2 期。

濮文起：《民国时期的世界红卍字会》，《贵州大学学报》（社会科学版）

2007 年第 2 期。

王良胜：《"新政时期"天津城市管理的近代化变迁》，《齐齐哈尔师范高等专科学校学报》2007 年第 3 期。

任云兰：《近代天津的社会救济事业探略》，《历史教学》（高校版）2007年第 4 期。

陈志波：《晚清民初社团立法的演进探略》，《绵阳师范学院学报》2008年第 3 期。

池子华、冯欣：《近代中国灾荒及其救济》，《文化学刊》2009 年第 2 期。

方美玲：《中华民国社团的基本特征》，《北京教育学院学报》2000 年第3 期。

任云兰：《近代天津官办救济事业探析》，《历史档案》2009 年第 3 期。

温艳：《民国时期西北地区灾荒成因探析》，《社会科学家》2010 年第3 期。

隋芳：《从赈灾实录看民国〈大公报〉的媒介作用》，《吉林省教育学院学报》（学科版）2010 年第 9 期。

王纪鹏：《慈善家朱庆澜与近代陕西的灾荒救济》，《兰台世界》2011 年第 22 期。

侯亚伟：《救人、救己与救世：天津红卐字会慈善事业探析》，《世界宗教文化》2012 年第 3 期。

五　学位论文

董贵成：《近代科学与戊戌维新》，北京师范大学博士论文，2001 年。

李国林：《民国时期上海慈善组织研究（1912—1937）》，华东师范大学博士论文，2003 年。

魏文享：《民国时期的工商同业公会研究（1918—1949）》，华中师范大学博士论文，2004 年。

严泉：《民国初年的制宪与民主转型》，上海大学博士论文，2005 年。

何增光：《民国监督制度研究》，浙江大学博士论文，2004 年。

王仲：《强势国家与民间社团之命运》，苏州大学博士论文，2004 年。

张喜红：《当代中国社会团体政治参与问题研究》，吉林大学博士论文，2004 年。

郭锦超:《近代天津和华北地区经济互动的系统研究（1880 年代—1930 年代）》，南开大学博士论文，2004 年。

孙善根:《民初宁波慈善事业的实态及其转型（1912—1937）》，浙江大学博士论文，2005 年。

李柏槐:《民国时期成都工商同业公会研究》，四川大学博士论文，2005 年。

孙青:《晚清之"西政"东渐及本土回应》，复旦大学博士论文，2005 年。

周石峰:《近代商人与民族主义运动（1927—1937）》，浙江大学博士论文，2005 年。

方洁:《社团处罚研究》，中国政法大学博士论文，2006 年。

常国良:《近代上海商业教育研究（1843—1949）》，华东师范大学博士论文，2006 年。

孙语圣:《民国时期自然灾害救治社会化研究》，苏州大学博士论文，2006 年。

黄鸿山:《中国近代慈善事业研究——以晚清江南为中心》，苏州大学博士学位论文，2007 年。

张益刚:《民国社会救济法律制度研究》，华东政法大学博士论文，2007 年。

向常水:《民国北京政府时期湖南慈善救济事业研究》，湖南师范大学博士论文，2008 年。

曾桂林:《民国时期慈善法制研究》，苏州大学博士论文，2009 年。

高鹏程:《红卍字会及其社会救助事业研究（1922—1949）》，苏州大学博士学位论文，2009 年。

郝红暖:《清代民国河北地区慈善组织的历史演变与空间运作（1644—1937）》，暨南大学博士学位论文，2010 年。

王国锋:《论结社权》，吉林大学博士论文，2010 年。

荆杰:《近代中国东北慈善救济事业研究（1861—1931）》，东北师范大学博士学位论文，2011 年。

范红霞:《清末新政时期直隶地方自治》，河北师范大学硕士学位论文，2002 年。

谭绿英：《民国时期的民间慈善团体—以 20、30 年代的成都为例》，四川大学硕士论文，2003 年。

谢忠强：《慈善与上海社会》，上海师范大学硕士学位论文，2006 年。

许效正：《湖南近代社团研究（1840—1949）》，湖南师范大学硕士学位论文，2006 年。

宋瑞琴：《天津商会与清末民初天津城市社会生活》，河北师范大学硕士学位论文，2008 年。

张若开：《晚清时期的灾荒及清政府的赈灾措施》，吉林大学硕士学位论文，2008 年。

何瑛：《社团与地方政府的关系及其互动过程研究》，复旦大学硕士学位论文，2009 年。

后　记

1998 年大学毕业后，我被分配到一所乡镇中学做了 8 年的老师。教学之余，深感知识的不足，渴望再次进入大学继续学习深造。为了心中的梦想和美好的追求，我选择了考研。2006 年，我有幸考到坐落于中国革命圣地的延安大学攻读历史学硕士学位，师从梁严冰副教授。在导师的精心培育下，经过 3 年时间的努力学习，我顺利完成学业。

2009 年，我考取了天津师范大学历史文化学院博士研究生，并有幸成为李学智先生的弟子。读博已俨然不同于读硕，面对着浩如烟海的书籍和论文，我既感到无比的欣喜，又感觉到了一种巨大的无形压力。好在恩师的鼓励与督导下，我得以渐渐地选定了自己论文的研究方向。在论文的写作过程中，我深深地感到自己知识的欠缺与理论功底的薄弱，常常深夜难眠，寝食不安。但是我不断地告诉自己，既然选择了这条求学之路，就要勇敢地坚持，不经历风雨，怎么能见彩虹，努力做一个追梦的人。

考取硕士那年，我辞掉了工作。第二年，我爱人在我的鼓励之下也考取了延安大学，攻读哲学硕士学位，两个人一前一后，完全失去了经济来源。父母年事已高，看看在土地上日益辛勤劳作的父母和懵懂未谙世事的孩子，心里充满了不安和内疚。此时，别人的父母也许正享受着天伦之乐，不再为了生活而艰辛地操劳，孩子也许在父母的怀里撒着娇，爱人也许安心地工作，过着舒适的日子。可是，对我来说这一切只能寄托于未来。书山有路勤为径，学海无涯苦作舟。困难和挫折也成为我们夫妇不断奋进的动力。在艰辛的求学路上，我们相互鼓励，共同前进，并取得一定的成绩。

在论文即将完成之际，当时我心潮澎湃，感激之情难以言表。首先要感谢我的父母，这些年来对我的理解与支持，不辞劳苦地替我们照看孩子。感谢我的导师李学智教授对我这几年在学习和生活上无微不至的关心与照顾。在论文选题及写作过程中，每逢山重水复疑无路之时，便去找李老师答疑解惑，经过和老师反复的交流，才有一种柳暗花明又一村的喜悦；感谢天津师范大学历史文化学院侯建新院长、徐悦副院长、孙立田书记在学习中给予的关心帮助；感谢张利民教授和田涛教授对我论文选题及写作等方面的指导；感谢天津师范大学马克思主义学院陈尚伟教授对我和我爱人学习上的关怀；感谢天津社会科学院近代史研究所所长任云兰研究员对我论文写作中热心的指导与帮助；感谢延安大学政法学院张文生老师对我们求学过程中不间断的鼓励和生活上给我们的无私帮助；感谢远在鄂尔多斯的好友韦俊梅给予我们经济方面的帮助。正是在他们真诚的关怀和帮助下，我们才得以专心地投入到学习中来。感谢为近代天津研究做出贡献的专家学者，在论文写作中，正是因为吸取了他们丰富的研究成果，有了相关资料支撑，我的论文才得以顺利完成。

天津师范大学的四年，给我留下了许多美好的回忆，天津师范大学陪我成长，我将永远铭记母校。

转眼之间毕业已经四年了，突然想起那句令我一直感动的话，"子在川上曰，逝者如斯夫"。2013年毕业之后我来到了遵义医学院工作。在毕业时曾想过，工作之后应循着博士论文的方向，继续研究，同时将毕业论文进行补充完善。但工作后除了承担着本科生、研究生的教学任务之外，还从事行政工作。一直没有时间去实现毕业时的愿望。

本书即将出版，我感到非常的高兴。毕业后，由于日常琐事太多，没有能够再对论文进行修改完善。本书出版之前，中国社会科学出版社的吴丽平老师对论文进行了认真校对，提出了若干修改意见，深表感激。同时也对出版社的其他工作人员深深表示谢意，没有大家的辛勤劳动，就不会有本书的顺利出版。但是对于学术研究来说，由于自己研究能力、理论水平、写作功底有限，书中难免存在缺憾与不足，所以衷心地希望该领域的专家学者给予批评指正，我将不胜感激。

王纪鹏

2017 年 4 月 6 日于遵义市新熙园